齐文化与稷下学论丛

（2018）

主　编／任传斗
副主编／武振伟
李钟琴

齊鲁書社

图书在版编目（CIP）数据

齐文化与稷下学论丛. 2018 / 任传斗主编. -- 济南：齐鲁书社，2019.9
ISBN 978-7-5333-4209-8

Ⅰ. ①齐… Ⅱ. ①任… Ⅲ. ①稷下学派—研究 Ⅳ. 国①B229.95

中国版本图书馆CIP数据核字(2019)第188718号

齐文化与稷下学论丛（2018）
QIWENHUA YU JIXIAXUE LUNCONG
任传斗 主编
武振伟 李钟琴 副主编

主管单位 山东出版传媒股份有限公司
出版发行 齊鲁書社
社　　址 济南市英雄山路189号
邮　　编 250002
网　　址 www.qlss.com.cn
电子邮箱 qilupress@126.com
营销中心 （0531）82098521 82098519
印　　刷 山东华立印务有限公司
开　　本 880mm×1230mm 1/32
印　　张 15
插　　页 2
字　　数 355千
版　　次 2019年9月第1版
印　　次 2019年9月第1次印刷
印　　数 1-1400
标准书号 ISBN 978-7-5333-4209-8
定　　价 65.00元

目　　录

秩序、制度与贤能：黄老学为什么反智的一个内在追寻

王中江
（北京大学哲学系教授）

引 言

对于什么是良好的社会政治秩序和共同体生活以及如何去实现它，不同的思想传统、同一传统的不同学派乃至同一学派中，都有不同的设想和答案。在早期中国的思想传统中，①不少哲人都设想过良好的社会政治秩序和共同体生活，他们还奔走于当政者中，热衷于劝说执政者接受他们的设想和规划。② 只要看看儒

① 有关良好秩序和生活的设想，有的被称为乌托邦，有的被认为是可能的、可期的，两者有它们的界限及其不同。参阅[美]罗伯特·诺齐克著，何怀宏等译：《无政府、国家与乌托邦》，中国社会科学出版社1991年版，第297～330页；[美]罗伯特·诺齐克著，严忠志、欧阳亚丽译：《经过省察的人生——哲学沉思录》，商务印书馆2007年版，第276～280页。

② 《史记·太史公自序》评论诸子说："夫阴阳、儒、墨、名、法、道德，此务为治者也。"用《汉书·艺文志》中的话说是"皆起于王道既微，诸侯力政，时君世主，好恶殊方，是以九家之术蜂出并作，各引一端，崇其所善，以此驰说，取合诸侯"。用《淮南子·要略训》中的话说是"起于救世之弊，应时而兴"。

家、道家(特别是老子和黄老学)、法家、墨家,①我们就能想象出他们对良好社会政治秩序和共同体生活的期望和渴求,也能看到他们提出的实现各自理想国的不同理性设计。道家哲人们对理想国的期望和设计,是十分独特和让人印象深刻的,如被我们定型化了的老子设想的"小国寡民"社会,还有《庄子》一书中设想的原始性的无政府主义的共同体。但这里笔者要指出的是,黄老学哲人们提出的并且同他们的时代发生了强烈共鸣的理想国类型和设计,②在很大程度上被我们遗忘了。

在这一前提下,我们进一步要讨论的本文的主要问题是黄老学哲人是如何建立他们心目中的良好秩序和生活的,或者说,在黄老学哲人眼里,这种好的秩序和生活凭借什么根本的方法和途径才能够实现。在此,我们看到的不仅是道家同儒家等学派的不同,在道家内部也有明显的歧解。例如儒家是贤能政治,它高度信赖圣人、贤人、君子的才智和美德的力量,信赖基于圣人、贤人和君子的德行的人格政治,它不能想象和设想不以此为基础的良好秩序和生活。但黄老学恰恰反其道而行之,具有强烈的排斥贤能和智能的倾向,不相信贤能和人格政治。余英时曾将这种倾向(还包括老子的、庄子的)概括为"道家的反智论",认为与之相反的儒家的倾

---

① 在这一方面,儒家、道家和墨家给人的印象最为深刻。儒家的理想主义为人们所熟知。这种理想主义,也被称为乌托邦主义。参阅墨子刻:《乌托邦主义与孔子思想的精神价值》,载《华东师范大学学报(哲学社会科学版)》2000 年第 2 期。

② 有关"黄老学"的概念,参阅王中江:《〈黄帝四经〉的"执一"统治术》,见徐炳主编《黄帝思想与道、理、法研究》,社会科学文献出版社 2013 年版,第228 ~241 页。

向是“主智论”。[①] 从许多方面来看，道家都是儒家的解构者，它的许多批评都指向儒家，指向在儒家看来是正当的和好的东西，[②]儒家津津乐道、孜孜以求的贤能政治、美德政治就是其中之一。[③] 余英时看到了儒、道两大派之间的“主智”与“反智”的背反，虽然道家还追求一种更高的智慧（“大智”），[④]以及人们往往从“巧智”“欺诈”“机心”等方面去解释道家要反对的“智”。

问题是道家特别是它的开创者老子和黄老学为什么要执着于反智。从社会大众的常情、常理（儒家的思维很合乎它们）来看，智能、贤能是好东西，人们不是恰恰都需要并希望进一步去发展他们的这种能力吗？道家为什么甘愿将自己置于背离常情、常理的不利位置上，而一味地批评儒家所代表的这种好的东西和价值呢？对道家的做法提出准确的解释并不容易，因为它并不像表面看上去那样简单。道家早期的反智论既有一个历史的演变过程，同时也有不同

① 更多的人将这种倾向看成是“愚民主义”。余英时对“反智论”这一概念在西方的运用作了辨析。就像费希特批评卢梭的“自然主义”使用的是他的文明资源一样，道家也是在文明、在具有人类理性的能力之上批评儒家的“主智论”的。参阅余英时：《中国思想传统的现代诠释》，江苏人民出版社 1989 年版，第 63 ~ 104 页。

② 《汉书·艺文志》的批评是“及放者为之，则欲绝去礼学，兼弃仁义，曰独任清虚可以为治”。这里说的“放者”应该是指庄子一派。

③ 参阅余英时的《反智论与中国政治传统》（余英时：《中国思想传统的现代诠释》，江苏人民出版社 1989 年版，第 63 ~ 104 页）。而且中国有一种根深蒂固的贤能主义思维，先秦子学解释国家和政治的起源，大都采取“圣人出”而创造文明和秩序的逻辑，重建秩序也寄托在“王者兴”的逻辑上。

④ 从老子到黄老学者，他们的反智当然不能作绝对的理解。他们的反智主要是为了破除儒家、墨家的贤能统治而推行法治；同样，为此他们也主张大智慧。这看似矛盾，但如果分开看，也就可以理解了。

的意图和指向。余英时恰当地划分了道家反智论的不同类型(老子的、庄子的和黄老学的),说明了早期道家反智前后的变化以及庄子的反智同老子和黄老学的反智有什么不同。①

但是,余英时对老子和黄老学为什么要反智的解释带有很强的表面性,这是无论如何都不能回避的。例如余英时认为老子主张"无为而无不为",只不过是托于"无为"的外表而已,他真正关心的是"无不为",即不允许他的臣下和人民有智,这样他的圣人就无所不知。简言之,按照余英时的解释,老子和黄老学的反智,是出于反对人民运用智力的考虑,是要将政统和道统合二为一,以达到并维持君主的独断统治和威权秩序:"两千年来许多学者都不免被黄老'清静无为'的表象所惑,没有抓住它'得君行道'的关键所在。"②这种解释存在严重问题,一是它遮蔽了老子和黄老学对作为"公共目标"的良好社会政治秩序和生活的期望;二是它遮蔽了黄老学通过法律制度而不是个人魅力和贤能建立良好秩序的制度主义思维的客观理路(即法律治理与贤能治理是不能两立的)。细致地加以观察和考察会发现从老子的理念到黄老学,它们都有一个高标准的公共秩序目标,而不只是提供"纯粹现实主义"的君主如何驾驭官僚的权术和建立权势的技巧;③与此同

---

① 如余英时说:"道家的反智论影响及于政治必须以老子为始作俑者。"参阅余英时:《中国思想传统的现代诠释》,江苏人民出版社1989年版,第72页。

② 余英时:《反智论与中国政治传统》,见余英时《中国思想传统的现代诠释》,江苏人民出版社1989年版,第81页。池田知久将道家早期的政治思想分为三种,其中一种是"中央集权"的。参阅[日]池田知久著,王启发、曹峰译:《道家思想的新研究——以〈庄子〉为中心》,中州古籍出版社2009年版,第477~526页。

③ 从术和势的观念看,黄老学为君主提供了如何掌握权力特别是驾驭群臣的最细致的方法,这是一个基本事实。但同时我们还必须认识到,黄老学不是教导君主以权力为目的,不是以获得他们自身的利益为目的,也不是要建立一种集权式的专制并为此服务。

时，黄老学的“反智”主要是针对君王而言的，而不是社会大众；它主要是对君王们的告诫，而不是对百姓的劝告。真正说来，黄老学恰恰主张百姓和人民最大限度地释放他们的才智和能力，以实现他们各自的偏好和利益。

一、道家眼中的良好秩序和生活：从老子到黄老

对于道家的良好秩序和生活期望，我们首先想到的是老子设想的田野式“小国寡民”社会和庄子设想的人与自然天然合一的原始性“自然状态”。道家这两种社会和自然状态的设想，一般被看成是无政府主义（或者是“无君论”）。① 这种看似能够成立的看法，将不能混同的两者混为一谈了。原因是庄子对理想社会的一些设想，其中有的可以称之为无政府主义，但老子的“小国寡民”社会的期望不是这样。② 它们的分界线是，庄子的设想具有强烈否定国家和政府作用的无政府主义倾向，③而老子的设想只是主张高度地限制国家和政府对权力的使用（“无为”），以使社会公众能够最大限度地作出自己的选择，过上宽松、简朴、安逸和自

① 有关道家的无政府主义和乌托邦主义，参阅［英］葛瑞汉著，张海晏译：《论道者》，中国社会科学出版社2003年版，第342～350页；［日］池田知久著，王启发、曹峰译：《道家思想的新研究——以〈庄子〉为中心》，中州古籍出版社2009年版，第484～493页。

② 萧公权认识到老子的设想不是无政府主义。参阅萧公权：《中国政治思想史》（一），辽宁教育出版社1998年版，第164页。

③ 《庄子·马蹄》先是列举了传说中的远古历史人物，用《老子》第八十章的一部分内容来描述他们所处的时代特征，说那个时代的治理是最好的：“昔者容成氏、大庭氏、伯皇氏、中央氏、栗陆氏、骊畜氏、轩辕氏、赫胥氏、尊卢氏、祝融氏、伏羲氏、神农氏，当是时也，民结绳而用之，甘其食，美其服，乐其俗，安其居，邻国相望，鸡狗之音相闻，民至老死而不相往来。若此之时，则至治已。”从这段话我们也许看不出，庄子设想的理想生活是无政府主义的。

在的生活,它不是完全舍弃国家和政府。在老子设想的“小国寡民”社会中,也有具体的内容和细节,它期望人类抛弃大量文明的东西,回到简朴、简单的社会生活中,但它仍然有“国家”的存在:

小国寡民,使有什伯之器而不用,使民重死而不远徙。虽有舟舆,无所乘之;虽有甲兵,无所陈之;使民复结绳而用之。甘其食,美其服,安其居,乐其俗。邻国相望,鸡犬之声相闻,民至老死不相往来。(《老子》第八十章)

老子在这里设想的国家是一个人口稀少的小型国家,各个相邻的小国相安无事,其物质文明的水准非常低,但人民的自我满足感和幸福度非常高。①

除了老子设想的“小国寡民”社会,我们需要关注的是老子的“大国”期望(“治大国”“大国者”)。后者显然被我们忽视了,而且看似不协调的两者可以并存,它们并不是必居其一的选择。在春秋时代的国家兼并中,一些新兴的大型霸主国家(如春秋“五霸”)出现,与此同时,仍然存在着更多的小型国家。老子一方面倾心于相安无事的小国林立的天下和平秩序,这是他回应大国不断兼并的方式;另一方面他又不能回避大国已经存在的事实。因此,他既思考了大国同小国之间如何建立和平的关系,提出了大国对待小国、大小国家和平相处之道(如“大国者下流”“大国以

---

① 吴相武为了使第八十章的小型国家同老子的大国概念协调,他根据庄子和后人对第八十章的引用、注释,说老子并不是希望有小型国家。但这个新解不能成立,因为小国与大国不需要以此来统一,它们本身就可以兼容。老子的人口稀少的小型国家设想,不能说只是老子的一个单纯的、“如果……那么……”的推理“假设”。它是老子设想的,也是老子希求的,它同《老子》中说的“绝智弃虑,民利百倍”“大道废,有仁义”“失德而后德”等逻辑,整体上是一致的。参阅[韩]吴相武:《〈老子〉“小国寡民”新解》,见陈鼓应主编《道家文化研究》(第十四辑),生活·读书·新知三联书店 1998 年版,第 145 ~ 168 页。

下小国”“大国不过欲兼畜人”，见《老子》第六十一章），又更多地思考了如何治理一个大型国家的方法：“治大国若烹小鲜。”（《老子》第六十章）原则上老子提出的“无为而治”“柔弱不争”的治理原理和方式，对大小国都是适用的。

在老子眼中，最好的治理是“太上，下知有之”的秩序，等而下之的其他治理是：“其次，亲而誉之；其次，畏之；其次，侮之。”（《老子》第十七章）[①]从等而下之的愈下、愈恶劣的治理来说，小国和大国要做到“下知有之”，都需要用柔和的不干涉、不控制的“无为”治理原理。老子之后，庄子强化了老子对文明的批评，设想出了激进的无政府主义的自然状态，但与此相反，黄老学发展了老子如何建立良好社会政治秩序和生活的方面，设想出了法治之下的“至世”理想。

在我们的一般印象中，黄老学注重当下，务实，它追求的目标非常直接和实际，那就是国家的富裕和军队的强大，它是一种现实主义、实效主义的哲学。这个学派中的一部分人更是将国家的目标归结为善于“耕种”和“作战”。确实，黄老学为君主提供了如何牢牢掌握权力和保持权威的方法（“术”“势”），发展出了提高行政效率的技术。[②] 有了这些直观上很显眼的东西，就容易让我们注意不到它还有一种优良的秩序和共同体生活的设想和期望。如认为中国哲学具有“实用理性”的李泽厚，更是从这一视角去看待老子和韩非的哲学：“《老子》、韩非从另一角度即具体经验

---

① 《淮南子·主术训》这样划分统治的等级：“故太上神化，其次使不得为非，其次赏贤而罚暴。”司马迁对好的经济秩序也有一个等级划分：“善者因之，其次利道之，其次教诲之，其次整齐之，最下者与之争。”（《史记·货殖列传》）

② 有关这方面，参阅许倬云：《中国古代社会史论——春秋战国时期的社会流动》，广西师范大学出版社2006年版。

的辩证法方面补充和增强了这种实用理性。中国人在各种实务中,无论是政治、商业、经验科学、人事关系等方面都惯于深思熟虑,不动声色,冷静慎重,周详细密地计算估量,注意实际的可行性和现实的逻辑(可能性、必要性、秩序性等),不冲动,不狂热,重功能,重效果。”①史华慈将融合了法家的这种道家称为“工具性道家”②。

这些描述只是黄老学或道法家整体面貌的一部分,哪怕它是一个不小的部分。但它还有一个非常理想化的社会秩序和共同体生活目标,这就是我们在《韩非子·大体》(此篇也收录在《慎子》中)中看到的令人惊异的“至治”理想:

> 古之全大体者,望天地,观江海,因山谷,日月所照,四时所行,云布风动;不以智累心,不以私累己;寄治乱于法术,托是非于赏罚,属轻重于权衡;不逆天理,不伤情性;不吹毛而求小疵,不洗垢而察难知;不引绳之外,不推绳之内;不急法之外,不缓法之内;守成理,因自然;祸福生乎道法而不出乎爱恶,荣辱之责在乎己而不在乎人。
>
> 故至安之世,法如朝露,纯朴不散;心无结怨,口无烦言。故车马不疲弊于远路,旌旗不乱于大泽,万民不失命于寇戎,雄骏不创寿于旗幢;豪杰不著名于图书,不录功于盘盂,记年之牒空虚。故曰:利莫长于简,福莫久于安。使匠石以千岁之寿操钩,视规矩,举绳墨而正太山;使贲育带干将而齐万民;虽尽力于巧,极盛于寿,太山不正,民不能齐。故曰:古之牧天下者,不使匠石极巧以败太山之体,不使贲育尽威以伤万民之性。因道

---

① 李泽厚:《孙老韩合说》,见李泽厚《中国古代思想史论》,生活·读书·新知三联书店 2008 年版,第 104 ~ 105 页。

② 参阅[美]本杰明·史华慈著,程钢译,刘东校:《古代中国的思想世界》,江苏人民出版社 2004 年版,第 245 页。

> 全法，君子乐而大奸止；澹然闲静，因天命，持大体。故使人无离法之罪，鱼无失水之祸。如此，故天下少不可。
>
> 上不天则下不遍覆，心不地则物不毕载。太山不立好恶，故能成其高；江海不择小助，故能成其富。故大人寄形于天地而万物备，历心于山海而国家富。上无忿怒之毒，下无伏怨之患，上下交顺，以道为舍。故长利积，大功立，名成于前，德垂于后，治之至也。（《韩非子·大体》）

慎到和韩非都属于我们所说的黄老学或具有“黄老意”的人物，不管《韩非子·大体》及其他对理想秩序和生活的设想是出自谁手，这都不影响黄老学有一个良好秩序和生活的设想和期望。但以往我们忽视了黄老学中的这一方面，它被描述成了现实主义和实用主义的典型。我们需要复活黄老学的这一历史记忆。

黄老学设想的良好秩序和共同体生活，具有一些引人入胜的特征。它相信有一种可期的、可欲的治理得最好的秩序和生活，即它所说的“全大体者”“至安之世”“治之至”的理想状态。作为一种理想状态，它给我们描述了这种状态之下的一番美好景象。如“至安之世，法如朝露，纯朴不散；心无结怨，口无烦言。故车马不疲弊于远路，旌旗不乱于大泽，万民不失命于寇戎，雄骏不创寿于旗幢；豪杰不著名于图书，不录功于盘盂，记年之牒空虚。故曰：利莫长于简，福莫久于安”；又如“故大人寄形于天地而万物备，历心于山海而国家富。上无忿怒之毒，下无伏怨之患，上下交顺，以道为舍”。相应于这一良好状态是它主张的治理原理和模式：

一是遵循“天道”和“自然”，让社会大众都能够做出各自乐意的选择并发挥各自的作用：“望天地，观江海，因山谷……守成理，因自然。”“澹然闲静，因天命，持大体”“上不天则下不遍覆，心不地则物不毕载。太山不立好恶，故能成其高；江海不择小助，故能成其富。”

二是遵循社会公众的性情和意愿,给予社会大众以最大限度的包容,使他们不受到伤害:“不逆天理,不伤情性”“不使贲育尽威以伤万民之性”;“不吹毛而求小疵,不洗垢而察难知”。

三是遵循客观化的法律制度和是非标准,以此去判断人的行为并公正地分配社会的各种资源:“寄治乱于法术,托是非于赏罚,属轻重于权衡……不引绳之外,不推绳之内;不急法之外,不缓法之内。”“使人无离法之罪,鱼无失水之祸。”

四是治理者要舍弃一己之“智”和“私”,摒弃一己的“好恶”,即“不以智累心,不以私累己”,使“祸福生乎道法而不出乎爱恶”,通过制度保证社会的公平和正义,使百姓“纯朴不散;心无结怨,口无烦言”。

总之,黄老学者设想的这一环环相扣的治理模式基于这样一个原理,即君王遵循自然法和法律制度,遵循百姓的性情和意愿,百姓就能够做出他们自己的选择,实现他们的愿望。对此,我们可以强调两点:第一,黄老学不是没有政治理想的政治现实主义,它也有政治理念和良好的秩序期待,它的学说也不是为了君主个人的利益。事实上,很少有思想家宣称他们的政治学说只是为了君主的利益,①大多数的执政者也不会赤裸裸地这样宣称,将自己置于舆论的不利位置。② 儒家不是这样,黄老学也不是这样。儒家在这方面受到的误解要少,黄老学受到的误解则比较多。第二,黄老学者设想的这种良好秩序和生活目标也许很高,但他们

① 相反,他们都知道高调舆论的意义,这也是意识形态为什么有虚假性的内在原因。参阅[德]曼海姆著,黎鸣、李书崇译,周纪荣、周琪校:《意识形态与乌托邦》,商务印书馆2000年版,第196~268页。

② 向君主传授权术的马基雅维里也规劝君主至少表面上要让人感到他有道德。参阅[意]尼科洛·马基雅维里著,潘汉典译:《君主论》,商务印书馆1985年版,第83~86页。

不认为其设想是不切实际的幻想，我们也很难说它是乌托邦主义。① 以“尚德”“尚贤”“尚智”为符号来构建良好秩序和生活的儒家，一般认为它从汉武帝开始成了国家意识形态，但在先秦和汉初，黄老学对政治生活的影响更大。有趣的是，黄老学者对它的社会政治期望，也采取了“历史叙事”的方式，将它寄之于过去的时代，相信它是曾经存在过的理想状态（如“古之”“古之牧民”等）。黄老学者特别是韩非具有“因时制宜”的历史观，他立足当下，严厉批评儒家“言必称尧舜”的“托古”历史意识，但他也不自觉地表现了这种历史意识。

二、道家“反智”的类型与黄老学的“反智”

乌托邦与可欲的良好秩序之间的分界线，在于有没有能够实现它们的有效的理性手段和方式。在上述黄老学的良好秩序和生活设想中，我们已看到了它注重的理性手段，就是依据自然法特别是人间法（法律）及其治理的法治，它的反智是这种理性手段一体两面的另一面。说起来，如何构建良好秩序和生活的“人治”（德治、礼治）与“法治”的二元论，常常被看作是传统政治与现代性政治的分界线之一。② 中国近代以来的许多政治思想家们倾向于中国要从传统社会步入现代社会，其中一个方面就是将历史上

---

① 如果像亚里士多德所说的那样，深思熟虑主要同手段有关，而不是同目的有关，那么乌托邦之所以为乌托邦，就是因为它没有深思熟虑它能否实现的手段。黄老学不是这样，它深思了实现“至世”的主要手段，那就是用道的原理和法治去治理。

② 当然这一说法也是相对的。亚里士多德早就区分了二者：“深究王制的末一种，这里存在‘人治还是法治’的问题。两者各有所胜：人治能随机应付世事的万变而法治可免于人情的偏徇。但一般政体总该遵循法律，就君主而论也应有宪法作为规范，全权君主不是良策。”［古希腊］亚里士多德著，吴寿彭译：《政治学》，商务印书馆 2009 年版，第 449 页。

儒家的人治转变为现代性的法治。① 但回过头来看,在中国早期历史上,黄老学和法家同儒家之间的激烈的相互批评,在一定程度上就表现为人治("治人")与"法治"("治法")两种对立的政治思维。一方是从法律制度出发,一方是从贤能出发;一方立足"无为",一方立足"有为"。② 按照一般的解释,一方的儒家将良好的秩序(天下有道)主要寄托在理想的政治人格上(儒家津津乐道的君子、贤人和圣人),这种理想人格是一系列美德的拥有者和实践者。他们作为社会公众表率的示范性,将感化所有的人,并赢得人们的普遍信赖和效法。另一方的道家认为,儒家通过圣人教化的"有为"政治,不仅不能建立良好的秩序和生活,反而成为社会无序和混乱的根源。"尚贤""尚智"就是其中之一。③

为了克服儒家的困境,黄老学引进了在它看来更高的"道"和"德"的原则(如"大道废,有仁义"),引进了"无为"的原则。在黄老学看来,依据作为万物之普遍根据的道和德的普遍理性去实行无为之治,依据普遍性的制度去治理,就能达到"无不为"的最好秩序。这是黄老学批评儒家尚智的内在理路和逻辑。只是,在老子那里,他还提出了法律的治理,④他将良好的秩序和生活建立在

---

① 参阅梁治平:《法辨——中国法的过去、现在与未来》,贵州人民出版社1992年版。

② 如老子说:"民之难治,以其上之有为,是以难治。"(《老子》第七十五章)

③ 从一些方面(特别是从立法、司法、人权上看)说,它当然不能等同于"现代性"的"法治",但它在注重以客观性、稳定性的法律治理上,它同现代性的法治也有某些契合之处。参阅[美]高道蕴著,高鸿钧译:《中国早期的"法治"思想》,见[美]高道蕴、高鸿钧、贺卫方编《美国学者论中国的法律传统》,中国政法大学出版社1994年版,第212~254页。

④ 但不能说他反对规范和法律,他反对的是法令滋长、硬性标准太多,这是他的无为和希言自然观念所不允许的。

圣人无为和百姓自主选择（“自然”）这一根本原理上：①

道常无为而无不为，侯王若能守之，万物将自化。化而欲作，吾将镇之以无名之朴。无名之朴，夫亦将无欲。不欲以静，天下将自定。（《老子》第三十七章）②

是以圣人之言曰：我无为而民自化；我好静而民自正；我无事而民自富；我无欲而民自朴。（帛书甲本；通行本《老子》第五十七章；郭店简本有此章）

老子之所以“反智”，是因为在他看来，统治者用自己的贤智去治理不符合这一基本原理，而且还会滋生出更多的无法解决的问题。《老子》第十八章的言论最能反映他的这一立场：

大道废，有仁义；慧智出，有大伪；六亲不和，有孝慈；国家昏乱，有忠臣。

对老子来说，统治者的尚贤、用智是“有为”的统治，它使百姓难以治理；反过来，不用智、不尚贤则是解决问题的根本出路。在《老子》第三、十、十九和六十五章中，我们看到了这方面的主要说法：

不尚贤，使民不争；不贵难得之货，使民不为盗；不见可欲，使民心不乱。是以圣人之治，虚其心，实其腹；弱其志，强其骨。常使民无知无欲，使夫智者不敢为也。为无为，则无不治。（《老子》第三章）

绝圣弃智，民利百倍；绝仁弃义，民复孝慈；绝巧弃利，盗贼无有。此三者，以为文不足，故令有所属，见素抱朴，少私

---

① 有关这一原理，参阅王中江：《道与事物的自然：老子“道法自然”实义考论》，载《哲学研究》2010年第8期。

② 传世本“道常无为而无不为”郭店简本作“道恒亡为也”，帛书乙本作“道恒无名”。这句话，笔者倾向于接受传世本或郭店本。

寡欲。(《老子》第十九章)

爱民治国,能无知乎?(《老子》第十章)

民之难治,以其智多。故以智治国,国之贼;不以智治国,国之福。(《老子》第六十五章)

老子为什么要这样做?按照常见的包括余英时在内的解释,老子是要统治者愚弄百姓。尤其是《老子》第六十五章说的“古之善为道者,非以明民,将以愚之”;第三章说的“是以圣人之治,虚其心,实其腹;弱其志,强其骨。常使民无知无欲”;还有第四十九章说的“圣人在天下歙歙,为天下浑其心。圣人皆孩之”等,都再明显不过,执政者不是要让百姓清楚明智(同孔子说的“民可使由之,不可使知之”类似),而是要削弱他们的意志,让他们保持虚心、饱食和拥有强健的身体,让他们无智无欲。从儒家的立场看,老子反对智能、贤能,反对学习的主张是非常激进的。

对此,我们还是要从同儒家的比较来看。如果说儒家的有为政治是劝告统治者不断地做“加法”,那么老子的“无为之治”则是规劝统治者不断地做“减法”(如“为学日益,为道日损”;如“清静为天下正”)。老子要求做减法的首先是统治者,其次才是百姓。只有统治者不用智且“愚蠢些”,百姓才会也不用智,才会也变得“愚蠢些”。如《老子》第十章“爱民治国,能无知乎?”是对统治者说的;《老子》第二十章“俗人昭昭,我独昏昏;俗人察察,我独闷闷”①也是对统治者(用“我”来指代)说的;《老子》第五十八章“其政闷闷,其民淳淳;其政察察,其民缺缺”,更是明显地将统治者的纯朴和百姓的纯朴

① 道家的“昏昏”与儒家的“昭昭”不同。《孟子·尽心下》:“贤者以其昭昭,使人昭昭;今以其昏昏,使人昭昭。”

完全对应了起来。因此，我们必须记住，老子主张治理者和百姓都不要用小能、小智。此外，老子反智也不是愚民，因为老子主张统治者的统治要合乎"民意"："圣人无常心，以百姓心为心。"（《老子》第四十九章）这是老子的反智类型。这种反智，首先是对统治者而言，其次才是对百姓而言。它主要是要求统治者和百姓都要保持纯朴，要求统治者将良好的秩序和生活建立在道和无为的超级原则之上。

老子的治理原理（"执道""抱一""无为"等）和反智论被之后的黄老学承继，[1]又在黄老学中得到发展。[2] 从《黄帝四经·道原》可以看出它对老子统治原理的承继：

> 夫为一而不化：得道之本，握少以知多；得事之要，操正以正奇。前知大古，后[能]精明。抱道执度，天下可一也，观之大古，周其所以；索之未无，得之所以。[3]

有关这方面的例子很多，如《黄帝四经·经法·论约》说的"故执道者之观于天下"，再如《韩非子·主道》说的"道者，万物之始，是非之纪也。是以明君守始以知万物之源，治纪以知善败之端"等，都是如此。"执一"（类似的说法还有"抱一""守一"等）"抱道""执道"等，这些词汇都是黄老学统治理念极具象征性的说法，

---

① 《管子·心术上》说："恬愉无为，去智与故。"这是从继承老子的无为原则的意义上去反对智、故。

② 从《庄子·天道》中也可以看出通过"无为"而不是"智能"建立良好秩序的理路："故古之王天下者，知虽落天地，不自虑也；辩虽雕万物，不自说也；能虽穷海内，不自为也。天不产而万物化，地不长而万物育，帝王无为而天下功。故曰：莫神于天，莫富于地，莫大于帝王。故曰：帝王之德配天地。此乘天地，驰万物，而用人群之道也。"

③ 一般将这段话的"夫为一而不化"独立断句是不通的。有关这一问题，参阅王中江：《〈黄帝四经〉的"执一"统治术》，见徐炳主编《黄帝思想与道、理、法研究》，社会科学文献出版社 2013 年版，第 228 ~ 241 页。

这是黄老学同老子的统治原理连贯的方面。①

但黄老学没有停留在老子高度抽象化的统治原理和原则上,它在治理中引进了制度规范,将法家注重的法律同老子的"道"和"一"结合了起来。其结合的方式,一是将法律建立在"道"和"一"的普遍原理上,为法律赋予了自然法的意义;②二是将"执道""执一""无为"具体地落实到了统一的、普遍的规范和法律制度上。道与法的结合使得老子用普遍的道来统治变成了用普遍的法来统治。按照"道生法"(《黄帝四经·经法》)、"事督乎法,法出乎权,权出乎道"(《管子·心术上》)和"宪律制度必法道"(《管子·法法》)等的说法,"法"是出于"道"的,它必须遵循"道"的原则。黄老学的想法是,道是普遍适用于世界万物的根本法则,依据它来制定的法律制度,对所有的人也都会适用。用道和法来统治,统治者个人的贤能自然就变得不重要了,甚至成为多余和有害的东西。这样,老子的

---

① 《吕氏春秋·任数》记载申不害反对个人智能,主张用无为去治理:"且夫耳目知巧,固不足恃,惟修其数、行其理为可。韩昭厘侯视所以祠庙之牲,其豕小,昭厘侯令官更之。官以是豕来也,昭厘侯曰:'是非向者之豕邪?'官无以对。命吏罪之。从者曰:'君王何以知之?'君曰:'吾以其耳也。'申不害闻之,曰:'何以知其聋?以其耳之聪也。何以知其盲?以其目之明也。何以知其狂?以其言之当也。故曰:去听无以闻则聪,去视无以见则明,去智无以知则公。去三者不任则治,三者任则乱。'以此言耳目心智之不足恃也。耳目心智,其所以知识甚阙,其所以闻见甚浅。以浅阙博居天下,安殊俗,治万民,其说固不行。十里之间而耳不能闻,帷墙之外而目不能见,三亩之宫而心不能知。……故君人者,不可不察此言也。治乱安危存亡,其道固无二也。故至智弃智,至仁忘仁,至德不德,无言无思,静以待时,时至而应,心暇者胜。……古之王者,其所为少,其所因多。因者,君术也。为者,臣道也。为则扰矣,因则静矣。因冬为寒,因夏为暑,君奚事哉!故曰:君道无知无为,而贤于有知有为,则得之矣。"

② 先秦早期法家整体上没有自然法的思想,但慎到、韩非的道法家改变了这一局面。

反智论在黄老学那里也就有了新的内涵，即具化为主要用法去治理而不是用个人的贤智去治理：

圣君任法而不任智，任数而不任说。（《管子·任法》）

是废常、上贤则乱，舍法、任智则危。（《韩非子·忠孝》）

按照《管子》的说法，高明的统治是凭借"法"和"数"而不是凭借"智"和"贤"；按照韩非的说法，舍弃恒常的法律和制度而凭借贤智去统治，就会陷入危险。黄老学坚持认为，社会的治理必须有法律标准，哪怕是不完善的法律，也比没有法律更有利于建立社会秩序。如慎到说："法虽不善，犹愈于无法。夫投钩以分财，投策以分马，非钩策为均也。使得美者，不知所以德；使得恶者，不知所以怨，此所以塞愿望也。"（《慎子·威德》）《管子·法法》将建立制度看成是最高等级的统治："法者，民之父母也。太上以制制度，其次失而能追之。"

按照《中庸》的记载，孔子已明确表述了"人治"的观念："其人存，则其政举；其人亡，则其政息。……故曰'为政在人'。"荀子承此，提出了"有治人，无治法"的说法。① 这是认为人治优于法治的一个典型看法。但黄老学采用的完全是相反的逻辑。②

---

① 荀子说："有治人，无治法。羿之法非亡也，而羿不世中；禹之法犹存，而夏不世王。故法不能独立，类不能自行，得其人则存，失其人则亡。法者，治之端也；君子者，法之原也。故有君子则法虽省，足以遍矣；无君子则法虽具，失先后之施，不能应事之变，足以乱矣。不知法之义而正法之数者，虽博，临事必乱。故明主急得其人，而暗主急得其埶。急得其人，则身佚而国治，功大而名美，上可以王，下可以霸；不急得其人而急得其埶，则身劳而国乱，功废而名辱，社稷必危。"（《荀子·君道》）荀子的这种思想在《中庸》中已被表述出来："子曰：'文武之政，布在方策。其人存，则其政举；其人亡，则其政息。'"

② 梁启超将先秦政治思想分为不同类型，对黄老学和法家的法治主义进行了颇有见地的讨论。参阅梁启超：《先秦政治思想史》，东方出版社1996年版，第167～197页。

《庄子·天下》列举的慎到、彭蒙和田骈等,都属于黄老学中的反智论者。《庄子·天下》的作者评述他们的思想,特别是评述慎到的思想,特别指出了他们的反智论倾向:

公而不党,易而无私,决然无主,趣物而不两,不顾于虑,不谋于知,于物无择,与之俱往……齐万物以为首……知万物皆有所可,有所不可,故曰:"选则不遍,教则不至,道则无遗者矣。"是故慎到弃知去己,而缘不得已,泠汰于物,以为道理,曰:"知不知,将薄知而后邻伤之者也。"謑髁无任,而笑天下之尚贤也;纵脱无行,而非天下之大圣……不师知虑,不知前后,魏然而已矣。……夫无知之物,无建己之患;无用知之累,动静不离于理,是以终身无誉。故曰:"至于若无知之物而已,无用贤圣,夫块不失道。"

荀子气魄宏大,追求整体的真理,批评当时有影响的六种学说和十二位哲学家,说这些学说都有片面性,这些哲学家都受到了蒙蔽,其中批评慎到,说他被"法"所蒙蔽而不懂得"贤能"的作用["慎子蔽于法而不知贤"(《荀子·解蔽》)],说他以道为法、将道完全变成了"数":"由法谓之道,尽数矣。"(同上)①

从老子的反智到黄老学的反智,两者有连续的一贯性的东西,也有不同的具体的差异。其共同的地方是两者都坚持,统治者要遵循"道"和"一",要遵循无为的原则,都要求统治者不要用智和尚贤;不同的地方是黄老学引进了规范和制度,规劝统治者

---

① 《荀子·非十二子》是将慎到和田骈放在一起批评的:"尚法而无法,下修而好作,上则取听于上,下则取从于俗,终日言成文典,反紃察之,则倜然无所归宿,不可以经国定分;然而其持之有故,其言之成理,足以欺惑愚众,是慎到、田骈也。"在《荀子·天论》中,慎到被批评为"有见于后,无见于先"。它同《庄子·天下》记载的"豪桀相与笑之曰:'慎到之道,非生人之行而至死人之理。适得怪焉。'"有类似之处。

用法律去统治。黄老学坚信,法律制度与贤智、贤能是相互排斥、势不两立的东西。只要统治者以贤智、贤能去统治,就一定会瓦解法治,也无法建立起良好的社会秩序和生活。因此,黄老学反智主要是为了"依法而治",以"法治"取代儒家的"贤能政治"和"人治"。问题是,为什么凭借法律统治的法治就必须排斥统治者的贤智和贤能呢？法治为什么不能同统治者的贤智、贤能兼容呢？为什么主要凭借法治就能建立良好的秩序和生活呢？这是下面我们要进一步探讨的。

三、法治对贤能:确定性与不确定性

黄老学者主张法治、排斥贤能,是基于彼此相连的一些内在理据。其中之一是,在黄老学看来,法治是客观的、稳定的和确定性的统治,而贤能之治极易产生主观性和不确定性。我们不难想象,统治者的贤智和贤能不仅因人而异(孟子曾经对历史上圣人的不同特点作过对比),也因一时一地而异,它不能被完全客观化,也没有一贯的稳定性。只要是人,他就有七情六欲和喜怒哀乐,他的理性就会受到主观情感的制约,就难免具有随意性和反复无常,难免具有主观性和不确定性。同个人的贤能不同,法律制度一旦被确立,它就变成了非人格性的、客观的、稳定的和一贯的标准(这也是现代性法治的特征之一)。黄老学告诫说,统治者不能轻易立法,只要立了法,就不能轻易废除统一的法律标准,必须保持法律的稳定性。

社会成员众多,而每个人又都有自己的兴趣、爱好和选择,社会生活无限多样和复杂。统治者只有找到和拥有统一的标准和方法,才能适用于无数的社会成员和多样复杂的社会。规范和法律正是这种统一的客观化标准和尺度,它为所有社会成员的言行提供了共同的基准。统治者以此为标准进行治理,就能以简驭繁、以一驭多,就能很容易地对众多人的活动和行为做出客观的衡量。《尹文子》中的一段话非常清楚地说明了这一道理：

> 故人以度审长短，以量受少多，以衡平轻重，以律均清浊，以名稽虚实，以法定治乱，以简治烦惑，以易御险难，以万事皆归于一，百度皆准于法。归一者，简之至，准法者，易之极。

为了强调法律制度的客观性、准确性和稳定性，黄老学者将法律类比为人类日常生活中使用的度、量、衡。人类的理性思维和合理生活不仅要求寻找抽象的原则，也要求建立具体化的规范和标准。作为技术标准化的度、量、衡是人类日常生活中离不开的工具。人们乐意接受和使用它们，是因为它们具有作为尺度的标准性和衡定性。中国早期文明不仅发明了度、量、衡的标准，也产生了习俗、道德和法律的规范。但对于后者在建立良好秩序和生活中的地位和作用，先秦诸子中不同的学派有不同的传承。儒家看重的是人的美德和道德规范，看重的是圣人和贤人的典范性，它主要是传承和扩展“三代”的“尚德”“尚贤”传统。但与此不同的是，法家和黄老学主要是传承和光大“三代”的法律治理传统，并同儒家的“尚德”“尚贤”进行对抗。① 儒家崇尚圣人、贤人和

---

① 从叔向、孔子对郑国和晋国铸刑书的批评可以看出他们的“尚德”和“贵贵”立场：“郑人铸刑书。叔向使诒子产书，曰：‘始吾有虞于子，今则已矣。昔先王议事以制，不为刑辟，惧民之有争心也。犹不可禁御，是故闲之以义，纠之以政，行之以礼，守之以信，奉之以仁。制为禄位，以劝其从。严断刑罚，以威其淫。惧其未也，故诲之以忠，耸之以行，教之以务，使之以和，临之以敬，莅之以强，断之以刚，犹求圣哲之上、明察之官、忠信之长、慈惠之师。民于是乎可任使也，而不生祸乱。民知有辟，则不忌于上……夏有乱政而作《禹刑》，商有乱政而作《汤刑》，周有乱政而作《九刑》，三辟之兴，皆叔世也。今吾子相郑国，作封洫，立谤政，制参辟，铸刑书，将以靖民，不亦难乎？’”子产对这一批评复书曰：“若吾子之言，侨不才，不能及子孙。吾以救世也。既不承命，敢忘大惠？”（《左传·昭公六年》）公元前513年，晋国也做了刑鼎，并把范宣子编的刑书铸在鼎上。对此，孔子批评说：“晋其亡乎！失其度矣。……民在鼎矣，何以尊贵？贵何业之守？”（《左传·昭公二十九年》）

君子,主要是崇尚他们最有智慧,也最有道德。黄老学也有圣人的概念,但它的圣人主要是指能以道法、无为和法律来统治。黄老学坚信法律制度就像度量衡制度那样,为衡量人的言行提供了客观的、稳定的和确定的标准。谁拥有了度、量、衡的标准,谁就能很容易地衡量任何东西的体积、长短和轻重,而不再依靠自已的聪明和经验去估算。即便有人能估算得很准,但人们还是更愿意接受度、量、衡的衡量。同理,法律制度使衡量人的行为变得客观和一贯:

称以权衡,参以天当,天下有事,必有巧验。事如直木,多如仓粟。斗石已具,尺寸已陈,则无所逃其神。(《黄帝四经·经法·道法》)

有权衡者,不可欺以轻重;有尺寸者,不可差以长短;有法度者,不可巧以诈伪。(《慎子·逸文》,见《意林》《御览》卷四二九)

对儒家来说,有圣人自然就有天下的太平。从远古到"三代",每个时代的天下有道和太平盛世,都是和那个时代的圣人(尧、舜、禹、汤、文武和周公等)一一对应的。要重建天下有道的世界,就必须有新的圣人诞生。但黄老学者不这样看。彭蒙认为,良好的秩序和生活的实现,不是靠圣人,而是靠法律制度。《尹文子》①记载,有一次田骈读书,他说"尧时太平",宋钘询问他,这是不是"圣人之治"的结果。还没等田骈回答,彭蒙就否定了宋钘的说法,他说这不是"圣人之治"而是"圣法之治"的结果:

田子读书曰:"尧时太平。"宋子曰:"圣人之治,以致此乎?"彭蒙在侧,越次答曰:"圣法之治以至此,非圣人之治也。"宋子曰:"圣人与圣法何以异?"彭蒙曰:"子之乱名甚矣。圣人者自己出也,圣法者自理出也。理出于己,己非理也;己能出

① 有关《尹文子》之书,至少保留有尹文思想的部分可信材料。参阅徐中良注译,黄俊郎校阅:《新译尹文子》,三民书局股份有限公司1996年版。

理,理非已也。故圣人之治,独治者也;圣法之治,则无不治矣。此万世之利,惟圣人能该之。”(《尹文子·大道下》)

按照这一记载,宋钘大概是相信儒家的圣人之治的。当彭蒙指出不同于圣人之治的圣法之治时,他还是不明白其中的旨趣,又向彭蒙询问这两者有什么不同。彭蒙的回答揭示了一个深刻的道理,即圣人之治与圣法之治为什么是不同的。圣人之治是凭借个人独特能力的治理,它是人治,容易带有人的主观性和随意性,即非如此,它也只能产生一时一己的治理,如果圣人不在了,那圣人之治也就没有了(即所说的“人息政灭”)。圣法之治则是凭借客观的理(具体是法理,普遍的道)的治理,它是法治,它是可靠的和稳定的。宋钘可能受儒家贤能政治和人治的影响太深,经过彭蒙的解释,他还是不能明白其中的道理。他又问田骈,田骈告诉他,彭蒙的看法是正确的。这说明田骈与彭蒙在法律治理上具有共同的思维和立场。

儒家一直坚信尧、舜等圣人的伟大和卓越,并期待这些人物能够重新出现。孟子基于人的内在美德也乐观地相信这一点,说人人都可以成为类似尧、舜的人。但他预测“五百年必有王者兴”,不免让人感到悲观。因为别说五百年,就是百年、几十年,如果没有圣王的出现,就意味着人们只能生活在暗淡无光的无道社会中了。① 黄老学者认识到了儒家的这种困境。他们承认尧、舜

① 唐宋佚名诗人这样尊崇孔子:“天不生仲尼,万古如长夜。”(唐庚的《唐子西文录》记载:“蜀道馆舍壁间题一联云:‘天不生仲尼,万古如长夜。’不知何人诗也。”朱熹《朱子语类》卷九三引用了此语)不接受这种说法的人推论说,如果这样,孔子诞生之前,夏、商、周三代的人白天走路不也要打着灯笼吗?李贽《焚书》卷三记载:“有一道学,高屐大履,长袖阔带,纲常之冠,人伦之衣,拾纸墨之一二,窃唇吻之三四,自谓真仲尼之徒焉。时遇刘谐。刘谐者,聪明士,见而哂曰:‘是未知我仲尼兄也。’其人勃然作色而起曰:‘天不生仲尼,万古如长夜。子何人者,敢呼仲尼而兄之?’刘谐曰:‘怪得羲皇以上圣人尽日燃纸烛而行也!’”

的伟大，但他们说这类人物太难出现了。如果将良好的秩序都寄托在类似于他们的人身上，天下的治世不就太少了吗？尹文子敏锐地指出了这一点：

若使遭贤则治，遭愚则乱，是治乱系于贤愚，不系于礼乐。是圣人之术，与圣主而俱没。治世之法，逮易世而莫用，则乱多而治寡。乱多而治寡，则贤无所贵，愚无所贱矣。（《尹文子·大道上》）①

韩非子也指出了这一点：

且夫尧、舜、桀、纣千世而一出……中者，上不及尧、舜，而下亦不为桀、纣，抱法处势则治，背法去势则乱。今废势背法而待尧、舜，尧、舜至乃治，是千世乱而一治也；抱法处势而待桀、纣，桀、纣至乃乱，是千世治而一乱也。（《韩非子·难势》）

尹文子和韩非都冷静地说出了一个事实，在过去的历史中，儒家心目中的偶像——圣人实在太少了。② 据此，他们推测未来这种人物也难以期待。没有圣人，就等于不能有良好的秩序。对黄老学来说，解决儒家的这一困境并不难，那就是将良好的秩序

① 尹文子没有说仁贤不好，但他看到的现实是："今天地之间，不肖实众，仁贤实寡。"（《尹文子·大道上》）

② 林毓生反思儒家"内圣外王"的困境，认为圣人不再有，外王自然永远落空，良好的秩序无法建立。参阅林毓生：《对儒家传统乌托邦主义的反思——答客问》，见林毓生《中国传统的创造性转化（增订本）》，生活·读书·新知三联书店 2011 年版，第 570～581 页。严复承认，如果有仁君那当然是一件好事，但问题是，我们如何能够保证一个君主总是仁君。只有通过法律制度才能保证人的权利："夫制之所以仁者，必其民自为之。使其民而不自为，徒坐待他人之仁我，不心蕲之而不可得也。就令得之，顾其君则诚仁矣，而制则犹未仁也。使暴者得而用之，向之所以为吾慈母者，乃今为之豺狼可也。呜呼！国之常处于安，民之所以常免于暴者，亦恃制而已，非恃其人之仁也。"参阅严复：《〈法意〉按语》，见王栻主编《严复集》第 4 册，中华书局 1986 年版，第 972 页。

和生活寄托在法律制度上,而不是寄托在圣人和贤能上:

使法择人,不自举也……使法量功,不自度也。(《管子·明法》)

黄老学者信奉客观的稳定的法律制度而不相信贤能,同他们对人性及人的主观性认识有关。张灏认为,中国文化从传统人治向现代性法治转变的困难,主要在于中国传统对人性根深蒂固的乐观主义信念和与之相应的缺乏一种"幽暗意识"。① 儒家简化了人性,低估了人心的复杂性。它将良好的秩序寄托在贤人和圣人身上,也就是寄托在他们的好心和良知上,相信他们会按照自己的良心去行动并能够产生良好的结果。与此不同,黄老学认识到了人性的阴暗面,就像《管子·枢言》说的"人故相憎也。人之心悍,故为之法",②它不期待儒家那样的圣人人格和心灵境界。

---

① 参阅张灏:《超越意识与幽暗意识——儒家内圣外王思想之再认与反省》,见张灏《张灏自选集》,上海教育出版社2002年版,第21~57页。当然,张灏的说法是高度简化的,儒家除了孟子的"性善一元论",还有荀子的"性恶论"、汉代的"性三品"、宋明的"人性二元论",但影响最大的可能还是孟子的"性善一元论"。黄老学对人性没有这种乐观的看法,他们关注的是人性追求自我利益的层面甚至是不好的层面。

② 休谟更具体地解释了人类为什么需要法治的人性根源:"众所周知,要维持安定和秩序,离不开法律;众所周知,要维持一个社会,离不开安定和秩序。这种需要既强烈又显而易见,却是我们天性中的弱点或舛错使然!不可能使人们忠实不悖地始终沿着法律的道路前行。在一些特殊环境下,一个人会发现通过欺骗和掠夺更能增进私利,却不在乎不法行为给社会造成的危害。但更经常出现的情况是:他往往受眼前利益(尽管通常是蝇头小利)的诱惑,忘记了他重大的长远利益。人性的这个弱点无法治愈。所以,人必须尽力减轻他们无法治愈的弱点。人们必须任命一些人,赋予他们执政官的头衔,其唯一职责就是做出公正的判决,纠正欺骗及暴力行为,并迫使人们去关心自己真正的、长远的利益(无论人们多么不情愿)。"参阅[英]休谟著,肖聿译:《休谟散文集》,中国社会科学出版社2006年版,第28页。

黄老学的圣人,既不是最有智慧的人,也不是最有道德的人。它设想的圣人标准是很低的,他可以是一个开明的人或者是一个中等能力的人。韩非说:

> 释法术而任心治,尧不能正一国;去规矩而妄意度,奚仲不能成一轮;废尺寸而差短长,王尔不能半中。使中主守法术,拙匠执规矩尺寸,则万不失矣。君人者能去贤巧之所不能,守中拙之所万不失,则人力尽而功名立。……古之人曰:"其心难知,喜怒难中也。"故以表示目,以鼓语耳,以法教心。(《韩非子·用人》)

我们要注意韩非这里说的"心治"(人治说到底就是心治),特别要注意他引用古人所说的"其心难知,喜怒难中也"这句话。"心治"的不可行,是因为人心难知,人的情感无常。《管子·版法》说:"喜无以赏,怒无以杀。喜以赏,怒以杀,怨乃起,令乃废。"但一位"中主"只要他凭借法律,就可以做到周全的统治。

按照慎到的说法,君主不以法治理,而以自己的贤能治理,那就是以一己之心进行治理。以一己之心去治理,不管判断如何,由于这都是依据自己"心灵"("君心")的标准得出的,人们对君主施与的赏罚结果都不会满意;不仅如此,他还会招致人们的怨恨,因为人们都希望得到更多的有利于自己的东西,减少对自己不利的东西。《慎子·君人》说道:

> 君人者,舍法而以身治,则诛赏予夺从君心出矣。然则受赏者虽当,望多无穷;受罚者虽当,望轻无已。君舍法而以心裁轻重,则同功殊赏、同罪殊罚矣。怨之所由生也。是以分马者之用策,分田者之用钩,非以钩策为过于人智也,所以去私塞怨也。故曰:大君任法而弗躬,则事断于法矣。法之所加,各以其分,蒙其赏罚而无望于君也。是以怨不生而上

下和矣。①

君主只要凭借法律而不是自己的贤能进行判断,就能避免各种问题。因此,即使一位君主能够对事物做出恰当的判断,他也不要凭借他的这种开明性去取代法律。

从黄老学对法治的客观性、稳定性、可靠性、确定性与贤能的主观性、不稳定性、不可靠性、不确定性的对比中,我们看到了它为什么偏爱法治、抵制贤能的一个理据。理论上,黄老学承认世代有圣贤也许世代就可以有治世,但历史的事实和经验向他们证实这是不可能的。黄老学认识到了圣贤的稀缺,认识到了人性的阴暗面,认识到了"人心"的复杂性,认识到再有理性的人在社会政治事务中都难免受到他们的激情、喜怒、随意性的制约。因此,良好的秩序不能期望通过圣贤来实现,而只能凭借客观的、稳定的和可靠的法治来达到。

四、法治对贤能:普遍、活力与有限、无能

传统的贤能和魅力政治,通常都会设想圣王和领袖个人的超常

---

① 但是我们看到了荀子的反论:"合符节,别契券者,所以为信也;上好权谋,则臣下百吏诞诈之人乘是而后欺。探筹、投钩者,所以为公也;上好曲私,则臣下百吏乘是而后偏。衡石、称县者,所以为平也、上好倾覆,则臣下百吏乘是而后险。斗、斛、敦、概者,所以为啧也;上好贪利,则臣下百吏乘是而后丰取刻与,以无度取于民。故械数者,治之流也,非治之原也;君子者,治之原也。官人守数,君子养原,原清则流清,原浊则流浊。故上好礼义,尚贤使能,无贪利之心,则下亦将綦辞让、致忠信而谨于臣子矣。如是则虽在小民,不待合符节、别契券而信,不待探筹、投钩而公,不待衡石、称县而平,不待斗、斛、敦、概而啧。故赏不用而民劝,罚不用而民服,有司不劳而事治,政令不烦而俗美,百姓莫敢不顺上之法,象上之志,而劝上之事,而安乐之矣。"(《荀子·君道》)对荀子往往有这样的误解,说他向法家让步。其实,从人治这一点上,他同样是典型的儒家思维。

能力甚至是万能，但黄老学不这样想。黄老学主张法治、反对贤能的第二个理据是，君主一人的贤能和才智，同无数社会成员的才智相比，同制度的普遍有效性和适用性来说，都是一识、一见，都有不可超越的局限性，就像《管子・心术》说的那样，统治者“强不能遍立，智不能尽谋”。相反，法律制度的统一性和普遍性，能够用于判断和衡量所有社会成员的言行。用统一和普遍的法律制度去治理，既简单，又周全。按照慎子的推论，不管君主的贤智是十分有限，还是超常、超凡，如果用贤能统治，他都会陷入困境：

> 君之智，未必最贤于众也，以未最贤而欲以善尽被下，则不赡矣。若使君之智最贤，以一君而尽赡下则劳，劳则有倦，倦则衰，衰则复返于不赡之道也。（《慎子・民杂》）

君主不贤于众固不待言，即使他最有贤能，最终也会因费心、操劳过度而智力衰退，变成一般人。

贤能和圣王政治往往都对执政者的贤能抱有一种迷信，相信圣人的万能。但事实上，圣人也是人，即使他贤能出众，也不是万能的。如同黄老学认识到人心难免有主观性那样，它也充分认识到了人才智的不足，①哪怕是君王和圣人。慎子强调，君主不凭借普遍性的制度，而是求助一己的贤能和识见，无法遍察一切。他诘问道：

> 弃道术，舍度量，以求一人之识识天下，谁子之识能足焉？（《慎子・逸文》）②

---

① 在韩非看来，那些善于明察的人也不能尽察民心：“察士然后能知之，不可以为令，夫民不尽察。”（《韩非子・八说》）

② 在慎到看来，按照法律治理，省心、简便、可信：“行海者，坐而至越，有舟也；行陆者，立而至秦，有车也。秦、越远途也，安坐而至者，械也。厝钧石，使禹察锱铢之重，则不识也。悬于权衡，则牦发之微识也。则不待禹之智，中人之知，莫不足以识之矣。”（《慎子・逸文》）

但如果执政者凭借法治的普遍性标准,即使他才智平平,也足以遍察一切:

> 厝钧石,使禹察锱铢之重,则不识也。悬于权衡,则牦发之微识也。则不待禹之智,中人之知,莫不足以识之矣。(《慎子·逸文》)①

是黄老学对人的有限性的又一个认知。它告诫统治者,人的贤能都是有限的,任何人都有盲点,执政者不可能知道一切。② 但法治可以超越和弥补个人智能的不足,它是一种"万全之道"。韩非坚信普遍的道法和法律,不相信个人的智能。他说:

> 而道法万全,智能多失。夫悬衡而知平,设规而知圆,万全之道也。(《韩非子·饰邪》)

统治者贤能有限,单靠君主一人的智能是无法同众人的智能相比的。因此,治理者若用一己之智去治理被治理者的众智,他无法以少治多,也无法以少胜多。但如果他凭借普遍的制度和规范就能以少驭多,以一制多:

> 不任典成之吏,不察参伍之政,不明度量,恃尽聪明劳智虑而以知奸,不亦无术乎!且夫物众而智寡,寡不胜众者,智不足以遍知物,故因物以治物。下众而上寡,寡不胜众者,言君不足以遍知臣也,故因人以知人。是以形体不劳而事治,

---

① 有关君王能力的有限性,《吕氏春秋·有度》说:"先王不能尽知,执一而万物治……智能去就取舍六者,塞道者也。"《淮南子·原道训》也说:"任一人之能,不足以治三亩之宅也。"

② 老子和庄子都认识到了人的"无知"。《老子》第七十一章说:"知不知,上;不知知,病。夫唯病病,是以不病。圣人不病,以其病病,是以不病。"《庄子·秋水》说:"计人之所知,不若其所不知。"有关哈耶克对人的"无知"的看法,参阅邓正来:《知与无知的知识观——哈耶克社会理论的再研究》,见邓正来《自由与秩序——哈耶克社会理论的研究》,江西教育出版社 1998 年版,第 69 ~ 139 页。

智虑不用而奸得。故宋人语曰："一雀过羿，羿必得之，则羿诬矣。以天下为之罗，则雀不失矣。"夫知奸亦有大罗，不失其一而已矣。不修其理，而以己之胸察为之弓矢，则子产诬矣。《老子》曰："以智治国，国之贼也。"其子产之谓矣。(《韩非子·难三》)

法治的普遍性和周全性，执政者个人贤能的微小和不足，更因法治合乎人性、贤能的治理容易与人性冲突而截然不同。这涉及儒家与黄老学对人性的不同认知。在黄老学看来，人的真实性情，不是利他的而是利己的，特别是像韩非所说的那样，人都有算计之心，哪怕是父子之间也是这样。黄老学一般将人追求自我利益的这种自然之情，化约为"趋利避害""好生恶死"的"人情模式"。有关这一点，单就《管子》来看就非常明显：

凡人之情，得所欲则乐，逢所恶则忧，此贵贱之所同有也。(《管子·禁藏》)

夫凡人之情，见利莫能勿就，见害莫能勿避。[1](《管子·禁藏》)

民之情，莫不欲生而恶死，莫不欲利而恶害。[2](《管子·形势解》)

民，利之则来，害之则去。民之从利也，如水之走下，于四方无择也。故欲来民者，先起其利，虽不召而民自至。设

---

① 《管子·禁藏》更具体地说明了人们追求利益的自然性："商人通贾，倍道兼程，夜以续日，千里而不远者，利在前也。渔人之入海，海深万仞，就彼逆流，乘危百里，宿夜不出者，利在水也。故利之所在，虽千仞之山，无所不上，深源之下，无所不入焉。故善者，势利之在，而民自美安，不推而往，不引而来，不烦不扰，而民自富。"

② 《墨子·经上》也从"利害"的层面看待人的喜好与厌恶之情："利，所得而喜也；害，所得而恶也。"

其所恶,虽召之而民不来也。(《管子·形势解》)

凡人者,莫不欲利而恶害。是故与天下同利者,天下持之;擅天下之利者,天下谋之。(《管子·版法解》)

按照《管子》的说法,人都有共同的性情倾向,那就是追求有利于自己的,避免有害于自己的。对人来说,生死更是利害中的重中之重。对于人的这种自然倾向,黄老学还用抽象的“自为(wèi)”概念来概括:

人莫不自为也,化而使之为我,则莫可得而用矣。是故先王见不受禄者不臣,禄不厚者不与入难。人不得其所以自为也,则上不取用焉。故用人之自为,不用人之为我,则莫不可得而用矣。此之谓因。(《慎子·因循》)

按照《尹文子·逸文》(《群书治要·〈尹文子〉治理》)的记载,田骈也有这样的“自为”概念:

田子曰:“人皆自为而不能为人。故君人者之使人,使其自为用,而不使为我用。”魏(“魏”疑为“稷”——笔者)下先生曰:“善哉,田子之言!古者君之使臣,求不私爱于己,求显忠于己。而居官者必能,临阵者必勇。禄赏之所劝,名法之所齐,不出于己心,不利于己身。语曰:‘禄薄者不可与经乱;赏轻者不可于入难。’此处上者所宜慎者也。”①

“自为”即“为自己考虑”。②黄老学从人的“自为”出发,认为

---

① 这里引用的“语曰”,也见于《黄帝四经》。《黄帝四经·称》有一段残缺的话,也讲到了“自为”:“不受禄者,天子弗臣也;禄泊(薄)者,弗与犯难。故以人之自为□□□□□□□□□。”陈鼓应补出所缺文字,最后一句话就是:“故以人之自为也,不以人之为我也。”参阅陈鼓应:《黄帝四经今注今译》,台湾商务印书馆1995年版。《韩非子·难一》说:“明主之道不然,设民所欲以求其功,故为爵禄以劝之;设民所恶以禁其奸,故为刑罚以威之。”

② 黄老学的“自为”是它的一系列积极性的“自X”结构词汇之一。

执政者要使他的官吏们能为自己所用，要使他们忠于职守，首先要满足他们为自己利益考虑的愿望。

对此，我们完全可以说，黄老学眼中的人，是追求自我利益的人，①甚至是自私的人（就像亚当·斯密的“经济人”那样）。② 儒家和墨家的贤能主义相信：人都有利他主义的倾向，也应该有奉公的理想。与此看法不同，黄老学是从利己、自利的立场上看待人，它没有改变人的这种自然倾向的主张，③更没有要求人去自我奉献和自我牺牲。相反，黄老学认为满足人的自利的自然倾向，正是建立良好秩序的基础。法治的奖励和惩罚两种机能，恰好完全适应了人对利益的普遍喜好（即“趋利避害”）。由于人总是追求有利于自己的东西，因此法治的奖励是有效的；人总是避免有

① 《吕氏春秋·离谓》记载：“齐有事人者，所事有难而弗死也。遇故人于途，故人曰：‘固不死乎？’对曰：‘然。凡事人以为利也，死不利，故不死。’故人曰：‘子尚可以见人乎？’对曰：‘子以死为顾可以见人乎？’是者数传。”

② 亚当·斯密认为，每个人从自利出发并能够满足自己对利益的追求，就能够形成他们意想不到的“良好的秩序”。哈耶克更进一步认为，政府能让个人满足自利的要求，同时还能产生有利于他人的客观效果：“让个人能够利用自己知识和才能去追求自己选择的目标，被认为是政府能够保证为一切人提供的最大好处，也是引导这些个人为别人的幸福做出最大贡献的最佳方式。使个人可以利用他的具体条件和能力——这是任何权力机构都无从知晓的——允许他付出的最大努力，被认为是每个人的自由将会给所有其他人提供的主要好处。”（［英］弗里德里希·冯·合耶克著，冯克利译：《哈耶克文选》，江苏人民出版社 2007 年版，第 300 页。

③ 《淮南子》承继了黄老学的“因循”观念。《泰族训》说：“圣人之治天下，非易民性也，拊循其所有而涤荡之，故因则大，化则细矣。禹凿龙门，辟伊阙，决江浚河，东注之海，因水之流也。后稷垦草发菑，粪土树谷，使五种各得其宜，因地之势也。汤、武革车三百乘，甲卒三千人，讨暴乱，制夏、商，因民之欲也。故能因，则无敌于天下矣。夫物有以自然，而后人事有治也。”

害于自己的东西,因此法治的惩罚就是有效的。《管子·侈靡》说:

> 饮食者也,侈乐者也,民之所愿也。足其所欲,赡其所愿,则能用之耳。……百姓无宝,以利为首。一上一下,唯利所处。

韩非推论说:

> 人情者有好恶,故赏罚可用;赏罚可用则禁令可立,而治道具矣。(《韩非子·八经·因情》)

> 且夫死力者民之所有者也,情莫不出其死力以致其所欲;而好恶者上之所制也,民者好利禄而恶刑罚。(《韩非子·制分》)

法治能够满足人情和人追求自利的愿望,统治者的治理就变成了凭借法律去遵循和顺应人的性情。它不需要统治者用贤能去感化百姓,也不需要百姓煞费苦心地去改变自己的性情。据此,贤能政治同样是多余的。统治者只需要遵循百姓的性情,仅此而已。为此,黄老学提出了表面上消极实际上却非常积极的"因循"概念。《管心·心术上》解释"因"说:"因也者,舍己而以物为法也。""舍己"与"以物为法"彼此限定。只有"舍己"才能"以物为法",反过来说,"以物为法"就是"舍己",这就是"因"。"因"在黄老学那里,首先是因循上述人的自然性情和倾向。如《慎子·因循》,就明确将"因"界定为"因循人情":

> 天道,因则大,化则细。因也者,因人之情也。

《韩非子·八经》中的"因情"断定,顺应人情是治理天下的必然途径:

> 凡治天下,必因人情。

因循人情也就是因循人性。《文子·自然》说:

> 以道治天下,非易人性也,因其所有而条畅之。故因即

大，作即小。古之渎水者，因水之流也。生稼者，因地之宜也。征伐者，因民之欲也。能因则无敌于天下矣。

黄老学的“因循论”既是“因情”，同时又是“因能”。“因能”就是君主遵循社会大众的才智，凭借法治让所有人的才智都表现出来：

因民之能为资。（《慎子·民杂》）

因地以为资，因民以为师。（《黄帝四经·称》）

因者，因其能者，言所用也。（《管子·心术上》）①

但看似简单的“因循”，就像“无为”那样，君主要做到并不容易。君主是国家权力的最高拥有者，容易使自己忘记其有限性。社会公众也容易产生一种假象，误以为君主既然具有绝对的权力，自然也应该拥有最高的才智。贤能主义不同程度地假定了圣贤的“万能”。但如上所述，黄老学清楚地认识到，君主不是万能的，也不可能实行万能的统治。相对于执政者一人有限的才智和贤能来看，社会大众的贤智和贤能才是巨大的。因此，执政者凭借一己的才智而不是凭借法治去因循众能，就只能是个人的“独善”和“独巧”。而“独善”和“独巧”，绝不是真正的善和巧，更不是大善和大巧，它只能是一人的小善和小巧。大善和大巧是让社会大众都能贡献自己智慧和能力的真正的善和巧。《尹文子·大道上》说：

为善使人不能得从，为巧使人不能得为，此独善独巧者也，未尽巧善之理。为善与众行之，为巧与众能之，此善之善

① 《管子·心术上》解释“因”说：“无为之道，因也。因也者，无益无损也。以其形，因为之名，此因之术也。……因也者，舍己而以物为法者也。感而后应，非所设也。缘理而动，非所取也。过在自用，罪在变化。自用则不虚，不虚则仵于物矣。变化则为生，为生则乱矣。故道贵因。因者，因其能者，言所用也。”

者,巧之巧者也。故所贵圣人之治,不贵其独治,贵其能与众共治也;所贵工倕(音垂)之巧,不贵其独巧,贵其与众共巧也。今世之人,行欲独贤,事欲独能,辨欲出群,勇欲绝众。独行之贤,不足以成化;独能之事,不足以周务。①

按照《吕氏春秋·察贤》的记载,儒家人物宓子贱也有"因能"的意识。他区分了"任人"(凭借众人之力)与"任力"(凭借一己之力)的不同:

宓子贱治单父,弹鸣琴,身不下堂而单父治。巫马期以星出,以星入,日夜不居,以身亲之,而单父亦治。巫马期问其故于宓子,宓子曰:"我之谓任人,子之谓任力。任力者故劳,任人者故逸。"

黄老学反对君主独自行事的独善、独巧,劝告君主要学会尽人之力而不是尽己之力,也就是反对君主用一己之力去代替社会大众的众力,这就是韩非要求的统治者要去智、去贤(在此,智与明、贤与功成了相反而不并立的东西):"是故去智而有明,去贤而有功。"(《韩非子·主道》)也是《管子》反对的统治者的越俎代庖:"上离其道,下失其事。毋代马走,使尽其力。毋代鸟飞,使弊其羽翼。毋先物动,以观其则。"(《管子·心术上》)韩非提醒说,君主一人的才智无法应对众人和无数的事物,他也没有必要这样做。只有最下等的君主,才会"尽一己之能",但中等的君主是让众人发挥他们的力气,最上等的君主是让众人发挥他们的才智:

力不敌众,智不尽物,与其用一人,不如用一国。故智力敌而群物胜,揣中则私劳,不中则在过。下君尽己之能,中君尽人之力,上君尽人之智。(《韩非子·八经》)

---

① 《淮南子·主术训》也反对君主任己能而不任天下人之能:"君人者,不任能而好自为之,则智日困而自负其责也。"

对于怎样才算是伟大的君主，慎子的说法非常有趣。他认为一个伟大的君主，不在于自己有什么了不起的才智，也不在于如何充分地表现他的才智，做出惊天动人的事情，而仅仅在于能做到清静无为，兼容并包，并蓄天下之人的各种才能，因循他们的才智。只要如此，他就能达到太上之君的境界：

> 民杂处而各有所能，所能者不同，此民之情也。大君者，太上也，兼畜下者也。下之所能不同，而皆上之用也。是以大君因民之能为资，尽包而蓄之，无能去取焉。是故不设一方以求于人，故所求者无不足也。大君不择其下，故足；不择其下，则易为下矣。易为下，则莫不容。莫不容，故多下。多下之谓太上。(《慎子·民杂》)①

正如慎到所说，人的能力各不相同，或大或小，或长于此而短于彼。君王不需要用心去改变这种现实，事实上他无论如何也不能让每个人的能力都一样。他需要做的就是凭借法治，不要任何一己的智能。这样，他就能让所有的成员最大限度地发挥他们各自的作用。所有的人都用尽心力，由此产生的社会能量和活力就是最大的。相反，执政者靠自己的贤能是让一己用尽心力，由此产生的效果则最小。尹文子也告诉统治者，世界上没有谁是无所不能的，圣贤也有所不足，他们不能兼顾所有的事。因此，社会必

---

① 《吕氏春秋》和《淮南子》认为，君王真正要做的就是善用天下之力。《吕氏春秋·用众》说："天下无粹白之狐，而有粹白之裘，取之众白也。夫取于众，此三皇、五帝之所以大立功名也。凡君之所以立，出乎众也。立已定而舍其众，是得其末而失其本。得其末而失其本，不闻安居。故以众勇无畏乎孟贲矣，以众力无畏乎乌获矣，以众视无畏乎离娄矣，以众知无畏乎尧、舜矣。夫以众者，此君人之大宝也。"《淮南子·主术训》说："人主者，以天下之目视，以天下之耳听，以天下之智虑，以天下之力争。……故假舆马者，足不劳而致千里；乘舟楫者，不能游而绝江海。夫人主之情，莫不欲总海内之智，尽众人之力。"

须进行分工,君主能做的就是按照社会分工和人的不同职分来形成“全治”:

天下万物,不可备能。责其备能于一人,则贤圣其犹病诸!设一人能备天下之事,能左右前后之宜,远近迟疾之间,必有不兼者焉。苟有不兼,于治阙矣。全治而无阙者,大小多少,各当其分,农商工仕,不易其业,老农长商,习工旧仕,莫不存焉,则处上者何事哉。(《尹文子·大道上》)

我们需要高度关注黄老学的“因循”概念,它不仅可以帮助我们理解“无为”概念,也可以帮助我们理解法治和反智概念。统治者的“因循”,就是“无为”,就是不凭借贤能而凭借法治,就是遵循每个人的性情和能力,让每个人都能按照自己的愿望进行自主选择和行动。

五、法治之公正与贤能之偏私

黄老学信奉法治而非薄贤能还有一个原因,即君王凭借法治能够建立社会的公正和公平,而凭借贤能就会陷入偏私、不公正甚至混乱。黄老学和法家的“势”“术”观念,包括了一些权术和阴谋的东西,这一点不用回避。政治世界是运用权力的领域。统治者要运用权力首先就要掌握住这种权力。各种各样的野心家,心怀不轨的臣僚,都在觊觎着权力。积极意义上的“势”是一个权威的概念,“术”就是如何掌握权力,那么统治者运用权力来做什么?显然,政治又是一个公共的领域,权力本身并不是目的,它必须服务于公共的利益。很难设想政治家会将“政治”这个世界视为君主谋取一己之利的地方(虽然事实上会这样,就像黄宗羲在《明夷待访录》中尖锐地批评的那样)。一些研究者对黄老学、对同时又有法家身份的韩非的误解之一,就是否定他们的法律公共性立场,认为他们主张法治,提倡术、势,整体上都是为了君主的专制和利益的需要。① 余英时将黄老学的反智论化约为控制百姓、弱化臣民以保持君主的绝对权力的看法，与此类似。

我们知道，从春秋到战国，一些有活力的国家，都是实行改革和推行法治的国家。这些国家的改革和法治，整体上是从西周的封建世袭、身份和贵族社会向非世袭、非身份和功绩本位社会的转变过程，从少数人对社会利益的垄断向社会利益对所有的社会成员开放的转变过程。法家和黄老学既是这一过程的推动者，又是这一过程的理论总结者。他们相信法治是保证公共性的根本方式。我们也知道，儒家和墨家追求公共性，倡导“公天下”（譬如《礼记·礼运》的“天下为公”）。同样，黄老学认为，君主的最初设立，君主存在的正当性，都是基于公共的利益，而不是私人的利益。就此而论，黄老学与儒家没有多少不同。如慎到告诉我们，古人设立天子、君主和官长都不是为了个人的利益：

> 古者，立天子而贵之者，非以利一人也。曰：天下无一贵，则理无由通，通理以为天下也。故立天子以为天下，非立天下以为天子也；立国君以为国，非立国以为君也；立官长以为官，非立官以为官长也。（《慎子·威德》）

中国古代的政治家、思想家们大都乐道“公天下”，历代的王权政治也往往以“公天下”为意识形态。问题是君王如何能够保证“公天下”，保证社会利益分配的公平和公正。在此，黄老学和法家同儒家和墨家就再次产生了分歧。按照黄老学的立场，社会的公平和公正只能通过法治来保证，不能通过君王个人的贤能来实现。

法治之所以能够保证公平和公正，首先是因为法治是为了社

---

① 参阅郭沫若：《十批判书》，东方出版社 1996 年版，第 188 ~ 191，379 ~ 382页。

会大众的利益,而不是为了君王私人的利益,或者为了少数特权阶层的利益。早期法家商鞅就认为,依法而治是为了爱民。他说:"法者,所以爱民也,礼者,所以便事也。"(《商君书·更法》)从这一道理出发的韩非也认为依法而治是为了利民:"圣人之治民,度于本,不从其欲,期于利民而已。故其与之刑,非所以恶民,爱之本也。"(《韩非子·心度》)商鞅和韩非的说法,都涉及立法的目的问题。立法是为了爱民、利民,同时也是为公而废私。《韩非子·诡彼》说:"立法令者以废私也,法令行而私道废矣。私者,所以乱法也。……故《本言》曰:'所以治者,法也;所以乱者,私也。法立,则莫得为私矣。'故曰:'道私者乱,道法者治。'"同样,慎子认为,立法的目的是为了建立社会的"公正"和克服偏私:"法制礼籍,所以立公义也。凡立公,所以弃私也。"(《慎子·威德》)

立法原本是为了行公废私,而要实现这一立法精神,就必须依法、循法而治。据此,黄老学又做出依法而治是公、不依法而治是私的"公私之辨"。[①] 对此,慎子有非常清楚的辨析:

> 故蓍龟,所以立公识也;权衡,所以立公正也;书契,所以立公信也;度量,所以立公审也;法制礼籍,所以立公义也。凡立公,所以弃私也。明君动事分功必由慧,定赏分财必由法,行德制中必由礼。故欲不得干时,爱不得犯法,贵不得逾亲,禄不得逾位,士不得兼官,工不得兼事。以能受事,以事受利。若是者,上无羡赏,下无羡财。(《慎子·威德》)

> 法之功,莫大使私不行;君之功,莫大使民不争。今立法而行私,是私与法争,其乱甚于无法。立君而尊贤,是贤与君争,其乱甚于无君。故有道之国,法立则私议(《书钞》四十三

① 有关先秦的"公私之辨"及传统的公私观,参阅刘泽华、张荣明等:《公私观念与中国社会》,中国人民大学出版社2003年版。

引作"私善")不行,君立则贤者不尊。民一于君,事断于法,是国之大道也。(《慎子·逸文》;《艺文类聚》卷五四、《太平御览》卷六三八)①

黄老学以循法与背法论公私,为法治赋予"公"的正当性,将一切不依法和背法的行为看成是"私"。从这种意义上看,贤能之治不能被接受,是因为君主凭借个人的贤能、不依法而治是"私"。对儒家来说,贤能主义就是道德主义和德治,这就是公。但在黄老学看来,这恰恰是私。如在"仁爱之情"与"公法"上,韩非认为君主行仁是私爱、私情,依法才是公义和公正:

夫以君臣为如父子则必治,推是言之,是无乱父子也。人之情性莫先于父母,父母皆见爱而未必治也,君虽厚爱,奚遽不乱!今先王之爱民,不过父母之爱子;子未必不乱也,则民奚遽治哉!且夫以法行刑而君为之流涕,此以效仁,非以为治也。夫垂泣不欲刑者,仁也;然而不可不刑者,法也。先王胜其法,不听其泣,则仁之不可以为治亦明矣。(《韩非子·五蠹》)

治强生于法,弱乱生于阿,君明于此,则正赏罚而非仁下也。(《韩非子·外储说右下》)

为了说明法律之公与爱心之私不能两立,韩非举了一些例子,如秦昭王生病,一些敬爱他的百姓私下为他祈祷。秦昭公知道这一情况后,就担心自己会被这种行为感动而"改法",影响法治,因此他惩罚了那些好心为他祈祷的人:

秦昭王有病,百姓里买牛而家为王祷。公孙述出见之,

---

① 《管子·君臣上》说:"有道之君者,善明设法而不以私防者也。而无道之君,既已设法,则舍法而行私者也。"《管子·任法》说:圣君"任公而不任私,任大道而不任小物,然后身佚而天下治"。

入贺王曰:"百姓乃皆里买牛为王祷。"王使人问之,果有之。王曰:"訾之人二甲。夫非令而擅祷者,是爱寡人也。夫爱寡人,寡人亦且改法而心与之相循者,是法不立;法不立,乱亡之道也。不如人罚二甲,而复与为治。"(《韩非子·外储说右下》)①

韩昭侯在这方面的做法也是一个好的例证。他任用申子(不害)为相,在韩国实施变法和法治,促成了国家的富强和安定,申子可谓功臣,正如司马迁评述的那样:"终申子之身,国治兵强,无侵韩者。"(《史记·老子韩非列传》)也许正是出于此,申子请韩昭侯授予他的从兄一个官职,但韩昭侯依据"以其人之道,还治其人之身"的义理回绝了申子:

韩昭侯谓申子曰:"法度甚不易行也。"申子曰:"法者,见功而与赏,因能而受官。今君设法度而听左右之请,此所以难行也。"昭侯曰:"吾自今以来知行法矣,寡人奚听矣。"一日,申子请仕其从兄官,昭侯曰:"非所学于子也,听子之谒,败子之道乎?亡其用子之谒。"申子辟舍请罪。(《韩非子·外储说左上》)

孝作为儒家的基本信念和价值,它既是个人修身为仁的出发点,也是从事政治事务的前提。对儒家来说,不孝之子,不可能是

---

① 当然,秦国的君主们并不都像秦昭王那样。在涉及墨家巨子腹䵍儿子的一桩杀人案中,秦惠王就以他是独生子为由下令法官赦免他。但公正守法的巨子没有接受秦惠王的恩典,他要求秦惠王依法惩罚他的儿子,他也因此受到了人们的称赞。《吕氏春秋·去私》记载了这一事情:"墨者有巨子腹䵍居秦,其子杀人。秦惠王曰:'先生之年长矣,非有它子也,寡人已令吏弗诛矣,先生之以此听寡人也。'腹䵍对曰:'墨者之法曰:"杀人者死,伤人者刑。"此所以禁杀伤人也。夫禁杀伤人者,天下之大义也,王虽为之赐,而令吏弗诛,腹䵍不可不行墨者之法。'不许惠王而遂杀之。子,人之所私也,忍所私以行大义,巨子可谓公矣。"

一位好公民，更不可能是一位好官吏。因此，在忠孝不能兼顾的情况下，儒家鼓励人们优先选择孝行。对于黄老学来说，不能因为对父母的孝而逃避对国家的义务，更不能违法。因为前者是私，后者是公。韩非对此也做了完全不同于儒家的判断。例如一位儿子状告父亲的违法行为，从儒家的立场看，这是不孝和不直；但从黄老学和法家的立场看，这是正直和公正。再如一位跟随鲁国君主作战的鲁人，在三次战斗中均逃跑，孔子知道他这样做的原因是要对父母尽孝，就称赞他是一位孝子，但韩非说这是不忠于君主和国家的违法行为。[①] 如果说儒家的德治太近人情，那么黄老学的法治可以说是太不近人情。[②] 但仔细想想，如果私人的恩情和情义都渗透到法律中，又如何去保证法律的公正性呢？因此，慎到说：

> 法者，所以齐天下之动，至公大定之制也。故智者不得越法而肆谋，辩者不得越法而肆议，士不得背法而有名，臣不得背法而有功。我喜可抑，我忿可窒，我法不可离也；骨肉可刑，亲戚可灭，至法不可阙也。（《慎子·逸文》）

---

① 《韩非子·五蠹》记载说："楚之有直躬，其父窃羊而谒之吏。令尹曰：'杀之！'以为直于君而曲于父，报而罪之。以是观之，夫君之直臣，父之暴子也。鲁人从君战，三战三北。仲尼问其故，对曰：'吾有老父，身死，莫之养也。'仲尼以为孝，举而上之。以是观之，夫父之孝子，君之背臣也。"也正是根据以上情况，韩非对公私做出了明确的区分："古者苍颉之作书也，自环者谓之私，背私谓之公。公私之相背也，乃苍颉固以知之矣。"（《韩非子·五蠹》）《论语·子路》记载的一段对话与《韩非子·五蠹》记载的第一个故事类似："叶公语孔子曰：'吾党有直躬者，其父攘羊，而子证之。'孔子曰：'吾党之直者异于是：父为子隐，子为父隐。——直在其中矣。'"

② 司马谈评论法家："不别亲疏，不殊贵贱，一断于法，则亲亲尊尊之恩绝。""专决于名而失人情。"在现代政治生活中，公共领域与私人领域被严格区分开。个人、亲戚之间的情义等私人领域中的东西要排除在公共领域之外。法律作为公共领域，它当然也必须排除个人之间的偏爱和私情。

法治之公不能受个人的贤能和道德偏好左右,更不能因人的不同身份和阶层而受到不同的对待。这是黄老学法治公平观的又一体现。按照黄老学的立法精神,任何超越法律之上的贵族身份、等级和特权都是不被允许的。法律适用于所有的人,它对所有的人一视同仁。君主因人而枉法就是私。《管子·白心》说:

然而天不为一物枉其时,明君圣人亦不为一人枉其法。天行其所行而万物被其利,圣人亦行其所行而百姓被其利。是故万物均既夸众矣。

按照《管子》的说法,一个君主是有道还是无道,就在于他是立法、用法还是立法而又行私:

有道之君者,善明设法而不以私防者也。而无道之君,既已设法,则舍法而行私者也。(《管子·君臣上》)。①

最后,法律的公平和公正体现在恰当和准确的量刑上。睡虎地秦简《法律问答》对什么是"不直"做出了非常明确的界定:

---

① 特别像韩非,他从国家的急需等实用的立场出发,认为儒家的人文等偏好不利于国家的富强,狭隘地将许多人文的事物排除在社会生活之外。如在《五蠹》中,韩非批评儒家(还有墨家)说:"儒以文乱法,侠以武犯禁,而人主兼礼之,此所以乱也。夫离法者罪,而诸先生以文学取;犯禁者诛,而群侠以私剑养。故法之所非,君之所取;吏之所诛,上之所养也。法趣上下四相反也,而无所定,虽有十黄帝不能治也。故行仁义者非所誉,誉之则害功;工文学者非所用,用之则乱法。"对于"贤智",韩非还从微妙难识等意义上加以否定:"且世之所谓贤者,贞信之行也;所谓智者,微妙之言也。微妙之言,上智之所难知也。今为众人法,而以上智之所难知,则民无从识之矣……若夫贤良贞信之行者……今贞信之士不盈于十,而境内之官以百数,必任贞信之士则人不足官,人不足官则治者寡而乱者众矣。故明主之道,一法而不求智,固术而不慕信,故法不败而群官无奸诈矣。"(《韩非子·五蠹》)

论狱[何谓]不直？何谓纵囚？罪当重而端轻之，当轻而端重之，是谓不直。

与“不直”（“曲”）相反的是“直”。“直”即正直、恰当、正确。如果说儒家以“孝”为“直”，黄老学以“孝”为“不直”，说的是依法不依法的问题，那么这里的“直”与“不直”则是指依法裁度上的公正不公正和恰当不恰当的问题。

余论：期望、历史和比较

原本以治世和应世为志愿的百家子学，如果哪家的学说对社会政治产生了影响，那将是自然的。黄老学就是其中之一。战国以后一些强大的诸侯国越来越强烈地通过征服、扩张和兼并来谋求建立大国秩序。① 黄老学适应了这种趋势，建立了它的学说，反过来黄老学又促进着这种趋势。黄老学以道法和法律为中心的政治学说，不仅使它建立良好秩序和共同体生活的目标成为可能，而且变成了现实，秦国是一个绝佳的例子。现在我们再回到前述的《韩非子 · 大体》，回到它展示的法治共同体理想。这一理想在很大程度上在秦国得到了印证。

秦国的强大乃至最后能够统一六国，可以说是法家和黄老学影响的产物。从秦孝公到秦昭王，秦国更加富庶和强大了。就是在秦昭王统治时期，大约在公元前306年至公元前251年，荀子参观了秦国。秦国良好的社会秩序和生活给荀子留下了深刻的印象。范雎（应侯）当时担任秦相，他询问荀子游览秦国之后的观感，荀子向他描述了印象中的秦国：

其固塞险，形埶便，山林川谷美，天材之利多，是形胜也。

① 有关战国时期的战争和新型国家，参阅许倬云著，邹水杰译：《中国古代社会史论——春秋战国时期的社会流动》，广西师范大学出版社2006年版，第63～127页。

入境,观其风俗,其百姓朴,其声乐不流污,其服不挑,甚畏有司而顺,古之民也。及都邑官府,其百吏肃然莫不恭俭、敦敬、忠信而不楛,古之吏也。入其国,观其士大夫,出于其门,入于公门,出于公门,归于其家,无有私事也,不比周,不朋党,倜然莫不明通而公也,古之士大夫也。观其朝廷,其闲听决百事不留,恬然如无治者,古之朝也。故四世有胜,非幸也,数也。是所见也。故曰:佚而治,约而详,不烦而功,治之至也。秦类之矣。(《荀子·强国》)

荀子说"佚而治,约而详,不烦而功,治之至也",并说"秦类之矣",这同《韩非子·大体》说的"故长利积,大功立,名成于前,德垂于后,治之至也"相互印证。荀子说秦国"四世有胜,非幸也,数也"。他所说的"数"具体是指什么呢?主要是指"法治"。荀子在《解蔽》中批评慎到,说他"蔽于法而不知贤",说"由法谓之道,尽数也"。这里的"数"即"法"。杨倞注说:"慎子本黄、老,归刑名,多明不尚贤、不使能之道……其意但明得其法,虽无贤亦可以为治,而不知法待贤而后举也。"又说:"由法而不由贤,则天下之道尽于术数也。"秦国以奉行法治而闻名,它的思想来源主要是法家和黄老学。荀子目睹了秦国的良好秩序,也知道这是它实践法治的产物。正是在此意义上,荀子高度称赞了秦国,也认为秦国的治理还有缺陷:

虽然,则有其諰矣。兼是数具者而尽有之,然而县之以王者之功名,则倜倜然其不及远矣。是何也?则其殆无儒邪!故曰:粹而王,驳而霸,无一焉而亡。此亦秦之所短也。(《荀子·强国》)

力术止,义术行。曷谓也?曰:秦之谓也。威强乎汤、武,广大乎舜、禹,然而忧患不可胜校也,諰諰然常恐天下之

一合而轧己也，此所谓力术止也。(《荀子·强国》)①

荀子站在儒家的立场，认为秦国之治的不足在于缺乏“义术”，也就是还没有达到“王道”。他认为这是秦国下一步要发展的目标。荀子这种立场前后一贯。秦庄襄王时，李斯要到秦国寻找机会，他向荀子辞行时，认为秦国是以“便利”而不是仁义的方式达到了富强。荀子批评他的浅薄和短见。《荀子·议兵》记载了他们的对话：

> 李斯问孙卿子曰：“秦四世有胜，兵强海内，威行诸侯，非以仁义为之也，以便从事而已。”孙卿子曰：“非女所知也。女所谓便者，不便之便也；吾所谓仁义者，大便之便也。”

这说明荀子并不像人们所说的那样偏离了儒家的路线，他也不是什么现实主义者，只不过他对“霸道”和“力治”给予了一定的肯定而不是简单的否定罢了。

荀子对秦国的赞扬和反省都说明秦国主要是法治主义的国家，依靠法律的力量来统治。汉代以来人们也大都从“严而少恩”的角度批评秦国。问题是，秦国是不是只靠法律来统治，是不是完全否定了伦理和道德规范的作用，这恐怕不能简单地回答。这不仅是因为法家和黄老学并不都像韩非的学说那样强烈地排斥伦理道德，而且还因为秦国的统治中也有道德的辅助作用。《为吏之道》②提供了这方面的证言。它的主要内容是规范官吏的伦

---

① 《荀子·议兵》也说明了秦国强盛的原因及其缺陷：“秦人，其生民也狭阸，其使民也酷烈，劫之以埶，隐之以阸，忸之以庆赏，鳅之以刑罚，使天下之民所以要利于上者，非斗无由也。阸而用之，得而后功之，功赏相长也，五甲首而隶五家，是最为众强长久，多地以正。故四世有胜，非幸也，数也。故齐之技击不可以遇魏氏之武卒，魏氏之武卒不可以遇秦之锐士，秦之锐士不可以当桓、文之节制，桓、文之节制不可以敌汤、武之仁义。”

② 此篇文本又见岳麓书院藏秦简中，即《为吏治官及黔首》。参阅朱汉民、陈松长编：《岳麓书院藏秦简》(壹)，上海辞书出版社2010年版。

理道德,其中也有对“孝”的规范。[①] 摄融了儒家的黄老学,如《管子》《黄帝四经》等,都认识到了道德的功能和意义。像以仁治、德治、礼治为治理根本的儒家,并不完全排斥法律那样,大部分黄老学家也不排斥道德。儒家以贤德为本求治,黄老学以道法为本求治,这就是它们的根本不同。道法对儒家来说,贤德对黄老学来说,都具有辅助性的作用。

司马谈、司马迁父子和《汉书·艺文志》对道家和黄老学的认识既高明又准确:

道家无为,又曰无不为,其实易行,其辞难知。其术以虚无为本,以因循为用。(《史记·太史公自序》)

道家者流,盖出于史官,历记成败存亡祸福古今之道,然后知秉要执本,清虚以自守,卑弱以自持,此君人南面之术也。(《汉书·艺文志》)

两者虽然都没有谈到“法律”的统治,也没有提及贤能,但都深得道家统治原理(道无为与圣人无为;因循万物和百姓的自然)的旨趣。黄老学建立良好秩序的期望,首先就是基于这种统治的原理,然后进一步又使道与法治结合起来,使执道、守道的治理,使无为的治理,变成了执法、守法的治理。黄老学者相信,只有如此才能够建立良好的秩序和理想共同体。

黄老学的法治主义思维,让人感到惊奇,譬如它对法律客观性、普遍性和统一性的看法,它对人治及贤能有限性的认识,它对法律公正性和平等性的主张,它对私德、私情和特权等的否定,都表现出了看似是“现代性”法治的一些重要的方面。黄老学相信良好的秩序特别是大国理想只能建立在道和法律统治的基础之

---

① 有关这方面,参阅王中江:《睡虎地秦简〈为吏之道〉与秦国儒家性政治伦理》,见王中江、李存山主编《中国儒学》(第四辑),中国社会科学出版社 2009 年版,第 137～181 页。

上，决不能建立在儒家的德治主义和贤能主义之上，这才是它反智和拒绝贤能的真正原因。

从东、西方文明和传统的比较来看，黄老学的法治主义思维并不孤立。在西方传统中，亚里士多德早就指出，法律是让人不要用"智"。谁想以一己之智去胜过法律，那是法律所禁止的。他说：

> 常人既不能完全消除兽欲，虽最好的人们（贤良）也未免有热忱，这就往往在执政的时候引起偏向。法律恰恰正是免除一切情欲影响的神祇和理智的体现……要使事物合于正义（公平），须有毫无偏私的权衡；法律恰恰正是这样一个中道的权衡……一人之治还有一个困难，他实际上不能独理万机。①

作为重建自由和法治理念的现代典范人物，哈耶克追溯了西方法治传统的渊源。他根据亚里士多德在《政治学》中的法律治理思维，认为现代西方的"由法律统治而非由人统治"的说法直接源于亚里士多德。② 他指出罗马的《十二铜表法》构成了罗马共和国自由的基础，它的第一部公法就规定法律适用于所有的公民："不能授予私人以特权或颁布偏利于某些私人的法规，而侵损其他人，因为这与适用于所有公民的法律背道而驰；这种适用于

---

① ［古希腊］亚里士多德著，吴寿彭译：《政治学》，商务印书馆 1983 年版，第169～170页。

② 主张君主绝对统治的霍布斯说，相信应由法律而不是人统治，这是亚里士多德政治学的一个错误。哈耶克引用了哈灵顿（James Harrington）对霍布斯提出的反驳："市民社会得以建构和维护所依凭的基础乃共同的权利和利益；而这种观点所依据的恰是亚里士多德和 Livy 的思想，即法律的绝对统治而非人的绝对统治（the empire of laws, not of men）。"（参阅［英］弗里德里希·冯·哈耶克著，邓正来译：《自由秩序原理》，生活·读书·新知三联书店 1997 年版，第 208 页。

所有公民的法律,任何个人,不论其地位如何,都有权运用之。”①在西方法治的近代演变中,洛克和休谟都有真知灼见。如休谟在他的《文集》中说:

> 幻想家或可设想政府以仁爱为本,唯圣贤方能留名于世;然而恰恰是那些胥吏们,让此等尊贵的夫子们站到了同草莽流寇一样的地面上,用最严酷的学说训戒他们,凭空想象中似乎最有益于社会的原则,实践中可能完全是有害而具破坏性的。②

对此,哈耶克评述和引申说:

> 不是人之善,而是制度,“使坏人也可为公众的幸福服务”,只要他希望有和平、自由和公正。③
>
> 休谟进一步的关切主要是想说明,只有全面采用“普遍的、不允许有灵活性的公正行为规则”,才能保证普遍秩序的建立。如果想形成一种秩序,则只能以这一目的,而不是任何别的特殊目的或结果,作为采用这些规则的指导。④

十分遗憾的是,同西方的法治思想具有许多相似性的黄老学的道法主义理念和治理,在后来的中国历史中没有得到进一步的发展,这同儒家的贤能主义和德治主义的主导性互为因果,这也能够部分地解释中国为什么没有自生出现代性的法治,而至今建立法治为什么仍然十分困难。

---

① [英]弗里德里希·冯·哈耶克著,邓正来译:《自由秩序原理》,生活·读书·新知三联书店1997年版,第208~209页。

② [英]弗里德里希·冯·哈耶克著,冯克利译:《哈耶克文选》,江苏人民出版社2007年版,第500页。

③ [英]弗里德里希·冯·哈耶克著,冯克利译:《哈耶克文选》,江苏人民出版社2007年版,第500页。

④ [英]弗里德里希·冯·哈耶克著,冯克利译:《哈耶克文选》,江苏人民出版社2007年版,第493页。

黄老政治哲学几个问题

郑　开
（北京大学哲学系教授）

黄老思潮源远流长，纵贯六七百年的时间跨度：其思想动机的端倪大约在春秋晚期开始酝酿发酵；关键转折发生在战国中期，因为从那个时候起，那些隐隐约约、影影绰绰见于各种史料的“黄老意”，那些枝枝蔓蔓、铿铿锵锵的“黄帝言”“黄帝书”，迅速条理化、整齐化，形成了兼容并蓄、错综复杂的黄老学思潮；黄老学不绝如缕，还流行于两汉时期，甚至绵延于汉末（例如黄老道）。①

既然黄老学经历了春秋、战国、秦汉波澜壮阔、跌宕起伏的大时代，那么它是如何以思想形式回应时代问题的挑战，又是如何参与政治社会的变革与转型的呢？换言之，黄老学贡献了怎样独具特色的政治哲学理论，如何体现了构建于其中的国家形态转型、政治制度发展的时代精神？这些问题都比较棘手，由于它们皆涉猎广泛、错综复杂。不妨通过梳理和分析黄老政治哲学的若干重要问题，提纲挈领地阐述黄老政治理论的创造性和思想史意义。

一、黄老学：学派和文献

当人们追问“什么是黄老学”的时候，已经预设了黄老学的清

① 金晟焕：《黄老道探源》，中国社会科学出版社2008年版，第1～5页。

晰边界,或者期待划出一个清晰边界。中国思想史、哲学史上的黄老思潮或黄老学的特殊性就是它没有一个清晰的边界。那么我们何以谈论黄老学呢?

首先,通过哲学史研讨哲学是理论研究的基本方法。战国中期是黄老学承前启后的发展阶段,因为在战国中期前后,黄老学派的特征逐渐明确起来。黄老思想的种种端倪、头绪体现在:春秋以来方兴未艾的变法运动及其后果(例如法的成长、法的制度化深刻更张了传统的礼乐文明);黄帝形象出现于思想世界,而且越来越清晰;百家争鸣引发了诸子间的深度对话,思想文化层面的多元化成为思想史主流,稷下学集中体现了这一点。最为关键的是,黄老学能够脱胎换骨的根本原因就是它完成了道家化之淬火。黄老之为黄老,正是由于它将道家(老庄)哲学作为自己的理论基础,并使自身的思想学说和理论条理化、系统化,最终发展成为一个具有思想内核、学术特点的学派——而且几乎就是最宽泛、最复杂意义上的学派。就是说,黄老思潮的渊源虽然可以追溯到老子生活的年代之前,然而黄老学真正的发展契机还是老庄哲学。虽然具有某种"兼综""杂糅"的特点,其理论基础仍在于道家哲学(老庄)。简言之,思想史料里出现的所谓"黄老意",既可以说是"道德之意"(老庄哲学的核心内容)的嗣响,同时又踵事增华、推陈出新,比如说把"道德之意"与"刑名之术"结合起来。从思想史角度分析,流脉复杂的黄老学派千变万化不离其宗,其根本宗旨就是帝道而已;所谓"帝道",一方面是王道、霸道之外的政治哲学新思维,另一方面也是以道法之间作为自己的思想空间,以内圣外王之道作为自身的理论结构。① 因此接下来我们拟围绕着"帝道"及其"皇帝王霸"政治哲学

① 郑开:《黄老的帝道:王霸之外的新思维》,见陈鼓应主编《道家文化研究》(第三十辑),中华书局2016年版,第491~525页。

思考模式、“道法之间”的思想空间、“抱道执度”的内容实质等问题,展开分析和阐释。

其次,经典(包括文献和思想各个层面)诠释是思想史研究的重要法门,因此历史线索(脉络及谱系)以及文献资料(著作及著作残篇)的梳理与分析是黄老学研究的重要前提。[①] 说起黄老学的历史源流,不少学者遵信《史记·乐毅列传》的记载,[②]但这条孤零零的史料太局限,尚不足以揭示黄老学的梗概。实际上,《庄子·天下》《论六家要旨》《汉书·艺文志》都提示了若干线索,而蒙文通早已据之进行过较为深入的研究。[③] 黄老学研究的线索存在于以下几个事实:《庄子·天下》提及的学者大部分是稷下先生;《管子》诸篇可能出于稷下先生之手;[④]齐国稷下学宫是战国中期学术思想之重镇,从思想

---

① 郑开:《道家黄老学派及其文献:以稷下学为中心》,见郑开主编《齐文化与稷下学论丛》,齐鲁书社 2018 年版,第 237 ~ 265 页。

② 《史记·乐毅列传》篇末载太史公曰:“始齐之蒯通及主父偃读乐毅之报燕王书,未尝不废书而泣也。乐臣公学黄帝、老子,其本师号曰河上丈人,不知其所出。河上丈人教安期生,安期生教毛翕公,毛翕公教乐瑕公,乐瑕公教乐臣公,乐臣公教盖公。盖公教于齐高密、胶西,为曹相国师。”

③ 蒙文通:《略论黄老学》,见蒙文通《古学甄微》,巴蜀书社 1987 年版,第269 ~ 284 页。

④ 刘节最早指出《管子》四篇(《心术上》《心术下》《内业》《白心》)是一组道家文献;郭沫若又试图论证《管子》四篇出于宋钘、尹文(《青铜时代·宋钘尹文遗著考》);蒙文通则指出它们可能出于田骈、慎到(《古学甄微》);裘锡圭根据马王堆出土的《老子乙卷前古文书》(即唐兰所谓《黄帝四经》、魏启鹏所谓《黄帝书》),分析指出:《管子》四篇更可能出于田慎学派,与蒙文通之说不谋而合。裘锡圭:《马王堆〈老子〉甲乙本卷前后佚书与“道法家”——兼论〈心术上〉〈白心〉为慎到田骈学派作品》,见中国哲学编辑部编《中国哲学》(第二辑),生活·读书·新知三联书店 1980 年版,第 68 ~ 84 页。

文化差异性的角度看,齐文化与鲁文化、稷下学与儒学反差明显。既然如此,我们有充分的理由证明稷下学是黄老学承前启后、异军突起的重要契机。也就是说,稷下先生如淳于髡、田骈、接予、慎到、环渊、驺衍、驺奭、荀卿等(《史记·孟轲荀卿列传》)以及宋钘、尹文、彭蒙、季真等(《庄子》之《天下》《则阳》、《汉书·艺文志》)都可以归诸宽泛意义上的黄老学派,而荀况弟子、法家宗师韩非亦浸淫于黄老思想;当然还应该包括不少深受黄老学濡染的儒家学者以及那些匿名的思想家。

黄老文献资料的情况尤其复杂。除了稷下先生的传世著作及其残篇,《汉书·艺文志》列于“法家”的《管子》其实是黄老学派最重要、最集中的文献汇集;传世本《管子》和马王堆出土的黄老古佚书(唐兰认为它是《汉书·艺文志》著录的《黄帝四经》,魏启鹏以为应该定名为《黄帝书》)几乎就是最重要的黄老政治哲学之渊薮。另外,《汉书·艺文志·诸子略》道家部分所列的几种“排头书”都是举足轻重的黄老学著作。①比较棘手、复杂一点的是《庄子》(特别是外、杂篇中的几篇文献)、《文子》、《韩非子》(尤其是其中几篇理论性较强的篇什)、《吕氏春秋》、《淮南子》、《鹖冠子》这几种文献的性质。刘笑敢说,《庄子》中的“黄老派作品包括《天地》《天道》《天运》《在宥》《刻意》《缮性》《天下》七篇”②。实际上,《庄子》之黄老篇什不限于“《天道》诸篇”,例如《至乐》《庚桑楚》《知北游》(部分内容)等篇;也不限于“外、杂篇”,例如《内篇》的《应帝王》《大宗师》两篇。1973 年,河北定县汉墓出土了《文

---

① 李零:《兰台万卷:读〈汉书·艺文志〉》,生活·读书·新知三联书店 2011 年版,第 84~86 页。

② 刘笑敢:《庄子哲学及其演变》,中国社会科学出版社 1988 年版,第 299 页。

子》残卷，确证《文子》至少属汉初古籍；张岱年据此推断《文子》乃汉文景之时的黄老学派的著作，[①]多少洗刷了《文子》长期以来被目为“伪书”的冤名。[②]《韩非子》虽是“法家的集大成”，然而其中理论性较强的《解老》《喻老》《扬权》《二柄》等，渗透了明显的“黄老意”；司马迁说韩非：“喜刑名法术之学，而其归本于黄老。”又说：“韩子引绳墨，切事情，明是非，其极惨礉少恩。皆原于道德之意，而老子深远矣。”（《史记·老子韩非列传》）而“黄老”的思想核心之一，就是“道德之意”。《吕氏春秋》《淮南子》两书，《汉书·艺文志》列于“杂家”，显然不明就里；实际上，《吕氏春秋》《淮南子》诸多篇什亦出于黄老学派之手，现代学者多认为它们属于黄老。[③]《淮南子·要略》自谓著述旨趣乃“纪纲道德，经纬人事”“穷道德之意”；高诱亦曰“（《淮南子》）其旨近老子”，“大较归之于道”（《淮南子集释·叙目》）。现代学者认为《淮南子》是汉初黄老学集大成者，把黄老理论“推展到顶峰，发挥到了极致”[④]。另外

---

① 张岱年：《试谈〈文子〉的年代与思想》，见陈彭应主编《道家文化研究》（第五辑），上海古籍出版社 1994 年版，第 133 ~ 141 页。

② 《文子》的文献学比较复杂，详情参阅丁原植：《〈文子〉资料探索》，台湾万卷楼图书有限公司 1999 年版；〔战国〕文子著，李定生、徐慧君校释：《文子校释》，上海古籍出版社 2004 年版。

③ 蒙文通：《古学甄微》，巴蜀书社 1987 年版，第 275 ~ 277 页；吴光：《黄老之学通论》，浙江人民出版社 1985 年版，第 128 页。陈奇猷认为赋予《吕氏春秋》以理论结构的“十二纪”出于阴阳家，另有《正名》以及《审分览》八篇（即《审分》以下八篇）“皆法家之言”，乃“尹文学派之著作也”。（陈奇猷校释：《吕氏春秋校释》，学林出版社 1984 年版，第 1031 ~ 1032 页）然而《正名》与《审分》诸篇与其说出于法家，不如说源于黄老。

④ 陈丽桂：《秦汉时期的黄老思想》，台湾文津出版社 1997 年版，第 3 页。

"黄帝书""太公书""伊尹书""范蠡书"等,与黄老学之间有剪不断理还乱的复杂交涉关系。《汉书·艺文志》著录了不少"黄帝书",分布在《诸子略》《兵书略》《方技略》。① "黄帝书"见于《诸子略》"道家""阴阳家""杂家""小说家",列于《兵书略》"形势""阴阳""技巧"诸家,《数术略》之"天文""历谱""五行""杂占"等,以及《方技略》之"医经""经方""房中""神仙"等。② 另外,战国中晚期以来的史料颇载"黄帝言",虽是零散的只言片语,毕竟也是"黄老意"的一部分。"伊尹书"亦值得注意。《汉书·艺文志》著录《伊尹》51 篇,列于道家;《伊尹说》27 篇,列于小说家。这两种著作久佚,而伊尹学派也隐晦不明。然而《吕氏春秋》可能保存了部分《伊尹》的内容;③马王堆帛书《伊尹·九主》被认为是《汉书·艺文志》所载《伊尹》之佚篇,其成书年代不晚于春秋末期,堪称"前黄老形名之学"④。"范蠡书",《汉书·艺文志》著录《范蠡》二篇,列于兵权谋家,久佚;然而《国语·越语下》《越绝书》等传世文献记载了不少范蠡的言论,恰与马王堆黄老帛书若合符节,很值得注意。

既然黄老思潮绵延时间长、涉及范围广、包含人物多,同时思想上也呈现出杂糅兼综之特点,那么黄老学呈现出思想倾向矛盾甚至相反的现象便不足为奇了。总之,以上的内容初步奠定了讨论黄老政治哲学的历史、文献的基础,下面我们围绕上述提到的

---

① 李零:《兰台万卷:读〈汉书·艺文志〉》,生活·读书·新知三联书店 2011 年版,第 90 ~ 91 页。

② 《黄帝书》颇涉方技、数术,因为"黄帝书见于史志著录和传于后世,主体是数术方技之'黄'"。参阅李零:《说"黄老"》,见陈鼓应主编《道家文化研究》(第五辑),上海古籍出版社 1994 年版,第 145 页。

③ 陈奇猷校释:《吕氏春秋校释》,学林出版社 1984 年版,第 146 页。

④ 魏启鹏撰:《马王堆汉墓帛书〈黄帝书〉笺证》,中华书局 2004 年版,第275 ~ 276页。

黄老学派代表人物及其著作展开研讨。

二、帝道:黄老政治哲学的核心宗旨

关于黄老学历史脉络、学派属性、资料文献、思想宗旨等问题,学术界长期以来聚讼不已,分歧莫甚。前人提出了一些看法,提揭黄老宗旨在于"无为而无不为"(司马谈以来),例如强调其重视"因循"(蒙文通),概括其宗旨为"君人南面之术"(张舜徽),将其学术特质归结为"新道家"(熊铁基)等,都是颇具启发性、建设性的真知灼见,然而有点儿意犹未尽、不够透彻之感。就是说,黄老学的根本宗旨仍是一个悬而未决、有待深入探究的问题。庄子屡言"帝道"(或帝王之道),这在黄老学著作中出现得更为频繁。罗根泽、饶宗颐都注意到了历史文献中经常提及"皇帝王霸"的现象,在战国秦以及汉前期的黄老文献中最典型的说法则是"帝王霸""帝王霸力",也许"皇"是后世的附庸增益所致。① 最重要的是,"帝道"既与

① 杨宽曾论证说,"皇""黄"古通,"黄帝"为"皇帝"之字变,"黄帝本是上帝的化身,故为天下之所共祖耳"(杨宽:《中国上古史导论》,见顾颉刚编著《古史辨》第 7 册上,上海古籍出版社 1982 年版,第 189 ~ 209 页)。但该说法过于牵强附会。秦始皇号称"始皇帝","帝"是主词,"始""皇"都是修辞;而他之所以号称"始皇帝"的缘故,还需要历史地看,《史记·平津侯主父列传》载严安书:"臣闻周有天下,其治三百余岁,成康其隆也,刑错四十余年而不用。及其衰也,亦三百余岁,故五伯更起。五伯者,常佐天子兴利除害,诛暴禁邪,匡正海内,以尊天子。五伯既没,贤圣莫续,天子孤弱,号令不行。诸侯恣行,强陵弱,众暴寡,田常篡齐,六卿分晋,并为战国,此民之始苦也。于是强国务攻,弱国备守,合从连横,驰车击毂,介胄生虮虱,民无所告愬。及至秦王,蚕食天下,并吞战国,称号曰皇帝,主海内之政,坏诸侯之城,销其兵,铸以为钟虡,示不复用。元元黎民得免于战国,逢明天子,人人自以为更生。"

“王道”“霸道”并举,又内蕴了超乎“王霸”之上的深刻动机。①

(一)首先,思想史上“帝”这个词语以及围绕这个语词展开的观念流衍值得探寻。殷商时期甲骨刻辞“帝”,几乎就是笼罩一切、表现着政治社会和宗教意识形态的核心语词。然而,殷周之际之所以是思想史的重要分界线,是由于西周时期自觉启用“天”代替了殷商的“帝”,以“天命”和“王道”作为论说政治的两翼:前者夺胎于殷商时期苏明星的“命”,后者确立了一种成熟的政治理念及其模式;而两者的思想基础都依赖于“德”。同时,“帝”这个语词及其表述的观念似乎归于沉寂,因为整个西周春秋时期思想世界中,“帝”已经边缘化了,不复有殷商时期的重要性。然而,春秋中晚期以来,特别是战国中期以降,伴随着“黄帝”形象出现于思想史,道家者流尤其是黄老学者开始热衷于谈论“黄帝”“帝”“帝道”,耐人寻味。有趣的是,黄老文献中出现的“帝”“帝道”具有深刻的思想内涵,不同于日常语言中的含义。例如《孟子》里出现“帝”字凡11次,要么是指《诗》里称颂的、人格化的“上帝”,要么是指“帝尧”“帝舜”等历史中出现的圣王,不外乎日常语言的常用含义;董仲舒《春秋繁露》亦如此。然而《管子》《庄子》及马王堆帛书《经法》里面的“帝”“帝道”已不限于日常语言范畴,值得深入推敲。

倘若追问“黄帝”形象、“黄帝之道”出现于思想世界有什么必然性的话,则需要考察春秋中晚期迄至汉初数百年间恢宏无情的历史进程。始于春秋时期的“变法运动”此起彼伏、方兴未艾,是“礼崩乐坏”“王道陵夷”的另一种表现形式,只不过这种表现形式体现了制度设施层面上的新创设;另一方面,春秋战国以来

---

① 郑开:《黄老的帝道:王霸之外的新思维》,该论文经过修订刊于《道家文化研究》(第三十辑)。

的夷夏问题，以及规模空前的兼并战争，极大地促进了政治转型、民族融合和文化认同。旧制度（礼乐文明）似乎行将就木，大革命即将摧枯拉朽。《淮南子》道出了其中的秘密、点出了问题的关键：

> 武王继文王之业，用太公之谋，悉索薄赋，躬擐甲胄，以伐无道而讨不义，誓师牧野，以践天子之位。天下未定，海内未辑，武王欲昭文王之令德，使夷狄各以其贿来贡，辽远未能至，故治三年之丧，殡文王于两楹之间，以俟远方。武王立三年而崩，成王在褓褓之中，未能用事，蔡叔、管叔辅公子禄父而欲为乱。周公继文王之业，持天子之政，以股肱周室，辅翼成王。惧争道之不塞，臣下之危上也，故纵马华山，放牛桃林，败鼓折枹，搢笏而朝，以宁静王室，镇抚诸侯。
>
> ……
>
> 齐桓公之时，天子卑弱，诸侯力征，南夷北狄，交伐中国，中国之不绝如线。齐国之地，东负海而北障河，地狭田少，而民多智巧。桓公忧中国之患，苦夷狄之乱，欲以存亡继绝，崇天子之位，广文、武之业，故《管子》之书生焉。（《淮南子·要略》）

可以说，这两段话前一段说的是周初确立的“王道政治”，后一段说的是春秋早期的“霸道秩序”；春秋以来的政治理念和秩序模式几乎无出其外者。问题的复杂性在于，《管子》一书既留存了管仲创立霸业时期的思想遗产，也有后来进一步发展出来的、超出“霸道”的思想内容；那么还有什么理由继续认为《管子》所载的思想内容仅仅是“王霸并用”？《淮南子》特别强调的“帝道”，屡言“帝王之道”“帝王之事”，推考其渊源,似乎能够追溯到《管子》《庄子》诸书。①《管子》曰:“(黄帝)欲陶天下而以为一家。”(《管子·地数》)可谓一语中的。② 从某种意义上说,“黄帝”的形象就是某种社会意象与政治符号。史册记载的“黄帝”只是上古传说的残迹,③儒家

---

① 《管子·任法》:“昔者尧之治天下也,犹埴已埏也,唯陶之所以为;犹金之在炉,恣冶之所以铸。其民引之而来,推之而往,使之而成,禁之而止。故尧之治也,善明法禁之令而已矣。黄帝之治天下也,其民不引而来,不推而往,不使而成,不禁而止。故黄帝之治也,置法而不变,使民安其法者也。”《管子·轻重戊》:“桓公问于管子曰:‘轻重安施?’管子对曰:‘自理国虙戏以来,未有不以轻重而能成其王者也。’公曰:‘何谓?’管子对曰:‘虙戏作,造六峜以迎阴阳,作九九之数以合天道,而天下化之。神农作,树五谷淇山之阳,九州之民乃知谷食,而天下化之。黄帝作,钻鐩生火,以熟荤臊,民食之,无兹胃之病,而天下化之。黄帝之王,童山竭泽。有虞之王,烧曾薮,斩群害,以为民利,封土为社,置木为闾,民始知礼也。当是其时,民无愠恶不服,而天下化之。夏人之王,外凿二十虻,韘十七湛,疏三江,凿五湖,道四泾之水,以商九州之高,以治九薮,民乃知城郭门闾室屋之筑,而天下化之。殷人之王,立帛牢,服牛马以为民利,而天下化之。周人之王,循六峜,合阴阳,而天下化之。’公曰:‘然则当世之王者,何行而可?’管子对曰:‘并用而毋俱尽也。’公曰:‘何谓?’管子对曰:‘帝王之道备矣,不可加也。公其行义而已矣。’公曰:‘其行义奈何?’管子对曰:‘天子幼弱,诸侯亢强,聘享不上。公其弱强继绝,率诸侯以起周室之祀。’”《庄子》出现“帝王之道”的例子详见后文。可见,《管子》《庄子》《孙子》等书乃“帝王之道”思想的渊薮。

② 原文作:“黄帝问于伯高曰:‘吾欲陶天下而以为一家,为之有道乎?’伯高对曰:‘请刈其莞而树之,吾谨逃其蚤牙,则天下可陶而为一家。’”(《管子·地数》)徐中舒怀疑黄帝传说源于齐地,因为黄帝之传说最早见于《陈侯因齐敦》即战国齐人驺衍著作。参阅徐中舒:《陈侯四器考释》,见《历史语言研究所集刊》第三本第四分册,中华书局1987年版,第479~506页。

③ 《左传·僖公二十五年·昭公十七年》《国语·鲁语上·晋语四》以及《逸周书·尝麦解》。

宗师孔、孟以及儒家所传的《春秋》(《公》《谷》两传)都绝口不提"黄帝",热衷于渲染黄帝故事的,反而是道家、法家和阴阳家。[①] 司马迁曾说"百家言黄帝"[②],似乎黄帝更多见于"诸子百家语"而不是经传所载。[③] 从民族融合的角度看,出现于思想世界的远古圣王(历史记忆和想象结合在一起)折射了民族融合的思想史,至于围绕着他们的传说有多少"历史性"则是另外一个问题。一般而言,时代更为悠远的圣王更有成为各民族"共祖"的优势。例如尧、舜、禹要比殷祖契、周祖稷更具广泛的整合力与号召力。契、稷只是诸夏民族的宗神,尧、舜、禹却是被华夏和四夷民族共同认同的始祖,也是夷狄认同华夏文化的重要符号载体。从这个意义上看,"黄帝"(以及炎帝)的"覆盖面""适用性"更为普遍和广泛,传说—历史谱系中的"辈分"也更高。[④] 总之,"黄帝"(作为一个政治文化之符号)能够打破地域、民族的藩篱,使原本以邻为壑的不同种族、

---

① 吴光说:"战国中期以后,诸子百家几乎都言黄帝。道家如《庄子》《鹖冠子》《吕氏春秋》,法家如《商君书》《韩非子》,儒家如《尸子》《荀子》,兵家如《孙子》《尉缭子》,阴阳家如驺衍等,都或多或少地记载着黄帝治国之言或黄帝征伐之事。"参阅吴光:《黄老之学通论》,浙江人民出版社 1985 年版,第 116 页。

② 《史记·五帝本纪》:"《尚书》独载尧以来;而百家言黄帝,其文不雅驯,荐绅先生难言之。"

③ 这并不是说,《春秋》(史册)中没有关于黄帝的记载,实际上《左氏春秋》和《国语》都记载了黄帝传说。儒家所传的文献《五帝德》《帝系姓》两篇亦载黄帝。顾颉刚指出,《五帝德》《帝系姓》两篇,以及《史记·五帝本纪》,"都从神话中汰濯而来"。参阅顾颉刚:《史林杂识初编》,中华书局 1963 年版,第 176 页。

④ 《庄子·盗跖》语曰:"世之所高,莫若黄帝。"《淮南子·修务训》:"世俗之人,多尊古而贱今,故为道者必托之于神农、黄帝而后能入说。"

文化得以整合,抟聚为一个新的有机整体。那么,春秋以来特别是战国中期以降的“黄帝”形象,恰好体现了维系共同的政治、文化与精神信仰的历史诉求,反映了向往“天下归一”“大一统”的政治要求。① 黄老政治哲学尤其重视“一”“执一”,也包含了“天下归一”的政治意义。②“黄帝”出现于思想史,正是因应了时代精神,黄老政治哲学推波助澜,以“黄帝”为号召,于其时流行的王道、霸道之外寻求新突破,“帝道”于是乎应运而生。顾颉刚曾说,古史上以黄帝为主角、为中心的一统世系成熟于战国时期,而且春秋战国至秦汉之际的黄帝形象确与道家黄老思想的流行有关。③ 顾颉刚还说,古之“帝”“天”互文,而战国年间兴起的“帝制运动”,乃“王”升级为“帝”的结果。④ 一个很重要的例子就是《陈侯因齐敦》标榜黄帝,旨在为“田陈篡齐”张目,其曰:

> 陈侯因齐曰:皇考孝武桓公(陈侯午)恭哉,大谟克成。其唯因齐,扬皇考昭统,高祖黄帝,迩嗣桓、文,朝问诸侯,合扬厥德。⑤

---

① 实际上,古史传说中的蚩尤臣服于黄帝的故事,银雀山《孙子兵法·黄帝伐赤帝》的记叙,都表明了“黄帝”是战无不胜、天下归一的象征符号。

② 郑开:《试论黄老学文献中的“一”》,载《中原文化研究》2018 年第 5 期。

③ 顾颉刚:《答刘胡两先生书》,见顾颉刚《顾颉刚古史论文集》第一册,中华书局 1988 年版,第 126～127 页;《〈古史辨〉第四册序》,见顾颉刚《顾颉刚古史论文集》第一册,中华书局 1988 年版,第 224～225 页。

④ 顾颉刚:《史林杂识初编》,中华书局 1963 年版,第 176～177 页。

⑤ 兹依郭沫若《十批判书·稷下黄老学派批判》中的释文,其中“铭文古字或假借字已改为今文”。参阅郭沫若:《郭沫若全集·历史编》第二卷,人民出版社 1982 年版,第 155 页。

齐国稷下学宫广纳贤士，稷下先生“不治而议论”而“位列上卿”，其中大部分都有黄老学思想背景。这表明黄老学思想与时代、政治和社会之间的互动十分积极，同时古代政治的发展与转型亦需某种思想形式予以表达，并开辟草莽。政治转型、制度更张和思想突破之间的关系如此，也许就是黄帝形象、黄帝话语蕴含着政治哲学意味的重要原因。

（二）《庄子》《管子》诸书颇载“帝王之道”“帝道”，值得注意。① 《庄子》出现“帝”字达 70 余次，其言“帝道”“帝王之德”甚蕃。从这些词语出现于其中的语境考察，它们似乎建构了某种不拘于俗、超出现实政治的政治合理性，以及另辟蹊径，别构种种“祖述尧舜”（儒家政治传统）之外的圣王谱系。《庄子·应帝王》的思想主旨是什么？郭象解题《应帝王》说：“无心而任乎自化者，应为帝王。”可谓得之。就是说，《应帝王》关切的问题在于政治，确切地说是超然于秩序之上的政治。《应帝王》“浑沌故事”提示了从浑沌与秩序之间思考政治问题的辩证思维。“浑沌故事”中出现的“南海之帝”“北海之帝”“中央之帝”的“帝”字暗示了政治寓意。以下引述的几篇文献皆是讨论黄老学思想特别是政治哲学的文献资料：

> 将闾葂见季彻曰：“鲁君谓葂也曰：‘请受教。’辞不获命，既已告矣，未知中否，请尝荐之。吾谓鲁君曰：‘必服恭俭，拔出公忠之属而无阿私，民孰敢不辑！’”季彻局局然笑曰：“若夫子之言，于帝王之德，犹螳螂之怒臂以当车轶，则必不胜任矣。且若是，则其自为处危，其观台多，物将往，投迹者众。”将闾葂觑觑然惊曰：“葂也汒若于夫子之所言矣。虽然，愿先

---

① 详见前揭《〈庄子〉浑沌话语：哲学叙事与政治隐喻》《黄老的帝道：王霸之外的新思维》两文。

生之言其风也。”季彻曰:“大圣之治天下也,摇荡民心,使之成教易俗,举灭其贼心而皆进其独志,若性之自为,而民不知其所由然。若然者,岂兄尧、舜之教民,溟涬然弟之哉?欲同乎德而心居矣。”(《庄子·天地》)

天道运而无所积,故万物成;帝道运而无所积,故天下归;圣道运而无所积,故海内服。明于天,通于圣,六通四辟于帝王之德者,其自为也,昧然无不静者矣。圣人之静也,非曰静也善,故静也,万物无足以铙心者,故静也。水静则明烛须眉,平中准,大匠取法焉。水静犹明,而况精神!圣人之心静乎,天地之鉴也,万物之镜也。夫虚静恬淡,寂漠无为者,天地之平而道德之至,故帝王圣人休焉。休则虚,虚则实,实则伦矣。虚则静,静则动,动则得矣。静则无为,无为也,则任事者责矣。无为则俞俞,俞俞者忧患不能处,年寿长矣。夫虚静恬淡,寂寞无为者,万物之本也。明此以南乡,尧之为君也;明此以北面,舜之为臣也。以此处上,帝王天子之德也;以此处下,玄圣素王之道也。(《庄子·天道》)

夫帝王之德,以天地为宗,以道德为主,以无为为常。无为也,则用天下而有余;有为也,则为天下用而不足。故古之人贵夫无为也。上无为也,下亦无为也,是下与上同德,下与上同德则不臣;下有为也,上亦有为也,是上与下同道,上与下同道则不主。上必无为而用天下,下必有为为天下用,此不易之道也。故古之王天下者,知虽落天地,不自虑也;辩虽雕万物,不自说也;能虽穷海内,不自为也。天不产而万物化,地不长而万物育,帝王无为而天下功。故曰:莫神于天,莫富于地,莫大于帝王。故曰:帝王之德配天地。此乘天地,驰万物,而用人群之道也。(《庄子·天道》)

天有六极五常,帝王顺之则治,逆之则凶。《九洛》之事,

治成德备，监照下土，天下戴之，此谓上皇。(《庄子·天运》)

《庄子·天地》所谓“帝王之德”虽然较为抽象，却具有明确的政治哲学含义，它的参照系就是“尧舜之教”，就是针对“大圣（尧舜）之治天下”的政治模式而发。《天道》把“帝道”置于“圣道”“天道”之间，表明了“帝道”的重要性，至少在这里没有提及早期政治思想里最炙手可热的王道和霸道；然而“帝道”的具体含义不太明晰，它与“圣道”“天道”之间的关系也是模糊的。《庄子》的思想史料足以启发我们从更广阔的思想史视野考察“帝”和“帝道”出现于思想世界的必然性，估计它可能反映了新的政治、建构新的国家之政治哲学新思维，以超脱于既有的王道、霸道。我们还有理由推想，战国秦汉年间涌现出来的各种各样的“黄帝之道”（例如“黄帝书”和“黄帝言”以及方技、术数传统里的“黄帝”）何尝不是“帝道”的一部分，抑或“帝道”的附庸！

如果说《庄子》黄老篇什提及的“帝道”内涵含混不清（实际上它就是一个抽象原则），需要分析的话，那么见于《管子》的“帝道”似乎更容易把握。例如《管子·兵法》提出皇、帝、王、霸（道）四种政治模式：

明一者皇，察道者帝，通德者王，谋得兵胜者霸。故夫兵虽非备道至德也，然而所以辅王成霸。(《管子·兵法》)

虽然语焉不详，但《管子·兵法》首先提出了“皇帝王霸”这样一个政治序列（同时也是政治历史），而且置于“道德之意”之下，并通过“道德之意”予以阐述，具有意味深长的思想史意义。《管子》比《庄子》更具体、更明确地阐述了“帝道”区别于“王道”“霸道”：

黄帝之王，谨逃其爪牙。有虞之王，枯泽童山。夏后之王，烧增薮，焚沛泽，不益民之利。殷人之王，诸侯无牛马之牢，不利其器。周人之王，官能以备物，五家之数殊，而用一也。(《管子·国准》)

黄帝之王,童山竭泽。有虞之王,烧曾薮,斩群害,以为民利,封土为社,置木为闾,始民知礼也。当是其时,民无愠恶不服,而天下化之。夏人之王,外凿二十虻,韘十七湛,疏三江,凿五湖,道四泾之水,以商九州之高,以治九薮,民乃知城郭门闾室屋之筑,而天下化之。殷人之王,立帛牢,服牛马,以为民利,而天下化之。周人之王,循六怣,合阴阳,而天下化之。公曰:“然则当世之王者,何行而可?”管子对曰:“并用而毋俱尽也。”公曰:“何谓?”管子对曰:“帝王之道备矣,不可加也。公其行义而已矣。”(《管子·轻重戊》)

值得注意的是,《管子》提出“黄帝时代”及其政治,比唐虞时期和夏、商、周三代(这恰好就是儒家所艳称的黄金时代)更为邈远,也许同样重要,因此管仲在回答“当世之王者,何行而可”的问题时说:“并用而毋俱尽也。”那么“帝王之道”似乎就是对前代政治的批判继承而已。从这个角度或者仅仅从以上材料分析,管仲学派主张王霸并用;然而《管子》的其他部分内容又展现出了“帝道”针对“周文”、超越“唐虞之道”“文武之道”的远大抱负。《管子》这部书成分复杂,包含了不同时期、不同学派的著作,出现相互龃龉、彼此矛盾的说法其实很正常。重要的是,《管子》屡言“帝、王、霸”,言外之意清晰可见:

无为者帝,为而无以为者王,为而不贵者霸。不自以为所贵,则君道也。贵而不过度,则臣道也。(《管子·乘马》)

通之以道,畜之以惠,亲之以仁,养之以义,报之以德,结之以信,接之以礼,和之以乐,期之以事,攻之以官,发之以力,威之以诚。一举而上下得终,再举而民无不从,三举而地辟散成,四举而农佚粟十,五举而务轻金九,六举而洁知事变,七举而外内为用,八举而胜行威立,九举而帝事成形。九本搏大,人主之守也。(《管子·幼官》)

枢言曰:“爱之,利之,益之,安之。”四者道之出。帝王者用之而天下治矣。帝王者审所先所后,先民与地则得矣,先贵与骄则失矣。是故先王慎贵在所先所后。(《管子·枢言》)

动静者比于死,动作者比于丑,动信者比于距,动诎者比于避。夫静与作,时以为主人,时以为客,贵得度。知静之修,居而自利。知作之从,每动有功。故曰:无为者帝,其此之谓矣。(《管子·势》)

昔者尧之治天下也,犹埴已埏也,唯陶之所以为;犹金之在炉,恣冶之所以铸。其民引之而来,推之而往,使之而成,禁之而止。故尧之治也,善明法禁之令而已矣。黄帝之治天下也,其民不引而来,不推而往,不使而成,不禁而止。故黄帝之治也,置法而不变,使民安其法者也。(《管子·任法》)

凡有天下者,以情伐者帝,以事伐者王,以政伐者霸。(《管子·禁藏》)

可见,《管子》诸篇濡染了斑驳的黄老色彩。所谓“黄老意”包括两个方面:一是依据“道德之意”立论,且以“无为”等老庄以来的政治哲学概念进行思考和阐述;二是以黄帝为象征符号,寄托了“霸道”和“法刑”等方面的新内容(也是实质内容)。《管子》反复强调“无为者帝”(《乘马》《势》),表明“帝道”之核心在于“无为”,当然是资取老庄政治哲学的结果。前引《庄子·天道》也是特别强调“无为”这一核心政治哲学概念。可以说,如果“帝王之道(德)”具有某种政治哲学内涵的话,那么“无为”就是其核心内容。这也是老庄政治哲学与黄老政治哲学的连接点。《管子·幼官》提到的“九举而帝事成形”,使我们想起了《庄子》“九变而赏罚可言”(《天道》)。另外《管子·任法》刻意对比了“尧之治天下”与“黄帝之治天下”的区别,其政治观念已不同于前引《国准》《轻重戊》:“黄帝之治天下”优先且优越于“尧之治天下”,换言之,“帝王之道”,“黄帝之道”优先且优越于“唐虞之道”。这是用政治哲学的理论语言阐述了西周以来的德政传统、礼乐文化可以弃置,新的政治、国家(天下)、秩序有必要创构之理由。

“黄帝”形象出现于思想史,一方面引发了“三皇五帝”谱系的形成和反复重构,①另一方面塑造了一种思考政治秩序的理论模式;黄老学(特别是黄老政治哲学)有力地推动了第一个方面,同时支配了第二个方面。《淮南子》的著述旨趣,《要略》自命为“穷道德之意”,更具体一点说,就是阐述三个问题:“天地之理”“人间之事”“帝王之道”。通过“道德之意”以探究和阐述“帝王之道”可以说是黄老政治哲学的核心内容与理论特色。

马王堆汉墓出土黄老古佚书《称》提到了“帝者”“王者”“霸者”,明确是指三种不同的政治理念与模式,这一点应该没有疑义。《文子·自然》曰:“王者处无为之事,行不言之教,清静而不动,一度而不摇,因循任下,责成不劳……君得所以制臣,臣得所以事君,即治国之所以明矣。”这里所说的“王道”显然不同于通常意义上的王道,而是“帝道”的另一种说法。一个比较令人困惑的

---

① “帝道”观念的影响力也投射于历史文化意识之上,甚至成为重塑历史记忆、历史编纂的基础观念。葛志毅指出,司马迁《史记》之编纂,起自黄帝迄于汉武,“以记封建世代终始”(张守节《史记·正义·论史例》);从内容方面分析,《史记》记录了五帝、三王、春秋五伯(霸)及战国七雄几个历史阶段,然而按照司马迁“三五之运”的历史观,《史记》历史分期框架里面隐然有“三皇”时期之影踪。(葛志毅:《司马迁〈史记〉先秦史分期框架全璧之论拟》,见香港浸会大学孙少文伉俪人文中国研究所主办《学灯》第二辑,上海古籍出版社2017年版,第4~21页)这一说法极具启发意义,堪称洞见。《史记》之历史脉络既然呈现为“帝、王、霸、力”,则未免濡染了黄老帝道观念。“皇”出于增益,从历史记忆方面说,它既缺乏文献传说之依据;从政治思想方面考察,“皇道”亦难免空洞化——没有什么实质性内容。然而,汉代以后的历史编纂和历史观念特别执着于“皇帝王霸”之历史—政治模式,值得深入探讨。

例子是《史记·商君列传》记载商鞅说秦孝公实行“帝道”“王道”,孝公没有什么兴趣,最后说商鞅以“强国之术”。虽然秦孝公青睐的是“强国之术”,商鞅却说:“然亦难以比德于殷周矣。”这段记载中的“帝道”指的是什么,为什么商鞅推崇“王道”而不是“帝道”呢?蒋礼鸿指出:“此传者矫妄之辞,太史公采入《列传》,失审谛矣。”①这个问题仍需要进一步探讨。

黄老政治哲学屡言“治国”,然而更多的是谈论“治天下”。从政治学角度审视,“天下”似乎不是一种政治性概念。应该说,春秋战国年间已经酝酿了普遍的“天下意识”,②深化了早期思想史中的政治观念,甚至我们可以说,从天下—国家角度思考问题才能称得上政治哲学,否则只能是政治学思维(例如“治国”“君道”等)。

黄老政治哲学的思考和表达往往比较抽象,尤其是关于“帝道”的阐述更是复杂幽微,耐人寻味。表面上看,黄老学著作中的“帝道”特别热衷于描摹和阐述那种虚无缥缈的“政治”与“伦理”,似乎不着边际;同时又隐约具有某种现实针对性。它更像一个筐,任何人都可以根据自己的喜好,拣择点什么东西放入其中,比如说道德与仁义、尊德与尚贤、隆礼与重法、因循与无为等,皆呈现于“帝道”之内,并且予以新诠释,可见唯有“帝道”能够囊括黄老政治理论的根本宗旨。“帝道”是黄老政治哲学的主线与核心,其最重要、最关键的问题是“道德之意”“道法”“内圣外王”等。道法关系或者

---

① 蒋礼鸿说:“此传者矫妄之辞,太史公采入《列传》,失审谛矣。”(参阅蒋礼鸿撰:《商君书锥指·叙》,中华书局1986年版,第1页)未详何据。但无论如何,《史记》记载商鞅所说的“帝道”有点儿模糊不清,因为今本《商君书》既不见“帝王之道”,又屡言“霸王之道”,更难解的是出现了这样的话:“故圣王之治也,慎为察名,洞心乎壹而已矣。”(《壹言》)

② 王玉彬:《庄子哲学的“天下”观念》,见陈鼓应主编《道家文化研究》(第二十九辑),生活·读书·新知三联书店2016年版,第214~222页。

道法之间的张力体现了黄老政治哲学的“政治性”。

如果说老庄政治哲学的核心概念是“玄德”,那么黄老政治哲学的核心概念就是“帝道”。笼统地说,黄老学总是在“道德之意”的原则前提下谈论“帝道”“帝王之道”。然而“玄德”与“帝道”之间的关系也很值得探讨。试举马王堆出土文献《黄老帛书》的例子如下:

> 凡观国,有大〈六〉顺:主不失其立(位)则国【有本,臣】失其处而下无根,国忧而存。主惠臣忠者,其国安。主主臣臣,上下不赿者,其国强,主执度,臣循理者,其国朝(霸)昌。主得【位】臣楅(辐)属者,王。六顺六逆□亡存【兴坏】之分也。主上者执大分以生杀,以赏□,以必伐。天下大(太)平,正以明德,参之于天地,而兼復(覆)载而无私也,故王天下。……王天下者有玄德,有□□独知□□□□王天下而天下莫知其所以。王天下者,轻县国而重士,故国重而身安;贱财而贵有智,故功得而财生;贱身而贵有道,故身贵而令行。(《经法·六分》)①

我们知道,道家罕言“明德”,儒家讳言“玄德”。《黄老帛书》这段话同时出现了“明德”和“玄德”,是个特例。进一步的分析表明,围绕“明德”概念组织起来的那段话——“天下太平,正以明德,参之于天地,而兼覆载而无私也,故王天下”云云,几乎就是对“王道”的某种概括,依据“玄德”概念建构起来的政治哲学之语境——“王天下者有玄德,有玄德独天下之道而天下莫知其所以”

---

① 按,篇名《六分》,李学勤以为应作“大分”。原文颇多讹夺、异文,兹依魏启鹏:《马王堆汉墓帛书〈黄帝书〉笺证》(中华书局2004年版)校订文字、增补脱文,以省观览。又按,“有□□独知□□□□王天下”句,魏氏以为可补为“有玄德独知天之道而王天下”,可资参考。《管子·霸言》:“夫王者有所独明。”《商君书·更法》:“有独知之虑者,必见骜于民。”《韩非子·外储说右上》载:“申子曰:‘独视者谓明,独听者谓聪。能独断者,故可以为天下主。’”

云云，则旨在阐述“帝道”。根据上下文，不难看出，《经法》认为“玄德”更胜一筹、更进一境。

而且，“玄德”与“帝道”的实质内容都可以归结为“无为”，或者说以“无为”为中心思想。从某种意义上说，黄老政治哲学进一步发展了老庄以“玄德”“无为”概念为核心的政治哲学，“帝道”观念亦汲取了“玄德”“无为”概念及其理论，并予以了推陈出新（比如说名理和道法等理论）。例如：

> 天不产而万物化，地不长而万物育，帝王无为而天下功。（《庄子·天道》）

这段话尽管没有出现“玄德”这一词语，却有“玄德”的意思。《老子》里面只出现“侯王”而不见“帝王”，这段出自黄老学者的话却出现了“帝王”一词，恰好表明黄老之帝道也是通过无为概念进行思考和阐述得来的；另外，这段话所说的“无为”这一关键理念，还隐含了“无为而无不为”的意味。

黄老政治哲学创发出来的“帝道”，不但开出了早期政治思想的新生面，而且推动了由王霸之道向帝王之道的思想转折，具有石破天惊的重要意义。“礼崩乐坏”“王道陵夷”愈演愈烈，意味着西周以来的宗法封建制度每况愈下，积重难返。如果说周秦之变奠定了秦汉以来王朝国家的政治制度基础，那么很难想象它的理论依据或思想形式仍是王霸之道！秦汉政治的奠基者是不是黄老及其标榜的“帝道”，这一点仍有待于进一步深入讨论。但无论如何，黄老政治哲学最重要的思想动机就是在既有的王道和霸道之外另辟新途，帝道或帝王之道就是这种新思维的产物，也是这种新思维的体现。[1]

---

[1] 郑开：《黄老的帝道：王霸之外的新思维》，见陈鼓应主编《道家文化研究》（第三十辑），中华书局2016年版，第491～525页。

三、执一与道法:“道的治理”如何可能?

王中江教授近年研究“道的治理如何可能”的问题,①颇具启发性。的确,道家黄老学经常谈论“抱道执度”(马王堆黄老帛书《道原》),然而“道”是无形的,难以捉摸,如何能够示诸指掌呢?那么究竟应该如何理解和把握“抱道执度”呢?下面我们试通过“执一”概念及其理论,以及“道—法关系”予以进一步讨论;因为前引《道原》把“抱道执度”理解为“执一”,《文子·道原》又把“执一”解释为遵循道法原则。②

道家黄老学渊源于老庄。换言之,黄老学以老庄深邃抽象的哲学理论为基础,进而兼综、熔铸诸子百家之说而拓展创新。那么从老庄、黄老之间张力的角度分析其异同,乃分析黄老学思想内容的重要方法。老庄和黄老都比较关注“一”的概念及其理论,问题在于,黄老政治哲学热衷讨论的“一”“执一”的确切含义是什么呢?

(一)比较而言,老庄重视“无”而黄老青睐“一”。一个很有趣也很值得探究的问题:从“无”到“一”是否足以概括从老庄哲学到黄老思想的发展趋向呢?

老庄哲学确立了通过“无”阐明“道”、诉诸“无”的概念提示“道的真理”之思考传统。作为哲学概念的“一”虽然出现于《老

---

① 王中江:《黄老学的法哲学原理、公共性和法律共同体理想——为什么是“道”和“法”的统治》,见王中江《简帛文明与古代思想世界》,北京大学出版社2011年版,第455~456页。

② 马王堆帛书《道原》:“抱道执度,天下可一也。”《管子·心术下》:“执一而不失,能君万物。”《文子·道原》:“圣人一度循轨,不变其故,不易其常。”《韩非子·扬权》:“故圣人执一以静,使名自命,令事自定。”按,两本《道原》所说的“执一”兼容“道”“法”,《管子》则主要指“道”,《韩非子》偏重于“法”。因此“执一”的含义应从具体语境推敲,这一点需要注意。

子》《庄子》，但它不具有支配整个道家哲学理论的作用与意义，尚不能比拟“道”“德”“无”等概念。请看两个例子：

道生一，一生二，二生三，三生万物。万物负阴而抱阳，冲气以为和。（《老子》第四十二章）

昔之得一者，天得一以清，地得一以宁，神得一以灵，谷得一以盈，万物得一以生，王侯得一以为天下贞。（《老子》第三十九章）

第一段话我们耳熟能详，它以宇宙创化论的形式阐述了道物关系。“道生一”的“一”，表面上看，只是本原区别于“杂多”（万物）的特征而已，然而更进一步的分析表明，它具有两层含义：（1）抽象的、形而上学层面的“一”，不同于“一、二、三”，亦超乎数字序列之外；这个意义上的“一”近乎浑一的“道”，因而庄子也用浑沌表象之。（2）反映了宇宙论意义上的道物关系，就是说“一”乃由“无”之“有”的中介或过渡，这个意义上的“一”更多交涉于“二”“三”“四”之数字序列；历史上其诠释为“浑一元气”，自有其道理。由此可见，我们还不能贸然将老庄哲学中的“一”统统视为“道”的代名词，而应该具体问题具体分析，在它出现于其中的语境中予以准确把握。第二段话似乎已经渗入了“黄老意”，至少旧注对它的解释濡染了黄老思想。问题是《老子》第三十九章中的“一”是否为“道”的别称？王弼《老子注》曰：“一，数之始而物之极也。”（第三十九章）“万物万形，其归一也。”（第四十二章）王弼没有把“一”简单地等同于“道”，反而认为“道”就是“无”。这一点很值得注意。

庄子对“一”的阐发很有特色。他提出了几个重要命题：

举莛与楹，厉与西施，恢恑憰怪，道通为一。（《庄子·齐物论》）

通天下一气耳。圣人故贵一。（《庄子·知北游》）

“道通为一”属于形而上学命题，应该从抽象的、不可测度的万物齐同(一)的角度来理解;“通天下一气”命题可以认为是个自然哲学(物理学)范畴;而“圣人故贵一”命题比较复杂,其中既内蕴了心性论之端倪,也包含了境界说之趣向,更具有政治哲学之维度,应该从万物齐同——“一”的另一种表述——的角度来理解。比较起来,黄老学派谈论“执一”“守一”更重视从政治(政治哲学和政治学两个层面)角度阐发其意义,而不像老庄那样更关注宇宙论与形而上学。为了深化讨论,笔者抄录《老子》几条材料如下:

载营魄抱一,能无离乎?专气致柔,能婴儿乎?(《老子》第十章)

是以圣人抱一,为天下式。不自见故明,不自是故彰,不自伐故有功,不自矜故长。夫唯不争,故天下莫能与之争。(《老子》第二十二章)

是以圣人执一为天下牧。(简帛诸本《老子》)

从“圣人抱一,为天下式”这句话的语境来看,“抱一”的含义仍是“无为”“自然”,即便是从政治哲学角度来看也是如此。传世本“圣人抱一,为天下式”,简帛诸本(马王堆甲乙本、北京大学汉简本)作“圣人执一,为天下牧”,更明确了这句话的政治哲学意味。然而,“载营魄抱一”之“抱一”,不同于“圣人抱一,为天下式”之“抱一”,它的确切含义是指形神抟一(相即不离):首先,应该从治气养生之术的角度予以理解;其次,需要延伸至心性论层面进行分析。这样看来,老庄所说的“一”,涉及宇宙论、形而上学和政治哲学等方面的内容;老子所谓“抱一”“执一”则主要出现于养生—心性和政治哲学之思想语境。比较起来,黄老学虽然也谈论宇宙论和形而上学意义上的“一”,甚至发展出了混杂繁复的“太一”概念及其理论,[1]但它主要关切聚焦于政治问题。黄老诠释老

① 郑开:《试论黄老学文献中的“一”》,载《中原文化研究》2018 年第 5 期。

庄以来的“道”,一个重要特点就是倾向于把“道”诠释为“一”,不同于老庄以“无”释“道”;另外黄老学派更热衷于讨论“执一”“守一”,把“执一”(“守一”)当作“执道”(“守道”)的代名词,例如:

一者其号也,虚其舍也,无为其素也,和其用也。……抱道执度,天下可一也。(黄老帛书《道原》)

慕选而不乱,极变而不烦,执一之君子。执一而不失,能君万物。(《管子·心术下》)

万物之总,皆阅一孔。百事之根,皆出一门,故圣人一度循轨,不变其故,不易其常。(《文子·道原》)

道不同于万物,德不同于阴阳,衡不同于轻重,绳不同于出入,和不同于燥湿,君不同于群臣。凡此六者,道之出也。道无双,故曰一。是故明君贵独道之容,君臣不同道。(《韩非子·扬权》)

故圣王执一而勿失,万物之情既矣,四夷九州服矣。夫一者至贵,无适(敌)于天下。(《淮南子·齐俗训》)

故圣人执一以静,使名自命,令事自定。(《韩非子·扬权》)

用一之道,以名为首。(《韩非子·扬权》)

帛书《道原》言“一者其号也”乃一个关键的细节。“其”指的是“道”,那么“一”就是“道”的名号、标识;换言之,“道”一旦进入了语言建构起来的思想世界,或者说进入了充满政治性、社会性和意识形态的现实世界,就被黄老学者表述为“一”。《韩非子·扬权》印证了这一点。可见,黄老政治哲学语境中的“一”乃“有名”的东西,而老庄哲学里面的“道”终究是“无名”的。从某种意义上说,黄老之不同于老庄,部分体现在黄老政治哲学之思考以“刑名”为起点,而老庄以“无名”为归宿。黄老文献经常出现“一之解”“一言之解”,例如:

昔天地既成,正若有名,合若有刑(形),□以守一名。上

> 捡之天,下施之四海。吾闻天下成法,故曰不多,一言而止。循名复一,民无乱纪。……一者,道其本也,胡为而无长?□□所失,莫能守一。一之解,察于天地;一之理,施于四海。何以知□之至,远近之稽?夫唯一不失,一以驺化,少以知多。夫达望四海,困极上下,四向相抱,各以其道。夫百言有本,千言有要,万言有总。万物之多,皆阅一空。夫非正人也,孰能治此?彼必正人也,乃能操正以正奇,握一以知多,除民之所害,而持民之所宜。綷凡守一,与天地同极,乃可以知天地之祸福。(黄老帛书《十大经·成法》)
>
> 是故圣人一言解之,上察于天,下察于地。①(《管子·心术下》)
>
> 一言得而天下服,一言定而天下听,公之谓也。……一言之解,上察于天,下极于地,蟠满九州。(《管子·内业》)
>
> 道者,一立而万物生矣。是故一之理,施四海;一之解,际天地。(《淮南子·原道训》)

根据黄老帛书《成法》,可以进一步明确"一言"其实是指抽象的"言"、根本的"言",而不同于日常语言;其实质内容就是"天下成法",就是宪章法令。问题是,宪章法令不就是日常语言表述和构建的吗?"一言"岂不是画蛇添足、多此一举?黄老学派和法家学者很清楚:无论是"礼"还是"法",皆出乎"名以制义",诉诸日常语言而确立;然而他们提出"一言"的思想动机十分深刻,就是因为法的制度设施逐步完善,法的精神不断滋育,需要更深刻的基础,那就是"道"。"一言"就是某种理论语言,把"道""法"两端结合起来,赋予"法"无比深刻的基础,这就是"一言之解"能够"上察于天,下极于地""施四海,际天地"的原因。换言之,"一言"同时涵摄了"道"

① 王念孙曰:"一言解之"当作"一言之解"。

"法"两个方面:"一"是"道"的别称;同时又是"天下成法"的最高原则,该最高原则十分抽象,具有"一言而止"的特征。总之,黄老政治哲学所谓"一",就是以不变应万变的"道""法"。①

关于"执一"的思想逻辑还需要更详细的分析。我们不难发现黄老学对于"一""执一"的议论是在"道物关系"的理论框架中展开的。从哲学角度分析,"一"是从"多"中提炼出来的"本原"(即"道"),它是"多"(即万物)的基础。(《十大经·成法》《淮南子·原道训》)从政治哲学视角看,道物关系表现为君臣关系,或圣人(侯王)与百姓(万民)关系。黄老学派亦以道物关系比拟君臣,且以"一"作为"道"的名号,其政治思想包含了以下几个方面的内容:

(1)"道不同于万物""君不同于群臣",体现了"一""多"关系,那么所谓"治国之道",用黄老学理论语言表述就是"操正以正奇,握一以知多"(《成法》)。

(2)前引韩非子语曰:"道无双,故曰一。"那么这个"一"隐然具有了政治意义上的"独""寡"意味,"所谓一者,无匹合于天下者也"(《淮南子·原道训》)。马王堆黄老帛书亦曰:"唯王者能兼复(覆)天下,物曲成焉。""唯余一人,兼有天下。"(《十大经·果童》)

(3)古代哲人对政治问题的思考就是诉诸圣人(概念加意象),所谓"道—法的统治"就是"圣人的统治";在黄老学派看来,唯有"圣人"(统治者或最高统治者)能够"执一",而唯有"执一"方能"天下归一",所谓"抱道执度,天下可一"。(前引帛书《道原》)其中的思想逻辑也许就是"执一者"能够建立一个政治统一

---

① 《鹖冠子·度万》曰:"守一道制万物者,法也。"《鹖冠子·环流》曰:"一为之法,以成其业,故莫不道。一之法立,而万物皆来属。"

的新型国家,亦即"执一者使天下为一"。①

(4)黄老文献常以度、量、衡和准绳作为"道—法"的表象,"衡不同于轻重,绳不同于出入",表明了"道—法"作为基本原则和衡量标准,理论上处于更高层面,价值上处于优先地位,这一点在黄老文献中屡见不鲜、贯彻始终(如马王堆黄老帛书《经法·道法》)。

(5)政治学意义上的"执一"相当于"独断",亦即集权于中央(旨在为集权政治模式——例如郡县制——进行理论论证和辩护,言外之意就是否定传统的宗法封建制),因此"权不两错,政不二门"(《说苑·君道》引笎子语)乃黄老政治学原理聚焦的问题,它的基础就是政治哲学层面的抽象的"执一"概念及其理论。

以上几个问题彼此交涉、相互关联,值得继续深入思考和探索。

(二)圣人和百姓同样是黄老学尤为关切的问题,但黄老学者对该问题的阐述十分抽象,换言之他们诉诸理论性语言进行阐述。

1. 黄老学一方面继承了老庄的"圣人"观念,同时又发展了它。黄老学的一个显著特点就是发展了老子"知常曰明"、庄子"莫若以明"的哲学洞见,更深入讨论了"神明"(精神知觉)诸问题,尤其是强调了"神明"之"独见之明"的意义;而"通于神明"(神明来舍)、"独见之明"既可以指体证"道的真理"之境界,也用以描述"圣人""君人"(最高统治者)。例如:

> 王天下者有玄德,有□□独知□□□□王天下而天下莫知其所以。(黄老帛书《经法·大分》)
>
> 知天之所始,察地之理,圣人弥纶天地之纪,广乎独见,

---

① 汉初重臣陆贾濡染于黄老之学,他曾说:"故管仲相桓公,诎节事君,专心一意,身无境外之交,心无敧斜之虑,正其国如制天下,尊其君而屈诸侯,权行于海内,化流于诸夏,失道者诛,秉义者显,举一事而天下从,出一政而诸侯靡。故圣人执一政以绳百姓,持一概以等万民,所以同一治而明一统也。"(《新语·怀虑》)

□□独□□□□□□□□独在。[①]（黄老帛书《称》）

申子曰：独视者谓明，独听者谓聪，能独断者故可以为天下主。（《韩非子·外储说右上》）

必有独闻之耳，独见之明，然后能擅道而行矣。（《淮南子·氾论训》）

独见者，见人所不见也；独知者，知人所不知也。见人所不见，谓之明；知人所不知，谓之神。（《淮南子·兵略训》）

黄老学派谈到"君道"时，总是强调"独立不偶""独见之知""独闻之听"，用《管子》的话说就是"夫王者有所独明"（《管子·霸言》）。《庄子·天地》里的一段话也许是隐藏较深（准确地说，就是镶嵌于道论之中的政治哲学话语）的"黄老言"："视乎冥冥，听乎无声。冥冥之中，独见晓焉；无声之中，独闻和焉。故深之又深，而能物焉；神之又神，而能精焉。"这段话，与"素逝而耻通于事，立之本原而知通于神"一样，皆表达了"王德之人"的特质和权能。最高统治者所具有的"独"（"独立""独见""独闻""独明"）的特质与权能，其实就是圣人掌握"道的真理"（亦即直观"体道"的精神境界）的另一种表述；因为"独见""独闻"能够洞见无形之上幽眇玄冥的事物本原，蹑近"通天地之精""通于神明之德"之精神境界，一如前引《天地》所说。

可见，黄老学派心目中的"明君""圣王"其实应该是"体道者""得道者"。如果我们姑且启用"道—法"表示黄老政治哲学、法哲学根源于道家形而上学，政治哲学和法哲学意义上的"法"奠基于"道"，那么黄老政治理论之"道""法"两个范畴就不能被割裂为两截。换言之，"道—法"关系意味着"道""法"之间的内在

---

① 按：释文中的通假字、异体字已从魏启鹏《马王堆汉墓帛书〈黄帝书〉笺证》校改，以省眉目。

一致。这是我们理解和把握黄老学“明君”“帝王”“圣人”表象的关键所在。犹如“道成肉身”,围绕“道”“法”展现的政治理念“肉身化”“形象化”为“明君”“圣王”。而所谓“道”“法”之治理,也就成为某种“圣王之治天下”。综上所述,黄老学所谓“主术”,涉及了政治学意义上的“治之irs”“御民之辔”(《管子·牧民》),同时还涉及更深刻的政治哲学层面上的“道德之意”;实际上,前者(政治学)恰是后者(政治哲学)的“贯彻落实”:

> 神通乎六合,德耀乎海外,意观乎无穷,誉流乎无止,此之谓定性于大湫,命之曰无有。(《吕氏春秋·审分》)
>
> 是以官人不官,事人不事,独立而无稽者,人主之位也。先王之在天下也,民比之神明之德。(《管子·君臣上》)

既然能够使“天下归一”的“帝王”“明君”是或应该是“体道者”,那么“帝王”“圣人”“明君”(最高统治者)就具有了某种属性与权能,超出了百姓和庶民,犹如“道不同于、超越于万物”之特质与优先性。比如说,黄老学标榜的“明君”“明王”“圣人”,“藏形匿影,群下无私”(《邓析·无厚》),“处无为之事,行不言之教”(《老子》第二章),犹如“道”视之不见(“无形”)、听之不闻(“无声”)、抟之不得(“无朕”)之特质。① 值得注意的是,黄老学派和法家据此阐明政治学意义上的“独断”(集权专制),例如李斯说:“明君独断,故权不在臣也。然后能灭仁义之涂,掩驰说之口,困烈士之行,塞聪揜明,内独视听,故外不可倾以仁义烈士之行,而内不可

① 张舜徽在《周秦道论发微》中指出,董仲舒深得黄老学的精髓,其曰:“天高其位而下其施,藏其形而见其光。高其位,所以为尊也;下其施,所以为仁也;藏其形,所以为神;见其光,所以为明。”(《春秋繁露·离合根》)“为人君者,其要贵神。神者,不可得而视也,不可得而听也,是故视而不见其形,听而不闻其声。”(《春秋繁露·立元神》)“为人君者,居无为之位移,行不言之教,寂而无声,静而无形,执一无端,为国源泉。”(《春秋繁露·保位权》)都表明了这一点。

夺以谏说忿争之辩。”（《史记·李斯列传》）总之，黄老学派和法家都试图在政治上强调君主（中央）集权，与此相应，他们也特别重视帝王君主之“独见”“独明”“独断”之能，这既包含了内向性的“心术”层面之为“主术”奠定基础，也折射出了“天下归一”中央集权的政治诉求。黄老文献中的“一”，可以说抽象表达了天下一统和中央集权之政治期望。

2. 黄老学在主张君人（最高统治者）“独见”“独知”“独明”的同时，还强调了“乘众人之智”。以此为基础，我们探究一下黄老政治哲学语境里的君臣关系。

应该说，老子“莫之命而常自然”（第五十一章）、“辅万物之自然，而不敢为”（第六十四章）等命题里面已经蕴含了“因循”意味。庄子则更为明确地论述了政治哲学意义上的“因”：

> 贱而不可不任者，物也；卑而不可不因者，民也；匿而不可不为者，事也；粗而不可不陈者，法也；远而不可不居者，义也；亲而不可不广者，仁也；节而不可不积者，礼也；中而不可不高者，德也；一而不可不易者，道也；神而不可不为者，天也。故圣人观于天而不助，成于德而不累，出于道而不谋，会于仁而不恃，薄于义而不积，应于礼而不讳，接于事而不辞，齐于法而不乱，恃于民而不轻，因于物而不去。物者莫足为也，而不可不为。不明于天者，不纯于德；不通于道者，无自而可。不明于道者，悲夫！（《庄子·在宥》）

百姓在古代社会中卑贱如尘土，在古代思想世界里往往也是隐匿的失踪者。尽管《尚书·泰誓》记载“天视自我民视，天听自我民听”（《泰誓》），孟子主张“民为贵，社稷次之，君为轻”，多少有一点点民本思想的萌芽，但总体来说，视民为草芥乃早期政治思想的常态。从道物关系审视“物”，物各有宜；从君臣关系看待“臣（民）”，“臣（民）”各有能。因此黄老学文

献中出现了不少这样的论说:

以天下之目视,以天下之耳听,以天下之心虑,以天下之力争。故号令能下究而臣情得上闻,百官修达,群臣辐凑。(《文子·上仁》)

人主者,非目若离娄乃为明也,非耳若师旷乃为聪也。不任其数,而待目以为明,所见者少矣,非不弊之术也;不因其势,而待耳以为聪,所闻者寡矣,非不欺之道也。明主者,使天下不得不为己视,天下不得不为己听。故身在深宫之中,而明照四海之内,而天下弗能蔽、弗能欺者,何也?暗乱之道废,而聪明之势兴也。故善任势者国安,不知因其势者国危。(《韩非子·奸劫弑臣》)

无论是从政治学意义还是从政治哲学视角来看,君臣关系网络(亦是政治学意义上的官僚制度)里面的"臣民"都不是可有可无、无足轻重的。最能体现这一点的,就是商鞅的法治实践,已经略具"王子犯法庶民同罪"的意思(《史记·商君列传》);实际上"法律面前人人平等"思想亦内蕴于"法",是"法的精神气质"的显现。马王堆黄老帛书《称》里有一段话很有意思:"帝者臣,名臣,其实师也。王者臣,名臣,其实友也。霸者臣,名臣也,实宾也。危者臣,名臣也,其实庸也。亡者臣,名臣也,其实虏也。"依照前文的梳理和分析,可以把这段话解读为:帝道体系中的君臣关系不同于王道和霸道,"臣"虽然仍是"臣",却可能成为"君"(帝)的"师"。这一思想部分地反映了君臣关系中"臣民"的可能地位与作用,也算是思想史上的新鲜事物。饶有趣味的是,儒家著作反复塑造出来的尧、舜、禹的谱系,同样强调了政统和师道两个方面。

最后,笔者想从"因循""无为而无不为"等方面继续展开讨论。道家黄老学派还巧妙地发挥了《老子》"我无为而民自化"、《庄子》"藏天下于天下"政治哲学思考的余韵,发展出了某种自然法理论,从而为法治主义奠定了基础。如果说“抱道执度”有什么实质意义的话,那就是韩非子所说的“以法为本,以道为常”的法治主义。黄老和法家所称的“法”已经具有了 law 的公度性意义,体现了“一”和“公”的政治理念,这也是我们了解其君臣关系、百姓政治、经济权益的基础之一。

实际上,“一”和“公”的“法”哲学思想隐含在老庄哲学关于道物关系的讨论中,黄老学派(含部分法家者流)进一步发展了它。据《庄子·天下》记叙,田骈、慎到之学的要旨在于“齐万物以为道”。① 考诸黄老学文献,不难发现渊源于“齐物”思想的“一”和“公”乃“因循”原则的形式与内容:

> 天道,因则大,化则细。因也者,因人之情也。人莫不自为也,化而使之为我,则莫可得而用矣。是故先王见不受禄者不臣,禄不厚者不与入难。人不得其所以自为也,则上不取用焉。故用人之自为,不用人之为我,则莫不可得而用矣。此之谓因。(《慎子·因循》)
>
> 民杂处而各有所能,所能者不同,此民之情也。大君者,太上也,兼畜下者也。下之所能不同,而皆上之用也。是以大君因民之能为资,尽包而畜之,无能去取焉。是故不设一方以求于人,故所求者无不足也。大君不择其下故……不择其下,则易为下矣。易为下,则莫不容。莫不容,故多下。多下之谓太上。(《慎子·民杂》)

蒙文通说,这就是彭蒙、田骈、慎到“齐万物以为首”之意,那么“齐物论者,于黄老为蘧庐,于庄周为宗祐”。黄老学特别强调“因循”,与老庄划然有别。② 蒙文通进一步指出:“因循”(因性自然)

---

① “道”字原文省夺作“首”,应从奚侗说校改为“道”。详崔大华:《庄子歧解》,中州古籍出版社 1988 年版,第 854 页。

② 蒙文通:《古学甄微》,巴蜀书社 1987 年版,第 260~262 页。

思想,也许出于慎到一派黄老学的发明,而其理论渊源仍在于"齐物"。《淮南子·齐俗训》脱胎于田骈、慎到的"齐物"思想,[①]其曰:"愚者有所修,智者有所不足……马不可以服重,牛不可以追速;铅不可以为刀,铜不可以为弩……各用之于其所适,施之于其所宜,即万物一齐而无由相过。"这便是"使各便其性,安其居,处其宜,为其能"之"原人之性"思想的体现。《慎子》(或田骈、慎到学派)所着力阐发的因循原则,奠定了黄老道家"由道入法"的理论基础。有的论者认为应将黄老学派称为"道法家"。黄老帛书《经法》亦曰:"道生法。"

黄老学推崇"因循"和"法的精神",逻辑上包含了乘众人之智、用众人之力之原则。《韩非子》引申子曰:"法者,见功而与赏,因能而受官。"又引管仲曰:"因能而受禄,录功而与官。"(《外储说左下》)《韩非子》引述管仲之言,和《管子·轻重丁》的记叙比较吻合。实际上,从《管子》到《韩非子》之间的黄老文献颇载相同或者类似的思想史料,以《管子》为例,所谓"因(循)"的含义广泛,包括:"因时"(《宙合》)、"因民"(《兵法》)、"因人之情"(《心术上》)、"因俗"(《正世》)、"因天地之道"(《侈靡》)等。

可见,"因循""因任"不仅仅是某种出于阴谋计较的"术"而已,重要的是它包含黄老学者对于"道"的新拓展,正如司马谈所言:"其术以虚无为本,因循为用。"亦如蒙文通所论:"因循"乃黄老思想的特质。"因循"观念与"法治主义"思想的相遇与结合十分耐人寻味。黄帝之所以能够垂手而天下治,道家黄老学派之所以能够标榜"无为而无不为""指约而易操,事少而功多",要害在于"道—法"的统治,不是依据"道"的原则的统治,也不是本着"法"的原则的统

① 蒙文通:《古学甄微》,巴蜀书社1987年版,第270页。

治，而是诉诸无为政治哲学原则下的“法治”。也就是说，黄老学派（包括部分法家者流）的法治主义，并非世俗性的法治主义（这是一般意义上的法治主义），而是奠基于深邃“道德之意”（要旨在于无为）基础上的、特殊形态的法治主义。黄老和法家明确认为“法”才是政治秩序的核心要素，他们总是自信且毫不妥协地主张“任法”，似乎传统政治思想的“尊德”“亲亲”“尚贤”等原则，早已落后于时代，成为不合时宜、不切实际的东西了。

黄老政治哲学如此激烈地反传统，其理论自信究竟从何而来？不言而喻，老庄哲学的批判性力量是它的重要思想资源，风云变幻的大时代赋予了它使命感和针对性；另一个特别重要的方面就是黄老政治哲学的创发力，这一点比较容易被忽视。较之老庄的自然哲学和形而上学，黄老政治哲学拓展了新的理论思考空间，比如说“道法之间”①；再比如说黄老学派独具特色的自然法理论。现在我们不妨从一个细节开始讨论黄老政治哲学之“自然法理论”。《管子》说：“无代马走，无代鸟飞，此言不夺能能。”“毋代马走，使尽其力。毋代鸟飞，使弊其羽翼。毋先物动，以观其则。”（《管子·心术上》）这是对因循原则的形容化、具象化表述。黄老帛书《论》指出：

> 天执一，明三，定二，建八正，行七法，然后施于四极，而四极之中无不听命矣。蚑行喙息，扇蜚蠉动，无□□□□□□□□□□不失其常者，天之一也。天执一以明三。日信出信入，南北有极，【度之稽也。月信生信】死，进退有常，数之稽也。列星有数，而不失其行，信之稽也。……天建【八正以行七法】。明以正者，天之道也。适者，天度也。

① 郑开：《道法之间：黄老政治哲学的思想空间》，载《清华大学学报（哲学社会科学版）》2018 年第 6 期。

> 信者,天之期也。极而【反】者,天之生(性)也。必者,天之命也。□□□□□□□□□□者,天之所以为物命也。此之胃(谓)七法。七法各当其名,胃(谓)之物。物各□□□□,胃(谓)之理。理之所在,胃(谓)之□。物有不合于道者,胃(谓)之失理。失理之所在,胃(谓)之逆。逆顺各自命也,则存亡兴坏可知【也】。
>
> 【强生威,威】生惠(慧),惠(慧)生正,【正】生静。静则平,平则宁,宁则素,素则精,精则神。至神之极,【见】知不惑。帝王者,执此道也。是以守天地之极,与天俱见,尽□于四极之中,执六枋(柄)以令天下,审三名以为万事□,察逆顺以观于朝(霸)王危亡之理,知虚实动静之所为,达于名实【相】应,尽知请(情)伪而不惑,然后帝王之道成。①

出现于这段话中的“蚑行喙息,扇蜚蠉动”,屡见于《淮南子》《新语》等书,似乎已经成为某种“套语”或“格式化表达”。思想史料中的“套语”“格式化表达”可能是某种“有意味的形式”。这八个字表达了“毋代马走,使尽其力。毋代鸟飞,使弊其羽翼”的意思。更进一步推敲,不难发现黄老帛书试图将其“帝王之道”建立在天道有常的自然法理论之上。也许可以说,黄老关于人间秩序的思考,始终围绕着秩序抑或秩序重建这一主旨展开;在自由与秩序之间的矛盾关系中,如果说庄子更加重视自由(精神自由),那么黄老学显然偏重于秩序。更耐人寻味的是,黄老学汲取了老庄哲学深邃的自然概念及其理论,并把它进一步发展为“天道—自然”形态的自然法理论。呈现自然秩序的天道高于政治秩序的人道(人间法),而且是人间法(包括成文法和习俗法)范本及法理基

---

① 释文参考了魏启鹏:《马王堆汉墓帛书〈黄帝书〉笺证》,中华书局2004年版,第55,57,58,60页。

础，有点像古希腊自然法理论。

司马谈《论六家要旨》曾以“无为又无不为”概括道家（实际上是黄老）的思想宗旨，语出传世本《老子》第三十七章，然而简帛诸本没有“而无不为”几个字：

道常无为而无不为。（传世诸本）

道恒无名。（马王堆甲、乙本）

道恒亡为也。（郭店本甲组）

道恒无为。（北京大学汉简本）

“无为”“无名”两个词语或概念之间可以曲径相通，它们都是“无”的不同表现形式，也就是说，这两个词语既然能够相互替代，那么就不必追究其间的区别了。真正的问题在于传世本多出来的“而无不为”那几个字，是否表明了老庄和黄老之间的歧义呢？高明认为：“《老子》原本只讲‘无为’，或曰‘无为而无以为’，从未讲过‘无为而无不为’。”他还更进一步推测说，“无为而无不为”是汉初黄老学派的产物。① 然而，郭店竹简《老子》甲组（编）有“亡为而亡不为”句，使得《老子》文献学问题更加扑朔迷离。②

总之，黄老学派并没有像老庄那样偏爱“无”，却极端重视“一”；虽然他们依据“无为”立论，却开出了“无为而无不为”的新路向。其中的原因应该从社会政治的剧烈变动和理论创造的推陈出新等方面进行深入分析，因为从“无”到“一”、从“无为”到“无为而无不为”意味着某种深刻的转折：黄老学派由此创造出了耐人寻味、具有鲜明理论特色的政治哲学——不是基于周礼或周制的德政观念、天命论（神学政治论之一种），而是诉诸某种政治理性主义。

---

① 高明：《帛书老子校注》，中华书局 1996 年版，第 424 ~ 425 页。

② 丁四新：《郭店楚竹书〈老子〉校注》，武汉大学出版社 2010 年版，第 86 ~ 88 页。

四、名理:黄老政治哲学之理性尺度

古代名学以及几乎一切关于“名”的讨论,都不仅仅是一种思维定式或思想游戏,也不仅仅具有语言学和逻辑学的意义,因为其中蕴含了深刻的政治意味,不容忽视。这一点,无论是孔子之“正名”,老子之“无名”,韩非子之“控名”,概莫能外;甚至公孙龙子那种表面上看起来十分抽象的“名辩”,仍有见证“古之明王”的意图。[①] 老庄政治哲学围绕 “玄德”“无为”“无名”“自然”诸概念及其理论展开。前面已经指出,黄老政治哲学思考的起点往往是“名”而非“无名”,也就是说道家黄老学派尤其关注政治秩序,“名”就是秩序的抽象形式。总之,如果说老庄政治哲学的理论基础在于“无名”,那么黄老政治哲学则诉诸“刑名”而罔顾“无名”。例如:

> 凡物载名而来,圣人因而财之,而天下治;实不伤,不乱于天下,而天下治。(《管子·心术下》)
>
> 昔者尧之治天下也以名,其名正则天下治。桀之治天下也亦以名,其名倚而天下乱。(《申子·大体》)
>
> 物自正也,名自命也,事自定也。(《经法·论》)
>
> 用一之道,以名为首,名正物定,名倚物徙。故圣人执一以静,使名自命,令事自定。(《韩非子·扬权》)

笼统说来,黄老思想的主要内容可以概括为两个方面:一个是延续了老庄哲学的“道德之意”;另一个是自身创造出来的“刑名之术”。然而需要指出的是,黄老学派(含法家)“刑名之术”的指涉范围比较宽泛,既包含狭义的刑名法术(法家),也指更加抽象的名理学。

然而,黄老名理学仍然和老庄名学有着千丝万缕的联系。老

---

① 《公孙龙子·名实》:“至矣哉,古之明王!审其名实,慎其所谓。至矣哉,古之明王!”

子关于“名”的思想深邃复杂,应从“始制有名”与“道恒无名”之间的张力结构中分析和把握;①黄老学派试图通过刑名理论阐明“道”“法”“名”“理”的重要意义,其关注的焦点在于政治秩序的创建或重建。早期思想史自进入哲学时代那一刻起,就开始了对“名”的深切反思。孔子所说的“正名”和老子所说的“无名”无不包含了政治社会之维度。比较而言,老庄“无名”概念及其理论非常深刻。如果说政治性的“名”意味着“礼”的抽象形式的话,那么“无名”则是针对一切制度设施的反思与批判,这也赋予了老庄独特的精神气质,能够对“名”所代表的权力、制度和秩序抱着某种超然态度。② 黄老政治理论语境中的“刑名”乃社会政治秩序的符号而已,也是进一步深入阐述“名理”“道法”的理论武器。比如说,要想准确理解、深入把握像“名正法备,则圣人无事”(《管子·白心》)这样的说法,就不能不诉诸名理学的探讨。

无论是老庄还是黄老,都很清楚现实的生活世界包括社会政治秩序,皆诉诸“名的建构”,就是说,社会实在(social reality)以及社会政治关系都是由名建构起来的。为了更好地理解这一点,我们仍从《老子》开始讨论:

道可道,非常道;名可名,非常名。(《老子》第一章)

有物混成,先天地生。……吾不知其名。(《老子》第二十五

---

① 郑开:《始制有名与道隐无名——道家名学研究新论》,见香港浸会大学孙少文伉俪人文中国研究所主办《学灯》第二辑,上海古籍出版社 2017 年版,第 49 ~ 83 页。

② 《庄子·养生主》:“为善无近名,为恶无近刑。”黄老帛书《十六经·正乱》:“谨守吾正名,毋失吾恒刑。”《管子·白心》:“去善之言,为善之事,事成而顾反无名。能者无□,从事无事。”“为善乎,毋提提。为不善乎,将陷于刑。善不善,取信而止矣。”《管子·内业》:“赏不足以劝善,刑不足以惩过。”王念孙更指出,《淮南子·说林训》“旳旳者获,提提者射,故大白若辱,大德若不足”,亦为善“毋提提”之意。这几个例子足以表明道家政治哲学之思考具有某种突破“名”的力度。

章)

王弼《注》曰:

可道之道,可名之名,指事造形,非其常也。

名以定形。混成无形,不可得而定,故曰"不知其名"也。

这里所说的"指事造形"是什么意思呢?① 根据前面我们关于形名理论的分析与阐释,"指事"就是"以其形因为之名"的意思,而"造形"体现了"名的建构"。"名以定形"正是"造形"的确切含义。既然"名以定形",但由于"道"独立无待,既不可视听又不可名言(不能通过感性知觉和比较推理来判明之),所以就不能以概念思维描述或者建构"道的真理"。可见,"名"具有两种不同然而相互联系的意味:一是"因形定名"的"名",即根据物的属性予以"命名";二是"名以定形"的"名",即根据概念(名言)思维建构生活世界的"名"。

道家黄老学派特别重视"刑名"理论,而"刑名"理论部分地脱胎于形名古学。② 稷下学者这样论述了从"形"抽象为"名"的理论过程:

物固有形,形固有名,此言不得过实,实不得延名。姑形以形,以形务名,督言正名……因也者,无益无损也。以其形,因为之名,此因之术也。名者,圣人之所以纪万物也。

---

① 楼宇烈引《说文》"六法"之"指事"及《系辞》"在天成象,在地成形"解释"指事造形"(〔魏〕王弼注,楼宇烈校释:《王弼集校释》,中华书局 1980 年版,第 2 页),而牟宗三训"造"为"造访"之"造",解释"造形"为"寻形、循形"(牟宗三:《才性与玄理》,学生书局 1985 年版,第 129 页),这两种说法都有进一步讨论的必要。

② 通常认为"刑名"即"形名",因为从语文角度上说,"刑"通"形"。然而,黄老学派盛言的"刑名"很不同于形名古学。参阅拙稿《道家"名学"钩沉》,见赵敦华主编《哲学门》(总第十一辑),北京大学出版社 2005 年版,第 37 ~ 70 页。

(《管子·心术上》)

名也者,正形者也;形正由名,则名不可差。……故亦有名以检形,形以定名;名以定事,事以检名;察其所以然,则形名之与事物,无所隐其理矣。(《尹文子·大道上》)

简言之,"名"是关于"形"的抽象,也就是对上述感性对象的把握(即命名、分类与整理)。需要说明的是,这里所说的"形"概括了"形""声""味"等包括洛克所说"事物第二性质"在内的感性对象。[①]《管子·心术上》说:"以其形,因为之名。"现象界"物"的"名"是根据其"形"——实际上就是形、色、声、音、香、臭等诉诸感性知觉的外在特征——而得以命名的,正因为如此,作为符号系统的"名"才可以表征乃至于把握万物。

由此可见,道家名学的两个基本原则就是:第一,"因形为名",即《尹文子》所说"名以检形,形以定名";第二,"名以定事",这一原则隐含了语言通过各种社会意象建构意识形态和社会行动的重要内容。从一般意义上说,"因形以为名"适宜概括可感觉的对象(例如自然事物),而不那么适用于表达社会事物。换言之,"形"诉诸视觉,那么不能直观的事物,例如观念性的仁义以及制度设施如礼乐,又是如何定名的呢?《尹文子》一定曾经面临过这样的难题:"形名相耦"("有形必有名,有名必有形")原则并不能囊括所有的现象;更重要的是,必须突破上述"形名相耦"原则才能奠定"名"与"法"的理论基础。《尹文子》认识到了这一点,

① 《尹文子》曰:"名以检形,形以定名。"所谓"形",不仅意味着诉诸视觉的"形"("形状"或"形体"),而且概括了所有诉诸感性的"五色""五声""五臭""五味";客观意义上的"黑、白、商、徵、膻、焦、甘、苦"的名称("彼之名"),匹配着主观意义上的"爱、憎、韵、舍、好、恶、嗜、逆"的分辨("我之分"),也就是说"事物有所比也"(《管子·白心》)。其实这种以"形"概括"形、色、声、味"之例并不少见,例如徐幹《中论·贵言》曰:"形乎视听,著乎颜色。"

所以提出了“有形者必有名,有名者未必有形”的观点。这是对“形名相耦”的重要修正,意义不可小觑。这样一来,《尹文子》就可以从容地把社会政治事务概括在“形名”的范畴之内了:

形而不名,未必失其方圆白黑之实;名而[无形],不可不寻名以检其差。故亦有:名以检形,形以定名;名以定事,事以检名。察其所以然,则形名之与事物,无所隐其理矣。(《尹文子·大道上》)

重要的是,“形名”之于事物,具有支配和建构的作用,换言之,《尹文子》的“形名”理论把社会实在(Social Reality)当成“名”“理”建构起来的东西。进而言之,体现了“自道以至名,自名以至法”(《四库提要》)倾向的《尹文子》的“名学”,正是在关于“名”的范畴上更改了此前拘泥于“形”“名”的概念,它把“名”规定为以下“三科”“四呈”:

一曰命物之名,方圆白黑是也;二曰毁誉之名,善恶贵贱是也;三曰况谓之名,贤愚爱憎是也。

一曰不变之法,君臣上下是也;二曰齐俗之法,能鄙同异是也;三曰治众之法,庆赏刑罚是也;四曰平准之法,律度权量是也。(《尹文子·大道下》)

可见,“名”直接建构了社会政治层面上的礼俗和法度各个方面;而“名”在思想世界中的意义就不限于语言层面(“命物之方”),更拓展到伦理、道德以至社会政治的制度层面,而《尹文子》的确就是这样论证其“仁义礼乐,名法刑赏”(“八术”)理论的(《大道下》)。然而,《尹文子》上述主张,在根本上并没有偏离道家思想。例如道家所谓“物”既包括自然现象(天地万物)也包括社会实在(仁、义、礼、乐),同时还包括人的感觉状态(“欲”)和心理活动(“知”或“智”)。不同的地方在于:在道家思想里,像“仁义”这样看不见、摸不着的事物,之所以被归结为“物”,因为它是“有名”的,而制度或者依附于制度的意识形态都是由语言建构起来的。《尹文子》两篇阐述了从“形”经由“名”而至于“刑”的“名学”逻辑,换言之,就是论证了“名”既因于“形”又建构了制度设施。

黄老刑名法术之学的立论基础之一就是:“刑”出于“名”(语言)的建构,同时“刑”又反过来赋予“名”以很强的政治意味。其实,前诸子时期的思想家早已清醒地认识到“礼”是由“名”所建构的,例如《左传·桓公二年》:“名以制义,义以出礼。”杜预《集解》曰:“名之必可言也。”这段话很好地说明了“名”“义”“礼”三者之间的联系。庄子也强调了“名”与“义”(涉及社会制度)之内在联系:

名止于实,义设于适。(《庄子·至乐》)

黄老文献特别强调“名”的意义,致力于将它与理、法联系起来,从而为重构秩序奠定基础,其曰:

虚无有,秋毫成之,必有形名。形名立,则黑之分已。执道者之观于天下也,无执也,无处也,无为也,无私也,是故天下有事,无不自为形名声号矣。形名已立,声号已建,则无所逃迹匿正矣。(马王堆帛书《经法·道法》)

天乏(范)无□,复(覆)生万物,生物不物,莫不以名。(马王堆帛书《伊尹·九主》)①

从某种意义上说,出现于上文中的“名”,都是指名号、名位这样政治化、社会化的“名”,含有很强的社会政治意味。孔子正是在这种意义上阐述其“正名”主张的,其政治社会背景是“礼崩乐坏”引起“名实相怨”。因此,孔子所谓“名”其实就是关于政治社会制度(即礼)的抽象表述而已;胡适也说,孔子的“正名主义”主

① 兹引马王堆帛书释文依魏启鹏《马王堆汉墓帛书〈黄帝书〉笺证》。

要体现于政治社会和伦理层面。①

前引《经法·名理》颇言“名理”,深化了黄老对于“道—法”意义的阐述。黄老学通过“由无之有”——即从无名到刑名的转身,论证了“法”的合理性;又通过推动“理”的概念不断深化、丰富,强化“法”的合理性论证。实际上,黄老道家借助于“名”“理”概念及其理论,奠定了抽象的政治哲学和法哲学的理论基础。

《老子》中没有“理”这个词的踪迹,《庄子》中的“理”虽然可以视作哲学概念,一般来说却无关宏旨,唯独《秋水》中的一段话值得特别注意:

知道者必达于理,达于理者必明于权,明于权者不以物害己。

这段文字具有很明显的“黄老意”。然而,黄老学派和法家特别重视“理”,也许是因为他们试图正面回答处于自由与秩序之间张力中的秩序问题,正面建构、维护一个正常的社会以及日常的生活世界。黄老学强调“循名究理”,和韩非的思想倾向一致,因为韩非试图把老子的“道”解释为“理”。然而,韩非在《解老》中阐述说:“道者,万物之所然也,万理之所稽也。理者,成物之文也;道者,万物之所以成也。”因此,他把“道”理解为“理物”即“物”的主宰,也就是说“理之为物之制”。韩非这里把“理”解释为“成物之文”,具体地说就是“短长、大小、方圆、坚脆、轻重、白黑”,主要根据“物之有形者”而言。据此,笔者认为,韩非将“理”比拟于“道”,实际上就是以“有形”比拟“无形”,以“有名”(理)替换“无名”(道),从而把老庄道家形而上学原则“落实”为政治社会理论,同样的思想倾向也见于《尹文子》。

---

① 胡适:《中国哲学史大纲》,商务印书馆1912年版,第92页以下诸页。

“理”的初义，大约指事物固有的形式（例如纹理脉络），同时也包含了治理（动词或动名词）、攻治的意思，作为职官（理，抑或礼）的含义与“治理”也许一脉相承。老子说：“朴散则为器，圣人用之则为官长。”（《老子》第二十八章）治朴（璞）而为器，就是“理”。后世与司法相关的职官——大理，主要司掌“决狱折中，不杀不辜，不诬无罪”（《管子·小匡》《吕氏春秋·勿躬》《韩非子·外储说左下》等）。《管子·心术上》：“心之在体，君之位也。九窍之有职，官之分也。心处其道，九窍循理。”可见，“理”与“职”“官”具有隐秘而内在的联系。黄老学派诸家都非常重视“理”的概念及其阐释。例如：

物合于道者，谓之理。

物有不合于道者，谓之失理。（《经法·论》）

《论》特别重视“理”，颇近于韩非《解老》《喻老》两篇。它们对“理”的基本规定就是：“理”介于“道”“物”之间，以此黄老学派深化了对“道”“物”“理”的认识。更重要的是，黄老学的刑名之学旨在阐论“法”（刑）、“理”（礼），后者就是重建秩序，实现“天下归一”的最终目的。这一点，在《庄子·天道》诸篇中已初见端倪。总之，“道生法”的理论途径不能不诉诸“刑名”“名理”，同时我们还可以在“阴阳刑德”理论和自然法理论中略见端倪：

天下有事，必审其名。名□□循名究理之所之，是必为福，非必为灾。是非有分，以法断之。虚静谨听，以法为符。审察名理终始，是谓究理。唯公无私，见知不惑，乃知奋起。故执道者之观于天下，□见正道循理，能举曲直，能举终始。故能循名究理。形名出声，声实调和，祸灾废立，如影之随形，如响之随声，如衡之不藏重与轻。（《经法·名理》）

黄老文献中的“理”与“法”是交互渗透，携手而来的。比较而言,“理”在相当程度上就是“法”的抽象表述,至少黄老思想倾向于此。“理”的来源比较复杂,既脱胎于传统意义上的“天道观”,例如“天时”的含义,也包括了礼—名体系经历了重要变动之后的转化,还部分涉及了司法制度中的相关内容,例如前面提到的“大理”这种职官。这表明,作为黄老政治哲学之基础,“理”“法”诸概念的来源是多元化的。基于这种概念之上的政治哲学,迥然不同于儒家政治理念,黄老与儒家政治观念的区别与联系之一就是:由于“法”“礼”从根本上是异质的,如果“礼治”(或德治)固有某种“道德主义政治哲学”的倾向,即将政治与法律予以道德化的努力,或者说以道德取代法律的倾向,黄老学派通过自然、无为诠释政治合理性与合法性之基础,从而推进了“法”(法律)脱离“礼”而独立的过程;同时,“理”的概念也包含更广泛意义上的“法度”,这多少平衡了“礼”(儒家)、“法”(法家或道法家)之间的矛盾与紧张。黄老政治哲学的努力表明:公平的经济学、高尚的伦理学和正义而有效率的政治学可能是一致的。

总而言之,黄老政治哲学内容闳深、脉络复杂,更以其抽象深刻的理论性独树一帜。以上围绕“帝道”“执一”“道法”“名理”几个方面,发掘了黄老政治哲学的微言大义与理论特质,旨在勾勒黄老政治哲学的大致轮廓,而更多的问题(例如“内圣外王之道”和“太上”)和更缜密的分析,则付诸更进一步的研究。

天老与黄老发覆

葛志毅
（大连大学教授）

一、小引：老子疑义

在学术思想史上，儒道关系一直是学者们关切的重点，而从记载上看，从老子与孔子开始，就存在一些难明的疑点，这在老子尤其如此。如《史记·孔子世家》与《史记·老子韩非列传》俱有孔子问礼于老子的记载，《孔子家语·观周》至有谓孔子曰："吾闻老聃博古知今，通礼乐之原，明道德之归，则吾师也。"那么，老子不仅晓达周礼，而且是年长于孔子的先辈。其后根据这种记载，《文心雕龙·诸子》曰："及伯阳识礼，而仲尼访问，爰序道德，以冠百氏。"即谓孔子问礼于老子，于是老子著论行世，不唯孔学出于老子，老子道家堪为百家学说之祖。此老子在孔子之先且影响深广之说，一直颇有人信从。如汪中就相信老聃确为孔子问礼之人，又据《礼记·曾子问》认为老子乃"谨于礼"和尊信先圣前哲之人①。但也有学者对《史记·孔子世家》的记载稍有异议，如崔述认为关于老聃，唯《礼记》所述为近是，"然其有无亦不可知"；

---

① 〔清〕汪中撰，戴庆钰、涂小马校点：《述学》，辽宁教育出版社2000年版，第102～105页。

即使据《曾子问》所言,老聃也不过是拘守于礼之繁文缛节者。① 但即使如此,并未完全否认老子为知礼者。最近的发现似又有助于增强这种认识,即帛书本与今本《老子》之“绝圣弃知”“绝仁弃义”,在较早的郭店简本《老子》中作“绝智弃辩”“绝伪弃虑”,于是有人提出,最初形成的《老子》书是不反对儒家的“圣”与“仁”“义”的。由此又容易推出另一种观点,即最初老子不反儒,至庄子反儒,于是始托《老子》之书加强反儒力度②。其实从《史记·孔子世家》与《史记·老子韩非列传》所载老子答孔子之言中,已可见老子反对孔子盛张礼义的入世态度,从而表现出道家以谦退卑柔自守的人生哲学,即从老子、孔子开始,双方已表现出思想上的歧异,故《史记·老子韩非列传》又谓:“世之学老子者则绌儒学,儒学亦绌老子。‘道不同不相为谋’,岂谓是邪?”又曰:庄子“诋訿孔子之徒,以明老子之术……用剽剥儒、墨,虽当世宿学不能自解免也”。在司马迁看来,至少从老子后学已排击孔子儒学,至庄子尤甚。针对儒、道两家的思想歧异,历来又有从互补角度理解儒、道两家学说者,如宋翔凤曰:“老子著书,以明黄帝自然之治,即《礼运篇》所谓,大道之行,故先道德而后仁义。孔子定六经,明禹、汤、文、武、成王、周公之治,即《礼运》所谓,大道既隐,天下为家,故申明仁义礼知以救斯世,故黄、老之学,与孔子之传,相为表里者也。”③如按此老子、孔子互补之说审视二家思想发生程

---

① 〔清〕崔述撰著,顾颉刚编订:《崔东壁遗书》,上海古籍出版社2013年版,第271页。

② 如孙次舟谓老子其人、其书乃庄子之徒捏造以反对孔子儒家的,详见其《跋〈古史辨〉第四册并论老子之有无》,见顾颉刚《古史辨》第六册,上海古籍出版社1982年版,第74~75页。

③ 〔清〕宋翔凤撰,梁运华点校:《过庭录》,中华书局1986年版,第214页。

序，乃先有老子自然之义，而后生孔子仁义之说。其实若从诸子著书互相驳难、相反相成的角度视之，也可能是因为孔子标榜仁义之说于天下，一世风靡，于是有老子异论突起，揭自然之旨以与孔子相对，那么，孔子仁义在先，老子自然在后。以上这些说明自老孔道儒的相互关系之始，有关老子其人、其书就充满疑点，这并未因为新材料的偶然出土就可以简单地认为已经予以解决。其著者又如马王堆帛书出土，人们认为“黄”指黄帝，“老”指老子，就因为所谓《黄老帛书》与帛书《老子》编连共存，于是使所谓“黄老疑义”得到解决。其实，“老”是否不指老子，而是指其他什么人，如黄帝之臣天老，就仍是有待提出讨论者，只是罕有人注意及此。

二、黄帝与天老

所谓“黄帝书”多出于战国人依托，如《汉书·艺文志·诸子略》道家直接署名黄帝者四种，即《黄帝四经》四篇、《黄帝铭》六篇、《黄帝君臣》十篇、《杂黄帝》58 篇，黄帝臣一种即《力牧》22 篇。此五种中有三种班固指明乃战国人依托撰作，其他两种亦如此，故梁启超《汉书艺文志诸子略考释》谓《黄帝四经》四篇以下五种，“本志以置诸《鹖冠子》与《孙子》之间者，殆认此书之依托者为此时代人也”①。所言甚是。他如阴阳家《黄帝泰素》20 篇，小说家《黄帝说》40 篇，班固也指明乃战国人依托撰作。与道家《力牧》22 篇相似，他亦多托为黄帝臣之作，如《兵书略·兵阴阳》有：《封胡》五篇、《风后》13 篇、《力牧》15 篇、《鵊冶子》一篇、《鬼容区》三篇、《地典》六篇，其中四种班固注曰：“黄帝臣，依托也。”其实此六种皆为托于黄帝臣之作。其他《诸子略》《数术略》《方

---

① 梁启超：《饮冰室合集》第 10 册，中华书局 1996 年版，第 26 页。

技略》中亦多托名黄帝君臣之作,班固虽未明确指出,但依类可推。《数术略》五行有《黄帝诸子论阴阳》25 卷,姚振宗谓:“黄帝诸子,或是封钜、大填(即大挠)、大山稽、力牧、风后、鬼臾区(即大鸿)、封胡、孔甲、岐伯、泠沦、天老、五圣、知命、规纪、地典、常先、羲和、隶首、容成、俞拊之俦,依托者借以为重欤?”①此所谓“黄帝诸子”皆传说中的黄帝诸臣,他们的知名,除他们与黄帝相关,则或者依托其名著书,或把某种发明归诸其名下,致使其名愈彰。这说明至少从战国开始,黄帝君臣作为圣君贤相已成为人们信仰、推崇的对象。依托其名下著书立说,以数术方技类专门技术之书尤多,由此也可以明白为什么后世多把各种技术发明托于黄帝君臣名下,亦可见黄老之学与下层民俗生活间的关系。班固在《数术》《方技》两略下所见托于黄帝君臣名下的各书不再注明其出于依托,说明人们已习惯于把这些在民生日用中应用广泛的技术知识依托黄帝君臣名下,故亦不必特予指出。从《艺文志》班固注中可见,依托于黄帝君臣名下著书的习惯当流行于战国时代,构拟黄帝君臣传说的时间也不会比这更早,而黄老之学兴起的时间恰在此时。根据上述战国时著书好托于黄帝君臣名下的习惯分析,历来认为“黄老”之“老”乃老子之说,不能不令人生疑。因为黄帝众臣中本有名天老者,从好托名黄帝君臣之名的习惯看,为什么“老”不会是天老而一定是老子?《诸子略》道家有《黄帝君臣》十篇,自注:“起六国时,与《老子》相似也。”按,“黄帝君臣”中本有天老,而就是“与《老子》相似”这种认识,加之老子偌大的名气,于是天老被老子淹没取代,从而使本应为黄帝、天老联称的黄老,变成黄帝、老子联称的概念并被人们认同、流行。

---

① 张舜徽:《广校雠略　汉书艺文志通释》,华中师范大学出版社 2004 年版,第 400 页。

记载中相传天老为黄帝之臣，天老事迹中以其对黄帝论凤凰之象为有名，《韩诗外传》的记载较早，亦有代表性，似是现存其他各种记载中关于天老论凤的祖型根据，现引于下。其书卷八第八章曰："黄帝即位，施惠承天，一道修德，惟仁是行，宇内和平，未见凤凰，惟思其象。夙寐晨兴，乃召天老而问之曰：'凤象何如？'天老对曰：'夫凤之象，鸿前而麟后，蛇颈而鱼尾，龙文而龟身，燕颔而鸡啄，戴德负仁，抱中（忠）挟义。小音金，大音鼓。延颈奋翼，五彩备明。举动八风，气应时雨。食有质（姿），饮有仪。往即文始，来即嘉成。惟凤能通天祉，应地灵，律五音，览九德。天下有道，得凤象之一，则凤过之。得凤象之二，则凤翔之。得凤象之三，则凤集之。得凤象之四，则凤春秋下之。得凤象之五，则凤没身居之。'黄帝曰：'于戏，允哉！朕何敢与焉！'于是黄帝乃服黄衣，带黄绅，戴黄冕，致斋于中宫。凤乃蔽日而至。黄帝降于东阶，西面，再拜稽首曰：'皇天降祉，敢不承命！'凤乃止帝东园，集帝梧桐，食帝竹实，没身不去。"①是黄帝及天老视凤凰为昭示仁义及治致太平的象征性瑞应。此外认为凤乃瑞禽，周身为仁义诸德的象征，在《山海经·南次三经》中已有这样的记载："五采而文，名曰凤凰。首文曰德，翼文曰义，背文曰礼，膺文曰仁，腹文曰信。是鸟也，饮食自然，自歌自舞。见则天下安宁。"（又见《海内经》）《逸周书·王会》讲天下贡物时有曰："西申以凤鸟，凤鸟者，戴仁、抱义、掖信。"《管子·小匡》曰："夫凤皇之文，前德义，后日昌。"都可与《韩诗外传》的记载相比较。其中可见，《韩诗外传》的记载显然是对其前有关凤象认识的集中总结，再托为黄帝、天老之口叙述出来，又成为其后相关记载中天老论凤之事的基本资料来

① 《初学记》卷三〇、《太平御览》卷九一五亦引《韩诗外传》此文，文字略有出入。

源之一。还需指出的是,在以凤凰为仁义诸德象征的称誉中,显然可见儒家的影响。《礼记·礼运》以麟、凤、龟、龙为四灵,《说苑·辨物》则进一步推衍四灵的道德象征与祥瑞灵异的儒家思想意义,其有曰:"凡《六经》帝王之所箸,莫不致四灵焉。德盛则以为畜,治平则时气至矣。"其中引到天老对黄帝论凤象,可与《韩诗外传》对勘。儒家又把凤凰作为王道太平的瑞应象征,《韩诗外传》中已包含这层意思,他如《书·益稷》谓舜时"凤凰来仪"。孔子亦曰:"凤鸟不至,河不出图,吾已矣夫。"(《论语·子罕》)董仲舒对策曾引孔子此言,认为孔子是把凤鸟河图作为王道瑞应的"诸福之物,可致之祥"(《汉书·董仲舒传》)。一般汉儒据孔子此言亦认为:"太平则凤鸟至,河出图矣……凤鸟河图,明王之瑞也。"(《论衡·问孔》)孔子所言对汉代谶纬之学也有一定的启发意义,因此在纬书河、洛受命说中,《河图》《洛书》成为天赐圣人符命的根本象征,纬书中天老论凤象的话语也被改变成河、洛受命一样的性质,《河图挺佐辅》:"黄帝修德立义,天下大治,乃召天老而问焉:余梦见两龙挺日图,即帝以授余于河之都,觉昧素喜,不知其理,敢问于子。天老曰:河出龙图,雒出龟书,纪帝录州圣人所纪姓号,典谋治平,然后凤皇处之。今凤皇以下三百六十日矣,合之图纪,天其授帝图乎……天老五圣,皆从以游河洛之间……乃问天老曰:子见天中河流者乎?曰:见之……独与天老跪而迎之,五色毕具,天老以授黄帝,帝舒视之,名曰录图。"①这显然是以《韩诗外传》的记载为基本依据,然后在内容上进行纬书河、洛受命式的改造,把凤凰之瑞与《河图》《洛书》之瑞进一步结合起来。但它把凤凰视为圣人受命致太平的瑞应,仍合于儒家的

---

① [日]安居香山、[日]中村璋八辑:《纬书辑成》下册,河北人民出版社1994年版,第1108~1109页。又见《河图录运法》《河图稽命征》。

观念。今本《竹书纪年》黄帝五十年载天老论凤事,其意已视凤为天赐图书的先兆,且曰:“游于洛水之上,见大鱼……鱼流于海,得《图》《书》焉。《龙图》出河,《龟书》出洛,赤文篆字,以授轩辕。”王国维《今本竹书纪年疏证》认为,此乃据《宋书·符瑞志》抄袭而成。详审文字,其中可见纬书的内容痕迹,以之与上引《河图挺佐辅》相校便可知。如果以之与《说文》凤字引天老论凤之语相较,这点会看得很清楚,因为许慎为古文家,不相信谶纬,自无其痕迹。

综之,《韩诗外传》中天老对黄帝论凤纯乎是儒家话语,可集中代表儒家关于凤凰的人文道德象征意义的认识。其实在战国时期的史料记载中,黄帝为道家所屡称,如《庄子》就多称述黄帝。但《庄子》中的黄帝,除道家面目,仍有儒家的一面,如《庄子·在宥》:“昔者黄帝始以仁义撄人之心,尧、舜于是乎股无胈,胫无毛,以养天下之形。”《庄子·天道》《庄子·至乐》中亦以黄帝、尧、舜并称,《庄子·盗跖》更把黄帝、尧、舜、禹、汤、文王、武王作为儒家理想的代表加以批驳,但这并不影响黄帝在道家中的偶像地位。相比之下,黄帝君臣的道家属性更浓重,如《汉书·艺文志》儒家诸子中不见托名黄帝君臣之作,相反托名黄帝君臣之作却多见于道家诸子,即为明证,黄老道家概念之形成更是无可辩驳的明证。《列子·黄帝》中,黄帝所梦游之华胥氏国,乃纯粹的道家自然理想国,黄帝醒后“召天老、力牧、太山稽,告之”,乃与同志诸臣分享体道之乐。《后汉书·张衡传》:“方将师天老而友地典,与之乎高睨而大谈,孔甲且不足慕,焉称殷彭及周聃。”天老与地典、孔甲俱为传说中的黄帝之臣,以其与彭祖、老聃并数,可见其人等列于道家诸子侪辈。那么,《韩诗外传》中因凤而被儒家化的黄帝、天老君臣,乃儒家刻意加工的结果,其来源应为出自其前的道家传说为宜。从思想文化的角度看《韩诗外传》引黄帝天老论凤之事,是为与儒家太平瑞应说相印证。如溯其本,天老本应为道家化黄帝君臣中的一员。但借助《韩诗外传》这则记载,可以使人推见天老在黄帝诸臣中的地位及影响。在战国秦汉之际阴阳五行之学大倡,因而亦出现阴阳五行之学向黄老之学渗透的趋势,司马谈论道家博取各家之长时,首先提到的就是“因阴阳之大顺”(《史记·太史公自序》),因此黄老之学中融入了阴阳家的因素。此外,《汉书·艺文志》中《诸子略》阴阳家及《兵书略》兵阴阳中多托名于黄帝君臣之作,亦可见阴阳五行与黄老之学的关系,与此相关,黄帝、天老之名亦出现于阴阳家的著作中。如《尚书》孔疏卷一:“《阴阳书》称天老对黄帝云:凤凰之象……”按,阴阳家最重天人感应,瑞应符命之说与此有关。如驺衍五德说认为某位帝王将兴,上天必降与其德相应的符瑞以为指示;阴阳协调,天地和合,也可致瑞应吉祥,所谓:“阴阳调而风雨时,群生和而万民殖……诸福之物,可致之祥,莫不毕至。”(《汉书·董仲舒传》)此阴阳瑞应之说与太平说结合形成太平瑞应之说。凤凰是一种瑞禽,“宇内和平”“天下有道”,它必应征而至,故《阴阳书》引天老论凤之言以此,《史记·屈原贾生列传》正义引《瑞应图》曰:“黄帝问天老曰:‘凤鸟何如?’”原因亦在此。① 又《周礼》贾疏卷二五引《郑志》答张逸问曰:“按《堪舆》黄帝问天老事云:‘四月,阳建于巳,破于亥;阴建于未,破于癸。’”按,《堪舆》,《汉书·艺文志·数术略》五行类有《堪舆金匮》14 卷。堪舆类书见于《隋书·经籍志》子部五行类,字作“堪余”。堪舆一般指说风水方位之书,《四库全书总目》入子部数术类之“相宅相墓”小类。黄帝确为地理堪舆、相墓相宅者所托,如《抱朴子·极言》述黄帝所长诸术中

① 《隋书·经籍志》子部五行有《瑞应图》二卷,相近又有《祥瑞图》八卷、《祥异图》11 卷等,俱阴阳五行类著述。

包括:“相地理则书青乌之说。”按,青乌子《相冢书》见于《文选》卷二三谢灵运《庐陵王墓下作》注。是堪舆本阴阳五行占测术之一种,据所引“四月,阳建于巳”云云,应属建除术性质,亦为阴阳五行日辰占术之一。这是黄老之学与阴阳家的关联,乃使黄帝、天老又出现于阴阳数术一类书中。与阴阳五行相关的巫鬼、杂术、神仙、养生在战国秦汉之际流行于下层民俗生活,近年出土的《日书》资料加深了人们对此的认识,其中亦包括因黄老之学广泛流行而在民间产生的深入影响,与之相关的现象就是在《汉书·艺文志》数术与方技两略中多托名于黄帝君臣之作,天老作为黄帝之臣自应出现,《方技略》房中类有《天老杂子阴道》25 卷。依托天老名下之书在《汉书·艺文志》中仅此一例。

三、天老在黄帝诸臣中的地位影响

根据以上论述,天老对黄帝论凤乃一较有名的传说,见于《韩诗外传》《说苑》等记载中,此外天老言行又见于道家《列子》、阴阳五行数术、方技类著作及谶纬之中,其他史传如《后汉书·张衡传》中亦一见。据这些记载推测,天老应是传说里黄帝诸臣中较为有名的一位。但其中也有令人难解的疑点,如在一些较早而且应该提到天老的著作中,又不见天老,似与天老的这种身份不符;而在稍后的一些记载中天老又确显得较为重要,这些记载上的差异很值得思考。

较早的记载如《管子·五行》中有所谓黄帝六相,即蚩尤、大常、奢龙、祝融、大封、后土六人,其中不见天老。《庄子》中《在宥》《天地》《知北游》《徐无鬼》《天运》诸篇多载与黄帝问对之人,但多设为寓言,难以信实,其中《徐无鬼》所言“七圣”值得注意,据《释文》之言:“黄帝一,方明二,昌寓三,张若四,謵朋五,昆阍六,滑稽七也。”是为七圣,除黄帝,余六人应为黄帝之臣,但不见天老。黄老帛书《十大经》所见黄帝诸臣有力黑(《观》《正乱》《姓争》《成法》《顺道》),帛书整理者谓敦煌等地汉简作“力墨”,即力牧;阉冉(《五政》),传世经籍中不见;太山之稽(《正乱》);果童(《果童》)。力牧与太山之稽乃黄帝重要辅佐,故《淮南子·览冥训》曰:“黄帝治天下,而力牧、太山稽辅之。”以下详陈二人辅黄帝致治之盛。阉冉因不见传世经籍,难考。果童其人地位重要,《十大经·果童》曰:“黄帝[问四]辅曰……果童对曰。”①按,“四”字乃帛书整理小组据帛书易传《二三子》“黄帝四辅”句补出。果童若为黄帝四辅之一,则地位极为重要,其人在记载上可以考见一点线索,即果童很有可能乃由《庄子·徐无鬼》中的“牧马童子”又称“小童”分化演变而来。《徐无鬼》记:“黄帝将见大隗乎具茨之山……至于襄城之野,七圣皆迷,无所问涂。适遇牧马童子,问涂焉。”在以下与黄帝的对话中又称此“牧马童子”为“小童”。黄帝问及为天下之道,小童曰:“夫为天下者,亦奚以异乎牧马者哉?亦去其害马者而已矣。”于是“黄帝再拜稽首,称天师而退”。因黄帝深赞其论于是称之“天师”,可见此牧马小童之地位,堪与身为四辅的果童相比,果童者,殆即“国童”。但此《庄子》的一则记载后又分化为两处,相应地又从牧马童子分化出黄盖童子。《水经注》卷二一:“汝水又东南迳襄城县故城南……黄帝尝遇牧童于其野。”《水经注》卷二二:“大騩,即具茨山也。黄帝登具茨之山,升于洪堤上,受《神芝图》于黄盖童子。”其一,大隗在《庄子》中本为人名,《水经注》说为地名即具茨山,这也无妨,因为古有以地名人之俗,是以《抱朴子》又有“大隗君”之称。其二,重要的是,《庄子》中的记载因涉及襄城之野与具茨山,于是《水经注》分记为在

① 按“十大经”又作“十六经”,李学勤先生主张定名“经”,见魏启鹏《马王堆汉墓帛书〈黄帝书〉笺证》,中华书局2004年版,目录及第186页。

襄城之野遇到的是牧童,在具茨山所见为黄盖童子。黄盖童子在《水经注》之前已见,《抱朴子·地真》:黄帝"北到洪堤,上具茨,见大隗君黄盖童子,受《神芝图》"。二者相较,可见《水经注》与《抱朴子》的记载同中有异,《抱朴子》在前且又冠黄盖童子以大隗君之名。《水经注》分《庄子》记载为二,于牧马童子外又分出黄盖童子的做法,为其后《云笈七签》中的《轩辕本纪》承袭,但又有小异,如其曰:黄帝"北到洪堤,上具茨山,见大隗君,又见黄盖童子,受《神芝图》七十二卷"①。以之与《抱朴子》《水经注》相较,亦同中有异,可注意者是分大隗君与黄盖童子为二。

按,道家乃至其后的道教人物原本多出寓言或拟构,很难考实,黄帝君臣即多出战国道家依托。如《庄子》所谓"七圣",除黄帝,其余六人不详所出,黄老帛书中的果童亦不详所出,上面不过据《庄子》及相关记载指出一些可能与果童相关的线索,作为认识果童的一点参考。但由此可见道家人物记载演变之繁复,更可见对主要出于道家称道的黄帝诸臣考索之难,亦很难把他们视为实有其人的历史人物。关于果童是否为黄帝四辅已很难指实,如有人提出这样一种看法:"黄帝四辅:黄帝的四位辅佐大臣。盖即风后、力牧、常先、大鸿等四人。或指黄帝相力牧,黄帝三公风后、天老、五圣等四人。"②按,其前说当据《史记·五帝本纪》,其谓黄帝"举风后、力牧、常先、大鸿以治民",《五帝本纪》于四人外,再未举其他传说中的黄帝诸臣,此四人中不见天老。后说,当主要据《帝王世纪》为说,《帝王世纪》以天老为三公,且地位极重要。与《史记》不见天老相应,《汉书·古今人表》亦不见天老,其《序》曰:"经传所称,唐虞以上,帝王有号谥,辅佐不可得而称矣。"即指

① 〔宋〕张君房:《云笈七签》,齐鲁书社1988年版,第549页。

② 邓球柏:《帛书周易校释》,湖南人民出版社2002年版,第478页。

出上古帝王卿佐的难考。据《古今人表》所载,黄帝诸臣有:仓颉、封钜、大填、大山稽、力牧、风后、鬼臾区、封胡、孔甲、岐伯、泠沦氏。不见天老,其因或者与其所言"辅佐不可得而称"有关。与黄帝四辅相关的,还有黄帝七辅之说,见于汉代谶纬。《绎史》引《论语摘辅象》曰:"黄帝七辅:风后受金法,天老受天录,五圣受道级,知命受纠俗,窥纪受变复,地典受州络,力墨受准斥。"又《路史》卷一四《后纪五·疏仡纪》亦载黄帝七辅:"命知命纠俗,天老录教,力牧准斥,鸩治决法,五圣道级,窥纪补缺,地典州络,七辅得而天地治,神明至。" 据注言,此七辅之说出自谶纬。二说相较稍有差异,即前者有风后而后者无,后者有鸩冶而前者无。又与七辅有关,《风后》13 篇、《力牧》15 篇,俱见于《汉书·艺文志·兵书略》兵阴阳类,且皆注曰:"黄帝臣,依托。"二者见于七辅之内。另有《鸩冶子》一篇、《地典》六篇,无注,二者俱见于此七辅之内,则二者亦为依托于黄帝臣名下之作。七辅二说中皆有天老,且皆排在第二位,其在黄帝七辅中的地位应该较重要,《帝王世纪》中的记载可与此相证。《帝王世纪》载黄帝所设众官曰:"黄帝以风后配上台,天老配中台,五圣配下台,谓三公。其余知天(命)、规纪、地典、力牧、常先、封胡、孔甲等,或以为师,或以为将。"①天老在三公中亦排第二,可见其在黄帝诸臣中的地位之重要。三台原本诸侯朝会坛位。《逸周书·王会》载"成周之会"为坛三层,即堂上、内台、外台,以为天子诸侯所立之位。② 此三台后与天文星占联系起来,即东方朔为汉武帝"陈《泰阶六符》,以观天变"(《汉书·东方朔传》),《泰阶六符》一卷见于《汉书·艺文志·数术略》天文类,颜注引李奇曰:"三台谓之泰阶,两两成体,三台故六。"这是三台

① 徐宗元辑:《帝王世纪辑存》,中华书局 1964 年版,第 16 页。

② 《周官·秋官·司仪》:"将合诸侯,则令为坛三成……及其摈之,各以其礼,公于上等,侯伯于中等,子男于下等。"可与《逸周书·王会》相参。

与泰阶的关系。天文星占必比附人事以为占断,故三台六阶设为天子、诸侯、卿大夫之位以为比象,应劭引《黄帝泰阶六符经》说泰阶人事之象有曰:“泰阶者,天之三阶也。上阶为天子,中阶为诸侯公卿大夫,下阶为士庶人。上阶上星为男主,下星为女主。中阶上星为诸侯三公,下星为卿大夫。下阶上星为元士,下星为庶人。”此乃泰阶所设人事与星辰间的象征符应关系,以作为占断治道世局、阴阳风雨、祭祀稼穑等各方面吉凶否泰的根据。借此《黄帝泰阶六符》的占验形式亦可推见其与黄帝三台三公制的关系,亦可见汉代黄老道发展过程中的思想反映。黄帝七辅之说出于谶纬,《帝王世纪》亦多采谶纬内容,《史通·采撰》所谓:“玄晏帝王纪,多采六经图谶。”故黄帝三公传说亦应与谶纬有关,就是说,在汉代的谶纬中,天老在黄帝诸臣中具有较高地位。① 谶纬中的内容多被道教吸纳,因此天老在道教中也成为较重要的角色,如天老事迹在《云笈七签》中的《轩辕本纪》里所见较详;《汉书·艺文志》著录的《天老杂子阴道》,被陶弘景作为道教养生经典编入《养性延命录》,相关还有《天老养生经》亦被编入②,《正统道藏》洞神部方法类收有《天老神光经》一卷,这说明天老已成为道教经典祖述的重要对象。

综之,在战国时代开始构拟起来的黄帝诸臣传说中,最初天老并没有什么特别显著的地位,但从汉代开始其地位得到彰显,这是在考察天老传说时,应特予关注的现象。

四、余论:从黄老之学至老子道教

在战国时代开始构拟起来的黄帝君臣传说中,天老最初虽为

---

① 朱越利:《道经总论》,辽宁教育出版社 1992 年版,第 232 页。

② 今传谶纬可见三台三公说,如《公羊·桓八年》疏引《元命苞》:“立三台以为三公。”

黄帝之臣,但在传下的记载中,还看不到可以直接反映其较重要地位的记载。如在《汉书·艺文志》中班固明指为依托黄帝诸臣之名所著书中就不见天老。但在依托黄帝君臣之名著书的现象中,道家诸子中有一则值得注意的记载,即《黄帝君臣》十篇,班固注:“起六国时,与《老子》相似也。”这说明《黄帝君臣》之学与《老子》相拟,“黄帝君臣”之中自应包括天老。但天老最初虽得列名于黄帝诸臣,也成为其时托名黄帝君臣著书的对象之一,但终究不敌老子的偌大名声而被取代,于是黄老之“老”成为老子而非天老,黄老之称亦由此蜚声学界。但依据战国好依托黄帝君臣之名著书的习惯推断,所谓黄老当指黄帝、天老为是,而不应是黄帝、老子。从此以后天老亦被老子一度淹没。在继起的汉代,由于儒家传记及其他相关记载的传述,才使天老其人及其在黄帝诸臣中的要位,重新被人们记起。这在后来的谶纬及道教中一直有所反映。《易纬乾坤凿度》卷上叙太古以来帝王相传世系,首天老氏,而后传授于混沌氏、天英氏、无怀氏等七传至老孙氏。虽然《易纬乾坤凿度》被认为是宋人依托,但其以天老氏为太古帝王之首,至少也反映出天老在谶纬记载中地位影响之重要,这对于我们认识天老其人还是有裨益的。其实在道教兴起的前后,黄帝也经历了值得注意的地位变化过程。在战国时黄老之学初兴,反映出其时声名显赫的黄帝在学术思想上的地位也是极为崇高的。但从君人南面的黄老学,到养性卫生的黄老术,再到修真求仙的黄老道,黄帝在学术思想上的影响虽一直存在,但也呈现出渐趋弱化之势。如有学者指出:从后汉以来,所谓“黄老”“黄老之学”“黄老道”,指的都是老子及道教而言。[1] 那么,“黄老”中的“黄”已成虚指。其实,在东汉道教兴起的过程中,老子的地位、名声不断上

① 刘国梁:《道教精粹》,吉林文史出版社 1991 年版,第 13 页。

升，直至老子完全取代黄帝而成为道教一教之祖，于是出现黄帝的声名地位已无法在教中与老子相比的结果。就是说，从黄老之学初兴直至道教的兴起，黄帝、老子之间经历了一个消长的转化过程。先是老子取代天老而与黄帝并称黄老，此后随着老子地位影响之不断上升，老子终至完全取代黄帝而成为道教一尊的教主，相应使黄老的概念亦由此在现实的学术话语中渐渐淡出褪去。

《淮南子》中齐地五行思想发微

朱新林
(山东大学威海校区文化传播学院副教授)

纵观我国学术思想史的发展,莫不受到五行说的影响,“大而政治、宗教、天文、舆地,细而堪舆、占卜,以至医药、战阵,莫不以五行说为之骨干。士大夫之所思维,常人之所信仰,莫能出乎五行说范围之外”①。

阴阳与五行原本是并行不悖地发展的两个系统。至战国中期,驺衍始将阴阳与五行两种思想加以结合②,发展成为一种有系

① 齐思和:《五行说之起源》,见齐思和《中国史探研》,河北教育出版社2000年版,第366页。

② 白奚认为,阴阳五行合流在《管子》之《幼官》《四时》《五行》《轻重己》等篇中已经完成,详见《中国古代阴阳与五行说的合流——〈管子〉阴阳五行思想新探》,载《中国社会科学》1997年第5期。武占江将《夏小正》《逸周书·时训解》《礼记·月令》《吕氏春秋·十二纪》《淮南子·时则训》等统称为《月令》文献系统,并认为阴阳五行的合流是在《月令》系统中完成的。详见武占江《月令文献系统及其在思想史上的意义》,见张岂之主编《中国思想史论集第一辑:中国思想史研究回顾与展望》,广西师范大学出版社2000年版,第275页。徐复观在《两汉思想史》中认为,驺衍完成了阴阳与五行的合流,但是在其《阴阳五行及其有关文献的研究》中对这种观点进行了修正,认为这一过程可能完成于驺衍的后学。后者收入《中国思想史论集续编》,亦见《中国人性论史·先秦篇》。

统的神化的阴阳五行学说。通过将阴阳与五行结合,“使五行的结构组织有了两种内在的普遍动力,从而使五行结构具有了确定的自我运动自我调节的功能”①。以阴阳相长的矛盾运动,来推动五行图式的循环往复。其后《吕氏春秋》《淮南子》《春秋繁露》等书相继对这种五行学说进行了继承和发展。本文试图通过探讨《淮南子》中的五行思想,对西汉初期的五行思想的发展进行简单梳理,从而给出《淮南子》五行思想的相对准确的学术定位。

一

五行即土、木、金、火、水,②它们的运行规则表现为五行相生和五行相胜。关于五行相生和相胜的流行看法见于《续博物志》的记载:“自古帝王五运之次有二说,驺衍以五行相胜为义,刘向则以相生为义。汉魏共尊刘说。”后来沈约又认为五行相胜“于事为长”(《宋书·律历》)。顾颉刚认为“五行相生说,始见于董仲舒书”③。现在看来,这种说法已经站不住了,应该得到修正。在《淮南子·天文训》和《淮南子·地形训》中已经保存有五行相生

① 李泽厚:《中国古代思想史论》,天津社会科学院出版社2003年版,第151页。

② 在《淮南子·兵略训》中也有五行的说法,云:“所谓五行者,柔而不可卷也,刚而不可折也,仁而不可犯也,信而不可欺也,勇而不可陵也。”这种五行即柔、刚、仁、信、勇,这是兵家意义上的五行。《吴子》《司马法》等书中将其作为将领的五种基本素质,但没有明言五行。庞朴认为“尤其在汉以后的文献中,见到‘五行’字样,大体上可以按通常的用法去理解,并不致有什么差错”(庞朴:《帛书五行篇研究》,齐鲁书社1980年版,第71页)。我们认为即使在汉以后的文献中,也不能一概而论,必须具体分析,因为很可能当时各家都可以提出自己的“五行”。

③ 顾颉刚:《五德终始说下的政治和历史》,见顾颉刚《古史辨自序》下册,商务印书馆2011年版,第533页。

的学说了。《淮南子·天文训》云:“木生于亥,壮于卯,死于未,三辰皆木也。火生于寅,壮于午,死于戌,三辰皆火也。土生于午,壮于戌,死于寅,三辰皆土也。金生于巳,壮于酉,死于丑,三辰皆金也。水生于申,壮于子,死于辰,三辰皆水也。”这种五行相生的顺序是木生火,火生土,土生金,金生水。为了叙述的方便,我们姑且称之为甲种相生说。《淮南子·地形训》云:“是故炼土生木,炼木生火,炼火生云①,炼云生水,炼水反土。”这种五行相生的顺序是土生木,木生火,火生金,金生水,水生土。我们姑且称之为乙种相生说。《淮南子·地形训》又云:“木壮水老火生金囚土死,火壮木老土生水囚金死,土壮火老金生木囚水死,金壮土老水生火囚木死,水壮金老木生土囚火死。”根据这种规则,五行相生的顺序是甲种相生说。在这里出现了两种不同的相生说。由于缺乏过硬的文献佐证,我们不妨大胆地推测,可能在战国末期和汉初存在着不同的相生说,而在《淮南子》中保存了两种不同的相生说,《春秋繁露》则根据其所定的规则采用了甲种相生说。后来随着历史的发展,甲种相生说逐渐占据了上峰,成为社会认可的五行相生说。甲种相生说后来被刘向、刘歆父子采纳,根据这种相生说,汉应为火德,不应成为土德或水德。

汉初,关于汉属土德还是水德,当时的学者和权贵进行了激烈的争论,但他们都是以五行相胜为原则的。赞成汉为水德的以汉高祖时的张苍为代表,以汉为水德则不数秦德,认为汉直承周德而来。② 至汉文帝时,则以贾谊和公孙臣等为代表③,认为应为秦德,汉承秦的水德,应为土德。“综计这个改德和

---

① 高诱注云:“云,金气所生也。”

② 顾颉刚提出了另外一种假设,即认为汉承认秦的水德,也承认汉为水德,两种认为法可并存而不悖。详《五德终始说下的政治和历史》。

③ 参阅《史记·屈原贾生列传》和《史记·封禅书》。

改制的运动,贾谊始倡之而厄于绛、灌,公孙臣继倡之而厄于张苍,新垣平继倡之而见杀于文帝,赵绾、王臧继倡之而见杀于窦太后。"①这种改德运动到汉武帝时正式告一段落,尊汉为土德,并对正朔、服色、吉数等进行相应的改革。刘安受封淮南王于文帝时,《淮南子》成于景帝末,上奏于武帝时,他应该目睹了这种改德运动的进行。那么在刘安心目中,汉应该属于哪一德呢?《淮南子·齐俗训》保存了驺衍的五德终始说,在朝代的更迭上只叙述到了周,没有数秦德(《吕氏春秋·应同》则按照五德终始说赋予秦水德)。虽然文中没有明言汉为水德,我们不妨认为,在刘安及其门客眼中是不算秦德的,在他们的心目中汉是直承周的火德的,即汉当为水德。这是继承的汉高祖以来的说法。不数秦德的原因,一方面可能是由于秦王朝的短暂,另一方面"可能是出于当时'反秦'空气的避忌。这与汉儒引《吕氏春秋》者多不著《吕氏春秋》之名,是同一情形"②。但这并不代表刘安参与了当时的改德运动,只能说明武帝以前很多人还是遵从高祖以来所说的水德的,因为我们在《淮南子》及相关历史材料中找不到刘安参与改德运动的痕迹。或者说,刘安的《淮南子》在彼而不在此,他所采纳的五行相胜说重在阐释当实行的政令与道之间的关系。

五行相胜说的产生要早于五行相生说。驺衍的五德终始说的顺序是木胜土,土胜水,水胜火,火胜金,金胜木。《淮南子》保存了这种五行相胜学说。《淮南子·齐俗训》云:"有虞氏之礼③,其社用土,祀中溜,葬成亩,其乐《咸池》《承云》《九韶》,其服尚

---

① 顾颉刚:《五德终始说下的政治和历史》,见顾颉刚《古史辨自序》下册,商务印书馆 2011 年版,第 484 页。

② 徐复观:《两汉思想史》,华东师范大学出版社 2001 年版,第 108 页。

③ "礼"字原作"祀",今从王念孙说。详见〔清〕王念孙撰:《读书杂志》,江苏古籍出版社 2000 年版,第 858 页。

黄。夏后氏其社用松,祀户,葬墙置翣①,其乐《夏钥》九成、《六佾》《六列》《六英》,其服尚青。殷人之礼,其社用石,祀门,葬树松,其乐《大濩》《晨露》,其服尚白。周人之礼,其社用栗,祀灶,葬树柏,其乐《大武》《三象》《棘下》,其服尚赤。”高诱注引《邹子》曰:“五德从所不胜,虞土、夏木、殷金、周火。”②由于驺衍处于周,所以在水德上没有给出具体朝代。其顺序为木胜土,金胜木,火胜金,水胜火。《淮南子》对这种思想进行了继承,只是以木数起,不同于驺衍的以土数起。《淮南子·地形训》云:“木胜土,土胜水,水胜火,火胜金,金胜木。”《春秋繁露》也是采用这种说法。由此我们可以发现,在五行相胜学说的传承过程中没有发生变化,它们是一脉相承的。之所以出现以土数起和以木数起的不同,可能是由于驺衍对春秋时的尚土说进行了继承,而且黄帝的尚黄也与之相称。《淮南子》以木数起,应该是受到了四时月令农业思想的影响,因为在《淮南子·时则训》中,从春数起,春属木。“五行之气各在其分量和活动底范围内保持独立底状态,一与他气接触便现生克作用。”③但是《淮南子》也指出,相胜不是必然的,《淮南子·说林训》云:“金胜木者,非以一刃残林也;土胜水者,非以一墣塞江也。”这说明相胜不仅要有量的要求,更重要的是有质的要求。五德终始采用的是五行相胜的原理,这种五行相胜后来经过董仲舒的改造,发展为三统说④。即朝代的更迭按照黑统、白统、

---

① 按,《淮南子·氾论训》云:“周人葬墙置翣。”由此可知,《淮南子》门客在编写此书时左右采获,从而出现了这种矛盾,不必以事实求之。

② 又,《文选》沈休文《安陆昭王碑文》注亦引。

③ 许地山:《道教史》,华东师范大学出版社 1996 年版,第 133 页。

④ 顾颉刚在《五德终始说下的政治和历史》中说:“三统说是什么?在我们看得见的材料中,最早的是董仲舒的《三代改制质文篇》。”顾颉刚:《古史辨自序》下册,商务印书馆 2011 年版,第 489 页。

赤统进行循环,每一统下也要有相应地改制。之所以认为它是从五德终始说演变而来的,顾颉刚认为主要有以下几个理由:“五德说终而复始,它也终而复始,此其一。五德说以颜色分,它也以颜色分,此其二。五德说以五德作礼乐制度的标准,它也以三统、四法作礼乐制度的标准,此其三。”①不同的是,它们的循环周期是不一样的,五德终始说以五为一循环,三统说以十二为一循环。到了汉武帝时,这两种学说被同时采纳,即汉为黑统兼土德。

二

关于五行相生和五行相胜的运行规则,《淮南子》首次给出了相对固定的运行规则。《淮南子·地形训》云:“木壮水老火生金囚土死,火壮木老土生水囚金死,土壮火老金生木囚水死,金壮土老水生火囚木死,水壮金老木生土囚火死。”《淮南子·兵略训》云:“奇正之相应,若水火金木土之代为雌雄也。”这说明每一行都有五个自己的运行过程,分别是生、壮、老、囚、死。根据这五种运行过程,便同时使五行具有了相生和相胜的功能。在这一规则的运行下,五行相生的顺序是木生火,火生土,土生金,金生水,水生木。五行相胜的顺序是木胜土,土胜水,水胜火,火胜金,金胜木。后来董仲舒在《五行相生》中也给出了具体的相生和相胜的原则,即以木、火、土、金、水为顺序,以“比相生而间相胜”为原则。这种原则下五行相生的结果是木生火,火生土,土生金,金生水。五行相胜的结果是木胜土,土胜水,水胜火,火胜金,金胜木。由于董仲舒的提倡,甲种相生说逐渐得到了人们的认可,成为一种约定俗成的五行相生说。

---

① 顾颉刚:《五德终始说下的政治和历史》,见顾颉刚《古史辨自序》下册,商务印书馆 2011 年版,第 490 ~ 491 页。

在正常规则的运行下,五行的消长、继起都是有固定模式的。“五行之随,各如其序,五行之官,各致其能。是故木居东方而主春气,火居南方而主夏气,金居西方而主秋气,水居北方而主冬气。”①又,“土居中央,为之天润”②。但是如果某种政令和措施不符合其运行规则,便会产生五行相乱的现象,《淮南子》将这种相乱的现象称之为“五遁”,《本经训》云:“大构驾,兴宫室,延楼栈道,鸡栖井干,标林欂栌,以相支持,木巧之饰,盘纡刻俨,嬴镂雕琢,诡文回波,淌游瀷淢,菱杼紾抱,芒繁乱泽,巧为纷拏,以相摧错,此遁于木也。凿污池之深,肆畛崖之远,来溪谷之流,饰曲岸之际,积牒旋石,以纯修碕,抑减怒濑,以扬激波,曲拂邅回,以像湡、浯,益树莲菱,以食鳖鱼,鸿鹄鹔鷞,稻粱饶余,龙舟鹢首,浮吹以娱,此遁于水也。高筑城郭,设树险阻,崇台榭之隆,侈苑囿之大,以穷要妙之望,魏阙之高,上际青云,大厦曾加,拟于昆仑,修为墙垣,甬道相连,残高增下,积土为山,接径历远,直道夷险,终日驰骛,而无迹蹈之患,此遁于土也。大钟鼎,美重器,华虫疏镂,以相缪紾,寝兕伏虎,蟠龙连组,焜昱错眩,照耀辉煌,偃蹇寥纠,曲成文章,雕琢之饰,锻锡文铙,乍晦乍明,抑微灭瑕,霜文沉居,若簟籧篨,缠锦经冗,似数而疏,此遁于金也。煎熬焚炙,调齐和之适,以穷荆、吴甘酸之变,焚林而猎,烧燎大木,鼓橐吹埵,以销铜铁,靡流坚锻,无猒足目,山无峻干,林无柘梓,燎木以为炭,燔草而为灰,野莽白素,不得其时,上掩天光,下殄地财,此遁于火也。此五者一,足以亡天下矣。”③但是对于这“五遁”的情况只是描述了它们的表现形式。没有明确提出如何进行解救,《春秋繁露》对这个问题进行了回答。《五行变救》曰:“五行变

---

① 〔清〕苏舆撰,钟哲点校:《春秋繁露义证》,中华书局 1992 年版,第 322 页。
② 〔清〕苏舆撰,钟哲点校:《春秋繁露义证》,中华书局 1992 年版,第 322 页。
③ 何宁撰:《淮南子集释》,中华书局 1998 年版,第 589 ~ 596 页。

至，当救之以德，施之天下，则咎除。”①其后对木火水金土的“变”提出了具体的解救措施。

三

《淮南子》首次赋予了“土”五种气的属性，并将其与五行相配，如下表所示：

五　气	正土之气	偏土之气	壮土之气	弱土之气	牝土之气
吉　数	五	八	七	九	六
五　行	土	木	火	金	水
色	黄	青	赤	白	黑
所合海	黄　海	青　海	赤　海	白　海	玄　海

以上是按照五行相胜的原理来排列的，而且其中详细叙述了每一气事物的产生过程。这种说法可能是驺衍遗说在《淮南子》中的保存。驺衍在创立五德终始说的时候，强调历史性，将历史上推至黄帝，而且也以服色相次转用事。《淮南子》中保留的这种说法，强调地理性，将每一气所产生的事物追根溯源，按照五行相胜的原则，将五行与五色相配。

一个值得注意的问题是，《尚书·洪范》中的五行、五事在《淮南子》中没有涉及，但《春秋繁露》对它进行了继承。《洪范》中的五行说比较原始，根据其排列顺序以及各自的属性，②没有明显的五行相胜或者五行相生的痕迹。《洪范》中的五事则为貌、言、视、听、思，它们的表现形式分别是恭、从、明、聪、睿。《春秋繁露·五

① 〔清〕苏舆撰，钟哲点校：《春秋繁露义证》，中华书局1992年版，第384页。

② 《尚书·洪范》中五行的顺序是水、火、木、金、土，并对其各自的属性进行了解释，其文云：“水曰润下，火曰炎上，木曰曲直，金曰从革，土曰稼穑。”

行五事》云:“夫五事者,人之所受命于天也,而王者所修而治民也。”①基于这种认识董仲舒以天人感应为出发点对五行五事进行了发挥。《五行五事》云:“王者貌曰恭,恭者敬也。言曰从,从者可从,视曰明,明者知贤不肖,分明黑白也。听曰聪,聪者能闻事而审其意也。思曰容,容者言无不容。”②分别对其进行了解释,又将其与阴阳、五行、四季相配以解释之。如果人主不能正确的处理五行五事的关系,上天就会有相应的灾祸降临。如“王者与臣无礼,貌不肃敬,则木不曲直,而夏多暴风。风者,木之气也,其音角也,故应之以暴风”③。这是天人感应说的典型表现。之所以《淮南子》中没有出现《洪范》中的五行五事,可能是由于其中以“道”为主体所导致的。在《淮南子》中“道”作为一个具有最高意志的理论范畴,关注的重点是道家所宣扬的无为思想,在采纳先秦的理论成果时不可能面面俱到。而且《洪范》篇所说的五行五事大多与人主的政令有关,这样就给董仲舒留下了相当大的余地进行发挥。《淮南子》在吸收有关五行的材料时更多的是关注对历史发展或四季运行等具有决定作用的五行相胜和五行相生学说。

另一个值得注意的是,《淮南子·天文训》中并没有过分强调位于中央的土。相反,而是将水和火两个突出出来。冬至和夏至在五行中分别是阴阳消长的两个极端,分属于水和火,“日冬至则水从之,日夏至则火从之,故五月火正而水漏,十一月水正而阴胜”④。这样,冬至与夏至分别与五行中的水和火发生了关系,这就意味着五行中的水和火被强调出来。

① 〔清〕苏舆撰,钟哲点校:《春秋繁露义证》,中华书局1992年版,第389页。
② 〔清〕苏舆撰,钟哲点校:《春秋繁露义证》,中华书局1992年版,第390页。
③ 〔清〕苏舆撰,钟哲点校:《春秋繁露义证》,中华书局1992年版,第387页。
④ 何宁撰:《淮南子集释》,中华书局1998年版,第209页。

又曰:“阳气为火,阴气为水。水胜故夏至湿,火胜故冬至燥。燥故炭轻,湿故炭重。”①又如:“水下流,故鸟飞而高,鱼动而下。物类相动,本标相应,故阳燧见日则燃而为火,方诸见月则津而为水。”在五行相胜的理论中,土为首位。在这里没有得到体现。在《淮南子·地形训》中则继承了传统的尚土说。《淮南子·地形训》云:“音有五声,宫其主也;色有五章,黄其主也;味有五变,甘其主也;位有五材,土其主也。”②凡数五的各种图式中,必有一主,推及五行,以土为尊,这是一种尚土说的延续。《淮南子·原道训》没有明确提出这种说法,但是已经有尚土的意味了,“故音者,宫立而五音形矣。味者,甘立而五味亭也;色者,白立而五色成矣”③。二者由此产生了矛盾,因为按照一般的五行和五色相配的理论,色应该是主黄的,而《原道训》中说色主白。这很可能表明《淮南子》中保存了不同系统的五行理论。《春秋繁露》中则仅保留了传统的尚土说,并对这种学说进行了发挥。《五行对》云:“土者,火之子也。五行莫贵于土。土之于四时无所命者,不与火分功名。”④又曰:“土者,五行最贵者也,其义不可加矣。”⑤《五行之义》亦云:“土者,天之股肱也。其德茂美,不可名以一时之事,故五行而四时者。土兼之也。”⑥又云:“金木水火虽各职,不因

① 何宁撰:《淮南子集释》,中华书局1998年版,第209页。

② 何宁撰:《淮南子集释》,中华书局1998年版,第355页。

③ 何宁撰:《淮南子集释》,中华书局1998年版,第59页。

④ 〔清〕苏舆撰,钟哲点校:《春秋繁露义证》,中华书局1992年版,第316页。

⑤ 〔清〕苏舆撰,钟哲点校:《春秋繁露义证》,中华书局1992年版,第316页。

⑥ 〔清〕苏舆撰,钟哲点校:《春秋繁露义证》,中华书局1992年版,第322页。

土,方不立。"①推及人伦,则"忠臣之义,孝子之行,取之土"。

四

根据上述五行相生和五行相胜的运行规则,《淮南子》将五行与四时、五帝、五星等进行相配,集中体现在《天文训》和《时则训》,其中《时则训》在内容上与《吕氏春秋·十二纪》之首、《礼记·月令》没有太大的差别,只是根据五行相生说进行了相应的调整。② 通过对比《时则训》与《吕氏春秋·十二纪》之首,我们可以发现以下不同:第一,《时则训》没有将五帝五神与四时相配,而是将其系于《天文训》中的五星中,称之为五帝与五佐。第二,《吕氏春秋·十二纪》将中央土系于季夏之末,只有相应的服色、吉数、律数等,没有日躔星中物候之纪,也没有给天子规定应该行的政令,文

---

① 〔清〕苏舆撰,钟哲点校:《春秋繁露义证》,中华书局1992年版,第322页。

② 关于《月令》与《时则训》的关系,前人多认为《月令》取自《吕氏春秋·十二纪》之首。如郑玄《礼记目录》云:"《月令》本《吕氏春秋·十二纪》之首章也,以礼家好事抄合之。"陆德明《经典释文》亦以为"此是《吕氏春秋·十二纪》之首,后人删合为此记"。又由于《吕氏春秋·十二纪》中有太尉之官,以十月为岁首,学者多认为成于战国末秦人之手。也有人认为"从其大致框架、基本内容乃至句式等方面来说,《十二纪》与《时则训》有一个共同的祖本,而《时则训》与《月令》则完全可以说是抄自同一个资料,只是在流传的过程中用字略有区别而已。"(武占江:《月令文献系统及其在思想史上的意义》,见张岂之主编《中国思想史论集第一辑:中国思想史研究回顾与展望》,广西师范大学出版社2000年版,第263页)。也有人认为这个祖本便是《邹子》中关于月令的内容,可参阅容肇祖:《月令的来源考》,载《燕京学报》1935年第十八期。又,白奚:《驺衍四时教令思想考索》,载《文史哲》2001年第6期。由于文献阙如,仅备一说。《淮南子》亦承《吕氏春秋·十二纪》之首,但是进行相应地改造。又,《吕氏春秋·十二纪》之首与《礼记·月令》几乎完全一样,只是偶有异文,由于文中有太尉之官,以十月为岁首,学者多认为成于战国末秦人之手。

字比较简略,仅仅是一个虚位。《时则训》则将中央土直接取代了季夏的位置,原来本属于季夏应属的服色、吉数、律数都改成了土应属的,没有改变的是季夏应行的政令在这里成了中央土应该行的政令了。这种情况的出现是由于数字五与四相配的矛盾产生的。如何将五行完美地分配给四时,他们都希望能找到一个相对合理的方法,但是都显得牵强附会。第三,《时则训》于每月都有一个所属的官和应种植的树。具体如下:正月官司空,其树杨。二月官仓,其树杏。三月官乡,其树李。四月官田,其树桃。五月官相,其树榆。六月官少内,其树梓。七月官库,其树楝。八月官尉,其树柘。九月官候,其树槐。十月官司马,其树檀。十一月官狱,其树栎。十二月官狱,其树栎。这是比《十二纪》增加的内容。第四,《时则训》每月增入了"服八风水"的内容,何宁《淮南子集释》引向宗鲁云:"本书每月皆云'服八风水',《月令》《吕纪》皆无之。此门下方士窜入。所谓仙掌承露,正与此同。"

《天文训》中将五行与政令联系在了一起,这是一种农业思想的继承。如下表:

干支	甲子	丙子	戊子	庚子	壬子
用事	木	火	土	金	水
火色	青	赤	黄	白	黑
行事	行柔惠,挺群禁,开阖扇,通障塞,毋伐木	举贤良,赏有功,立封侯,出货财	养老鳏寡,行麸鬻,施恩泽	缮墙垣,修城郭,审群禁,饰兵甲,儆百官,诛不法	闭门闾,大搜客,断刑罚,杀当罪,息关梁,禁外徙
气	燥浊	燥阳	湿浊	燥寒	清寒

其中的行事有着严格的界限,若出现反常,便有天灾人祸。

如“丙子干甲子,蛰虫早出,故雷早行”。这种观念在《管子·五行》中也有记载,如“睹甲子木行御,天子出令,命左右士师内御,总别列爵,论贤不肖士吏,赋秘赐赏于四境之内。发故粟以田数,出国衡,顺山林,禁民斩木”。这种观念也被《春秋繁露》所吸收,主要保存在《治水五行》和《治乱五行》中。从其中可以明显地看到继承《淮南子》这种观念的痕迹。如下表:

用事	木	火	土	金	水
行事	行柔惠,挺群禁	正封疆,循田畴	养长老,存幼孤,矜寡独,赐孝弟,施恩泽,无兴土功	修城郭,缮墙垣,审群禁,饰甲兵,警百官,诛不法,存长老,无焚金石	闭门闾,大搜索,断刑罚,执当罪,饰关梁,禁外徙,无决池①堤
气	燥浊	惨阳	湿浊	惨淡	清寒
色	青	赤	黄	白	黑

所不同的是,在行事中分别将立春和立夏独立出来。但是不言立秋和立冬。《淮南子》亦不言及,钱塘补注曰:“其小满前六日火用事,立秋前九日金用事,霜降前九日水用事,各当王时,故不言至于夏至及立秋、立冬也。”若不按其规定行事,则会产生天灾人祸,如“火干木,蛰虫早出,眩②雷早行”。这种说法与《淮南子》中所说如出一辙,只是略有异文。我们可以认为《春秋繁露》中的这种观念与《淮南子》是一脉相承的。

五行与五星相配首次见于《淮南子·天文训》,其相配如下:

---

① “堤”字上凌曙注本、卢文弨校本、四部丛刊本均有“池”字,今从之。

② 从卢文弨所校。

五　行	木	火	土	金	水
五　星	岁　星	荧　惑	镇　星	太　白	辰　星

这种相配为后来的《汉书·郊祀志》所吸收。

五行与五官相配,《淮南子·天文训》又在四方及中央分别分配了五个官职,分别主管这五方的不同事务。如下表:

方　位	东	南	西	北	中　央
官　名	田	司　马	理	司　空	官　都①
所　主	农	兵	狱	土	四方最

《管子·问》中有"问五官有度制"的提法,在《管子·五行》中有"春者土师也,夏者司徒也,秋者司马也,冬者李也"。五官的说法在《吕氏春秋》中没有出现。五官在《淮南子》中的出现将五行相配理论继续向前推进了一步,这是一个突出的表现。这种方法为后来的《春秋繁露》所继承,并进行了发展和改造。《春秋繁露·五行相胜》云:木者,司农也;火者,司马也;金者,司徒也;水者,司寇也。《春秋繁露·五行相生》曰:东方者木,农之本,司农尚仁;南方者火也,本朝,司马尚智;中央者土,君官也,司营尚信;西方者金,大理司徒也,司徒尚义;北方者水,执法司寇也,司寇尚礼。在董仲舒那里将五官的说法进一步充实,明确地将其与五行相配,并且吸收了《淮南子·时则训》所提出的"春为规,夏为衡,秋为矩,冬为权"的观念。《淮南子·天文训》方位的排列顺序是东、南、西、北、中央,而《春秋繁露》的排列顺序是东、南、中央、西、北。前者在排列上并没有突出土的地位,但从其官职来看,《淮南子》对土依然是强调的。后者是严格按照春、夏、秋、冬阴阳相长

① 此从俞樾说,详见《诸子评议》。

的顺序排列的,有意识地将土的地位凸显出来。而且值得注意的是,在《春秋繁露》中首次将儒家的仁、义、礼、智、信五常和木、土、金、火、水五行相配,使得传统的五行说具备了伦理化的色彩。这种伦理化的情况主要是通过五行相生的规则来演化的。《春秋繁露·五行对》曰:“春主生,夏主长,季夏主养,秋主收,冬主藏。藏,冬之所成也。是故父之所生,其子长之;父之所长,其子养之;父之所养,其子成之。诸父所为,其子皆奉承而续行之,不敢不致如父之意,尽为人之道也。故五行者,五行也。”董仲舒推言五行以阐发五常大义,进而将其应用到人事上,使得五行具有了很强的伦理化色彩。由以上论述,我们可以发现属土的中央,占据了中心位置。例如五官中的中央具有“四方最”的特殊位置。

在《淮南子·时则训》中将五行与五藏相配,具体如下表:

季节	春	夏	季夏	秋	冬
五行	木	火	土	金	水
五藏	脾	肺	心	肝	肾

古人认为人死后魂气上升,形魄下降,上升为阳,下降为阴。所以,要用内脏等物品组合成不同的祭祀形式来告阴告阳。①《管子·四时》对五行与人体器官进行相配但是配属还很零乱,其配属关系为东方—木与骨,南方—火与气,中央—土与皮肌肤,西方—金与甲,北方—水与血。到了《管子·水地》②则对五味与五藏的关系进行了论述,云:“五味者何?曰

① 《礼记·郊特性》云:“魂气归于天,形魄归于地,故祭求诸阴阳之义也。”

② 罗根泽认为此篇为汉初医家受五行思想的影响而作。罗根泽撰:《〈管子〉探源》,见罗根泽撰,周勋初编《罗根泽说诸子》,上海古籍出版社2001年版,第338页。

五藏。酸主脾,咸主肺,辛主肾,苦主肝,甘主心。五藏已具,而后生肉。脾生隔,肺生骨,肾生脑,肝生革,心生肉[①]。五肉已具,而后发为九窍。脾发为鼻,肝发为目,肾发为耳,肺发为窍。心发为舌。[②]"《管子》没有将五行与五藏明确相对应,配属还没有一定的规律,显得较为原始。五藏与五行配属关系的定型,见于《吕氏春秋·十二纪》之首等有关论述中,[③]其配属关系为脾—木、肺—火、心—土、肝—金、肾—水,与《淮南子·时则训》所配是一样的,这表明五行化模式在五藏关系上得到了体现。《吕氏春秋·十二纪》《礼记·月令》《淮南子·时则训》等受五行模式化的影响,将五藏吸收进去,形成了如上所述的五行与五藏的配属关系。

许慎《五经异义》云:"《今尚书》欧阳说:肝,木也。心,火也。脾,土也。肺,金也。肾,水也。《古尚书》说:脾,木也。肺,火也。心,土也。肝,金也。肾,水也。许慎谨案《月令》春祭脾,夏祭肺,季

---

① "肉"字当作"内",详见戴望:《管子校正》,中华书局1978年版,第245页。

② 原文无"心发为舌",戴望等人据宋本补,今从之。详见戴望:《管子校正》,中华书局1978年版,第245页。

③ 《礼记·月令》指出:春"祭先脾",夏"祭先肺",中央"祭先心",秋"祭先肝",冬"祭先肾"。五藏与五行的对应关系是脾—木,肺—火,心—土,肝—金,肾—水。与《淮南子·时则训》相同。其配属原理是根据《礼记·礼运》所说的"死者北首,生者南乡",按照古人的时空方位观念,肺在上,配南方属火;脾在左,配东方属木;肝在右,配西方属金;心居中央以配土;肾在下,配北方属水。东汉郑玄《驳五经异义》云:《月令》祭"四时之位,与五藏上下之次:冬位在后而肾在下,夏位在前而肺在上,春位小前故祭先脾,秋位小却故祭先肝。肾也,脾也,俱在鬲下,肺也,心也,肝也,俱在鬲上,祭者必三,故有先后焉,不与五行之气同也"。郑玄明确指出《月令》五行与五藏的配属是按照方位而来的。

夏祭心,秋祭肝,冬祭肾。与《古尚书》说同。”①由此可知,今文家和古文家对五行配属有着不同的说法,②《淮南子·时则训》中五行与五藏相配则属于古文说。又,《说文解字·肉部》云:“肾,水藏也”,“肺,金藏也”,“脾,土藏也”,“肝,木藏也”。《心部》云:“人心土藏,在心之中,博士说以为火藏。”由此可知,许慎在《说文解字》中遵从的是今文《尚书》的说法。我们也可以发现,《尚书》今古文学的区别也体现在对五藏与五行的配属关系不同上。不同的学者对这两种配属关系进行了不同的采纳,《吕氏春秋·十二纪》、《礼记·月令》、《淮南子·时则训》、古文《尚书》、《太玄经》等采用古文说;今文《尚书》、《白虎通》、《说文解字》、《春秋元命苞》等采用今文说。

五行与五藏相配属的今文说,是从方位上讲的,比如心属土,心在人的中央,而土亦属中央,心与土相配便是很自然了。五行与五藏相配属的古文说,既可以按照五行相胜的原理来解释,也可以按照“自用其藏”说来解释。比如在今文家看来脾属土,古文家若用今文家说法将其与木相配,则是按照五行相胜的原则,因为“春木胜土,言先食所胜也”。这样,在四时月令与五行的运行下,五行相配的今文说与古文说又能通过五行相胜的原理来解释了。若单纯地用古文家的说法则是因为“自用其藏也”。

《淮南子·天文训》将五行与五方、五帝、五神等相配,如下表:

① 陈寿祺:《五经异义疏证》,见《皇清经解》卷一二五〇,第55页。

② 近代较早注意到五藏与五行配属关系的是章太炎,他首先指出五行配五藏与六气配五藏的差异,以及今、古文《尚书》五行配五藏之间的矛盾。详《猝病新论》首篇《论五藏附五行无定说》。

方 位	东	南	中 央	西	北
五 行	木	火	土	金	水
配 帝	太 皞	炎 帝	黄 帝	少 昊	颛 顼
配 佐	句 芒	朱 明	后 土	蓐 收	玄 冥
所 执①	圭	衡	绳	矩	权
四 季	春	夏	四 方	秋	冬
神	岁 星	荧 惑	镇 星	太 白	辰 星
兽	苍 龙	朱 鸟	黄 龙	白 虎	玄 武
音	角	征	宫	商	羽
日	甲 乙	丙 丁	戊 己	庚 辛	壬 癸

另外,《吕氏春秋·十二纪》,将五神、五帝与四季中央相配,在《淮南子·时则训》中并没有将五神、五帝与四季中央相配。而在《淮南子·天文训》中将五帝、五神(即五佐)与五行、五星相配。《淮南子》可能认为,五神、五帝与天文的关系更为密切,于是将五神、五帝移至《天文训》中。这说明,《淮南子》中的五行系统和《吕氏春秋·十二纪》中的五行系统是有差别的,产生这种差别的原因应该是《天文训》《时则训》对以前五行系统的改造。

综上所述,我们认为《淮南子》中保存了不同系统的五行说,但主要的还是齐一派的五行思想。出现这种情况的原因一方面是驺衍所倡导的阴阳五行说在社会上的广泛流行,另一方面则是由于淮南王门客中有很多来自齐地的人。

---

① 《淮南子·时则训》云:"阴阳大制有六度。天为绳,地为准,春为规,夏为衡,秋为矩,冬为权。绳者所以绳万物也,准者所以准万物也,规者所以员万物也,衡者所以平万物也,矩者所以方万物也,权者所以权万物也。"

欧美汉学界的《管子》译介研究

杜庆龙
(济南大学外国语学院副教授)

春秋时期著名政治家管子及其思想对后世影响深远,“至今对管子及其思想的研究层出不穷,蔚为大观”①。然而在西方,“虽然《管子》长期以来被认为是古代中国学术界最感兴趣的早期作品之一,但它很少引起西方学者的注意”。(刘殿爵,1968)但事实上并非如此,西方汉学界早在19 世纪末就开始关注《管子》并对其进行初步译介的尝试,整体而言,其译介主要在汉学界进行,其中又以欧美为主力。主要有德国汉学家福尔克、法国汉学家马伯乐、英国李约瑟院士和美国汉学家马弗里克和李克等。尽管如此,刘殿爵所言从反面说明西方译者对管子的译介应引起我们的注意,并需要进行整体的考察和研究。

先前的国内研究虽有零星介绍,还需进一步探讨。② 本文拟以汉学为主线,主要围绕其译介重心——欧美汉学界③,针对《管

---

① 梁运华点校:《管子》,辽宁教育出版社 1997 年版,第 3 页。

② 《管子学刊》发表过的相关文章为本文提供了参照,1988 年第 2 期冯禹的欧美国家有关《管子》研究的主要论著和 1989 年第 2 期翻译李克《管子研究在西方》,以梳理介绍为主。

③ 本文欧美汉学界以具有汉学传统的欧美代表性国家为参照对象,主要以法国、德国、英国、美国等为代表,以下同。

子》在学界的译介概况进行考察分期，并尝试探讨在不同时期管子的译介理路及其译介方法，以期我们更好地理解管子因何得以在西方受到关注、译介和流播，从而对典籍外译和齐鲁文化传播有所启示。

一

《管子》译介的发端大致始自19世纪末到20世纪20年代，在西方，对《管子》的评价和翻译的最初尝试是在19世纪末期。[①] 1886年，德国莱比锡大学教授、著名汉学家甲柏连孜以法文发表了《管子哲学著作》，载于《日本研究学会论文》杂志，文中简要介绍了《管子》一书。随后1896年，法国汉学家哈勒茨发表了《公元前七世纪的一位中国宰相，齐国的管子与〈管子〉书》，载于《亚洲杂志》，主要从历史角度介绍管仲事迹与《管子》一书。而在1921年，英国曼彻斯特大学汉学教授庄延龄在《新中国观察》杂志上发表《管子》一文，文中对管仲的事迹和思想进行了报道式介绍并给予高度的评价，这些国外学者的初步的介绍，成为《管子》在欧美传播的开始。这一阶段是个别汉学家初步、零星性仅仅对《管子》的整体性介绍，可类比为空间里"点"的特征，可称为《管子》译介的滥觞期。

随着对《管子》概况的引入，20世纪20年代后《管子》从总体介绍开始进入到《管子》内容片段的译介和初步发展阶段。1927年，德国汉学家福尔克在《中国古代哲学史》中对管仲做了简要介绍后，翻译了《管子》的若干片段，此书是他撰写的关于中国哲学的权威著作之一。1933年，在剑桥大学任职的德国汉学家霍古达在《大亚细亚》杂志上发表其第一篇《管子·弟子职》译文。1951

① 薛雪梅译:《管子研究在西方》，载《管子学刊》1989年第2期。

年,他另外一篇《管子·九守》的译文以《法家著作片段》为题也发表于《大亚细亚》杂志。① 1942 年,牛津大学修中诚教授翻译的《管子》之《水地》《四时》两篇,收录在一本广为流传的英译本中国哲学著作选《古典时代的中国哲学》中。长期致力于中国科技史研究的英国学术院院士李约瑟主编《中国科学技术史》第二卷介绍了《管子》之《水地》和《度地》等涉及自然科学方面的章节。② 此时期,马伯乐和高本汉的研究也不能忽视,法国汉学家马伯乐则在其著作《古代中国》中谈及《管子》并考证认为今存《管子》是伪书。高本汉则在其《中国古代书籍的可信性》中通过其语言学研究对此观点进行了批驳,这一时期就译介而言,均为《管子》的部分章节。这一阶段已经出现片段式翻译,有部分节译,译文之名也称为片段,内容涉及其思想、自然科学和成书的考证,虽是部分章节,但有所呼应和联系,可类比具备了空间"线"的特点,可看作《管子》译介的发轫期。

到 20 世纪 50 年代后开始形成了对《管子》的专题译介,并且研究取得了一定成果。1952 年,剑桥大学的学者荷兰人龙彼得在其作品《论〈管子〉的流传》中相当细致地考察了《管子》的成书、流传和版本的问题。随后,1954 年西方关于《管子》译介的第一部专著《古代中国的经济对话:〈管子〉选集》出版,它是美国南伊利诺伊大学中国留学生谭伯甫、温公文在经济学教授李维斯·马弗里克指导下合作翻译完成的,内容涉及 32 篇经济章节,虽然是节译,但这本书作为第一部专著,首次以经济专题的方式译介了《管子》,为后来学者的研究提供了有价值的参考资料和视角。这一阶段约译出全书三分之一,已经成书,虽然不是全译,但较前已有较大进步,可类比为空间"面"的层次,

---

① 认为管子思想是早期法家思想的源头。

② 认为管子《水地》和《度地》思想含有科学思想的因子。

这阶段《管子》译介研究到了发展期。

在20世纪80年代后,汉学专家美国宾夕法尼亚大学李克教授的《管子》全译本将管子译介推进到了一个新的阶段。他的《管子》全译二卷本先后于1985年和1998年得以问世,译本的全名是《管子:〈古代中国的政治、经济与哲学散论〉》。他对《管子》的译介自20世纪40年代以来未有间断,正是由于他的不断努力,西方终于有了一部完整的《管子》英文全译本,对此,华盛顿大学的包尔茨教授对李克全译本作了高度评价,指出它对读者理解《管子》一书提供了不可估量的和不可或缺的帮助。[①] 这一阶段,到了立"体"的层次,可以称为《管子》译介的成熟期。该书为汉学研究者进一步研究中国典籍《管子》以及中国古代思想文化打下了良好的基础。

二

中国典籍在不同期间的不同译介情况,与欧美汉学发展的理路密切相关。对于中国古典的译注仍不失为研究中国文化的一个重要的进路。[②]《管子》译介何以分期、因何关注亦如此。

世界范围内汉学研究始于欧洲,主要代表性国家有葡萄牙、意大利、西班牙、法国、德国、英国、俄国、瑞典、荷兰等。汉学界公认1814年法兰西学院设立汉语教席,使汉学作为一门学科并得以确立,成为西方汉学的发端。[③] 法国作为汉学研究最早起步的国家,

---

① [美]包尔茨:《评李克译注〈管子〉第一卷》,载《管子学刊》1988年第4期,第86页。

② 傅海波:《寻觅中国文化——对欧洲汉学史的一点看法》,载《汉学研究中心丛刊》1991年第2期。

③ 傅海波:《寻觅中国文化——对欧洲汉学史的一点看法》,载《汉学研究中心丛刊》1991年第2期。

在第二次世界大战前一直是汉学研究的执牛耳者。而德国的老一代汉学家或自学成才，或就学于巴黎，积累了大量的汉学知识。德国汉学重镇莱比锡大学教授甲柏连孜就是本土培养的这样一位汉学家；哈勒茨的研究则深受雷慕沙影响，他们学习古汉语多年，对中国古典文化研究功底颇深，他们对中国先秦古籍全面涉猎，关注到《管子》有其内在逻辑，第一阶段《管子》的译介发端于欧洲的法国和德国，这和欧洲汉学的历史发展相吻合。虽然是初步介绍，但这体现了欧洲老牌汉学家关注中国传统的特征。

具体而言，19 世纪上半叶西方汉学尚处在材料准备阶段，其主要特征是翻译和介绍中国文史哲方面的经典著作，[①]特别是对儒家经典著作的翻译、介绍和研究。19 世纪下半叶，西方汉学研究的范围从儒家向外拓展，西方汉学家们也开始关注中国代表性典籍并介绍之，《管子》的译介就是在这样的背景下展开的。因而这一时期其特点是以介绍和引进为主，几乎都是对管子一书的总体概况性介绍或叙述。在此阶段，翻译主要以介绍为出发点，汉学家们试图通过介绍《管子》以更好地介绍中国的传统古典文化，积极理解中华文明。《管子》的译介多为零星的基础工作，以介绍、叙述为目的，数量有限，比较初步。例如法国汉学家哈勒茨在尝试对《管子》的前十篇进行译介时，由于对《管子》一书的译介刚刚起步，无前期资料参考，又有一定理解难度，所以作者在翻译时仅有部分段落转述，很多段落被全部删除，内容上也存在一定的误译情况。总体而言，此时期属于《管子》译介的初始阶段，汉学家们基本都是概况性叙述译介《管子》一书，以总体介绍为目的。

进入 20 世纪中后期，主要汉学研究的欧洲国家都进入到专业汉学阶段，汉学开始进入到发展繁荣时期。第二阶段其实属于

---

① 关山：《德国汉学的历史与现状》，载《国外社会科学》2005 年第 4 期。

对中国古代文明进行译介探索过程中的又一个积累阶段，除了个人志趣，更关注对古代文明哲学层面的探讨和思考。随着中国与西方列强战争的失利和专业汉学家对中国认识的深入，欧洲科技在此时期的快速发展使得欧洲人认为现实的近代中国是一个相对落后的国家，他们长于西方的是古代的文化文明，当时哲学作为古代文化文明的主体表征也就顺理成章地成为欧洲汉学界的主要研究对象之一。

在此时期，主修中国宗教及哲学的休中诚教授，在他的中国古典哲学著作选中选译了《管子》里面重要的两篇哲学作品，从中可以想见西方汉学家对《管子》研究的关注。霍古达教授对法家思想研究颇深，《管子》作为法家的源头，其相关篇章的译介也体现了这一点。而长期致力于中国科技史研究的李约瑟，主要研究和介绍中国的自然科学技术。他的《中国科学技术史》第二卷介绍《管子》之《水地》和《度地》等涉及自然科学方面的篇章，则是出于作者向西方特别是英语世界介绍中国传统自然科学技术文化的目的。此阶段汉学家的译介反映出了欧洲专业汉学的些许特点，他们均为各国代表性大学的汉学教授，在个人专业汉学领域进行译介尝试，关注中国古代哲学相关章节，这种学院式汉学研究对《管子》从哲学层面的译介，一定程度上引发了汉学界的关注，并为以后的研究工作做了积累。由于此时期欧洲实证史学的主导，重视文献和考据，汉学家马伯乐和高本汉等考据学在《管子》上的应用也对《管子》研究影响深远。

第三阶段的发展使西方《管子》译介进入了专题研究期。其译介从学术角度出发，服务于文献考证和其实用价值利益的诉求。剑桥大学龙彼得教授关注了《管子》考据，他的研究仍然是继承欧洲汉学传统，运用文献学方法，对《管子》的版本、成书和流传进行细致的考证，这一方面是对前面马氏和高氏研究的继续，也为后续管子研究提供了文献考据的便利,对汉学家的管子研究十分有意义。

两次世界大战期间由于受到战火的影响,欧洲颇有影响的汉学家有些死于纳粹集中营,有些被迫远赴他国继续进行研究,欧洲汉学发展受到严重影响。美国由于远离战场,战后在经济、军事等方面发展迅猛,逐步发展成为世界大国,吸引了不少欧洲汉学家前往,哥伦比亚大学教授夏德、华盛顿大学教授卫德明等就是其中的代表。第二次世界大战后,西方汉学研究重心开始从欧洲向美国转移。[①] 而《管子》译介的发展也体现着这一点。西方第一部《管子》专著就是在此阶段出现于美国,1954 年出版的《古代中国的经济对话:〈管子〉选集》,其著作主要是包括《管子》著作中的经济类篇章,这段时期对美国而言,正处于第二次世界大战后经济恢复发展的时刻,而美汉学家也是从经济层面关注《管子》。众所周知,两次世界大战之间,美国的经济同样经历了一次过山车似的变化,首先是十年的似乎是无限制的经济增长,随后是十年的令人困惑和失望的经济大萧条。第二次世界大战后,许多经济学家都预期美国经济发展会回到大萧条情形,20 世纪 50 年代后又爆发朝鲜战争,这会对美国经济发展产生怎样的影响,又该如何面对这样的情况?这都是美国经济学家所关心的问题。南伊利诺伊大学汉学家马弗里克教授就教于经济学院,他就是在当时这样的背景下回到中国古代典籍《管子》,就中国古代蕴含重要经济思想的《管子》为研究对象,以中国古代经济对话为题,从现实提供有意义的参考为出发点,对其进行专题性译介及探讨,进行了一次寻求服务于当时现实社会的有益的尝试。

美国宾夕法尼亚大学教授李克的《管子》译本是西方第一部

---

① 顾钧:《美国第一批留学生在北京》,大象出版社 2015 年版,第 1 页。

全译本,它的出现标志着《管子》译介高峰的到来,使《管子》译介及研究趋于细致,并达到了一个新的高度。全书共两卷,分别于1985年、1998年由美国普林斯顿大学出版社出版。如前面所言,该全译本的出版使《管子》在西方世界从局部翻译走向全面系统地译介的一个全新期。

20世纪30年代,美国已进入专业汉学发展期。① 李克毕业于美国名校宾夕法尼亚大学,兴趣在中国古代思想史研究,作为美国第一代专业汉学家卜德的学生,他身上体现着美国汉学家最初的特征:一方面受欧洲汉学研究传统的影响,同时也有着当时美国第一代专业汉学家的共同经历,就是留学中国,掌握、研究第一手资料,结交并向中国专家、学者学习取经。李克在清华大学学习了两年,语言学习受教于朱德熙等,并受到管子研究专家许维遹的指导,并和钱锺书等学者交为朋友,在中国期间他搜集了一手的材料,并进行了文献研究,所以李克的《管子》参考资料丰富、考证比较深入细致。

对于研究管子,他受到其师卜德对中国思想史研究方面的影响,感到中国古代很多典籍在西方重视不够,有必要进一步研究和翻译,而内容相当丰富的《管子》就是一例;作为中国重要思想文化典籍之一,此全译本出版之前,《管子》一直未有全译本,这与《管子》本身的价值和历史意义极不相称。此外,如李克所言:“这本书的宗旨不是给《管子》某种评价,而是试图通过准确的翻译,使西方读者掌握研究中国古代思想文化的第一手资料,为进一步深入研究奠定基础。”其译介意义也不言而喻,哈佛大学的罗宾教授也对此做了评价:“此书

---

① 美国汉学分为业余汉学和专业汉学,而专业汉学大体以1877年耶鲁大学建立汉学教席为分界,真正快速发展却是在1929年2月成立“促进中国研究委员会”之后。引自顾钧:《美国汉学的历史分期与研究现状》,载《国外社会科学》2011年第2期。

对《管子》翻译研究做出了杰出的贡献。”①李克全译本的问世,一方面为广大学者提供了更加丰富的资源,另一方面,也有利于《管子》在欧美学界的研究进一步深化和推广。

三

汉学家如何处理、翻译中国典籍《管子》呢。从译介学的角度而言,译介主体受其翻译动因影响对原文内容的去留进行处理,在表达方式上有所调整和改变是必然的。

在《管子》刚刚进入西方视野时期,汉学家们着眼于概述和介绍《管子》著作,所以这一时期的译介主要以零星的介绍为主,具体文本的翻译工作还未真正进入。第二阶段的《管子》片段式英译已经出现,主要是采用选译和节译的方式。这个时期无论是霍古达还是休中诚都只是选取了《管子》中的几篇进行翻译,数量和质量有限。但这些译介的篇章在《管子》在世界传播过程中作为最早介绍到西方的《管子》篇章不能被忽略,其翻译的文本为后来的《管子》专题或全本译介积累了前期的基础。

而后期美国南伊利诺伊大学经济学教授马弗里克指导下的中国留学生谭伯甫、温公文进行的《管子》译介。他们出于自己的专业领域,对《管子》的经济思想十分赞赏,意识到管子的经济思想在中国乃至世界经济思想史上的重要地位和意义,对当今世界经济发展的重要参考价值。因此选择篇章多与经济相关,这也决定了他们的译介采取节译的方式。其翻译目标是以中国古代经济理论为参照,因此他们采取节译的手段,运用直译的方式将文章片段化处理,运用直译的方式来更好地传达中国古代经济思

---

① 罗宾:《〈管子〉中国早期政治、经济、哲学散论的研究和翻译》,载《古籍整理研究学》1989 年第 1 期,第 48 页。

想。这使得译文与原文在形式风格上取得相似的效果。如《轻重戊》段二中"夏人之王,外凿二十虻,韘十七湛,内疏三江,凿五湖……而天下化之",其中"外凿二十虻,韘十七湛,疏三江,凿五湖",他翻译为"the sovereign cleared the courses of twenty streams and deepened five ponds, he dredged three rivers and dug five lakes"比较通俗易懂,在意义上符合原文的表述,与原文在形式风格上效果类似。还有《轻重己》共计九段,翻译时每段都有删减,只摘取和经济相关的文字翻译,这样的处理一定程度上有利于读者对于经济思想的把握。当然,这样处理篇章段落对文章的完整性有所损害。另外他翻译的不足之处在于未能利用清代较详细的注释资料,译介古文缺少注释;而背景信息不够使得译文中存在不少曲解。如文中"尊贤授德则帝",在这里"帝"指的是"如尧、舜般的圣王",译者将"帝"译为 feudal lord,存在曲解。在经言第五篇《乘马》中,"乘马"的标题译为"On Riding Horse"表明了译者直接传达原书文字的翻译思想。但总体而言,其翻译的文本为后来的《管子》的全面系统译介提供了有价值的参考。

而后美国宾夕法尼亚大学教授李克的《管子》英译本成为《管子》在英语世界译介的一个突破。作为荷兰著名汉学中心莱顿大学培养的汉学家卜德的学生,他受到欧洲传统汉学的师承,译介过程中注重与学术研究紧密结合,文献考证、注释工作非常详细,译介过程中注重对原文真实意义的传递。因此,李克译本特点比较突出:注重直译与意译相结合;对于有文化背景的信息,李克主要采取译文加注的译介方式;而且他的译本在每一章节开始都有专门一节介绍性述介,使西方读者能更好地理解此章节的内容要点,促进了《管子》思想的研究和传播。例如标题的译介就是很好的例证。标题都是有三部分构成,首先是拼音字母的直译标题,然后是对应的汉字标题,最后是意译的英文标题。这种目录标题的译介方便各国读者对照中英文,有利于读者参考或索引相应的中英文资料,对于西方和中国学者《管子》研究的互相交流和学习提供了很大的便利。例如目录中标题"乘马"意思是指对国家一些重大问题的计算筹划,(乘,计算;马,计算用的筹码)李克译"Sheng Ma,乘马,On Military Taxes"很好地体现了以上特点,而且其翻译比马氏译本更全面也更贴近原意。再如上文的"内疏三江,凿五湖",他译为"he opened the three southern rivers (san jiang 三江) dredged five lakes (wu hu 五湖)",相比马氏译本,李克译本对中国古典文化的专有词项通过加括号补充对应拼音和汉字,然后加注详细解释,使译文更加易懂,也有利于对《管子》进一步地深入研究。李克翻译的方法值得参考和继续研究。他的译本展示了其欧洲汉学式的研究风格,对中国古代文化背景知识的考证和其学术研究态度的严谨,使其译本成为西方研究《管子》的案头必备之书。

结　语

通过梳理欧美汉学界对《管子》的译介研究,可看出《管子》研究的大致路径是从最初"点"式的总体介绍到"线"式的片段译介,经历整合式"面"式发展,最终发展到"体"式的完本翻译,发端于欧洲,成熟于美国,与欧美汉学发展理路暗合。另一方面,管子译介过程中汉学家们所付出的努力对于《管子》在欧美的流传所起作用不可忽视。"加强对西方汉学研究是推动中国学术发展的一个重要举措"①,欧美汉学界对《管子》译介流传的阶段性特点、译介理路和译介方法对促进管学研究的全球化、对我们典籍英译和文化传播有一定的启示意义。

---

① 董海樱:《近十年来中国的西方汉学(中国学)研究》,载《世界历史》2011 年第 3 期,第 127 页。

《管子》韩译本评介

金善信　巩曰国
（淄博职业学院国际学院，山东理工大学齐文化研究院教授）

《管子》一书，很早就传入朝鲜半岛，但长期以汉字文本流传。直到1969年，韩国自由教养推进会出版的《世界古典全集》中收录了《管子》，才出现了最早的《管子》韩文选译本。其后又有1972年大洋书籍出版社《世界思想大全集》本、1977年玄岩社《诸子百家》全集本、1985年明文堂《新译管子》等三种选译本。2006年，松树出版社出版了由金弼洙、高大焃、张胜求、申昌镐等人翻译的《管子》。这是《管子》的第一个韩文全译本。2015年，人爱出版社又出版了申东俊译的《管子》全译本。《管子》韩译本是《管子》对外传播的重要载体，也反映了韩国学者对《管子》的理解与认识。本文对《管子》韩译本进行评介，或有补于《管子》研究及海外汉学研究。

一、韩国自由教养推进会、玄岩社、明文堂选译本

1969年，韩国自由教养推进会出版的《世界古典全集》中收录了《管子》①。这是《管子》最早的韩文选译本，译者是金顺妊。

---

① 该书于1982年由教育馆、1985年由韩国自由教养推进会再版。

1977 年玄岩社选译本和 1985 年明文堂选译本,在篇目选择和注释翻译方面都受到了该译本的影响。

韩国自由教养推进会选译本选了《大匡》《中匡》《牧民》《形势》《权修》《立政》《乘马》《轻重》《重令》《法法》《五辅》《七法》《枢言》《霸言》《小称》等 15 篇。每篇包括译文、注释、解释三部分。该译本对所选《管子》各篇原文有所省略。例如《立政》中省略了“七观”部分,译者说:“‘七观’跟别的文章重复,所以进行了省略。”①再如《七法》中省略了“七法”和“四伤百匿”两个部分,译者说:“《七法》‘七法’‘四伤百匿’‘为兵之数’‘选陈’构成四章,前面两章是议论的内容,所以本书收录了中心部分和理论明确的后边两章。”②其韩文解释有的非常精当,如《立政》中“三本”,解释为 세가지 기본(三个基础)③;“四固”,解释为 네가지 열쇠(四把钥匙)④。这是值得肯定的。

韩国自由教养推进会选译本《前言》中介绍了历代《管子》著作,如唐代尹知章《管子注》、明代刘绩《管子补注》、明代朱长春《管子権》、清代王念孙、洪颐煊、戴望、俞樾、孙诒让的注释成果以及后来罗根泽的《管子探源》,黄汉的《管子经济思想》,郭沫若、闻一多、许维遹的《管子集校》等⑤。其中,《管子集校》于 1956 年由科学出版社出版,是当时韩国学者可以利用到的中国大陆最新的《管子》研究成果。

1977 年玄岩社出版了《诸子百家》,其中第四卷收入《管子》。该译本译者李元燮(1924—2007),号巴下,现代诗人、佛教学者、东

---

① 金顺妊译:《诸子百家》,韩国自由教养推进会 1969 年版,第 294 页。
② 金顺妊译:《诸子百家》,韩国自由教养推进会 1969 年版,第 352 页。
③ 金顺妊译:《诸子百家》,韩国自由教养推进会 1969 年版,第 280 页。
④ 金顺妊译:《诸子百家》,韩国自由教养推进会 1969 年版,第 280 页。
⑤ 金顺妊译:《诸子百家》,韩国自由教养推进会 1969 年版,第 240 页。

洋古典翻译家,曾翻译《诗经》《老子》《庄子》《墨子》等中国经典。玄岩社本包括《牧民》《形势》《权修》《立政》《乘马》《轻重》《大匡》《中匡》《霸形》《霸言》《重令》《法法》《小称》《小问》《治国》《戒》《任法》共17篇。每篇包括译文、原文、注释三部分。玄岩社本注释非常充实,引用了王念孙、俞樾及日本学者猪饲彦博、安井衡等人的成果。如:《牧民》"在饰四维",注释引用俞越之说,认为"饰是饬的误字"①;《轻重》"齐有蔷石",注释引王念孙之说,认为"蔷石"是"菑石"的误字②。再如,《霸言》"诸侯皆令",注释云"令"是"合"的误字③,这是日本猪饲彦博之说;《重令》"天下政理",注释云"理"当为"治",唐人因避讳而改④,这是日本安井衡之说。从本书可见,19世纪80年代韩国对《管子》的研究已经达到了一定的水平。

1985年,明文堂出版了《新译管子》,译者是李相玉。明文堂本不在丛书中,是韩国最早的《管子》单行选译本。该译本包括《大匡》《中匡》《牧民》《形势》《权修》《立政》《乘马》《轻重》《法法》《五辅》《七法》《枢言》《霸言》《霸形》《小问》《治国》《戒》《任法》《小称》共19篇,是各选译本中选录《管子》篇章最多的。该译本颇有独到见解。如关于齐桓公和管仲的君臣之交,人们历来多有称赞,但该译本不以为然。《中匡》解题中说:"桓公不是初见的时候就信赖管仲,因为在战争的时候管仲曾威胁过桓公。齐桓公因鲍叔的特别推荐才任用了管仲。是管仲需要得到桓公的信任。"⑤译者没有赞美齐桓公不计一箭之仇的宽大胸怀,而是认为齐桓公是被动接受了管仲。这与一般认识有所不同。

---

① 李元燮译:《列子·管子》,玄岩社1977年版,第276页。
② 李元燮译:《列子·管子》,玄岩社1977年版,第370页。
③ 李元燮译:《列子·管子》,玄岩社1977年版,第460页。
④ 李元燮译:《列子·管子》,玄岩社1977年版,第484页。
⑤ 李相玉译:《新译管子》,明文堂1985年版,第65页。

玄岩社本和明文堂本都受到韩国自由教养推进会选译本的影响。首先,《轻重》是《管子》书中最后的部分,因为《轻重》和《乘马》多谈经济问题,韩国自由教养推进会本将其提到《乘马》后。玄岩社本和明文堂本沿袭了这一点,也将《轻重》排在《乘马》后。其次,《管子》的《轻重》部分包括很多篇章,韩国自由教养推进会本选取其中内容组成《轻重》一篇。玄岩社本和明文堂本也是如此。第三,《大匡》《中匡》本为《管子》第18,19篇,为了让读者先了解管仲生平,韩国自由教养推进会选译本将这两篇置于最前面。明文堂本也是如此。第四,刘向曾说:"《九府篇》民间无有。"韩国自由教养推进会本曾经引用。玄岩社本和明文堂本也引用了刘向的说法。

明文堂本与玄岩社本在翻译上也多有相似之处,特别是有些相同的错误。如《霸形》:"桓公在位。"玄岩社选译本误译为"桓公坐了房门与窗户之间的座位"①,明文堂选译本也这样翻译②。再如《大匡》:"狄人伐。桓公告诸侯曰:'请救伐。'"此处的"狄人伐"是狄人侵略杞国,玄岩社本误译成了狄国侵略齐国,明文堂版本也犯了同样的错误③。由此可见,明文堂本确实参考了玄岩社本。

二、大洋书籍出版社选译本

大洋书籍出版社本是另外一种重要的《管子》选译本。1972年,大洋书籍出版社出版了《世界思想大全集》。该书汇总世界各国思想家著作的精华,加以韩文翻译。其中第21卷包括《管子》,由张基槿翻译。张基槿毕业于首尔大学中文系,曾任首尔大学、

① 李元燮译:《例子·管子》,玄岩社1977年版,第433页。

② 李相玉译:《新译管子》,明文堂1985年版,第237页。

③ 李相玉译:《新译管子》,明文堂1985年版,第60页。

诚信女子大学教授，东洋古典学术研究会会长，翻译过《论语》《孟子》等中国古典名著。该译本前有《绪论》，介绍管仲的生平、思想与政策，后附《管仲大事年表》。每篇包括解题、韩译、原文及注释。该选译本后来又被收录到《中国思想大系》第五卷，于1983年由新华社出版。

张基槿认为，《管子》“经言”是管仲本人所写，“外言”的《五辅》《枢言》《重令》，“内言”的《霸言》，也跟管仲思想有关。① 所以他选录了《牧民》《形势》《权修》《立政》《乘马》《七法》《五辅》《枢言》《重令》《霸言》等十篇进行翻译。他认为这十篇表述的是管仲本人的思想：“《管子》非管仲一人之笔，《管子》中由后人编纂的部分非常多。大约十篇，译者可信确实是管子本人的思想。”②《管子》的成书过程非常复杂，学界有不同意见。张基槿的这种认识，可能是受了中国学者关锋、林聿时《管仲遗著考》的影响。韩国学者金忠烈《中国哲学的源流》中，就曾引用关锋、林聿时的研究：“《管子》‘经言’和‘外言’《五辅》虽然有的部分是后人所写，但基本上是管仲遗作，属于‘外言’和‘内言’的个别篇章也有一部分是解释管仲思想的，所以是研究管仲思想的重要参考资料。”③

张基槿对《管子》有较深入的研究。他认为，《管子》思想是以富国强兵的经济政策为基础，强调法治主义。他在《〈管子〉的治道——为了德治的法治、主权确立、富国强兵》一文中，提出《管子》的特色是提高国家权力和国家的地位，使之高于君主和贵族，

---

① 金学洙、张基槿译：《列子·管子》，大洋书籍出版社1972年版，第75页。

② 金学洙、张基槿译：《列子·管子》，大洋书籍出版社1972年版，第295页。

③ 金忠烈：《中国哲学的源流》，礼文出版社1994年版，第205页。

从而确立国家权力。

译者对儒家文化有深入认识,能够结合孔孟思想来解说《管子》,提出一些独到的见解。如《形势》解题指出,“其功顺天者天助之,其功逆天者天违之”“顺天者有其功,逆天者怀其凶”等内容,与孟子天命思想相关,《形势》虽然没有强烈地表现出来,但是已经有了“革命”思想。[①] 译者对《管子》的“仁”与“礼”进行了深入阐释。《立政》:“君之所慎者四:一曰大德不至仁,不可以授国柄。二曰见贤不能让,不可与尊位。三曰罚避亲贵,不可使主兵。四曰不好本事,不务地利而轻赋敛,不可与都邑。”此处的“仁”,译者解释为东方的人道主义(humanism),认为东方的仁爱与西方的博爱不一样,东方的仁爱始于亲缘,从亲缘爱发展为平天下、安百姓。[②]《五辅》:“所谓八经者何?曰:上下有义,贵贱有分,长幼有等,贫富有度。凡此八者,礼之经也。故上下无义则乱,贵贱无分则争,长幼无等则倍,贫富无度则失。上下乱,贵贱争,长幼倍,贫富失,而国不乱者,未之尝闻也。是故圣王饬此八礼,以导其民。”针对这段论述,译者指出:“礼是超越了上下、贵贱、长幼、贫富,所有的人成为一家人的人类爱或人道主义(humanism),是‘仁’的行动纲领。”[③]

《管子》书中有些地方文字有误,选译本对其进行了校订。如《乘马》:“五尺见水,十分去一,四则去三,三则去二,二则去一。三尺而见水,比之于泽。”文义不通。译者认为,“四则去三,三则

---

① 金学洙、张基槿译:《列子·管子》,大洋书籍出版社1972年版,第315页。

② 金学洙、张基槿译:《列子·管子》,大洋书籍出版社1972年版,第356页。

③ 金忠烈:《中国哲学的源流》,礼文出版社1994年版,第441页。

去二,二则去一"当作"四则去二,三则去三,二则去四"①,意为四尺就见水的土地,减税十分之二;三尺就见水的土地,减税十分之三;二尺就见水的土地,减税十分之四。这样就与上文"五尺见水,十分去一(五尺见水的土地,减税十分之一)"相顺应。②。再如《乘马》"及雪释,耕始焉,芸卒焉",译者认为不太通顺,"芸卒焉"前面应该有大概的时期。③

大洋书籍出版社本与韩国自由教养推进会本、玄岩社本、明文堂本属于不同的系统。在选目上,没有像其他三种选译本那样《管子》的前后部分都选,而是只选取了"经言"部分的《牧民》《形势》《权修》《立政》《乘马》《七法》,"外言"部分的《五辅》《枢言》《重令》及"内言"部分的《霸言》,显示了译者对管仲与《管子》关系的认识。译者将孔子、孟子思想与管仲思想联系起来,结合孔孟思想来解说《管子》,这也是该译本的一大特色。

三、松树(소나무)版全译本

2006年,松树出版社出版了由金弼洙、高大烯、张胜求、申昌

---

① 这一校订可能是受日本安井衡或清代俞樾的影响。安井衡云:"此谬误不可读,当作'四则去二,三则去三,二则去四',转写之误耳。"俞樾云:"当作'五尺见水,十分去一,四则去二,三则去三,二则去四,一尺而见水,比之于泽'……上文曰'五尺见水不大旱',然则五尺见水之地,所患非旱也。其轻征之故,以潦不以旱。故五尺见水,十分去一。至四尺见水,地更卑矣,故十分去二。三尺见水,地更卑矣,故十分去三。推而至于一尺见水,则比之于泽,地愈卑,潦愈甚也。"黎凤翔撰,梁运华整理:《管子校注》,中华书局2004年版,第100~101页。

② 金学洙、张基槿译:《列子·管子》,大洋书籍出版社1972年版,第391页。

③ 金学洙、张基槿译:《列子·管子》,大洋书籍出版社1972年版,第392页。

镐共同完成的《管子》韩译本。这是《管子》的第一个韩文全译本,2015 年又出版了修订本。译者金弼洙,东国大学哲学博士,曾任韩国周易学会会长、韩中哲学学会会长、国际儒学联合会董事、现任东国大学名誉教授;高大炼,汉阳大学教育学博士,曾任东洋古典学会会长、东洋伦理教育学会会长,现为京仁大学教授;张胜求,韩国学中央研究院哲学博士,现为世明大学教授;申昌镐,高丽大学教育哲学与教育史学博士,现为高丽大学教授。译者四人从 2000 年就开始进行《管子》的韩译工作,每周召开一次例会,交流个人翻译原稿的情况,对存在的问题进行修订。韩国对《管子》的研究极少,因此译者们主要参考中国出版的《管子》研究书籍和《管子》原著,并于 2002 年参加了在中国淄博举办的"第五届齐文化国际学术研讨会",与中国学者进行交流。

松树本全译本以汤孝纯《新译管子读本》(三民书局出版)为底本,还参考了清戴望校正《管子校正》、李勉《管子今注今译》,郭沫若、闻一多、许维遹《管子集校》,日本安井衡《管子纂诂》等。该译本对《管子》现存的 76 篇进行了完整翻译,按照《管子》24 卷进行分类,每篇包括解题、韩译文、中文原文、注释等四部分。书后附有管仲相关的图片、管仲年表、《管子》书中主要人物简介、《管子》名句等。

《管子》是经世致用之书。松树本译者对此有深刻认识,译本封面上专门标示"经世'经典'《管子》"。译者认为,《管子》的理念是"社会秩序(法)、富强"①,《管子》除了政治学,还包含了现在的 CEO 经营组织、系统的问题。《管子》的思想是实用主义的,与《孟子》的思想和价值追求不同。译本《序

① 金弼洙、高大炼、张胜求、申昌镐译:《管子》,松树出版社 2006 年版,第 8 页。

言》中说:“如朝鲜王朝知识分子选了《管子》作为政治学的教材,韩国的历史是否会被改写呢?一个国家的知识分子、民众选择的是《孟子》还是《管子》,这导致的结果将完全不一样。”[①]译者充分肯定了《管子》的现实意义,认为《管子》是中国改革开放以后经济急速成长的动力,“管仲实用主义的富国强兵思想通过改革开放政策成就了新中国”[②],邓小平的改革开放政策是接受了《管子》的实用主义思想。因此,译者认为,理解重视实利的中国人需要读《管子》,理解现在快速发展的中国也需要读《管子》。《管子》可以为现代社会发展提供借鉴,可以帮助理解现代中国。这正是《管子》韩文全译本出现的背景。

松树版与选译本相比,有了较大进步。如《乘马》中,“黄金一镒”,一镒是二十四两,大洋书籍出版社选译本误解作二十两[③];“丈夫二犁”,一犁是指成人一天耕地的面积,大洋书籍出版社选译本把“犁”误译为“犁铧”[④]。这些错误,松树本都已经改正。《乘马》“百利不得则百事治,百事治则百用节矣”,大洋书籍出版社选译本翻译为“没有商业利润的时候,所有人不做商业,从事本业农业。所有事情治好,花销节省”[⑤],把“用节”翻译为“花销节

① 金弼洙、高大炼、张胜求、申昌镐译:《管子》,松树出版社2006年版,第8页。

② 金弼洙、高大炼、张胜求、申昌镐译:《管子》,松树出版社2006年版,第7页。

③ 金学洙、张基槿译:《列子·管子》,大洋书籍出版社1972年版,第387页。

④ 金学洙、张基槿译:《列子·管子》,大洋书籍出版社1972年版,第390页。

⑤ 金学洙、张基槿译:《列子·管子》,大洋书籍出版社1972年版,第382页。

省”。松树本翻译为“调节平衡”,更为允当。①

《管子》一书,号称难懂,有些文字有多种解释。松树本翻译时,主要依据《新译管子读本》,有歧说不明之处,则在注释中据其他文献进行补充解释。如《乘马》“天下乘马服牛,而任之轻重有制”,译者在注释中说:“这句前面需要有‘诸侯之地,千乘之国者,器之制也’,这样文章才会显得通顺。”②再如《五辅》:“古之圣王所以取明名广誉,厚功大业,显于天下,不忘于后世,非得人者未之尝闻。”译者在注释中说:“‘得人’,《今注今译》解释为取贤人,但是本书翻译为‘得到民心’,因为这样翻译才会与后边的‘得人之道’相关内容相吻合。”③这为读者提供了更多的参考,是值得肯定的。

松树本《管子》也存在一些不足,有学者就指出:“松树《管子》过多依赖了台湾学者汤孝纯写的《新译管子读本》、李勉《管子今注今译》的注释。”④不过,《管子》一书本就非常难懂,松树本最早将《管子》全文翻译为韩文,极大地方便了韩国读者对《管子》的阅读与利用,促进了《管子》在韩国的普及,推进了韩国的《管子》研究。该译本出版后,《东亚日报》《韩国经济》《每日经济》等报纸都进行了报道介绍。2007 年 1 月 6 日的《东亚日报》刊文《让老百姓吃饱喝足,得天下——〈管子〉》,介绍松树韩译本。文中说:“《管子》是管仲的弟子、崇拜管仲的后人的集大成书

---

① 金弼洙、高大炼、张胜求、申昌镐译:《管子》,松树出版社 2006 年版,第 63 页。

② 金弼洙、高大炼、张胜求、申昌镐译:《管子》,松树出版社 2006 年版,第 64 页。

③ 金弼洙、高大炼、张胜求、申昌镐译:《管子》,松树出版社 2006 年版,第 121 页。

④ 申东俊译:《管子》,人爱出版社 2015 年版,第 209 页。

籍，包含管仲学派思想、政治、经济、行政、法律、军事、道德等关于国家经营的知识与哲学的集大成书籍，本书是第一次出版的韩译全译本，本书主要提出了管仲实用主义的面貌。”近些年来，关于《管子》的论文论著，很多都引用松树全译本。2015 年人爱出版社出版的《管子》全译本，也参考了该译本。

四、人爱(인간사랑)本全译本

继松树本之后，2015 年人爱出版社又出版了申东俊译的《管子》韩文全译本。申东俊是古典学研究专家，高中时期已经开始学习汉学，在首尔大学获得东洋政治思想学博士学位，现任 21 世纪政经研究所所长，曾翻译《韩非子》《墨子》等中国古籍，著有《三国志统治学》《以古典分析春秋战国时代诸子百家》等。人爱本《管子》全译本以黎翔凤《管子校注》(中华书局 2004 年版)为底本，同时参考了戴望《管子校正》(《诸子集成》附)，郭沫若、闻一多、许维遹《管子集校》(科学出版社 1956 年版)，谢浩范、朱迎平《管子全译》(贵州人民出版社 1993 年版)等书。人爱本书前有《绪论》，介绍了管仲生平、《管子》编纂过程与《管子》的思想；书后有附录，收录了《史记・管晏列传》、苏洵《管仲论》、管仲年谱等。正文每篇包括解题、原文、韩译文、注释等。书中除了对《管子》进行翻译，还收录了很多《管子》的相关资料，如比较详细地说明了《管子》文献的流传过程，介绍了中国与日本的《管子》研究情况。

译者申东俊对《管子》素有研究，其博士论文《先秦儒法家的治道观和治本观比较研究：以管仲论议为中心》(首尔大学 1998 年)，探讨了管仲的思想。译者指出，《管子》是政治、经济学术，《管子》里面包含了“经世济民”“富国强兵”的思想。译者特别关注了《管子》里的“重商”思想，他认为管仲是农商并重的政治家，是政治经济学派"商家"创始者。[1] 基于这种认识,译者对《权修》提出了自己的看法。《权修》云:"故上不好本事则末产不禁,末产不禁则民缓于时事而轻地利。"译者据此指出:"《权修》与'商家'管仲的农商并重的思想不一致,这并不是管仲本人的思想,而是战国时期法家商鞅重农抑商的主张,应该是在《管子》编纂过程中,收录了后代'农抑商重'法家思想家撰写的《权修》。"[2]管仲的学派归属与《管子》的作者,学界多有不同意见。译者认为,管仲是诸子百家中"商家"的创始者,并以此来推断《管子》某些篇章的作者,很有启发意义。

《管子》全书86篇,分为八组,包括:"经言"九篇、"外言"八篇、"内言"九篇(其中两篇亡佚)、"短语"18篇(其中一篇亡佚)、"区言"五篇、"杂篇"13篇(其中三篇亡佚)、"管子解"五篇(其中一篇亡佚)、"轻重"19篇(其中三篇亡佚)。人爱本中,将最后的"轻重"又分成了"乘马""九府""轻重"三组。这是该译本与众不同的地方。译者认为,依据司马迁《史记·管晏列传》中"吾读管氏《牧民》《山高》《乘马》《轻重》《九府》"的记载,"乘马""九府"与"轻重"是并列的,应该单独分组。具体分组情况是:"乘马"一组,包括了《巨乘马》《乘马数》《问乘马》(亡佚)三篇;"九府"一组,包括了《事语》《海王》《国蓄》《山国轨》《山权数》《山至数》《地数》《揆度》《国准》九篇;"轻重"一组,包括了《轻重甲》、《轻重乙》、《轻重丙》(亡佚)、《轻重丁》、《轻重戊》、《轻重己》、《轻重庚》(亡佚)七篇。这是根据各篇的思想内容来分的。"轻重"19篇是专论经济的,但各篇具体内容有所差别。译者认为,《巨乘马》《乘马数》和"经言"部分的《乘马》,是以土地为中心关于军事

---

① 申东俊译:《管子》,人爱出版社2015年版,第17页。

② 申东俊译:《管子》,人爱出版社2015年版,第249页。

财政的论文,[1]归入"乘马"一组;《事语》至《国准》诸篇论述国家商业政策与货币政策,[2]归入"九府"一组;《轻重甲》以后诸篇论述了国家财政政策,[3]归入"轻重"一组。《管子》一书,有很多篇章涉及经济问题,而以"轻重"19篇最为集中。前人论轻重,一般以"轻重"现存的16篇作为一个整体笼统而论,人爱本将其再分为"乘马""九府""轻重"三组,并指出各组内容上的不同,很有见地。

人爱本以黎翔凤《管子校注》为底本。《管子校注》虽以宋本为底本,个别文字也存在问题。对于《管子校注》原文有问题的地方,人爱本参考了《管子集校》《管子全译》等进行了校勘,校勘一般不改原文,而在注释中说明。如《幼官》:"一举而上下得终,再举而民无不从,三举而地辟散成,四举而农佚粟十,五举而务轻金九,六举而絜知事变,七举而外内为用,八举而胜行威立,九举而帝事形成。"注释引《管子集校》郭沫若之说,"农佚粟十"的"十"是"丰"的坏字,"务轻金九"的"九"是"充"之残字,"帝事成形"的"形"是"功"的误字[4]。再如《七法》:"右四伤。"注释引《管子集校》许维遹之说:"赵本、凌本、花斋本、《纂诂》本均作'右七法',当据正。"[5]再如《大匡》:"左椹(揕)桓公,右自承,曰:'均之死也,戮死于君前。'"注释中说:"'椹'是劈柴或锯木时用的垫木,以宋本为底本的《管子校注》写作'椹',但是《管子全译》等的书籍写作'揕','揕'是比较合适的。"[6]

① 申东俊译:《管子》,人爱出版社2015年版,第1233页。
② 申东俊译:《管子》,人爱出版社2015年版,第1251页。
③ 申东俊译:《管子》,人爱出版社2015年版,第1384页。
④ 申东俊译:《管子》,人爱出版社2015年版,第332页。
⑤ 申东俊译:《管子》,人爱出版社2015年版,第308页。
⑥ 申东俊译:《管子》,人爱出版社2015年版,第548页。

人爱本参考了中国和日本的诸多《管子》著作,较松树本《管子》更为完善。例如《乘马》:“市者,货之准也。是故百货贱则百利不得,百利不得则百事治,百事治则百用节矣。”关于“百利不得”,有不同的解释。译者在注释中列举了各家解释,并提出了自己的观点:“‘百利不得’的解释有分歧,郭沫若在《管子集校》中认为‘百利’是‘高利’,他解释为:‘价格低廉的时候,不能得到超额利润,所以市场稳定,老百姓也可以安心从事自己的生意。’汤孝纯《新译管子读本》也认为‘百利’是‘高利’。在《太平御览》的引文中,没有‘不’字,孙星衍因此认为‘不’是衍文,认为‘百利得,然后百事治’,‘百利’理解为‘多样的利益’。李勉《管子今注今译》也认为‘不’是衍文,同意孙星衍的解释。本书通过对《管子》内容的理解,认为郭沫若与汤孝纯的解释比较合适。”①由此将这段文字翻译为:“市场是财货流通的中心,所有的财货价格低廉,就不会获取过多的利润,这样各项生产就能发展,所有财货能调节平衡。”此处松树本与人爱本基本差不多,但是缺少详尽的解释。人爱本介绍了孙星衍、郭沫若《管子集校》、李勉《管子今注今译》、汤孝纯《新译管子读本》等的不同解释,并说明了自己的观点,使译文扎实有据,富有学术性。

人爱本不仅能够充分引用前人的校勘注释成果,还善于提出自己的新见。如《侈靡》:“官礼之司,昭穆之离,先后功器事之治,尊鬼而守故。”译者认为这段文字顺序应该调整:“‘昭穆之离’应在‘尊鬼而守故’的前面,‘事之治’应在‘官礼之司’前面,这样顺序更为合适,这样才会明白官礼之司和先后功器是司徒的业务。”②这是其他学者没有论及的。

---

① 申东俊译:《管子》,人爱出版社 2015 年版,第 286 页。

② 申东俊译:《管子》,人爱出版社 2015 年版,第 805 页。

五、结语

中国与朝鲜半岛山水相连,《管子》一书很早就传到朝鲜半岛。由于古代朝鲜是传统儒家社会,信奉朱子学说,四书五经广为流布,讲求经世致用的《管子》则受到冷落,所以在朝鲜半岛《管子》长期以汉文文本流传。近现代以来,韩国社会与学术思想发生巨大变化,《管子》与《论语》《孟子》同被重视,由此出现了《管子》韩文译本。

《管子》在韩国的翻译,先是选译,后才有全译。最早的选译本是1969年韩国自由教养推进会本,收入《世界古典全集》。其后1972年大洋书籍出版社本、1977年玄岩社本,也是以丛书的形式出现。直到1985年,明文堂《新译管子》出版,才出现了第一个单行的《管子》选译本。20世纪50年代至80年代,《管子》的选译本尽可能地参考了中国的《管子》研究成果。但总体来看,《管子》的选译本质量不高,存在一些错误,与中国、日本的成果,有较大差距。后来的《管子》全译本没有提到选译本,人爱本参考文献中《管子》选译本一本也没有提到,可能与此有关。

1992年中韩建交,此后两国文化交流日益频繁,韩国社会各界对《管子》日益关注。改革开放以来,中国经济取得重大成就。《管子》主张务实变革,与中国改革开放的时代精神相契合,这促进了韩国对《管子》的研究。站在韩国角度,中国是重要的伙伴关系国家,以前韩国要了解中国,需要研读孔孟,但现在人们认为,需要通过《管子》来认识中国。在此背景下,2006年,第一本《管子》韩文全译本松树本出版。此后,2015年,又有了人爱本全译本。松树本指出:"仅仅通过孔孟思想是不能理解现在的中国的,现在中国人的现实生活中已经很难找到孔子、孟子的思想。现在中国人重视实利,仁、义只是对外而言的名分而已。他们不满足于名分,而非常重视实利,为了理解中国人重视实利的思想和行为方式,必须要读《管子》。"[①]人爱本也认为:"21 世纪要理解世界最大的市场中国不是选择,而是必须。中国历史文化是从春秋战国时期的诸子百家开始,诸子百家的开端是最初的政治经济学者管仲,知彼知己,为政者、企业 CEO 还有一般人,必须理解《管子》的经世济民、富国强兵思想。"[②]要了解中国,需要读《管子》。通过读《管子》,可以了解中国。正是有了这种需要,才有松树本和人爱本两种《管子》韩文全译本密集出现。

《管子》一书,很早就流传到海外,并有日、英、法、俄等译本。《管子》韩译本特别是两种全译本的出现,推动了《管子》在韩国的普及与研究,扩大了《管子》在世界范围内的影响,对于促进中外文化交流无疑会起到积极作用。

---

① 金弼洙、高大焃、张胜术、申昌镐译:《管子》,松树出版社 2006 年版,第 6 页。

② 申东俊译:《管子》,人爱出版社 2015 年版,第 17 页。

论管仲变法与遗制

黄一洲
（北京大学哲学系博士）

《管子》为“管子学派”作品，[①]而“管子学派”始于管仲变法。管仲变法是在齐桓公支持下，以管仲为首的齐国政治集团的改革运动。这个政治集团形成了最初的，具有官学性质的“管子学派”，记录了管仲变法运动珍贵的史料与思想。[②] 今本《管子》所包含的篇章来源与性质是非常复杂的，既保留有管仲遗制又有战国时期“管子学派”面对新的时代问题做出新的理论发展。本文认为，《管子》中的“匡”言（《大匡》《中匡》《小匡》）所载齐桓管仲之事可与《左传》《国语》以及近代出土文献互相参证，[③]其中《管子·小匡》最为珍贵，保留了管仲变法最主要的内容。研究管仲变法与遗制不仅限于此，而是要以这些文献为基础，进而把散见

---

① 李学勤：“秦以前古籍，称‘某子’者，常是一个学派历代传流的作品，《管子》自不例外。”胡家聪：《管子新探·序》，中国社会科学出版社1985年版，第6页。

② 宣兆琦：“齐太史和管仲家史所记便是最早撰写的《管子》书了。”宣兆琦：《〈管子〉三论》，载《管子学刊》2002年第2期。

③ 出土文献与《管子》之《大匡》《小匡》的文献参证，可参考郭丽：《简帛文献与〈管子〉研究》，方志出版社2015年版。

于其他各篇的内容进行系统的分析。①

"变法"一词见于《韩非子》《商君书》《吕氏春秋》。②"变法"的基本含义就是更张周礼、变化民俗。考察其渊源,始于春秋时期齐国的变法改制,管仲为变法运动之先驱。从文献中看,管仲变法中的"法",实质上是一系列政治社会制度的改革,是对礼的一种调整。更确切地说,所谓的"法"就是制度,"变法"就是改制,这为"管子学派"继承发展,《管子》中"法"在许多处的基本含义就是制度。"法"专指对"礼"的修正补充。春秋时期德礼体系出现了问题并带来社会的动荡,自齐国改制后,各国也开始有意识地进行"改制""变法",在这个过程中酝酿发展了"法"的观念与精神。因此,研究管仲变法与遗制对于先秦思想史研究具有重要的意义。

一、"攘狄而存周"——管仲变法的历史背景与时代主题

管仲变法是春秋史中的大事件。据《左传·庄公九年》载:"管仲请囚,鲍叔受之。乃堂阜而税之。归而以告曰:'管夷吾治于高傒,使相可也。'公从之。"齐桓公初立于齐平

---

① 管仲变法与遗制散见《管子》各篇,并往往成为"管子学派"做进一步理论阐发的材料来源,这就形成了文本叠置的现象,既有管仲遗制又有新的理论阐释。例如《管子·入国》《管子·五辅》中的"九惠之教",《管子·轻重》诸篇的经济政策,以及《管子·桓公问》中"啧室之议"等,既有管仲遗制还包括了大量"管子学派"在此基础上的理论阐释。司马迁提到的《管子·牧民》《管子·乘马》等篇也保留了部分管仲遗说。

② 《韩非子·奸劫杀臣》:"商君说秦孝公以变法易俗而明公道,赏告奸,困末作而利本事。"《商君书·更法》:"今吾欲变法以治,更礼以教百姓。"《吕氏春秋·慎大览》明确提出"不法先王之法""世易时移,变法宜矣""变法者因时而化,若此论则无过务矣"。

息内乱，即从鲍叔牙谏言而任管仲为相。又《左传·庄公三十二年》："春，城小谷，为管仲也。"《左传·昭公十一年》："齐桓公城谷而置管仲焉，至于今赖之。"可见齐桓公非常依赖并特别厚待管仲，可以说其霸业非管仲所谋不可成。据《左传》所载，齐桓公会盟诸侯16次，这只是见于史料的。但沿着这16次会盟的轨迹，可以看到从齐桓公威望不断提高，到成就霸业，及至管仲去世齐国衰落的整个过程。因此，管仲变法指的是自管仲为相到去世这段时间内进行的一系列制度改革，以及应对各种现实问题的言论和措施。这些成就的记录都成为齐国的档案，而为《齐语》《管子·小匡》所载，又散见于《管子》诸篇。① 后世齐国推崇管仲之功，希望重现霸业的齐国执政者，或根据旧案阐释其意义，或托以管仲之事自立其说，都与管仲变法有紧密的关系。这些都是齐人面临不同时代问题所做出的理论的回响，都是需要我们进一步研究分析的。

《论语·宪问》："管仲相桓公，霸诸侯，一匡天下，民到于今受其赐。微管仲，吾其被发左衽矣。"孔子对管仲的评价非常高。当时天子式微，已经没有团结中原的号召力。孔子认为，如果没有管仲变法，没有齐国团结中原的霸业未被夷狄所侵凌，礼乐文化甚至可能会被消灭。在古代世界史中，一个文明族群由于自身的羸弱，被其他种族侵略而导致文明的消亡是常见的。《论语》对管仲的功劳评价之高，正是因为管仲变法的最重要功绩，是使齐国

---

① "《管子》一书，当萌发于管仲为政时期，齐国太史和管仲家史将管仲实施的各种政策和言论记录下来，管仲的追随者和管仲学说的信奉者形成管仲学派，将管仲政策措施整理成书。齐国的文献资料有很大一部分保存在《管子》中。"郭丽：《简帛文献与〈管子〉研究》，方志出版社2015年版，第115页。

自身强大起来,有了团结中原的号召力,使礼乐文明能够延续。杨忱《管子序》言:“《春秋》以平王东迁始其微也。”又言:“周之微也,幸不夷其宗稷,齐桓之功也。……夫桓之为正,抑夷狄,存中国。”周天子的影响力从周平王东迁以来就已呈现出不可逆转的颓势。中原诸侯国各自为政,缺少一个最为强大的中坚力量,因此很难团结起来抵抗夷狄的侵扰。管仲相齐桓公实行的一系列措施,让齐国迅速强大起来成为诸国之首,使之能够团结中原的力量“九合诸侯”以尊周天子。齐桓管仲之功被后世称赞、高扬的就是“攘狄而存周”,《大匡》:“五年,诸侯附,狄人伐。桓公告诸侯曰:‘请救伐。’诸侯许诺。大侯车二百乘,卒二千人;小侯车百乘,卒千人,诸侯皆许诺。齐车千乘,卒可致缘陵,战于后故,败狄。”可见齐国当时的号召力,已经代替天子成为团结诸侯的核心力量。根据《齐语》与《管子·小匡》对齐桓管仲之功的记载,齐桓管仲之功最重要的就是团结中原、抵御四夷、以朝天子,“尊王攘狄”已经成为时代的主题,这有史料可征,如《左传·闵公元年》载:“狄人伐邢。管敬仲言于齐侯曰:‘戎狄豺狼,不可厌也。诸夏亲昵,不可弃也。宴安鸩毒,不可怀也。《诗》云:“岂不怀归,畏此简书。”简书,同恶相恤之谓也。请救邢以从简书。’”这里需要注意的是,《齐语》《管子·小匡》中的记载,实际是对管仲之功的高度概括,并做了一些理想化的文辞修饰,因此不能刻板地看待。例如对于“兵车之会六,乘车之会三,九合诸侯”来说,如果参照《左传》所载,齐桓公至少会盟 16 次,而这只是见于文献所载的。但是,《管子·小匡》这段文字所载的事情皆有所本,皆有史料可征,这是毋庸置疑的。

从管仲成就功业的结果来看,在早期文献中都是给予了肯定的,哪怕是孟子也没有直接否认管仲成就功业的结果。孟子所否定的是途径,从王道(仁政)的角度批评管仲实行的是霸道,认为实行王道更为根本和事半功倍。[①] 齐桓管仲之功得以高扬的深刻原因,就在于从结果来看是符合西周以来的德礼传统的。“继绝举废”正是西周以来“德”的一个重要的含义。同时,我们会发现在诸多评论中,特别是儒家存在着一些批判,如《论语》中孔子对管仲不“知礼”的评价,《孟子》对管仲的鄙夷,以及杨忱《管子序》中说桓管“非王道之功”。这样的评价针对的并非是功业的结果,实质上针对的是桓管实现功业的途径,他们认为其许多地方不合于旧礼,不守规矩,是一种“霸道”。文献中看似矛盾的评价,正好体现了:一方面,桓管“尊王攘夷”和“继绝举废”仍然延续了“德礼”的传统,也并没有革周天子的命,至少从结果上看非常符合传统固有的价值观;但另一方面,正是管仲的那些实际上“不守规矩”的做法,是使齐国迅速强大的原因。这表现在管仲对“礼”的改革和补充,特别是在制度上有许多更张与创造。管仲变法就是通过一系列的改革,对德礼体系中出现的问题进行修正。[②] 德礼体系出现了问题,但并未至彻底推翻打破的地步。齐桓管仲所处的是周天子势微,诸侯国内乱不断,而中原文明又面临夷狄侵略的时期。这时迫切需要一个强大的中坚力量团结中原诸国,尽管周天子实际上已经失去了制约诸侯国的能力,但名义上的号召力量仍然是存在的。西周以来的德礼体系,是一个囊括了一切的文化体系,并不是可以简单否弃的。管仲变法并非也不可能彻底地否弃德礼的传统,“攘狄而存周”才是当时最迫切的现实要求。

---

① 孟子批判详见《孟子·公孙丑上》。后世“管子学派”为了和“王道”抗衡,提出“帝道”理论,这也是黄老学发生的一个思想背景。

② 《管子·小匡》载管子以“庶神不至”为由,打消了桓公试图凌驾天子的念头,其背后的原因就是德礼体系并没有完全崩溃,历史环境并不允许:一是周天子具有号召力;二是诸侯国实力其实并不弱,只是不团结;三是有夷狄之患。

《管子·轻重戊》:“天子幼弱,诸侯亢强,聘享不上。公其弱强继绝,率诸侯以起周室之祀。”因此,从这个角度上说,管仲的政治智慧就是在符合德礼价值观的情况下,对德礼体系的改革和修正,这是通过涉及国家政治、经济、军事、文化等方方面面的非常具体的制度创建实现的。

“攘狄而存周”是管仲变法时期的时代主题,也是变法运动的直接动因。齐国能够号召诸侯有两个主要原因:第一,在名义上齐国是周初所封姜太公,有资历。《左传·僖公四年》记载齐桓公召集诸侯侵蔡伐楚。楚国认为:“君处北海,寡人处南海,惟是风马牛不相及也。不虞君之涉吾地也,何故?”实际上就是质问齐国有什么权力征伐楚国。管仲回答说:“昔召康公命我先君大公,曰:‘五侯九伯,女实征之,以夹辅周室。’赐我先君履,东至于海,西至于河,南至于穆陵,北至于无棣。尔贡包茅不入,王祭不共,无以缩酒,寡人是征。昭王南征而不复,寡人是问。”首先,是回答资历问题,就是名义上有辅佐周天子征伐问罪诸侯之权,并且把这个权力追溯到了太公,其次,才是问楚不纳贡以及翻旧账“昭王南征而不复”之罪,使楚国无言以对。但是,具有这样资历的不只是齐国,且齐国非姬姓诸侯。所以第二个原因更为关键,就是国力强大。国力是号召诸侯的力量,借用韩非的话说就是“当今争于气力”,这是非常现实的。国力强大就是因为管仲变法,富国强兵是变法最根本的目的。管仲被称为变法第一人,而后起之变法者,富国强兵无一不是其最重要的目的。司马迁洞察到了这一点,《史记·管晏列传》:“管仲既任政相齐,以区区之齐在海滨,通货积财,富国强兵,与俗同好恶。”《管子》诸篇中富国强兵的思想也被反复强调,这反映出对管仲变法的继承与理解。“国富”在《管子》各篇中反复提及,并成为一个重要的问题。[1]《史记·管晏列传》特别引用《管子》中“仓廪实而知礼节,衣食足而知荣辱,上服度则六亲固”一句并不是随意为之,而是司马迁意识到了民富问题在管仲变法中具有基础性地位。同时,富民也是《管子》诸篇中所提到的“牧民”之意的主要内容之一。管仲改革的范围非常广泛,涉及社会各个领域。这里结合《管子》和其他文献史料,来考察管仲遗制的主要内容和思想观念。

二、“叁其国,五其鄙”——行政管理制度改革

在国家管理方面实行了“叁其国,五其鄙”的行政管理制度。叁国五鄙制度均见于《国语》和《管子·小匡》。《管子·小匡》:“初,桓公郊迎管子而问焉。管仲辞让,然后对以参国伍鄙,立五乡以崇化,建五属以厉武,寄兵于政,因罚备器械,加兵无道诸侯,以事周室。”桓公问政管仲,管仲首先回答的就是“叁国五鄙”。《管子·小匡》:“管子对曰:‘昔者,圣王之治其民也,参其国而伍其鄙,定民之居,成民之事,以为民纪。’”说明这个制度是有依据的,是对之前制度的一种改造。“国”指属于齐国国都范围的管理,是齐国的核心部分,“鄙”则是国都之外的较远的城邑。[2]“国”与“鄙”涵盖了整个齐国的行政管理范围。《管子·小匡》把行政管理等级划分为:五家为一轨并立轨长,十轨为一里并立里

---

① 例如《管子·形势解》:“主之所以为功者,富强也。故国富兵强,则诸侯服其政,邻敌畏其威。虽不用宝币事诸侯,诸侯不敢犯也。”《管子·治国》:“昔者七十九代之君,法制不一,号令不同,然俱王天下者,何也?必国富而粟多也。夫富国多粟,生于农,故先王贵之。”《管子·治国》:“粟多则国富,国富者兵强,兵强者战胜,战胜者地广。”《管子·禁藏》:“国富兵强,民材而令行,内无烦扰之政,外无强敌之患也。”

② 《国语·齐语》韦昭注:“鄙,郊以外也。”

司,四里为一连并立连长,十连为乡,乡的管理者称为良人。[①]“三乡一帅”则是虚指,指的是乡之上的管理者就是齐国最高的三位领导人齐桓公、高子和国子。乡的实际统帅则是前文所言“公帅十一乡,高子帅五乡,国子帅五乡”。同样,“五鄙”制度也是一种分级层层而上的管理制度。《管子·小匡》:“制五家为轨,轨有长;六轨为邑,邑有司;十邑为率,率有长;十率为乡,乡有良人;三乡为属,属有帅。五属一大夫。武政听属,文政听乡,各保而听,毋有淫泆者。”[②]从中也可以看出,“鄙”在当时指诸侯给予大夫的封地,如《左传》中记载齐桓公为管仲“城小谷”就属于“鄙”的范畴。管仲在齐国推行的叁国五鄙制度有所本,其原型可以参考《周礼》所载,但两者较管仲进行了不少的补充和改造。管仲在此基础上设立的制度更为详尽复杂,并且隐含一些新的思想观念。

叁国五鄙制度对周制的改变,主要有两个方面:

1. 分级管理制度更加完善,管理逐层负责,对于中央领导权力更为重视和集中。从制度中可以看到,桓公、高子和国子是齐国权力最高的三位统治者。高子和国子是周天子所封的上卿。高氏、国氏和吕氏都为姜姓,高、国二氏辅佐吕氏(齐侯)共同执掌齐国。据文献记载,高、国二氏在迎立齐桓公这件事情上功不可没,《史记·齐太公世家》:“小白自少好善大夫高傒。及雍林人杀无知,议立君,高、国先阴召小白于莒。”高、国二氏又被称为“天子之二守”其地位和影响力不可小觑。高、国有如此大的权力,这样

---

① 《管子·小匡》:“制国以为二十一乡,商工之乡六,士农之乡十五。公帅十一乡,高子帅五乡,国子帅五乡,参国故为三军。公立三官之臣,市立三乡,工立三族,泽立三虞,山立三衡。制五家为轨,轨有长。十轨为里,里有司。四里为连,连有长。十连为乡,乡有良人。三乡一帅。”

② 根据《国语·齐语》:“五大夫各治一属。”因此,这里“五属一大夫”意思是一共分为五属,每属均有一大夫统领。

的政治格局的形成当然与周制密不可分。这些在叁国五鄙制中并没有废弃,也说明管仲变法仍然继承了周礼。但同时应该注意到,齐桓公对高子、国子的制约力量已经隐含在“叁国五鄙”的设想当中。“叁国五鄙”制一个很大的特点就是明确了许多数量单位,当然这是一种理想化的说法,在实际上不可能那么刻板。然而,理想化的数字背后往往隐含着某种思想动机,统率的“乡”的数目并不是随意为之,而是有讲究的,高子和国子合计十乡正好少桓公一乡。同样,以家为单位来计算,无论齐侯还是高子、国子,不仅所统帅的为京畿之地,并且在数量上也保证高于五属(鄙)大夫,这就保障了中央的权力。本文推测,在管仲变法时期的种种制度建构,已经有了权力的集中并收摄于国君的倾向。在之后的军事制度和选贤制度中也可以看出对君权集中的诉求,作为这里推测的一个佐证。

2. 四民分业是管仲变法的创造。在叁国五鄙制度内特别提到了士、农、工、商,并且从民的分类上提出分别管理即“市立三乡,工立三族,泽立三虞,山立三衡”。叁国五鄙制与“四民分业”的牧民理念相互结合了起来。《管子·小匡》中管仲在回答桓公叁国五鄙制后所强调的就是四民分业的问题。《管子·小匡》:“士农工商,四民者,国之石民也,不可使杂处。杂处则其言哤,其事乱。是故圣王之处士必于闲燕,处农必就田野,处工必就官府。处商必就市井。”四民并非是把子民简单地分成四类,而是说这四种职业的子民是国家的基础,“士农工商,四民者,国之石民也”。尹注:“四者国之本,犹柱之石也。”士、农、工、商不是并列的关系,而是隐含了一定的等级秩序。“士”和“农”在“四民”中的地位比“工”“商”更重要。知晓礼乐文化的“士”可以选拔为官,进入国家管理层。农业本身就是古代社会的最基础性的产业,《管子·小匡》:“是故农之子常为农。朴野而不慝,其秀才之能为士者,则足赖也。故以耕则多粟,以仕则多贤,是以圣王敬畏戚农。”说明“士”与“农”是相通的,“农”之朴实、优秀而知礼者,即有了文化知识,可以进入这个礼乐共同体就能成为“士”,而“工”“商”没有此说法,“圣王敬畏戚农”也说明了“农”者在管仲变法时期与“士”具有同等重要的地位。“工”与“商”则不同,管仲对待“工”“商”的态度首先是肯定而不是排斥,同时又对“工”“商”有所限制。① “工”“商”更近似于“士”“农”的辅助,工辨物制器与商通货有无对于农业与军事等国家的治理有重要的作用。同时,又要防止奇技淫巧和商贾弄市损害民生国本。总之,四民分业的管理制度是为了使四种国家最基础的职业能够稳定传承,同时又保证了社会秩序的安定。四民的理论是牧民之意的重要内容之一,溯其源正是管仲变法时期行政管理制度中的一个创造。

三、“作内政而寓军令”——兵制改革

“作内政而寓军令”民政与军政的相互结合也是管仲改革行政管理制度的创新之举。②《国语·齐语》《管子·小匡》中有均有记载,这里以《小匡》文本为例:

1. 制国以为二十一乡,商工之乡六,士农之乡十五。公帅十一乡,高子帅五乡,国子帅五乡,参国故为三军。公立三官之臣。

2. 君若欲正卒伍,修甲兵,则大国亦将正卒伍,修甲兵。君有征战之事,则小国诸侯之臣有守圉之备矣。然则难以速

① 从《管子》的轻重之术可以看到工、商的重要性。轻重之术主要就是对商业活动的把控和管理。

② “这一思想的基本精神就是寓兵于农,把居民的乡里组织和军队的编制结合起来。”余敦康:《论管仲学派》,见中国哲学编辑部编《中国哲学》(第二辑),生活·读书·新知三联书店1980年版。

得意于天下。公欲速得意于天下诸侯,则事有所隐,而政有所寓。

3. 作内政而寓军令焉。为高子之里,为国子之里,为公里。三分齐国,以为三军。择其贤民,使为里君。乡有行伍卒长,则其制令,且以田猎,因以赏罚,则百姓通于军事矣。

4. 于是乎管子乃制五家以为轨,轨为之长。十轨为里,里有司。四里为连,连为之长。十连为乡,乡有良人。以为军令……故万人为一军,五乡之师率之。三军:故有中军之鼓,有高子之鼓,有国子之鼓。春以田曰搜,振旅。秋以田曰狝,治兵。是故卒伍政定于里,军旅政定于郊。内教既成,令不得迁徙。故卒伍之人,人与人相保,家与家相爱,少相居,长相游,祭祀相福,死丧相恤,祸福相忧,居处相乐,行作相和,哭泣相哀。是故夜战其声相闻,足以无乱。昼战其目相见,足以相识。欢欣足以相死。是故以守则固,以战则胜。君有此教士三万人,以横行于天下。诛无道,以定周室。天下大国之君,莫之能圉也。

富国强兵是变法的首要目的,军政自然是受到重视的。管仲的创制在于把军政也作为行政管理制度的重要部分,并且寄寓在民政中。"三军"之帅就是国家行政管理的最高统治者,即齐侯、高子和国子。高子和国子是周天子任命的上卿,管仲是变法而不是革命,对周制并不是彻底推翻和否弃。并且,变法本身就是一个需要谨慎的问题,制度的变革往往涉及利益的再分配,那么很可能面临原有的既得利益者的挑战,甚至带来杀身之祸。管仲的高明之处在于,在传统建制的基础上做出了新的变动,实质上最高统帅,行政与军事的决定权已经在建制中归之于桓公。"公立三官之臣"一句并非可有可无,而隐含了权力集中的意味。高子和国子虽在名义上有军政大权,实质上是桓公具有绝对的任免权力。在史料文献中,除了高、国在迎立齐桓公的事情以及偶见作为外交使节,在齐桓公时期鲜有其身影。齐桓公时期见于文献的多为齐桓管仲之记述,甚至周天子欲以上卿之礼待管仲。这从侧面也可以印证,尽管高子和国子身份、地位比管仲高,但实际的决策者是管仲和背后支持他的桓公。这依赖于管仲执政时期对权力集中的把控,其中军制就起到很大作用。管仲的军政制度也是对周制的改造。根据《周礼·大司徒》:“令五家为比,使之相保;五比为闾,使之相受;四闾为族,使之相葬……”《周礼·大司徒》:“乃会万民之卒伍而用之。五人为伍,五伍为两,四两为卒,五卒为旅,五旅为师,五师为军。以起军旅,以作田役,以比追胥,以令贡赋。”《周礼》中尽管也体现了平时为农、战时为兵的建制,但民政与军政是两套制度。“作内政而寓军令”的制度则非常明确,其行政管理各层级的官长就是军事单位的官长,两者使用的是同一套制度,在职称和概念上都进行了明确的界定。军政的建制结合在“叁国五鄙”制中,“伍”“小戎”“卒”“旅乡”是军事单位与行政管理制度中的“轨”“里”“连”“乡”是一一对应的,同时也确定了各个层级的官长,并逐级受上领导,最终收摄于国君。此外,“作内政而寓军令”还反映出管仲制度建设对人性的通透理解。卒伍之间的相熟相知,平时为邻里,战时为死党。① 这既便于管理教化,同时提高了实际战斗能力。总之,“作内政而寓军令”的建制正是齐桓公能够把控军政大权,齐国能够“诛无道,以定周室”的重要制度基础。

---

① 《管子·小匡》:“人与人相保,家与家相爱,少相居,长相游,祭祀相福,死丧相恤,祸福相忧,居处相乐,行作相和,哭泣相哀。是故夜战其声相闻,足以无乱。昼战其目相见,足以相识。欢欣足以相死。”

四、“相地而衰征”——田制的改革

古代是农耕社会,农业是关乎国家命脉的基础产业,土地制度尤为重要。西周早期的土地制度首先与宗法结构的分封制密不可分。周代商之后,天子对自己同姓宗族以及异姓追随周人的族群进行了土地分封。《尚书·梓材》:“皇天既付中国民,越厥疆土于先王。”《大盂鼎》:“我其遹省先王受民受疆土。”《国语·周语》:“昔我先王之有天下也,规方千里以为甸服,以供上帝山川百神之祀,以备百姓兆民之用,以待不庭不虞之患。其余以均分公侯伯子男,使各有宁宇,以顺及天地,无逢其灾害。”这就形成了自天子以下,到同姓或异姓诸侯,层层贵族臣属受封领地的格局。正如《礼记·礼运》所言:“故天子有田以处其子孙,诸侯有国以处其子孙,大夫有采以处其子孙。”此外,周代金文中常有“锡田”(赐田)的记载。这种分封授田的形式,从原则上说,只有天子有所有权,且可以随时收回土地。但实际上,诸侯世代承袭的土地,又层层分与臣属,这样复杂的关系经时间积累,逐渐形成了土地私有的格局。在这样的格局之下,西周早期农业生产及税收的田制,能够见诸文献的就是“井田制”。据柳诒徵《中国文化史》认为,周的田制有三种①,其中能够和《诗》以及《孟子》所述对应的主要是有公田、私田之分的井田制。《小雅·大田》中有“雨我公田,遂及我私”,并为《孟子》所引用。《孟子》中的“井田制”并非

---

① 1.画地为井而无公田者,《周礼·小司徒》:“乃经土地而井牧其田野:九夫为井,四井为邑,四邑为丘,四丘为甸,四甸为县,四县为都,以任地事,而令贡赋。”2.画地为井有公田私田之分。3.不画井但制沟洫者,《周礼·遂人》:“凡治野:夫间有遂,遂上有径;十夫有沟,沟上有畛;百夫有洫,洫上有涂;千夫有浍,浍上有道;万夫有川,川上有路,以达于畿。”参阅柳诒徵:《中国文化史》,上海古籍出版社2001年版,第157~159页。

没有根据的理想化虚构,并且“井田制”与其推行仁政的观念是紧密相关的。早期“井田制”的特点是农民只有维持自己生活的一小部分私田,而大量的劳动力用以为贵族耕作的公田。但是这样的格局自管仲变法之后有了极大改变。管仲变法实行“相地而衰征”,即国家直接把土地分配给人民,并且按照土地的等级优劣来收取不同的税赋。其后,晋国实行“作爰田”和“作州兵”,“爰田制”即国家直接授田收税,避免中间贵族的垄断,以期民众对于国家军赋的最大支持;鲁国实行“初税亩”;楚国实行“量入修赋”,大力充实军备;郑国子产“作丘赋”。国家统一授田,按土地情况收取赋税的形式逐步巩固和确立,凡变法图强者无不进行土地制度的改革,可以说管仲变法是首倡者。

齐国地处海滨虽有“鱼盐之利”可以发展工商业,但农业生产仍然是国本。农业为国本在《管子》中处处强调,《管子》中的“本”或者“务本”在许多语境下具体指的就是农业。《管子》中《治国》《小问》《禁藏》《七臣七主》等诸篇都强调农业为国之本,也是民生的根本,足见“管子学派”对于农业和土地问题的重视,围绕农业问题有许多制度创建,围绕土地问题有许多具有科学精神的研究考察,可以说这是继承了管仲变法以来的传统。考察管仲变法时期对土地制度的创建及其思想观念,最重要的就是“相地而衰征”的土地政策。《国语·齐语》:“相地而衰征。”《管子·小匡》作:“相地而衰其政,则民不移。正旅旧,则民不惰。山泽各以其时至,则民不苟。陵陆丘井田畴均,则民不惑。无夺民时,则百姓富,牺牲不劳,则牛马育。”《管子·乘马数》作:“郡县上臾之壤守之若干,闲壤守之若干,下壤守之若干。故相壤定籍而民不移,振贫补不足,下乐上。故以上壤之满,补下壤之众。章四时,守诸开阖,民之不移也。”土地制度改革的主要内容,就是根据不同的土地品质来制定不同的税收。“相壤定籍”是对国家土地的普遍考察和详细规划，使之“振贫补不足”鼓励农业生产，安定人民生活。可见《管子·地员》中对于农作物、土壤等一系列与农业相关的具体研究，在《管子》中出现不是偶然杂取农家者言，而是土地改制的基本诉求。此外，“相地而衰征”与“叁国五鄙”制之间的关联是紧密的，“叁国五鄙”制是行政管理制度，层级的管理制度为新田制的实施提供了制度上的保障。农业生产和税收都是国家资本，也是发展军备的物质基础。

“相地而衰征”的田制并不难理解，但这个制度在宗法制仍然占据主导地位的情况下的实际操作性，以及制度背后的思想观念的碰撞是非常复杂的。土地改制也是在井田制的基础上进行的，并且井田制也并非彻底地废弃。管仲有“陆阜陵墐，井田畴均”的说法，当时很可能存在着“相地而衰征”与“井田制”并行的情况。这也说明周礼并不那么轻易被否弃，改制与贵族利益之间需要一种平衡。因此，只有到商鞅变法方才彻底地“废井田，开阡陌”。但不论如何，“相地而衰征”与传统的“井田制”非常不同，“相地”即对国家土地的普查和分类，是一个更加复杂的问题。《管子·问》特别提出国君掌握国情的重要性，对土地拥有者及其使用状况的考察是其中一个主要部分：“人之开田而耕者几何家？士之身耕者几何家？”“士之有田而不使者几何人？吏恶何事？士之有田而不耕者几何人？身何事？君臣有位而未有田者几何人？外人之来从而未有田宅者几何家？”《管子·禁藏》：“夫民之所生，衣与食也。食之所生，水与土也。”“故善者必先知其田，乃知其人。田备然后民可足也。”强调土地是人民生活富足的基础，善于治国的统治者必先掌握土地的情况，对土地使用状况有实际的掌握。这就不难理解，诸如《管子·地数》试图从土地来说明战争的根源，《管子·地员》则对土壤进行了详尽的研究分类。此外，《管子·轻重》诸篇对轻重之术和土地税收政策、谷与币之间的制衡关系的详尽论述,也体现出管子学派对土地政策所涉及的一系列具体问题,在不断地补充、完善。从思想观念上看,“相地而衰征”制度的改革也是思想观念的一种转变。制度的确立打破了原有贵族对土地的垄断,是一个资源再分配的过程。人民的负担减轻,国君对土地的掌握权力则更为集中。管仲变法之后,君权集中和民本的思想经过管子学派不断地发展,田制甚至逐步超出了齐国的范围,而引入了“天下”“九州”的观念,田制已经成为王霸之业的重要制度手段,如《管子·轻重乙》中“请与之立壤列天下之旁”。考察《管子》诸篇,围绕农业生产和土地税收,还涉及法治号令、四时五行、轻重之术等诸多问题。政治理性与人文理性在其中不断地酝酿成熟。从这个过程可以看出,制度的改变往往又悄无声息地影响着观念上的变革。

五、“九惠之教”——民政制度改革

“德”与“刑”是西周以来两种很重要的治国手段,都属于“礼”的范畴。“‘德’‘刑’是维系政治秩序的两种不同的方式,或者说是政治行动的两个原则,亦即古代政治制度(礼)的有机组成部分。”①“刑”代表了政治或者军事上强制硬性的一面,而“德”代表了怀柔的一面。管仲变法中的“九惠之教”可以说集中体现了“德”的传统。德礼体系的崩坏带来的是四夷侵凌和国家内乱,长期的战争对民生的损害是难以估量的。相互内斗的一种紧张状态使得“德”处于一种缺失的情况。自齐桓公初立,管仲入相齐国后,实行了一系列的惠民政策,主要就是为了以宽柔的方式迅速聚拢人心,以求得到士民阶层的广泛支持。《尚书·尧典》“克明俊德,以亲九族”就体现了一种以“德”来凝聚族群的方式。《管子·入国》中的“九惠

---

① 郑开:《德礼之间》,生活·读书·新知三联书店2009年版,第165页。

之教”一般认为是管仲入相齐国后40天内所施行的惠民政策。“九惠之教”的对象主要针对的是“士”“民”,这也是最受战乱影响的阶层。根据《管子·入国》“九惠”即九种政策,而被称为“教”也颇有意味。孔子就非常认同“宽柔以教,不报无道”的“南方之强”。教化正是“柔”的特点,“九惠”称之为“教”,这说明不仅仅是一个政策或者制度,而且还是一种教化和凝聚人心的方式。《管子·入国》:“一曰老老,二曰慈幼,三曰恤孤,四曰养疾,五曰合独,六曰问疾,七曰通穷,八曰振困,九曰接绝。”九种政策围绕的都是民生问题。桓公继位、管仲为相,齐国的大局得到安定,百废待兴,复兴需要凝聚人心、依靠民力。《管子·牧民》开篇即言:“仓廪实则知礼节,衣食足则知荣辱,上服度则六亲固。”教化和使民的前提就是人民生活安定富足,“实”与“足”也说明不是简单地解决温饱问题。因此,“九惠之教”就成为基础中的基础,“九惠”按具体内容分为“老”“幼”“孤”“疾”“独”“病”“穷”“困”“绝”,几乎囊括了人一生要面临的所有问题。“九惠之教”体现了“德”怀柔的一面,《五辅》言“德有六兴”①,其中最后两项“养长老,慈幼孤,恤鳏寡,问疾病,吊祸丧,此谓匡其急”“衣冻寒,食饥渴,匡贫窭,赈罢露,资乏绝,此谓赈其穷”中的“匡其急”“赈其穷”与“九惠之教”基本吻合,《五辅》明确说明这些属于“德”的范围。考察周制,管仲的“九惠之教”应当有所本,很可能本于周礼。《周礼·地官·大司徒》:“以保息六养万民:一曰慈幼,二曰养老,三曰振穷,四曰恤贫,五曰宽疾,六曰安富。”注

---

① 《五辅》:“所谓六兴者何?曰:辟田畴,利坛宅。修树蓺,劝士民,勉稼穑,修墙屋,此谓厚其生。发伏利,输墆积,修道途,便关市,慎将宿,此谓输之以财。导水潦,利陂沟,决潘渚,溃泥滞,通郁闭,慎津梁,此谓遗之以利。薄征敛,轻征赋,弛刑罚,赦罪戾,宥小过,此谓宽其政。养长老,慈幼孤,恤鳏寡,问疾病,吊祸丧,此谓匡其急。衣冻寒,食饥渴,匡贫窭,赈罢露,资乏绝,此谓赈其穷。凡此六者,德之兴也。”

曰:“保息,谓安之使蕃息也。”“九惠”和“六息”相比较,内容更加完善,每种政策都有详细的说明。① 管仲的创造在于把各项内容补充并且条理化,设立专门的机构专职管理。“掌老”“掌幼”“掌孤”“掌疾”“掌媒”“掌病”“掌困”“掌穷”“掌绝”就是九个专门管理“九惠”事务的官职。这样“九惠之教”就以制度的形式确立了下来。

“九惠之教”可以说是对“德”的一种延续和补充,并且用制度的形式加以保障。善于制度创建非常符合管仲“与俗同好恶”、注重实效性、以富国强兵为目标的特点。经过管仲改造和完善后的制度,虽然是对周礼的补充,但精神气质已经发生变化。这里可以和《礼记》所代表的儒家思想传统做个简单的比较。《礼记·祭义》:“先王之所以治天下者五,贵有德,贵贵,贵老,敬长,慈幼,此五者先王之所以定天下也。贵有德何为也,为其近于道也;贵贵为其近于君也;贵老为其近于亲也;敬长为其近于兄也;慈幼为其近于子也。”“贵老,敬长,慈幼”背后更加强调的是“近”,即一种“亲亲”的原则,这是儒家对西周以来内在化的“德”精神的继承发扬。但以富国强兵、“攘狄而存周”为目的的管仲变法更注重外在的处事制度和法制,追求效用。“九惠之教”更看重的是治国的手段,亲亲的原则并没有出现其中,而更多的是一种怀柔与教化制度的创建。换言之,管仲是通过“柔”的一面去追求“刚”的东西。从这个角度来看,可以说管仲是“北方之强”的典型代表。例如《管子·五辅》言:“凡此六者,德之兴也。六者既布,则民之所欲无不得矣。夫民必得其所欲,然后听上,听上然后政可善为也。故曰:德不可不兴也。”这是一个典型的写照。“德之兴”是在人民生活得到满足的情况下,服从统治者的政令,易于统治者的管理和驾驭,最终都是为了富国强兵。总之,“惠民之教”是以制

① 详见《管子·入国》。

度的形式对周礼的一种修改补充，强调制度与实效性的背后，“德”的观念已经悄然发生了变化。

六、轻重、选贤与谏官制度的改革

管仲变法除了主要的“叁国五鄙”“作内政而寓军令”“相地而衰征”“九惠之教”，还有一系列制度的创立与变革，可以看作是对上述制度的重要补充、延续，其部分留存于《管子》并散见于其他先秦文献。

1. 轻重之术

围绕轻重之术建立一系列的国家经济管理制度。齐国地处海滨、有鱼盐之利，对于商业活动的认识相较其他地方要更开放和深刻。《管子》中论轻重占全书内容的三分之一，《史记・平准书》言：“齐桓公用管仲之谋，通轻重之权，徼山海之业，以朝诸侯，用区区之齐显成霸名。”可见“轻重”篇章虽然大多成于战国时期，但基本是“管子学派”对管仲变法以来的轻重思想的继承与发展。其中，从《管子》之《海王》《国蓄》《山国轨》《山权数》《山至数》等篇中保留的管仲遗说可见其经济改制的主要思想。“山”在这里的意思指财用，“数”通“术”，所以不论是轨数、权数还是至数都属于轻重之术的范围。①管仲变法确立的国家经济管理制度的主导思想，就是利用货币、谷价、物价之间相互制衡的经济活动规律，以政令为手段进行国家掌控和调节，防止贵族垄断和商贾操控，达到国君权力得到集中，合理调配国家资源，完善国家体制，安定人民生活，富国强兵的目的。《海王》“官山海”与《山国轨》“盐铁之策，足以立轨官”“盐铁抚轨”皆言国家创设专门盐铁管

① 关于“山”“轨”的训诂问题，马非百言“山”为汉人习惯用语，所以这些篇章均为汉人所作，不足为据。参阅马非百：《管子轻重篇新诠》，中华书局1979年版，第262页。

理机构“轨官”;《山国轨》“立赀于民”的国家定价、采购于民以补足军备的制度,是对“丘邑之籍”即以丘邑为单位的强制征收旧制的改革;①《山权数》国家设立专门基金用于树立道德典范即“树表置高”,鼓励农业生产者;《山至数》“国会”即国家会计的制度,藏富于民,国家控制粮食储备,防止大夫操纵经济……总之,管仲对经济管理制度的创立和变革是多方面的,这些制度的创建和改革与田制和税制的改变是相一致的。制度的变革与轻重之术的运用反映了许多思想观念上的变化。制度背后隐含了“利出于一孔”“夺之在君”等对权力集中的政治诉求,对趋利避害的人性论的理解,以及对“守时以待天权”的人文理性的高扬等。管仲之后的“管子学派”不断发展这些思想观念,特别是黄老学的兴起,与道德论、法治主义,以及“帝道”等概念相结合,使之变得更为深入复杂了。

2.“三选”之制

《管子》对“贤”是非常重视的,这也是管仲变法以来“管子学派”乐此不疲的话题。从思想根源上说,“贤贤”是齐国源远流长的政治传统。《韩诗外传》:“昔者太公望周公旦受封而见。太公问周公何以治鲁。周公曰:‘尊尊亲亲。’太公曰:‘鲁从此弱矣。’周公问太公曰:‘何以治齐?’太公曰:‘举贤尚功。’周公曰:‘后世必有劫杀之君矣。’”尽管《韩诗外传》有发挥的成分,但反映出齐国自太公以来“举贤尚功”的政治传统。从管仲变法到稷下“管子学派”,“贤贤”也是一个不断被提高和深化的过程。“贤贤”在齐桓管仲时期,最初也是以“三选”制度的形式出现的。所谓“三

① 参阅马非百:《管子轻重篇新诠》,中华书局1979年版,第167、299页,“立赀”见于《管子》轻重诸篇多处,为专有名词,指定价并以契约的形式预购。这里是国家放贷并定价征收于边民,发展畜牧的政策。从郭沫若说“有田倍(培)之内,毋有(囿)其外”,不侵占壤土,畜牧有所,国家定价采购。

选”制见于《国语·齐语》与《管子·小匡》，二者内容基本一致。《小匡》：“于是乎乡长退而修德进贤明。公亲见之，遂使役之官。公令官长期而书伐以告，且令选官之贤者而复之。曰：‘有人居我官，有功，休德维顺，端悫以待时使，使民恭敬以劝。其称秉言，则足以补官之不善政。’公宣问其乡里，而有考验，乃召而与之坐，省相其质，以参其成功成事。可立而时，设问国家之患而不肉，退而察问其乡里，以观其所能，而无大过，登以为上卿之佐。名之曰三选。”“三选”不是一个普通的选贤制度，而是选拔“上卿之佐”即国家高级官职的选拔制度。“三选”具体来说是一个非常严格的过程，前人注疏“三选”时的看法不一，但总要分出三个阶段。实际上，“三选”是一个从低层级举荐，桓公亲自把关，再安排到高一级的管理层实践，由高层官长再次举荐的不断反复递进的过程。在这个过程中，值得注意的是，国君是一直监督把关的，这再次体现了“公立三官之臣”——国君对任免官职的绝对权力。人才选拔到了“上卿之佐”的级别，齐桓公就要亲自面见，通过询政面谈，再次考察其人品、能力才授其官职。管仲实施的“三选”制也是有所依据的，其很可能来自古代“官人”之术。关于古代“官人”之术，在《大戴礼记·文王官人》《逸周书·官人解》《墨子·尚贤》以及新近出土文献《芮良夫毖》中均有所记述。① 仔细分析这些文献中的“官人”之术，发现它们主要侧重于具体如何从面貌、言行等方面考察人的品德和能力，并且把不同的德行和官职对应起来，如《文王官人》中“平仁而有虑者，使是治国家而长百姓；慈惠而有理者，使是长乡邑而治父子；直愍而忠正者，使是莅百官而察善否”。再看“三选”之制，重视对人才的各方面考察这是二者一

① 参阅宁镇疆：《由〈国语·齐语〉〈管子·小匡〉中的‘官人’术说到清华简〈芮良夫毖〉相关文句的渊源与解读》，见郑开主编《齐文化与稷下学论丛》，齐鲁书社 2018 年版，第 224～236 页。

致的,而“三选”的不同在于,这个制度和“叁国五鄙”的层级制度是相互匹配的。“三选”并不是把德行能力与官职进行简单的对应,而是从低级到高级不断历练、反复选拔的过程。“三选”实质上对人才的要求更侧重于已经展现的实际能力,有了事功才能进行上一级的选拔,而不单是德行,更明确反对“请谒任誉(举)”的选拔制度。① “参其成功成事”才是更重要的选拔原则。

3.“啧室之议”

“啧室之议”是权力监督和纳谏的制度。《管子·桓公问》:“对曰:‘名曰啧室之议。曰法简而易行,刑审而不犯,事约而易从,求寡而易足。人有非上之所过,谓之正士。内于啧室之议,有司执事者,咸以厥事奉职,而不忘为此啧室之事也。请以东郭牙为之,此人能以正事争于君前者也。’”“啧室之议”的内容很清楚,就是选用“正士”②指出国君的过失。“啧室之议”很可能是管仲变法中一个广言纳谏的政治制度,并且设立了专门机构。东郭牙是这个监督机构的领导者。值得注意的是,“啧室之议”一方面为管仲遗制,另一方面《管子·桓公问》中围绕“啧室之议”展开的一系列问答,可以看到“管子学派”对“啧室之议”有意识地阐发制度背后的思想观念。③ “管子学派”对“啧室之议”的发挥,一

① 《管子·立政九败解》:“人君唯毋听请谒任誉,则群臣皆相为请,然则请谒得于上,党与成于乡。如是则货财行于国,法制毁于官,群臣务佼而求用,然则无爵而贵,无禄而富。故曰:请谒任誉之说胜,则绳墨不正。”

② 这里的“正”通“证”,或“征”。《说文》:“征,谏也。”

③ 《管子·桓公问》:“齐桓公问管子曰:‘吾念有而勿失,得而勿忘,为之有道乎?’对曰:‘勿创勿作,时至而随。毋以私好恶害公正,察民所恶,以自为戒。黄帝立明台之议者,上观于贤也。尧有衢室之问者,下听于人也。舜有告善之旌,而主不蔽也。禹立建鼓于朝,而备讯唉。汤有总街之庭,以观人诽也。武王有灵台之复,而贤者进也。此古圣帝明王所以有而勿失,得而勿忘者也。’”

方面是为制度寻找古代依据，从黄帝、尧、舜、禹、汤、武谱系的构建也反映出战国时期的思想特色。“明台之议”“衢室之问”“告善之旌”“总街之庭”其实都是对“啧室之议”的创造性表达，其作为诤言纳谏制度的说法也是始于《管子》而为《吕氏春秋》《淮南子》所继承发挥。① 另一方面，“管子学派”通过“啧室之议”阐发了至公无私、因时而变以及俗同好恶的思想理念，其都属于“法”的精神。②

总之，在“攘狄而存周”的时代主题下，齐国管仲变法率先拉开了制度与观念革新的帷幕。早期文献特别是《管子》中的管仲遗制及其思想观念，对研究春秋以来制度与思想变革，特别是“法”的观念与精神的形成与发展具有重要的意义。

---

① 尽管“灵台”等一系列的说法有古代文献为依据，但和古代人物的对应及其功能，战国时人多以表达思想的需要对其进行塑造。例如《孟子·梁惠王上》：“文王以民力为台为沼，而民欢乐之，谓其台曰灵台，谓其沼曰灵沼，乐其有麋鹿鱼鳖。古之人与民偕乐，故能乐也。”在《孟子》中“灵台”就与文王对应，作为与民同乐的场所，并非纳谏之说。

② 《管子·桓公问》：“勿创勿作，时至而随。毋以私好恶害公正，察民所恶，以自为戒。”

《管子》的教化思想与现代启示

刘　洁

(中共淄博市委党校副教授)

《管子》主要记述了齐相管仲的政治主张,其内容丰富,思想深邃,论述严谨。管子认为,教化是一种影响老百姓道德心理形成的活动。他主张礼法并用、教刑结合,提出了许多具有积极意义的政治伦理教化思想。这些思想不仅是齐国成就霸业的有力武器,而且成为中国传统文化中亮丽的一笔。本文分别从人性与教化、政治与教化、刑赏与教化、经济与教化、风俗与教化五个方面进行探讨。并从中得出三点启示:教刑并举,是国家长治久安的根本;培养良好的民风、民俗是精神文明建设的重要内容之一;大力发展社会经济、提高人民生活水平,是推动社会进步的重要保证。

一、人性与教化

"趋利避害"是《管子》人性论的基本内涵。他说:"夫凡人之情,见利莫能勿就,见害莫能勿避。"(《管子·禁藏》)"民之情,莫不欲生而恶死,莫不欲利而恶害。"(《管子·形势解》)"凡人者,莫不欲利而恶害。"(《管子·版法解》)其大意是:凡人之情就是"趋利避害","趋利避害"是普遍的人性。对自己有利的就追求,对自己有害的则躲避。人人如此,事事如此。例如《禁藏》说:“其商人通贾,倍道兼行,夜以续日,千里而不远者,利在前也。渔人之入海,海深万仞,就彼逆流,乘危百里,宿夜不出者,利在水也。故利之所在,虽千仞之山,无所不上,深源之下,无所不入焉。”商人做生意,长途跋涉,夜以继日,不远千里,是因为利益的诱惑;打鱼人在深达万仞的海上漂泊,历尽风浪、吃尽苦头也不肯躲避,是因为有利可图。

“趋利避害”的人性论承认了人的合理欲求。既然这是人性的一种必然倾向,那么追求利益就是合理的。因此,教化必须“因人情”,也即顺应人“趋利避害”的特性。为了顺应人性,管子主张“厚爱利足以亲之”,以爱与利感召、吸引民众的归附,然后“顺教,万民乡风”(《管子·版法》)。这里的“顺教”就是“因人情”施教之意。

当然,管子主张的“从民欲”并不意味着对私欲无节制的纵容。他反对利己主义和纵欲主义,认为应该“恶不失其理,欲不过其情”(《管子·心术上》)。也就是说,既要在“从民欲”“顺民情”的基础上“因人情”施以道德教化,又要“不失理”“不过情”。

二、政治与教化

管子的社会政治理想用《管子·立政》的话说就是:

> 令则行,禁则止,宪之所及,俗之所被,如百体之从心,政之所期也。

即有令则行,有禁则止,凡是法令和风俗影响到的地方,就像人的四肢百骸服从于意志一样,这是为政者所期望实现的结果。对统治者来说,要实现这种政治预期,很重要的一点就是要“以人为本、顺应民心”。所以《管子·霸言》说:

> 夫霸王之所始也,以人为本。本理则国固,本乱则国危。

这里的“以人为本”中的“人”,既包括“天下之贤”,也包括“天下之众”。对老百姓的力量,管子有清醒的认识。《管子·形势解》指出:

人主,天下之有威者也,得民则威立,失民则威废。蛟龙待得水而后立其神,人主待得民而后成其威。

因此,“欲为其国者,必重用其民”。这就要求君主必须“厚爱利足以亲之”,要重视和关心老百姓,要将顺从民心作为为政的基本立足点。即如《管子·牧民》所言:

政之所兴,在顺民心。政之所废,在逆民心。

而要做到“以人为本、顺应民心”,首先对统治者来说,不仅要确定基本的道德规范,而且还应当亲身践行,以自身的道德行为感化广大被统治的老百姓,影响和推动他们去实践这些规范,真正把道德转化为全社会的精神力量,这就是所谓的“上行下效”。同时,对各级官吏而言,以身作则是至关重要的。管子强调人才的德行,认为要使国家长治久安,必须起用有德者,即“错国于不倾之地者,授有德也”(《管子·牧民》)。在明君贤臣的基础上,还要做到:1. 政令要顺民利。《管子·形势解》说:“民之情,莫不欲生而恶死,莫不欲利而恶害。故上令于生利人则令行……令之所以行者,必民乐其政也,而令乃行。”因此,国家政令的制定要符合老百姓的利益。2. 要藏富于民。《管子·治国》云:“凡治国之道,必先富民,民富则易治也,民贫则难治也……故治国常富,而乱国常贫。是以善为国者,必先富民,然后治之。”因此,对老百姓来说,只有“足其所欲,赡其所愿”,才能“用之”。3. 通过“老老”“慈幼”“恤孤”“养疾”“合独”“问疾”“通穷”“振困”“接绝”等救助方式,对需要特别救助的人给予特别帮助。

“以人为本、顺应民心”是管子民本思想的内容之一。它的作用在于尽力使统治者与老百姓之间的利害冲突关系转化为和缓的、温情脉脉的情感关系，从而构建君主统治的社会心理基础。

三、刑赏与教化

管子认为，法是天下必须遵循的行为准则，是治国的重要工具，但法律也有其自身的缺陷和不足，因此仅仅依靠法律不能保证国家的长治久安。先圣之所以能统治人民，正是由于坚持法治与道德教化并行，并以法治保障仁、义、礼、乐推行的结果。《管子·任法》说："黄帝之治天下也，其民不引而来，不推而往，不使而成，不禁而止。故黄帝之治也，置法而不变，使民安其法者也。所谓仁义礼乐者皆出于法，此先圣之所以一民者也。"因此，"群臣不用礼义教训则不祥。百官伏事者离法而治则不祥。"礼义教化与法制刑政二者缺一不可，少了任何一方，都是不祥之兆，都会给统治者带来麻烦或危险。只有二者并举，才能起到巩固封建统治的作用。具体来说：

首先，带有强制性的"法"，是天下必须遵守的规矩，即所谓"法者，天下之程式也，万事之仪表也"（《管子·明法解》），"法度者，主之所以制天下而禁奸邪也，所以牧领海内而奉宗庙也"（《明法解》）。法具有"禁奸邪""治国使众""禁淫止暴""禁过而外私"等特点，对于形成国泰民安的政治局面、维护封建统治秩序，有着无可替代的作用。

但同时，仅有刑法，虽能禁暴，却难以征服人心，进而也就不能保证国家的长治久安。有时候专任刑罚不仅起不到威慑的作用，反而还会破坏法令，使上位危殆。所以，《管子·牧民》说："刑罚不足以畏其意，杀戮不足以服其心。故刑罚繁而意不恐，则令不行矣。杀戮众而心不服，则上位危矣。"因此，必须辅之以道德教化，正所谓"教不善则政不治"（《国语·齐语》），礼、义、廉、耻，国之四维，"四维不张，国乃灭亡"，"四维张则君令行"（《管子·

牧民》)。由此可见,道德教化对于法令、法规的推行,对于国家的治理,有着刑罚不能替代的作用,这就是它的感化功能。

刑法与教化之外,奖赏也是一种以德诱民的催化剂。管子强调“有功必赏,有罪必诛”“论功计劳”“赏罚分明”。值得一提的是,管子“赏功”的对象,不仅是执法有功的大臣、师旅有劳的兵将、治理有方的官吏,还包括辛劳耕作的农人、在科技上有所成就的匠人等。这种不拘一格的奖赏方式,有利于各司其职的良好民风的形成,是化民成俗的有力杠杆。

四、经济与教化

物质基础是治国的前提。政治目标的实现,首先要靠经济目标的实现。管子将物质的富足与政治目标的实现联系在一起,他说:“欲正天下,财不盖天下,不能正天下。”(《管子·七法》)

伦理教化的推行同样如此。它不是空洞的说教就能起作用的,要取得实实在在的成效,顺民心、明赏罚等固然是基本要素,但仅有这些还远远不够。教化必须建立在一定的物质基础之上,正如《管子·牧民》所说:“凡有地牧民者,务在四时,守在仓廪。国多财则远者来,地辟举则民留处,仓廪实则知礼节,衣食足则知荣辱。”一个国家的君主,必须致力于四时农事,确保粮食贮备。国家财力充足,远方的人们就会自动靠拢;荒地开发得好,本国的人民就能安心居留;粮食富裕,人们才能学习和遵守国家的礼节;衣食丰足,人们才能懂得荣誉感和羞耻感。管子的这一论述,尽管没有上升到经济基础决定上层建筑的理论高度,但它在中国思想史上第一次明确而深刻地提出了:人们道德水平的高低受到社会经济发展程度的制约。

五、风俗与教化

民俗是伴随着人类社会而产生的一种文化现象,是社会物质生活条件的反映，是约定俗成的行为规范和生活方式。它有两个最突出的特点：在空间上，它具有一定民族或一定地域的人群文化心理意识及其物化形态的共同性；在时间上，它具有相沿成习的传承性。充分利用环境因素和传统因素来“化民成俗”，是教化所赖以成功的必要条件之一。①

民俗作为一种社会现象，它的特点同它的社会功能是分不开的。关于民俗与教化的关系，管子提出了自己的一套理论。他认为：观民俗可以知治乱。透过一国的民俗，可以洞察该国的精神文化风貌，并由此推断该国的治乱兴亡。《八观》中说：

入州里，观习俗，听民之所以化其上，而治乱之国可知也。州里不鬲，闾闬不设，出入毋时，早晏不禁，则攘夺、窃盗、攻击、残贼之民毋自胜矣。食谷水，巷凿井，场圃接，树木茂，宫墙毁坏，门户不闭，外内交通，则男女之别毋自正矣。乡毋长游，里毋士舍，时无会同，丧蒸不聚，禁罚不严，则齿长辑睦毋自生矣。故昏礼不谨则民不修廉，论贤不乡举则士不及行，货财行于国则法令毁于官，请谒得于上则党与成于下。乡官毋法制，百姓群徒不从，此亡国弑君之所自生也。故曰：入州里，观习俗，听民之所以化其上者，而治乱之国可知也。

教化与民俗是相互作用的。首先，“凡牧民者，使士无邪行，女无淫事。士无邪行，教也。女无淫事，训也。教训成俗而刑罚省，数也”（《管子·权修》）。凡是治民的，应该使男无邪僻之行，女无淫乱之事。要使男无邪行，靠教育；要使女无淫事，靠训诲。通过道德教化和训练逐渐养成良好的风俗习惯，就能反过来影响人民自行迁善，就可以少动用或不动用刑罚。这是自然的道理。

其次，教化绝不可脱离一定的民俗而孤立进行。所谓“渐也，

---

① 朱克良：《管子教化思想探微》，载《琼州大学学报》1997年第3期。

顺也,靡也,久也,服也,习也,谓之化”(《管子·七法》)。教化必须通过一定风俗习惯渐进地、顺序地熏陶,不断地、持久地适应和习服,才能实现对人们道德的影响。因此,管子常常将教化和风俗并提,认为二者是互为因果的、统一的渐化过程。管子利用民俗所具有的上行下效、移风易俗的特点进行教化,以最终实现治国安民的思想,对后世产生了深远的影响。历代统治者都十分重视运用民俗的力量来维护统治。

以上从五个方面对管子的教化思想进行了简单的探讨,这些思想对于今天的我们仍有启示意义。

第一,教刑并举,是国家长治久安的根本。

“教”与“法”(或“刑”)是治理国家的一把双刃剑。在我们的社会治理中,既要对人民进行“礼、义、廉、耻”的教育,张其“四维”;同时又要利用“法”的“禁奸邪”“治国使众”“禁淫止暴”“禁过而外私”的特点,打击犯罪,确保社会安定。

第二,培养良好的民风民俗是精神文明建设的重要内容之一。

良好的社会风气的养成,是风俗论的重要内容。因此,要利用风俗对人民的潜移默化的作用,通过“群居而相染”,进而达到“教训成俗”的目的,实现净化社会风气、培养良好民风的目标。

第三,大力发展社会经济、提高人民生活水平,是推动社会进步的重要保证。

物质基础是治国的前提,经济是为政治服务的。政治目标的实现,首先要靠经济目标的实现来达成。物质利益是人们进行社会生产活动的根本动因和直接目的,不管能否为人们自觉感知,其本身都是客观存在的现实。要推行伦理教化,促进社会进步,必须注意满足并不断提高人们的生活水平。

从《管子》人性论看齐国变革的价值引导取向

王京龙
（山东理工大学齐文化研究院教授）

变革是推动社会发展的根本动力。但变革的根本目的在于调动人的主观能动性，也就是解放社会生产力。其中，确立变革中的社会价值取向，用合适的价值观念实现对社会变革的引导，是一个非常重要的问题。《管子》作为中国历史上的变革先驱，其理论认识和实践措施至今仍有参考价值。《管子》从人性的认识角度，积极张扬其价值取向，全面推动齐国社会的变革，其成效是十分突出的。

一、《管子》书中对"人性"问题的阐释

《管子·权修》中有这样一段话：

> 人情不二，故民情可得而御也。审其所好恶，则其长短可知也；观其交游，则其贤不肖可察也。二者不失，则民能可得而官也。

所谓"人情不二"，指的就是人所共有的本性。这段话的大意是说，人有着共有的本性，这个共有的本性是可以利用的。因而，观察某一个人的好恶与朋友圈，就可以知道他人性的本来面貌。

究竟人性的本来面貌是怎样的呢？《管子·禁藏》中这样

分析：

> 夫凡人之情，见利莫能勿就，见害莫能勿避。其商人通贾，倍道兼行，夜以续日，千里而不远者，利在前也。渔人之入海，海深万仞，就彼逆流，乘危百里，宿夜不出者，利在水也。故利之所在，虽千仞之山，无所不上，深源之下，无所不入焉。

从趋利避害的本能延伸开来，人的自私本性也就是不可改变的。因为人具有这种趋利避害的自私自利的本性，所以对人的管理如果能够做到“圉之以害，牵之以利”，用利益进行引导，人的管理就好办了。

总之，在《管子》这里，人性的本质就是趋利避害。换言之，也就是对于利益的追求。

二、《管子》人性论的历史地位

对于《管子》人性思想的研究，学界不乏新论，既有独立性研究①，也有理性的分析②，还有比较性研究③。客观地讲，对于“人性”的认识，是中国古代思想文化发展中的一个非常重要的问题，也是中国古代哲学史研究中的一个重要课题。在以往的认识中，由于对《管子》的认识不够，加之儒学从先秦时期的“显学”到汉代以后又从“独尊”变成了统治之学，因而，在历史的长河中，人们对人性论的认识基本上是以儒学为基本视阈的。其中，最早认识

---

① 陈世放：《〈管子〉人性论思想初探》，载《社会科学辑刊》1997年第4期。

② 王新军、秦克寅：《〈管子〉的人性思想研究》，载《管子学刊》2015年第4期。

③ 安文、蒋亚东：《〈管子〉人性论比较研究》，载《地方治理研究》2003年第2期。

到这一问题的是孔子,影响最大的是孟子和荀子。

孔子在《论语・阳货》中提出了自己的观点:“性相近也,习相远也。”明确指出,人的性情原本是相近的,或是大致一致的,因为生活环境的习染不同,便逐渐相距甚远了。孔子在这里首先认识到了人性问题的存在,其次,揭示了人性与人的社会生活环境的关系,也就是社会生活环境对人性有着决定性的影响。不同社会生活环境的影响,会使得不同人的人性产生巨大的差距。至此,关于“人性”的本质究竟是怎样的,孔子并没有提出来,更没有形成自己的认识观点。

孔子之后的孟子,在孔子这一认识的基础上提出了“人性本善”的观点。《孟子・告子》中提出:“人性之善也,犹水之就下也。人无有不善,水无有不下。今夫水,搏而跃之,可使过颡;激而行之,可使在山:是岂水之性哉?其势则然也。人之可使为不善,其性亦犹是也。”人的本性就像“水”一样,是可以随意塑造的,因而人性本“善”,后天的影响,可以使之变“恶”,自然也可以使之变得更“善”。这个使人性发生变化的力量,便是人本身所处的社会生活环境。相较而言,孟子对于人性问题认识的进步,首先,是对人性的本来进行了二元间分,也就是善、恶二分;其次,便是将人性定位于“人性本善”;第三,他同样认为人性是后天可以改变的,这个改变人性的力量仍然是社会环境。由此可见,孟子对人性问题的认识,较孔子对人性问题的认识无疑是一个巨大的进步。他与孔子的共同点是,人性有着天然的共性,且这个共性在不同的社会生活环境的影响下会发生巨大的变化:不是变“善”,就是变“恶”。但这个变“善”或者变“恶”的起点是“善”,与孔子的所谓“相近”并不在同一个层次上。

与孟子不同,孟子之后的荀子在人性问题上提出了与孟子截然相反的观点,这就是“人性本恶”,《荀子》一书中有《性恶》一篇专门讨论了人性问题。在这篇文章中,荀子开篇就明确提出:“人之性恶,其善者伪也。”认为人之本性是“恶”的,“善”的一面是人为的。《荀子》说人性本“恶”的根据,就是自私、好利:“今人之性,生而有好利焉,顺是,故争夺生而辞让亡焉。”因为自私好利,人与人之间的一切争斗都是从这个“自私好利”生发出来的,所以“人性本恶”。相应的,人的“善”则是经过对“恶”的改造而来的,这就是“化性而起伪”:“故圣人化性而起伪,伪起而生礼义,礼义生而制法度。”人性的“善”又是怎样从“恶”转变过来的呢?《荀子》认为,是通过礼仪制度的规范而来的。荀子这一观点,与孟子的性善说虽然是对立的,但其理论基础是一样的,并且对人性发展变化的认识也是基本相同的。

就管子生卒年而言,不仅比荀子、孟子要早,比孔子也要早百余年;就《管子》而言,虽然学界公认并非一时一人所著,但其中包含有管子的思想是没问题的,只是对于管子思想的这些阐释,是在春秋、战国乃至西汉时期完成的。① 因此,我们虽然不便把管子的人性论定位于哪一个时代形成的,但产生于孔子之前应当是没有问题的,其直接的证据就是齐国自姜太公建国之初就形成了“尊贤尚功”的传统,管子辅佐齐桓公“九合诸侯,一匡天下”,不仅很好地继承了“尊贤尚功”的传统,而且倡导了一种“顺民心”的政治民俗②。正是在这样的文化背景下,管子提出了“人情不二”的观点,“不二”就是“一样”,这与孔子的“性相近”相同。管子并没有从“人性”的本来的角度去探讨人性问题,而是从人的欲望的角度去认识人性,因而得出了“见利莫能勿就,见害莫能勿避”的特征,换言之,也就是“人性本利”。趋利避害是人作为动物

① 白奚:《也谈〈管子〉的成书年代与作者》,载《中国哲学史》1997 年第 4 期。

② 王德敏:《〈管子〉的民俗思想》,载《文史知识》1989 年第 3 期。

的本能，在这里显然是把对人性问题的认识与本能联系在了一起，从而得出了对于人性的利用要“圉之以害，牵之以利”，用利、害控制人的本性的结论。实际上，这是管子对于政治民俗的一种深层次的理论阐释。

管子关于人性论的认识，是从最基本的人性角度开始的，他看到的是人的物理需求，并没有后来的儒家认识的思维方式制约和哲学的认识高度。这也正是其早于孔子、孟子和荀子的优越之处，他通过极为普通的现象揭示了一个最为普遍的道理。

三、《管子》人性论在齐国变革中价值取向的指导

毋庸置疑，《管子》的人性论思想对齐国变革中的价值观念给予了积极的指导。这些指导突出反映在以下三个方面：

第一，齐国经济制度变革措施的落实。《管子》的人性论思想对齐国的经济制度变革措施的落实产生了积极的指导作用。诸如以“叁其国而伍其鄙”（《管子·小匡》）为代表的居民制度改革，以“相地而衰征”（《管子·小匡》）、“均地分力”（《管子·乘马》）为代表的土地使用制度改革，以“官山海”（《管子·海王》）为代表的工商管理制度改革等，都是以既得利益收获为基本导向的。正是因为这些改革措施，让那些经济产业的直接从业者看到了即得的经济利益，他们才能够勇敢地挣脱了原有制度的桎梏，投入到空前的变革当中。

第二，齐国政治生态环境变革措施的落实。西周时期建立起来的礼乐制度，是齐国政治生态环境的坚实基础，从姜太公封邦建国之初“因其俗，简其礼”（《史记·齐太公世家》），到齐桓公“九合诸侯，一匡天下”时期的“仓廪实则知礼节，衣食足则知荣辱”（《管子·牧民》），“礼”都是不可或缺的基本元素。在春秋时期及其以后的齐国变革中，为了稳定和发展以“礼”为基础的政治

生态环境,《管子》的人性论价值观同样产生了积极的指导作用。所谓“政之所兴,在顺民心;政之所废,在逆民心”(《管子·牧民》),本质上就是利用“知予之为取者,政之宝也”(《管子·牧民》)的道理,营造稳固政权的生态环境。在这里,“予之为取”的“予”是主动的,“予”的是什么?就是民众的希望。“取”虽然是被动的,但是根本性的。“取”的是什么?就是保障政权稳固的“民心”,也就是良好的政治生态环境。

第三,齐国民俗的养成。齐国社会发展形成的民俗,逐渐显现出了其特色,到汉代时已蔚为壮观。《荀子·议兵》说:“齐人隆技击,其技也,得一首者则赐赎锱金,无本赏矣。是事小敌毳则偷可用也,事大敌坚则焉涣离耳。若飞鸟然,倾侧反覆无日,是亡国之兵也,兵莫弱是矣,是其去赁市、佣而战之几矣。”《史记·货殖列传》说:“齐带山海,膏壤千里,宜桑麻,人民多文彩布帛鱼盐。临菑亦海岱之间一都会也。其俗宽缓阔达,而足智,好议论,地重,难动摇,怯于众斗,勇于持刺,故多劫人者,大国之风也。”《汉书·地理志》说:“初太公治齐,修道术,尊贤智,赏有功,故至今其土多好经术,矜功名,舒缓阔达而足智。其失夸奢朋党,言与行缪,虚诈不情,急之则离散,缓之则放纵。始桓公兄襄公淫乱,姑姊妹不嫁,于是令国中民家长女不得嫁,名曰‘巫兒’,为家主祠,嫁者不利其家,民至今以为俗。”齐国对于人之自私、贪欲本性价值取向的张扬,助长了生活当中人们自私自利之心的膨胀,甚至在军事活动中失去了“保家卫国”的基本理念。这应当是《管子》人性论价值观念对民俗发展引导的典型结果。

国之四维中“耻”的价值和意义

李玉洁
（河南大学历史文化学院教授）

礼、义、廉、耻是儒家伦理学说的重要内容，其中“耻”占据最重要的地位。《管子·牧民》提出礼、义、廉、耻是治理国家的“四维”，即四条治理国家的最重要的纲要，并提出“四维不张，国乃灭亡”的观点。也就是说，如果没有礼，国家将倾；如果没有义，国家将危；如果没有廉，国家将覆；但如果没有耻，国家将亡。而“倾，可正也，危可安也，覆可起也，灭不可复错也”。在四维中，“耻”当是最重要的。试想一个国家从上层官员至下层百姓，如果都没有耻辱感，这个国家难道还不灭亡吗？因此，“耻”对于国家官员和每一个百姓无疑都是最重要的。知耻，就是要有底线；知耻，就是要知道什么能干什么不能干；知耻，就是要摆正自己的位置。其实这是最简单不过的，也是很难遵守的。这当是我们国家社会主义核心价值观中最核心的部分，应该引起国人的重视。

一、“四维不张，国乃灭亡”

《管子》的第一篇《牧民》就提出了“四维”的概念。所谓“四维”，即四条治理国家的最重要的纲要，就是礼、义、廉、耻；并认为“四维不张，国乃灭亡”，把“耻”提到治国的层面。《管子》在治国问题上的耻辱观最为鲜明。《管子》一书认为,如果没有礼、义、廉、耻,国家就会灭亡。

《管子·牧民》云:“国有四维。一维绝则倾,二维绝则危,三维绝则覆,四维绝则灭。倾可正也,危可安也,覆可起也,灭不可复错也。何谓四维?一曰礼,二曰义,三曰廉,四曰耻。礼不逾节,义不自进,廉不蔽恶,耻不从枉。故不逾节则上位安,不自进则民无巧诈,不蔽恶则行自全,不从枉则邪事不生。”错,置也。

《管子·牧民》认为,治理国家主要有四维。维,有多义,《说文》云:“维,车盖维也,从系,隹声。”即系物的大绳。《广雅·释言》云:“维,隅也。”即角落的意思。维,在《管子·牧民》中为“纲要”“纲纪”之义。

《管子·牧民》把礼、义、廉、耻,作为国之四维,认为如果没有礼,国家将倾;如果没有义,国家将危;如果没有廉,国家将覆;如果没有耻,国家将灭。在四维中,笔者认为“耻”当为最重要的,因为“倾可正也,危可安也,覆可起也,灭不可复错也”。试想一个国家从上层官员到下层百姓,如果都没有耻辱感,这个国家难道还不灭亡吗?

《管子·权修》云:“凡牧民者,欲民之有廉也。欲民之有廉,则小廉不可不修也。小廉不修于国,而求百姓之行大廉,不可得也。凡牧民者,欲民之有耻也。欲民之有耻,则小耻不可不饰也。小耻不饰于国,而求百姓之行大耻,不可得也。凡牧民者,欲民之修小礼,行小义,饰小廉,谨小耻,禁微邪,此厉民之道也。民之修小礼,行小义,饰小廉,谨小耻,禁微邪,治之本也。凡牧民者,欲民之可御也。欲民之可御,则法不可不审。法者,将立朝庭者也。”也就是说,国家统治者在治理百姓时,如果欲百姓廉,必须自己廉;欲百姓有耻,必须自己先有耻;欲百姓有礼,必须自己先有礼;欲百姓有义,必须自己先行义。一切从小事做起,才能帅服百姓。

《管子》认为,不能让一些异端邪说在国内盛行。《管子·立政》云:“全生之说胜,则廉耻不立。私议自贵之说胜,则上令不行。群徒比周之说胜,则贤不肖不分。金玉货财之说胜,则爵服下流。观乐玩好之说胜,则奸民在上位。请谒任举之说胜,则绳墨不正。谄谀饰过之说胜,则巧佞者用。”房玄龄注:“全生之说胜,则王孙自奉千金,何侯日食一万。观乐玩好之说胜,则费仲以奉奇异而居显位,董贤以柔曼而处朝谒也。”

《管子·立政九败解》又重复说明相同的观点,云:“人君唯无好全生,则群臣皆全其生,而生又养生。养何也?曰:滋味也,声色也,然后为养生。然则从欲妄行,男女无别,反于禽兽。然则礼义廉耻不立,人君无以自守也。故曰:全生之说胜,则廉耻不立。”作为统治者如果全部按照自己的欲望热衷以滋味、声色、养生,那么群臣将会跟随效仿;人君不守礼义廉耻,一味地声色犬马、醉生梦死,那么“全生之说胜,则廉耻不立”,当然国家灭亡是肯定的。

上面两段话的意思是说,如果达官显贵都腐败透顶、自奉千金、日食一万,那么没有廉耻的风气肯定会蔓延;如果人们都结党营私,那么贤与不肖就没有区别;如果官员们讲究金玉货财、观乐玩好、请谒任举、谄谀饰过,那么奸民、巧佞就会处于上位。礼、义、廉、耻不立,国家的灭亡是早晚之事,即“四维不张,国乃灭亡”。

《管子》把“耻”提到治理国家的高度,并认为没有廉耻就会亡国。由此可见,先秦时期的人们对“耻”的认识多么深刻。其实知“耻”不仅对国家十分重要,对个人也是如此。一个人如果没有耻辱心,不知道什么是“耻”,这个人活在世上还有什么价值呢?

二、贪贿是官员最大的耻

梁启超在《先秦政治思想史》中认为,孔子的“有耻且格”的观点,“在中外古今政治论中,实可谓为最彻底的见解”。“儒家确信非养成全国人之合理的习惯,则无政治可言。不此之务,而鳃鳃然朝制一法律暮颁一条告,不惟无益而徒增其害:此礼治主义根本精神所在也。”梁启超把孔子的“道之以德,齐之以礼,有耻且格”称之为“礼治主义”。

对于国家统治者来说,耻辱是可以振奋国人的兴奋剂。《孔子家语》卷一《大婚解》第四“物耻则足以振之,国耻足以兴之”。《礼记·哀公问》、汉戴德《大戴礼记·哀公问五仪》也有同样的话语。这句话的意思是,人如果在某一件事情上受到耻辱,因为他知耻,就可以此震醒他的荣辱之心;如果一国受到耻辱,就可以此激发国民而奋起。

一个人知道什么是耻辱,能够无惧而英勇无比。孔子曰:“好学近乎智,力行近乎仁,知耻近乎勇。知斯三者,则知所以修身;知所以修身,则知所以治人;知所以治人,则能成天下国家矣。”《礼记·中庸》亦记载:“子曰:好学近乎知,力行近乎仁,知耻近乎勇。知斯三者,则知所以修身;知所以修身,则知所以治人;知所以治人,则知所以治天下国家矣。”孔子认为,“知耻近乎勇”,即知道耻辱才能无所畏惧。

君子知耻而不越轨,对待君子应该以耻去节制他的行为。孔子曰:“凡治君子,以礼御其心,所以属之以廉耻之节也。”对待君子应该以礼去安慰他的心,以廉耻去节制他。

孔子认为,只有以德、以礼去教育人民,使人民的思想水平提高,使人民懂得什么是邪恶,什么是羞耻不可为之事,才能使人民停止做恶事而改邪归正、归善。而这些靠刑罚是难以做到的。孟子在《孟子·滕文公上》说:“(对民)劳之来之,匡之直之,辅之翼之,使自得之。”也就是说,治国者对待百姓,要让他们都劳动并聚在身边,对百姓进行匡正教育、辅助帮助,使他们明白道理,各得其所。对百姓以道德礼义进行教育引导，使他“有耻且格”。孔子把眼光投到了对民的教育上，因此他要求统治者要很好地治理国家。

《论语·泰伯》记载：孔子说：“邦有道，贫且贱焉，耻也；邦无道，富且贵焉，耻也。”这段话是说，如果国家政治清明，治理得很好，那么自己还很贫贱，则是一种耻辱；如果国家政治昏暗，百姓贫困，无以为生，而自己很富贵，那也是一种耻辱。孔子的意思很明白，为官者要悉心治理自己所管辖的地方，使百姓富足，自己也要与百姓一样；但如果百姓贫困潦倒，为官者中饱私囊，那是可耻的。

《论语·宪问》也记载：“宪问耻。子曰：‘邦有道，谷；邦无道，谷，耻也。’”这句话的意思是：原宪问什么是耻辱。孔子说：国家政治清明，百姓安居乐业，官员拿到俸禄是应该的；如果国家政治黑暗，民不聊生，官员拿到俸禄，就是一种耻辱。《论语·泰伯》云：“不在其位，不谋其政。”反之，则应“在其位，谋其政”。孔子认为，作为一个官员，处在治理国家、人民的位置上，就应考虑如何治理国家、人民，否则就不是好的官员。

孔子曰：“独贵独富，君子耻之，夫也中之矣。”在一个国家，只有统治者自己富、自己贵，老百姓都很贫穷，那是一种悲哀和耻辱。

孔子曰：“吾有所耻，有所鄙，有所殆。夫幼而不能强学，老而无以教，吾耻之；去其乡，事君而达，卒遇故人，曾无旧言，吾鄙之；与小人处而不能亲贤，吾殆之。”孔子认为，人年幼的时候不能好好学习，老的时候又不能去教育别人，自己就会感到羞耻；说明你没有学问。离开家乡，侍奉君主而仕途通达，遇故人却没有话说，孔子会鄙视他。如果只与小人来往，与贤能之士很疏远，这是很危险的。

孔子认为,对于统治者来说:“地有余而民不足,君子耻之;众寡均而人功倍己焉,君子耻之。”也就是说,对于国君来说,如果你有地而民不足,不愿去你那里生活;或者你的百姓与别国相同,但是做的事情很少,那也是应该感到耻辱的。

孔子说:“上敬老则下益孝,上尊齿则下益悌,上乐施则下益宽,上亲贤则下择友,上好德则下不隐,上恶贪则下耻争,上廉让则下耻节,此之谓七教。七教者,治民之本也。”孔子认为,如果上司很贪婪,那么下属就会以争相巴结、逢迎上司为荣;如果上司是一个很讨厌贪贿的人,那么下属就会以争利、争名、争着逢迎上司为耻。

《左传·哀公十一年》记载:鲁国的执政者季氏欲收取田赋。是时,鲁国虽有国君,但政已归季氏,故季氏可收取田赋。季氏家臣冉求(亦称冉有)是孔子的学生。季氏让冉求去访问孔子,问如何收取田赋。孔子说:君子执行政事,要按礼进行,对百姓施恩惠要厚,做事适中,敛取要从其薄,如果这样,我认为就可以了。你如果不考虑依礼行事而贪得无厌,虽收取田赋,你还是不满足。现在鲁之法典在,如果你不听我的,又何必来问我呢?结果冉求不听孔子的劝告而为季氏敛财。《论语·先进》记载:“季氏富于周公。而求也为之聚敛而附益之。子曰:‘非吾徒也。小子鸣鼓而攻之,可也。’”季氏已经比当年做卿宰的周公还富。孔子弟子冉求做季氏家宰(管家),为季氏聚敛大量钱财。孔子气愤地说:冉求不是我们的人,你们学生很可以大张旗鼓地来攻击他。孔子对搜刮百姓的敛财之徒是非常愤恨的。孔子认为,冉求为季氏聚敛的钱财是不义之财,就是孔子所说的“邦无道,富且贵焉,耻也”。在孔子看来,冉求、季氏皆是可耻的,他们聚敛的财富,也是一种耻辱。故孔子不承认冉求是他的门徒,认为自己有这样敛财的学生也是一种耻辱,故将冉求逐出门墙。

孔子要求执政者以道治国、安民,如果不能以道治国,或者贪求富贵,即使得到俸禄,也是可耻的。

三、"衣食足而知荣辱"

《管子》一书主要是讲如何治国、治民的,但是如何治民、使民有耻辱之心,也是《管子》关注的重要问题。

《管子·牧民》云:"凡有地牧民者,务在四时,守在仓廪。国多财财远者来,地辟举则民留处,仓廪实则知礼节,衣食足则知荣辱,上服度则六亲固,四维张则君令行。故省刑之要,在禁文巧;守国之度,在饰四维。"房玄龄注:"四时所以生成万物也。食者,人之天也。举,尽也。言地尽辟则人留而安居处也。服,行也。上行礼度则六亲各得其所,故能感恩而结固之。文巧者,刑罚所由生。"

上段话的意思是说,拥有土地的贵族统治者治理人民,务必要注意农时,千万不能耽误农时,否则就会没有收成,百姓就会没有口粮。关注国家的仓廪府库,招揽人口,开辟土地,因为"仓廪实则知礼节,衣食足则知荣辱",老百姓以衣食为天,只有衣食足,才能够知荣辱,才能够知耻。如前所述,不知耻的国家是会亡国的。

《史记·管晏列传》也记载了管子的话:"仓廪实而知礼节,衣食足而知荣辱。上服度则六亲固。四维不张,国乃灭亡。"司马贞《索隐》云:"是夷吾著书所称《管子》者,其书有此言,故略举其要。"司马贞《正义》云:"上之服御物有制度,则六亲坚固也。六亲谓外祖父母一,父母二,姊妹三,妻兄弟之子四,从母之子五,女之子六也。王弼云'父、母、兄、弟、妻、子也'。"

《管子》认为,政府对百姓应该进行教育,使之懂得廉耻。《管子·权修》云:"男女无别则民无廉耻。货财上流,赏罚不信,民无廉耻,而求百姓之安难。"也就是说,人要懂得男女之大防。统治者不要使“货财上流”,就是不要把财富都集中在上层手中;在赏罚方面要有信用,不要乱赏乱罚。如果老百姓都不懂得什么是廉耻,那么想让一个国家安定,是不可能的。

圣贤的君王一定要懂得怎样教育百姓。《管子·法禁》云:“故逾其官而离其群者,必使有害;不能其事而失其职者,必使有耻。是故圣王之教民也,以仁错之,以耻使之,修其能,致其所成而止。故曰:绝而定,静而治,安而尊,举错而不变者,圣王之道也。”

作为统治者,对待百姓要进行教育,让那些越过官府、离开社会群体的人知道这样做是有害的;让那些不干事的渎职者,知道这样做会给他带来耻辱。圣贤的君王教育百姓,以仁德去教育之,以耻辱使之不敢违反章程,让百姓发挥自己的能力和特长;让那些邪僻之事停止,静而治理之,百姓安定、国君自然而尊,法纪举措不变者,才是圣王之道。

相对于孔子、孟子,《管子》对个人修养关注较少,而更多的是关注国计民生、财政税收,但是《管子》认为政府官员一定要很好的教育百姓,“必使有耻”;并且警告统治者,老百姓只有“仓廪实而知礼节,衣食足而知荣辱”,如果老百姓连饭都吃不饱,怎么还会顾及礼节与荣辱呢?《管子》一书最早提出“四维不张,国乃灭亡”的论点,把礼、义、廉、耻与国家兴亡联系起来,这在先秦诸子中还是首次,说明《管子》对“耻”的深刻理解。

“四维”之“廉”与社会主义核心价值观

宋冬梅
（中国孔子研究院副研究员）

管仲是我国春秋时期著名的政治家、思想家。管仲相齐，齐桓公改革内政，发展经济，建立了“九合诸侯，一匡天下”的霸业，并使齐国成为“春秋五霸”之首。孔子曾感叹道：“管仲相桓公，霸诸侯，一匡天下，民到于今受其赐。微管仲，吾其被发左衽矣。”（《论语·宪问》）管仲相齐取得霸业，相当程度上在于应用了“礼义廉耻，国之四维”的治国纲纪，其中“廉”的思想与内容，是重要的一维。

一、“国之四维”是社会主义核心价值观的理论源头之一

《牧民》居于《管子》首篇，全面反映了管仲相齐的治国理念和施政措施。其大意为，政令能否畅通推行的关键在于统治者的施政措施是否顺应了民心，是否推动了社会的发展。如果能够消除人民对于忧劳、贫贱、危难和灭绝四个方面的障碍，人民就会拥戴并追随；反之，则会众叛亲离，面临危亡。《牧民》之思想基础和目标是“民本”。

“国之四维”是《管子·牧民》的重要内容。《牧民》载：“国有四维。一维绝则倾，二维绝则危，三维绝则覆，四维绝则灭。倾可

正也,危可安也,覆可起也,灭不可复错也。何谓四维?一曰礼,二曰义,三曰廉,四曰耻。礼不逾节,义不自进,廉不蔽恶,耻不从枉。故不逾节则上位安,不自进则民无巧诈,不蔽恶则行自全,不从枉则邪事不生。”“四维”是管子提出的治国纲纪,礼、义、廉、耻是纲纪的内容。礼,指上下有节,有礼,指不僭越等级制度;义,指以法进仕,有义,指不妄自求进;廉,指廉洁不贪,有廉,指不掩饰恶行;耻,是羞恶知耻,有耻,指不顺从邪妄。

保证“国之四维”的综合运用,社会才能有序运转。管子认为,如果失去其中一维,国家就有可能动摇;失去两维,国家就有可能发生危险;失去三维,国家就有可能被颠覆;四维全部失去,国家就要灭亡了。国家动摇了可以扶正,危险了可以拯救,颠覆了可以恢复起来,但最为重要的是,如果国家灭亡了,就再也没有什么措施可以拯救了。所以治国用此四维,可使上位安、民无巧诈;行自全、邪事不生;这样,国可守,民可治。所以,齐国能治,是因“守国之度,在饰四维”,“四维”能够引领和规范民众的行为;反之,“四维不张,国乃灭亡”。

“礼义廉耻,国之四维”植根于中华文化的沃土,影响着人们的价值观,塑造着优秀的国民品格。从治国理政的角度讲,“国之四维”是维系政权兴衰存亡的生命线,被历代执政者、思想家所重视。苏轼曾在《乞录用郑侠王斿状》中说:“古之贤君,必厉士气,当务求难合自重之士,以养成礼义廉耻之风。”《晋书》载:“夫王道之本,经国之务,必先之以礼义,而致人于廉耻。礼义立,则君子轨道而让于善;廉耻立,则小人谨行而不淫于制度。”(《晋书》卷五二《阮种传》)可见,有“国之四维”,则民俗、国风向善,得治。

管子的治国理政思想强调物质文明与精神文明的平衡存在与发展。“仓廪实而知礼节,衣食足而知荣辱。”(《管子·牧民》)有的学者认为,管子在治国理政中更重视对“知礼节”“知荣辱”

价值观的弘扬,"《管子》治国理政理论的光辉,绝不是该书对经济基础的重视,而是构建了一套社会赖以存立的以'礼义廉耻'为内容的核心价值体系。齐国霸业的成功绝不是经济、军事实力的成功,《管子》所弘扬的'礼义廉耻'核心价值观得以广泛传播与普遍认同,才是齐国霸业的基石"。笔者虽然不敢苟同这种"绝不是"的观点,但至少赞同"礼义廉耻"在当时成就齐国霸业时所起的积极作用,因为经济与精神如鸟之两翼,不可偏颇和缺失。所以,"国之四维"在当今社会新常态下构建社会发展的文化理论仍然具有积极的借鉴意义。"国之四维"的内涵与价值,为当今社会主义核心价值观的理论来源之一。党的十八大报告提出了"倡导富强、民主、文明、和谐,倡导自由、平等、公正、法制,倡导爱国、敬业、诚信、友善"的社会主义核心价值观,其内容借鉴了"礼义廉耻"的有益成分,我们应该在个人修身中自觉履行,在官德实践中认真践行,在治国理政中认真推行。

大凡新兴阶级或王朝前期的执政者,大多是廉政的倡导者和实践者,要求属下官吏廉洁自律,奉法尽职;而大多数的执政者尤其是坐享其成的统治者,往往是虑不及此,故奢侈荒淫,政治黑暗,法纪松弛,官场腐化。政治廉洁或是政治腐败,必然会带来两种截然不同的结果;世风崇尚节俭或奢靡,亦会直接影响着一个政权的兴旺或衰落。诚如《汉书》所言:"吏不廉平则治道衰。"亦如《晋书》所说:"王道之本,经国之务,必先之以礼义,而致人于廉耻。礼义立,则君子轨道而让于善;廉耻立,则小人谨行而不淫于制度。"中国古代的吏制中,特别强调"以廉为本"的思想。

"四维"中的"廉耻"是立人之大节,也是治国之纲纪。北宋史学家欧阳修接续管子的"国之四维",阐发说:"'礼义廉耻,国之四维;四维不张,国乃灭亡。'善乎,管生之能言也!礼义,治人之大法;廉耻,立人之大节。盖不廉,则无所不取;不耻,则无所不为。人而如此,则祸乱败亡,亦无所不至,况为大臣而无所不取不为,则天下其有不乱,国家其有不亡者乎!”(《新五代史》)他强调四者之中,廉耻为要。明末清初,顾炎武认为:“人之不廉,而至于悖礼犯义,其原皆生于无耻也。故士大夫之无耻,是谓国耻。”(顾炎武《日知录》卷一三《廉耻》)“廉”与“耻”结合在一起被突显出来,而且强调,一个人如果没有廉德,不讲廉洁,就会悖乱国家的礼仪大法。一国之中,士大夫无“耻”,就是国耻。

管子“四维论”中的“廉耻”观,“不仅是‘四维论’的国家学说的理论重要组成部分,也是中国文明史上廉政学说的理论滥觞,代表了中国春秋时期廉政学说的理论建树,在中华文明史上产生很大影响。其历史意义深远而又影响深刻”①。“总结齐国推行廉维论的历史,可以看到廉维论作为当时社会学说的最新内容,特别是廉维论所构架出来的‘廉耻观’,塑造了齐国最新的意识形态,以前所未有的力量反作用于齐国的社会政治、经济、文化各个领域,促进了社会各个方面相对和谐发展。”②然而,在政德史上,廉洁品德的养成,远非那么容易,作为廉洁的对立面,腐败问题伴随着私有制和阶级社会的产生而产生,它是一个自古以来就困扰着各个朝代政权的一大顽症。

二、“四维”之“廉”的主要内容

“四维”之“廉”,是立人之大节,也是治国之纲纪,是针对全社会的、系统的、自上而下的思想道德建设与法制法规要求。它包括对君主、官吏和民众等社会各阶层的廉洁要求。

---

① 周怀宇:《创新廉政理论,推进社会和谐发展》,载《管子研究》2008年第3期。

② 周怀宇:《创新廉政理论,推进社会和谐发展》,载《管子研究》2008年第3期。

首先,关于君廉,管子认为君王应以正当的爱好,并力主推行廉德。《管子·立政》载:“人君唯无好全生,则群臣皆全其生,而生又养生。养何也?曰:滋味也,声色也,然后为养生。然则从欲妄行,男女无别,反于禽兽。然则礼义廉耻不立,人君无以自守也。故曰:全生之说胜,则廉耻不立。”意思是说,人君只要专注于全生保命,群臣也就跟随其后,都来全生保命,大讲养生之道。怎么养生呢?饮食滋味,声色享受,归结为养生。像这样纵欲妄行,男女无别,如同返回到禽兽状态。如此,礼义廉耻怎么能立起来?人君怎么能自我约束呢?因此,君王应该有正当的爱好,全生之说盛行,则廉耻不立。《管子·四称》载:“有道之君,敬其山川、宗庙、社稷,及至先故之大臣。”意思是说君王应当有礼有义,心系社稷,以人为本。《管子·枢言》载:“先王重荣辱,荣辱在为。天下无私爱也,无私憎也。”要求君王能够重视礼义廉耻,并率先垂范,然后推行于天下。

其次,关于吏廉,管子主张百官要做天下的风范,廉洁奉公。《管子·四称》载:“近君为拂,远君为辅。义以与交,廉以与处。临官则治,酒食则慈。”这是有道之臣的做法,有义交往,有廉相处。在严格的社会等级体系中,“有生法,有守法,有法于法。夫生法者,君也。守法者,臣也。法于法者,民也”(《管子·任法》)。三者中,起表率作用的是生法与守法者。《管子·重令》指出,官吏如果不守法度,徇私枉法,“故令一出,示民邪途五衢,而求上之毋危,下之毋乱,不可得也”。《管子·侈靡》载:“强而可使服事,辩以辨辞,智以招请,廉以摽人。”其中的“廉以摽人”,是指将廉洁的人树为学习楷模。在现实社会生活中,不廉而奸邪的官吏,不光不带头遵守法度,反而以身试法,践踏法制;在这样的社会系统中,法制会被伤害,财货就会通过贿赂而上流;财货上流,廉德必然被破坏。进而“国之四维”与大法、官爵、符籍、刑法都遭破坏,君主、百官不测其后患,危亡就会出现。廉洁奉公,行己有耻,百官是作天下表率的风标。

再次,关于民廉,管子主张廉耻关系着百姓安危。《管子·权修》载:“货财上流,赏罚不信,民无廉耻,而求百姓之安难,兵士之死节,不可得也。”意思是说,民众若无廉耻与货财上流、赏罚不信同样重要的决定着老百姓的安危。

管子把“礼义廉耻”划分为“大”“小”两方面,主张从“小”着手,教育民众,以达至“大”。《管子·权修》载:“凡牧民者,欲民之有廉也。欲民之有廉,则小廉不可不修也。小廉不修于国,而求百姓之行大廉,不可得也。凡牧民者,欲民之有耻也。欲民之有耻,则小耻不可不饰也。小耻不饰于国,而求百姓之行大耻,不可得也。凡牧民者,欲民之修小礼,行小义,饰小廉,谨小耻,禁微邪,此厉民之道也。民之修小礼,行小义,饰小廉,谨小耻,禁微邪,治之本也。”此中,“礼义廉耻”之“四小”是指“谨小礼,行小义,修小廉,饰小耻”,与“四小”相对应的是“大”,是指“治国家、治天下”。“大”,则是指国家与百姓之间公正和谐的社会关系。

三、“四维”之“廉”的历史影响

管子“四维”论具有深远的社会意义,这一思想的实践结果,不仅使当时的齐国一跃成为“一匡天下、九合诸侯”的东方大国,同时也对后世产生了重要影响,成为自春秋至今两千多年的廉政思想的重要理论源头之一。

孔子及其儒家学派将廉耻贯穿于其思想体系中。孔子提出“行己有耻”,《论语·子路》载:“行己有耻,使于四方,不辱君命,可谓士矣。”

孟子则提出了“四端”说,对儒家学说进行了新的整合。

“四端”是指：“恻隐之心，仁之端也。羞恶之心，义之端也。辞让之心，礼之端也。是非之心，智之端也。”(《孟子·公孙丑上》)孟子认为恻隐、羞恶、辞让、是非四种情感是“仁义礼智”的萌芽，“仁义礼智”即来自这四种情感，故称“四端”。其中的“羞恶之心”，对应着“义之端”，也对应着“廉耻”；无“羞恶之心”，则无“廉耻”。

汉代，董仲舒又在孟子“四端”说的基础上增加了“信”，将儒家的道德变为“形而上”的思想体系，把“仁、义、礼、智、信”推为“五常”。并且，在他的思想体系中，“五常”获得了宇宙本源的力量，成为体现“上天意志”的自然法规，“五常”是高于皇权的，意思是人主发号施令，要受到“五常”的约束，否则其统治的合法性一样会受到质疑和削弱。董仲舒的“‘三纲五常’思想为国家的政治生活和家庭的伦理生活提供了一套缜密的价值标准，深刻地影响着人们思维方式、价值取向、伦理观念和理想人格，促进了统一思想、统一文化和统一国家的形成，实现了文化的高度融合”①。

至宋代，又有了“八德”：孝、悌、忠、信、礼、义、廉、耻，再次恢复了管仲提出的“四维”，去掉了“仁”，增加了“孝”“悌”“忠”，将家族道德置于首位，认为“家”乃国之基。宋代理学家罗仲素从阐述教化、廉耻与社会、人心、风俗关系的角度来接续管子的民众廉耻观，他说：“教化者，朝廷之先务。廉耻者，士人之美节。风俗者，天下之大事。朝廷有教化，则士人有廉耻。士人有廉耻，则天下有风俗。”(顾炎武《日知录》卷一三《廉耻》)

明末清初，爱国思想家顾炎武认为，廉与社会风气乃至社会兴衰密切相关。他说：“目击世趋，方知治乱之关必在人心风俗，

① 粟佳：《论董仲舒“三纲五常”思想的文化功能》，载《湖南城市学院学报》2011年第6期。

而所以转移人心,整顿风俗,则教化纪纲为不可阙矣。百年必世养之而不足,一朝一夕败之而有余。”(顾炎武《亭林文集》卷四《与人书九》)他还提出“博学于文,行己有耻”的观点,主张饱读圣人之学,修身勿忘廉耻,这是针对社会风俗的颓废提出的整顿措施。数百年来,学者中关注社会风俗的热切程度以及提出措施之具体,恐无出其右者。

中国近现代史上几位著名政治家对管子的“礼义廉耻”思想更加推崇。1912 年,孙中山阐述中山装的思想和政治含义时指出:衣服外的四个口袋代表“四维”,即礼、义、廉、耻,因此,中山装成为儒家文化礼、义、廉、耻思想的体现。中华人民共和国成立后,由于革命领袖和领导干部都穿中山装,人民群众也以这种服装来表达对新时代的欢迎。

中华人民共和国成立初期,毛泽东同志曾引用管仲的“四维理论”告诫全党:治国就是治吏。礼义廉耻,国之四维;四维不张,国将不国。如果臣下一个个都寡廉鲜耻、贪污无度,胡作非为,而国家还没有办法治理他们,那么天下一定大乱,老百姓一定要当李自成。现代新儒家贺麟曾说:“自从鸦片战争以来,我们与帝国主义的武力的斗争已经屡次大败了!自从五口通商、门户开放以来,我们与帝国主义的经济的斗争,又历年失败了!但是在当前新的艰苦的民族抗战中,我们是否要失掉我们的人格,是否要自己摧毁我们的另一道重要的防线——即道德战斗、人格战斗的防线,这就全看我们自己的努力如何了!”①

在今天社会主义核心价值观理论的创新实践中,“国之四维”的“廉耻”观仍然值得我们探讨其中的有益价值。“在《管子》廉维论的意识形态学说中,‘廉维论’和‘耻维论’相辅相成,二者对

---

① 贺麟:《文化与人生》,商务印书馆 1988 年版,第 37 页。

立的统一,共同担负塑造人的思想和灵魂的学说,其中,廉维论是主要的,积极的,从进步的精神和道德层面深化人的思想教育,凸现了‘廉维论’在思想和精神方面维护国家机器、保护经济基础的意义和作用。形成了春秋初期社会经济变革所需要新的意识形态。这是自周王朝初期以来的一个崭新的学说,是领先于时代的意识形态理论学说。”①

四、“四维”之“廉”对当代治国理政的启示

党的十七届六中全会明确提出:“社会主义核心价值观体系是兴国之魂。”这一论断毫无疑问地同四项基本原则是“立国之本”、改革开放是“强国之路”连在一起,成为我国改革开放三十多年来最重要的基本经验。社会主义核心价值观是中国特色社会主义核心价值体系的灵魂,是文化大发展、大繁荣的灵魂和前提,也是建设中国特色社会主义的灵魂。从2006年党的十六届六中全会提出建设社会主义核心价值体系以来,理论界相关的研究成果可谓汗牛充栋,对核心价值观的讨论,出现了上百种的概括,目前仍在如火如荼地进行着。如何将这一复杂的问题简单化,我们可以从管子的“四维”论中得到有益的启示。

“廉”的思想内容与要求,是我们民族优秀传统文化的重要组成部分。一切历史都是当代史。今天,我们的治国理政可以借鉴管子的“国之四维”,廉政建设可以借鉴其中“廉”的内容以及行之有效的方法,并将其运用到当下的社会生活中。

中国共产党执政以来,以毛泽东、邓小平、江泽民、胡锦涛、习近平同志为核心的党的领导集体,从巩固党的执政地位、维护社

① 周怀宇:《创新廉政理论,推进社会和谐发展》,载《管子研究》2008年第6期。

会稳定发展以及实现全心全意为人民服务的根本宗旨出发，根据社会和时代发展的变化与要求，在充分吸收、借鉴古今中外一切优秀廉政文化成果，深刻总结我们党长期以来反腐倡廉经验的基础上创立和发展了一系列廉政建设理论，赋予廉政文化以崭新的内容，形成了社会主义廉政文化体系。这一文化体系主要体现在党和国家反腐败体制的机制创新和制度保障上。从而不断强化纪律建设，纠正不良之风；强化对领导干部的监督管理，坚持正面教育；强化转变职能方式，抓实工作作风；强化用铁的纪律打造纪检、监察队伍等各方面。这一体系涵盖四个基本范畴，一是重树廉洁从政的思想道德要求，它作用于执政者的内心修养，在于形成廉洁从政的思想和文化动力；二是在全社会营造良好的廉洁从政的文化氛围，形成以廉为荣、以贪为耻的社会风尚，用健康向上、追求清廉的文化充实人们的精神世界；三是普及各职业阶层的从业人员恪守职业道德、爱岗敬业、廉洁自律、奉公守法的行业文化；四是普及广大人民群众追求公平正义、安定有序、诚信友爱的文化道德教育。这是我们党立党为公、执政为民的执政理念在文化形态上的反映，是党的执政实践的进步和提升，是建设社会主义先进文化的重要内容之一。

当今，以习近平总书记为首的新一届领导集体成立以来，从社会发展的实际需要出发，更加重视党风廉政建设，加快建设步伐，不断提升党的廉政建设理论水平和实际应用能力。2013 年 1 月，习近平总书记在十八届中央纪委二次全会上指出："坚定不移惩治腐败，是我们党有力量的表现，也是全党同志和广大群众的共同愿望……要继续全面推进惩治和预防腐败体系建设。要加强反腐倡廉教育和廉政文化建设，督促领导干部坚定理想信念，保持共产党人的高尚品格和廉洁操守，提高拒腐防变能力，在全社会培育清正廉洁的价值理念,使清风正气得到弘扬。”①党和国家领导集体所阐述的党风廉政建设问题,是廉政文化理论的新发展、新探索。它作为社会主义先进文化的一部分,是一个开放的文化体系,具有与时俱进的文化特征。它善于吸收人类文明的一切成果,包括我国历史上的廉政文化资源以及其他国家执政党廉政文化建设的优秀成果,这一体系在不断创新、不断丰富中,始终保持着发展的先进性。

当今的德廉文化建设,一直坚持社会主义先进文化的根本要求,坚持文化创新的重要方向,是社会主义先进文化理论在廉政建设领域的运用和发展。社会主义先进文化,是一个丰富、完备、充满活力的思想和知识体系,渗透到物质文明、政治文明、精神文明各个领域,作用于党的各项工作的各个环节。廉政文化建设的精神实质,是引导全党全国人民牢固树立中国特色的社会主义理想,牢记全心全意为人民服务的宗旨,树立正确的世界观、人生观、价值观,增强立党为公、执政为民的自觉意识,不断提高执政能力和执政水平,增强拒腐防变和抵御风险的能力,它既是社会主义先进文化在廉政建设方面的集中反映,也是社会主义先进文化的重要组成部分,是社会主义先进文化的本质要求和服务方向的体现。

2018 年 3 月 10 日,习近平总书记在参加十三届全国人大一次会议重庆代表团审议时强调:领导干部要讲政德。政德是整个社会道德建设的风向标。立政德,就要明大德、守公德、严私德。2018 年 7 月 3 日,习总书记在全国组织工作会议上强调:严守纪律规矩,夯实廉政之基。党的十八大提出了“富强、民主、文明、和

① 习近平:《依纪依法严惩腐败,着力解决群众反映强烈的突出问题》,见中共中央文献研究室编《十八大以来重要文献选编》,中央文献出版社 2014 年版,第 135 页。

谐、自由、平等、公正、法制、爱国、敬业、诚信、友善”的社会主义核心价值观。这是全党全国人民上下同心实现中国梦的直接精神动力,是与时代发展紧密相连的推动力。社会主义核心价值观,是我们党以马克思主义为指导、以实现中国特色社会主义共同理想为目标的真知灼见;是时代的强音,是爱国主义为核心的民族精神的体现,是社会主义核心价值体系的核心体现。与社会主义核心价值观紧密相连的廉政文化建设的核心价值观,是务实、为民、清廉。务实,就是认真研究中国特色社会主义建设中执政党廉洁从政的规律,坚持立党为公,开拓进取,勤奋工作,务求工作实效。为民,就是把广大人民群众的利益视为最高利益,一切想着群众,一切为了群众,一切方便群众。清廉,就是要保持我们党艰苦奋斗的优良传统,保持共产党员的优秀品德和高尚情操,廉洁奉公,廉洁从政,勤政为民。这一价值观,顺应了时代发展的要求,反映了广大人民群众的意愿,代表着社会主义先进文化的本质要求和服务方向,反映着新时代的社会主义核心价值观的要求。

荀子姓名再辨正

路德斌
（山东社会科学院国际儒学研究与交流中心研究员）

清代的学问以“考据”闻名，至今仍然享有很高的声誉。因为在大家心目中，“考据”不仅是一门学问，似乎更意味着事实和真相。遗憾的是，在荀子姓名问题上，清代考据学的表现并不尽如人意，非但没有把问题引向清晰并解决，相反，却使问题愈加变得扑朔迷离，愈加无所适从。故在此，本文尝试做出重新梳理和辨正，在努力还原真相的同时，亦可一窥清代考据学之局限和不足。

关于荀子的姓名，过往的争论主要围绕两个方面的问题展开：第一，刘向改“荀”称“孙”，究属何故？第二，“荀卿”之“卿”，是尊号、官称，还是荀子的字？以下，我们的论述也从这两个方面依次进行。

一、刘向改“荀”称“孙”的原因究竟是什么

司马迁作《史记》，凡有涉荀子者，皆称“荀卿”；刘向校雠荀书，定著32篇，名《孙卿新书》，所撰《孙卿新书叙录》曰：“孙卿，赵人，名况。”改“荀”为“孙”，且首言其名。之后，汉代学者多从刘向，以“况”为名，改“荀”称“孙”，如扬雄《法言》、王充《论衡》、班固《汉书·艺文志》、应劭《风俗通义》等，或曰“孙卿”，或曰“孙

况”,或曰“孙卿子”。但自开唐以来,随着颜师古、司马贞“避讳”之说影响渐广,学者们复纷纷改“孙”称“荀”。至中唐,杨倞首为荀书作注,在刘向校本基础上,“分旧十二卷三十二篇为二十卷”,又“改《孙卿新书》为《荀子》(或作《荀卿子》)”。“荀子”“荀卿”之称遂渐成主流并习用至今。不过,需要留意的是,杨倞的改动仅限于书名,本文中依然保留了刘向校本对荀子的称谓——“孙卿”或“孙卿子”。①

毫无疑问,刘向撰《孙卿新书叙录》时,《史记》是其重要的史料来源,《孟子荀卿列传》中“荀卿”一节几乎被全文捃摘便是明证。② 既如此,那么刘向为何不继续沿用《史记》“荀卿”之称谓而改“荀”为“孙”呢? 史料中找不到刘向本人任何只言片语的解释。“荀”“孙”之争,由是起焉。

概括言之,围绕“荀”“孙”之争,自唐迄今,先后形成了四种不同的解读和说法。说略如下:

1. 避讳说。这是对刘向以来由“荀”改“孙”问题做出的最早回应。唐初颜师古注《汉书》,其于《艺文志》“孙卿子三十三篇”下作注:“本曰‘荀卿’,避宣帝讳,故曰‘孙’。”其后,司马贞《史记索隐》亦从此说,曰:“后亦谓之‘孙卿子’者,避汉宣帝讳改也。”此说一出,悬疑似解,历宋至明,渐成定论。不仅杨倞更名《荀子》乃由是之故,即便清代乾隆年间的官修《四库全书总目提要》,亦以颜、司之说为正解,曰:“汉人或称曰‘孙卿’,则以宣帝讳询,避嫌名也。”

---

① 今本《荀子》中,唯《强国》“荀卿子说齐相曰”一处,“孙”作“荀”。孙诒让《荀子札迻》曰:“卢云:‘此七字元刻无,从宋本补。’……但以全书文例校之,‘荀’实当为‘孙’耳。”

② 其实并非只《孙卿新书叙录》如此,《管子叙录》《韩非子叙录》《列子叙录》亦如此。

要之，依颜师古和司马贞的说法，“荀卿”之“荀”实为本姓，刘向改“荀”为“孙”，是在避汉宣帝刘询之讳；凡今所见古书有谓“孙卿”“孙子”“孙卿子”者，亦皆汉人为避宣帝讳而改。

2. 音转说。这是继“避讳说”之后，最具影响力的一种解释。最先提出“音转说”的是明清之际的顾炎武，《日知录》卷二七载曰：“《楚元王传》：‘孙卿。’师古曰：‘荀况，汉以避宣帝讳改之。’按汉人不避嫌名，‘荀’之为‘孙’，如‘孟卯’之为‘芒卯’‘司徒’之为‘申徒’，语音之转也。”①嫌名，《礼记·曲礼上》郑玄注曰：“嫌名，谓音声相近，若禹与雨，丘与区也。”汉宣帝名“询”，“询”与“荀”，声同而字异，乃嫌名者也。在顾氏看来，汉人不避嫌名，故颜师古避讳之说不能成立。依其之见，汉人改“荀”称“孙”，实由“语音之转”使然。之后，乾隆朝谢墉亦认同此说，并做出了更加详细的解释和论证，其言曰：“荀卿又称孙卿，自司马贞、颜师古以来，相承以为避汉宣帝讳，故改荀为孙。考汉宣名询，汉时尚不讳嫌名，且如后汉李恂与荀淑、荀爽、荀悦、荀彧，俱书本字，讵反于周时人名见诸载籍者而改称之？若然，则《左传》自荀息至荀瑶多矣，何不改耶？且即《前汉书》任敖、公孙敖俱不避元帝之名骜也。盖荀音同孙，语遂移易，如荆轲在卫，卫人谓之庆卿；而之燕，燕人谓之荆卿。又如张良为韩信都，《潜夫论》云：‘信都者，司徒也。’俗音不正曰信都，或曰申徒，或胜屠。然其本一司徒耳。然则荀之为孙，正如此比。以为避宣帝讳，当不其然。”（《荀子笺释·序》）

音转之说，从者甚众。刘师培《荀子斠补》云：“孙者，荀字之转音也。唐人不察，以为荀字作孙，由于避汉讳……此大误也！

① 〔清〕顾炎武著，陈垣校注：《日知录校注》，安徽大学出版社 2007 年版，第 1547 页。

近谢氏墉以为‘荀音同孙,语遂移易’。其说近确,惟未得确证。今考《论语·乡党篇》:‘恂恂如也。’汉《刘修碑》作:‘其于乡党,逊逊如也。’孙即古逊字。此即荀孙古通之证。故《史记》作荀,本书作孙。”①

江瑔作《读子卮言》,谓谢墉“音同语易”之论“其说甚通”。曰:“古人于音近、音转之字,均可通用,故古人姓名往往载籍互异,余昔撰古书人名、地名《异文释》二书,搜罗綦详,而释其异同之故。‘荀’‘孙’二字,古音同部,故古书多通假。考《论语》‘其于乡党,恂恂如也’。《刘修碑》作‘逊逊如也’,‘荀’之为‘孙’,犹‘恂’之为‘逊’矣。”②

陈垣《史讳举例》亦作赞助之论,曰:“汉不避嫌名。……《史记·荀卿传》,《索隐》曰:‘后亦谓之孙卿子者,避汉宣帝讳也。’《汉书·艺文志》孙卿子注、《后汉书·荀淑传》注皆谓‘荀卿避宣帝讳,故曰孙’,亦非也,此唐人说耳。《荀子·议兵篇》,自称孙卿子。《后汉书·周燮传序》有:‘太原闵仲叔同郡荀恁,字君大,资财千万。’《刘平传》作郇恁。西汉末人,何尝避荀!荀之称孙,犹荆卿之称庆卿,音同语易耳。……嫌名之讳,实起于汉以后。”③

要之,“音转说”亦以“荀”字为本姓,但认为汉人由“荀”称“孙”,非为避讳,而乃“荀”“孙”音同或相近,或同部通假,或方音习久,语遂移易而然。

3. 荀孙皆氏说。至晚清,胡元仪又提新说,其作《郇卿别传考异》二十二事曰:“谢东墅驳郇卿之称孙卿不因避讳,足破千古之惑;以为俗音不正,若司徒、信都,则仍非也。郇卿之为郇伯之后,以国为氏,无可疑矣。且郇卿赵人,古郇国在今山西猗氏县境,其

① 刘师培:《刘申叔遗书》,江苏古籍出版社 1997 年版,第 939 页。

② 江瑔:《读子卮言》,华东师范大学出版社 2011 年版,第 57 页。

③ 陈垣:《史讳举例》,中华书局 1956 年版,第 74 页。

地于战国正属赵，故为赵人。又称孙者，盖郇伯，公孙之后，以孙为氏也。……由是言之，郇也、孙也，皆氏也。战国之末，宗法废绝，姓氏混一，故人有两姓并称者，实皆古之氏也。如陈完奔齐，《史记》称田完；陈恒见《论语》，《史记》作田常；陈仲子见《孟子》，《郇卿书》陈仲、田仲互见；田骈见《郇卿书》，《吕览》作陈骈。陈、田皆氏，故两称之。推之荆卿之称庆卿，亦是类耳。若以俗语不正，二字同音，遂致移易为言，尚未达其所以然之故也。"①

胡氏本唐人林宝《元和姓纂》所述，认为"荀卿"之"荀"，本字应为"郇"，乃周文王十七子郇伯之后。但后来作"荀"，非《姓纂》所云"去邑为荀"之故，而是"传写相承，久而不改"使然。至于"郇""孙"之争，胡氏既不赞成"避讳说"，也不认同"音转说"，而是主张荀孙皆氏、两姓并称。但胡氏又认为，因各国公孙之后皆有孙氏，若以"孙"称之，则有"不明所出"之惑，故"后人宜称郇，以著所出"。

较之"避讳说"和"音转说"，胡氏的"荀孙皆氏说"可谓应者寥寥，②然招致的批评是接二连三，既多且猛。如刘师培即曰："近胡元仪作《孙卿别传》，以为郇伯公孙之后，以孙为氏，则说较唐人为尤谬矣。"江瑔亦认为胡氏之说"殊悖于理"，曰："古者姓之外有氏，氏所以别子孙所从出，然未有一人同时而有二氏者。而载籍传述之不同，则由于音近、音转之字而移易，'陈''田'、'荆''庆'亦皆古音同部者也。若谓人有二氏，奚为二氏必为音近之字耶？'荀卿'之为'孙卿'，犹如'管子'之为'筦子'，'孟子'之为

① 〔清〕胡元仪：《郇卿别传考异》二十二事，见〔清〕王先谦撰，沈啸寰、王星贤点校《荀子集解》，中华书局1988年版，第41页。

② 顾实即持"以'孙'为氏"说，曰："荀书《议兵篇》称孙卿子，此自著其氏也。"〔汉〕班固撰，顾实讲疏：《汉书艺文志讲疏》，上海古籍出版社2009年版，第100页。

‘黾子’。‘管’‘筦’、‘孟’‘黾’音皆相近,若如胡氏说,将谓管子别氏为‘筦’,孟子更氏为‘黾’耶?胡氏知‘浮丘伯’之为包丘伯,‘浮’、‘包’音同,而于‘荀’、‘孙’则强分之,亦可谓好于立异者矣。”①

蒋伯潜作《荀子略考》,于谢氏说和胡氏说兼有取舍。其言曰:“荀氏,古郇伯之后,字本作‘郇’,其又作‘荀’或‘孙’者,一音之转尔。”②

4.“孙”为本姓说。这是基于“音转说”衍生而出的一种解释,在某种程度上可视为是对“音转说”的修正或补充。与“音转说”一样,此说亦不认同颜师古、司马贞的“避讳”之论,而认为“荀”“孙”之间是一种音转、通假关系。但与之前的“音转说”有所区别的是,此说认为荀子的本姓并不是“荀”而是“孙”。如梁启雄《荀子简释》即曰:“古书均作‘孙’,独《史记》作‘荀’,疑孙为本字,以音同转为荀耳!”③廖名春也认为:“荀子应该姓孙而不应姓荀。因为从先秦、两汉的文献记载看,除《史记》外,其他文献多作‘孙’,鲜作‘荀’。特别是《荀子》一书,都称‘孙’,这即使不全是荀子亲手所写,至少也当是荀子弟子所记,他们的记载较司马迁说应更可靠。韩非为荀子学生,其著作《韩非子》称其师之姓氏也为‘孙’,这与《荀子》一书的记载是一致的。所以,不管根据‘名从主人’的原则也好,还是根据文献记载的时代先后、数量的多寡也好,‘孙’都应该为本姓。”④故在持此说的学者看来,刘向改“荀”称“孙”,并非为避讳,是在复其本姓而已。

综观四说,皆有所据,各有拥趸,若无确凿新证,恐亦终难

---

① 江瑔:《读子卮言》,华东师范大学出版社 2011 年版,第 58 页。
② 蒋伯潜:《诸子通考》,浙江古籍出版社 1985 年版,第 158 页。
③ 梁启雄:《荀子简释》,中华书局 1983 年版,第 412 页。
④ 廖名春:《荀子新探》,中国人民大学出版社 2014 年版,第 13 页。

定论。但可以预见的是，今后的争论仍将主要在“避讳说”和“音转说”之间展开。不可否认，单就“音转说”本身而言，其所立论，持之有故，言之成理。但若将之放在真实的历史脉络中去考察，则似乎仍有证据不足、说理未融之处。在此，略申两点管见，以供权衡和思考。

第一，虽然有清以来，颜师古、司马贞“避讳”之说频遭质疑，且大有被“音转说”取代之势，但若质诸历史，穷究原委，则知其为说同样是言有所依，论有所据，绝非是简单的一句“此唐人说耳”所能打发了的。考之史籍，宣帝刘询曾于元康二年(292)下过一道避讳诏书。诏曰：

闻古天子之名，难知而易讳也。今百姓多上书触讳以犯罪者，朕甚怜之。其更讳询。诸触讳在令前者，赦之。(《汉书·宣帝纪第八》)

汉宣帝，本名刘病已，字次卿。因“病”“已”二字太过常用，百姓不易避讳，故特下此诏，更名讳“询”。毫无疑问，对于“荀”“孙”之争来说，此一事件的重要性是不言而喻的。但不知何故，不可思议的是，在质疑“避讳说”的过程中，此避讳诏书却鲜被提及和考虑。反思说来，此一史实之有无在很大程度上可能恰恰是问题的关键和核心。若无，由“荀”改“孙”，原因或可两说；既有，那么刘向因避讳而改“荀”称“孙”便是情理之中的事情了。观宣帝诏书，在昭告天下“其更讳询”的同时，还传达了两个非常重要的、不可忽略的讯息：其一，当时，“触讳以犯罪”在律法上显然已有明文规定，且有大量事实发生；其二，只有“上书触讳”才是犯罪，非“上书”者，应可不讳。① 明乎此，则避讳称“孙”之事之于刘

① 〔清〕刘恭冕：《汉人避讳考》曰：“观此知当时例禁，惟上书触讳为犯罪，而民间文字皆不讳可知矣。”

向也就很好理解了。因为刘向校书并非私人行为,而是奉诏行事①;所撰叙录也非寻常临文或民间文字,而是“随竟奏上”②。故于每篇叙录的最后,我们都可以看到一句大致类似的“下言”——“臣向昧死上”。毫无疑问,刘向校书及叙奏正属于臣下“上书”之列。君讳之事,性命攸关。虽说奉诏校书已然是成帝之时,避宣帝讳已属庙讳,但按规制在必避之列。一如陈垣《史讳举例》所言:“大约上书言事,不得触犯庙讳,当为通例。”③有避讳诏文在,有律法条文在,作为光禄大夫的刘向,上书奏事安敢有轻慢、不避之理?

诚然,“音转说”用以否定“避讳说”的最重要论据是“汉人不避嫌名”,宣帝的诏书也确实未曾明言嫌名是否在当避之列。但这并不能构成足够的证据,因为“汉人不避嫌名”并非确定之事实。汉武帝讳“彻”,“彻”字改为“通”,同时并讳“辙”字。清人周广业《经史避名汇考》认为此乃“避嫌讳之始”④。其实,如同任一事物的形成皆有一个过程,嫌名避讳之初肯定也并非是一个整齐划一的状态——要么不避、要么尽避。也就是说,汉人到底避不避嫌名,其实是不能一概而论的。实际的情形恐怕应该是,有避,但不尽避。所以,就汉代来说,纵有再多不避嫌名的个例存在,也不能证明刘向改“荀”称“孙”一定不是因避讳而为之。更何况从刘向本人的具体处境来看,避之比不避之的可能性更大,因为一切通避才是最安全、最

① 《汉书·艺文志》:“至成帝时,以书颇散亡,使谒者陈农求遗书于天下。诏光禄大夫刘向校经传诸子诗赋……每一书已,向辄条其篇目,撮其指意,录而奏之。”

② 〔梁〕阮孝绪《七录序》:“昔刘向校书,辄为一录,论其指归,辨其讹谬,随竟奏上,皆载在本书。时又别集众录,谓之《别录》,即今之《别录》是也。”

③ 陈垣:《史讳举例》,中华书局1956年版,第129页。

④ 〔清〕周广业著,徐传武,胡真校点:《经史避名汇考》卷七,北京图书馆出版社1999年版,第181~182页。

保险的做法,是情理之中,应然,不得不然。

第二,就实而论,"音转说"与"避讳说"之间也并非是非此即彼、互为否定之关系。依"音转说"的思路,汉人由"荀"称"孙"乃方音、习俗中自然而然之过程。但事实恐非如此。改"荀"称"孙"起于刘向,唯有不离刘向及其语境而做出的分析和结论才是最接近事实的。而这个语境并不是"音转说"基于其上并做出判断的方音、习俗,而是作为背景和前提存在的司马迁的《史记》。

毫无疑问,《史记》之于刘向,并非口耳相传。刘向谙熟《史记》,其撰各篇叙录,亦几将《史记》之相关原文全数引录。既如此,面对《史记》之荀卿列传,刘向在照录本文的同时,又怎么可能会在不知不觉间把最不应该也最不可能出现问题的"荀卿"拼读并抄写成"孙卿"而且在之后不曾做出解释和改正呢?案牍之上,"荀""孙"移易而不觉,这在逻辑上显然是说不通的。那么退一步讲,刘向改"荀"称"孙"会不会是单纯基于方音、习俗的原因而有意为之?若此,我们面对的便是一个几乎没有任何可能性的问题:刘向会宁可舍弃《史记》中的规范称谓而去迎合方音习惯、使用一个俗音不正的字吗?其必要性和意义何在?

所以,在刘向改"荀"称"孙"问题上,起码有两点是可以确定的:其一,这不是一个在方音、习俗中的自然而然、习而不觉的过程,刘向改"荀"称"孙"是自觉意识中的刻意而为,而且是不得不为;其二,这个刻意为之而且不得不为的原因一定不是"音转"而是另有其因。如此而然,那么这个令刘向必且为之而且无须做出任何解释的原因到底是什么呢?避讳!在刘向的语境下,除此而外,恐怕很难找出第二种更加合理的解释。也就是说,刘向改"荀"称"孙",非为其他,而实如《四库提要》所云:"以宣帝讳询,避嫌名也。"若然,那么接下来的问题自然就是怎么避,按照什么样的方法避?答案是"音转"。这才是"音转说"真正出场并发挥作用的地方。古人避讳所用的方法有多种,并没有一定之规,陈垣《史讳举例》归纳为四类,王新华《避讳研究》梳理出来的方法则有12种之多。而刘向在这里所依循的方法便是"音转",也即用方音习惯中的一个音转之字假借而代之。

由此以见,"音转说"与"避讳说"之间,其实并不必然势不两立、形同水火,二者不仅在理论上有可以相互兼容和会通的空间,而且事实上可能恰恰就是同一历史事件及其脉络中的两个重要的环节。质言之,"音转"并不是刘向改"荀"称"孙"的原因,而是刘向为避宣帝嫌名之讳所使用之方法。①

二、"荀卿"之"卿"到底是何含义

在姓名问题上,除"荀""孙"之争,另一个争议的焦点是围绕"荀卿"的"卿"字进行的。众所周知,在日常生活或历朝典籍中,对周秦诸子的称谓一般并无二致,要么直呼其"名",如孔丘、庄周、墨翟、孟轲;要么尊而称"子",如孔子、庄子、墨子、孟子等。而荀子的称谓有些许不同,在呼名称子(如荀况、孙况、荀子、孙子)的同时,汉代又常被称作孙卿、孙卿子,其他朝代常被称作荀卿、荀卿子。因此,在对荀子"名况"向无异议的情况下,"卿"字的含义为何便时常成为引起人们关注和争议的一个问题。梳理可见,自唐以来,围绕此议题所形成之观点,大致可分成三派,亦述略

---

① 当然,反思说来,"音转"也并非是刘向唯一可以采用的方法,"以氏为姓"同样是一个可能的选项。郑樵《通志·氏族略》曰:"三代之前,姓氏分而为二,男子称氏,妇人称姓。氏所以别贵贱,贵者有氏,贱者有名无氏。……姓所以别婚姻,故有同姓、异姓、庶姓之别。"若如胡元仪所考,荀子乃郇伯公孙之后,以"孙"为氏。则刘向为避宣帝讳,亦可能以氏为姓,以"孙"代"荀"。由此而言,"避讳说"与胡元仪的"荀孙皆氏说"之间,亦有可会通之处。

如下：

1.“卿”为尊号说。司马迁做《史记》，孟、荀同传，但称谓有所区别，前者称“子”，后者曰“卿”。“子”乃尊称，世人皆知，无须解释；那么，“卿”者何谓呢？司马迁未做说明，后人也不甚了了，但很明显的是，在当时，司马迁眼中的“卿”字和“子”字一样通晓易知，无须作解。至成帝时，刘向校理荀书，作叙录，在姓名问题上，较《史记》出现两大变化：一是改“荀”称“孙”；二是首言“名况”。但“卿”字依然袭用，曰：“孙卿，赵人，名况。”既然“况”为其名，那么“卿”字到底何谓呢？刘向同样未做说明。直到唐代司马贞作《史记索隐》，“卿”字的含义才终于有了第一个明确的说法。于列传“荀卿”之下，《索隐》曰：“名况。卿者，时人相尊而号为卿也。”“况”为其名，“卿”乃尊号。此说一出，千年间再无异议。不过，从史籍的实际使用情况看，似乎也并不都是或总是将“卿”字视为尊号。在一些学者①看来，最典型的用例就是“孙卿子”和“荀卿子”。在“卿”字后面加“子”，意味着使用者眼中的“卿”字并非尊称。其实，更无疑义的用例是宋代的二程和朱熹。程、朱扬孟而抑荀，对荀子极尽苛责和诟病，因此从态度上说，实无推尊、敬佩可言，但我们仍然可以发现，于言谈中，他们经常称荀子为“荀卿”。不消多说，此类情况之存在正是催生新的解读或说法的原因所在，同时也为新说提供了一个思考和解释的空间。

2.“卿”为官称说。对“卿”字的意义另有新识的是清朝乾嘉之际的汪中。他在《经义新知记》中这样说：“《孟子》书载，孟子为卿于齐，而其自言曰：‘我无官守，我无言责。’赵氏《注》‘孟子将朝王’云：‘孟子虽仕于齐，处师宾之位，以道见敬。’诸侯上大夫

---

① 即持“卿为其字说”的学者们，如江瑔、钱穆等。他们认为，若“卿”为尊美之词，“子”亦为尊美之词，则“既曰‘卿’又曰‘子’，则不词矣”。

卿也,通谓之卿。是孟子亦列大夫也。刘向《荀子叙》云:‘方齐威王、宣王之时,聚天下贤士于稷下,尊宠之,若驺衍、田骈、淳于髡之属甚众,号列大夫。’又曰:‘至齐襄王时,孙卿最为老师。齐尚修列大夫之缺,而孙卿三为祭酒焉。’《史记》亦云。然则荀子之称‘卿’,盖以官著,如虞卿者欤?”①“卿”乃官称,而非尊号,故汪中著文美荀②,在称“荀卿”的同时,又称其曰“荀卿子”。至晚清,胡元仪再作考辨,虽然对汪中“未尝适赵”的说法颇有微词,谓之“缪之缪者”,但在“卿”字问题上,二人甚有共识。其《郇卿别传》曰:“昔孟子为卿于齐,郇卿亦为卿于齐。虞卿为赵上卿,时人尊之,号曰虞卿,郇卿亦为赵上卿,故人亦卿之而不名也。”③《郇卿别传考异》二十二事又曰:“齐宣王尊宠稷下诸子,号曰列大夫,言爵比大夫也。……然不称列大夫而曰为卿,盖卿即列大夫之长,所谓郇卿三为祭酒是也。然则郇卿亦为卿于齐矣。《史记·虞卿传》:‘虞卿说赵孝成王,再见,为赵上卿,故号虞卿。’郇卿亦为赵上卿,又从虞卿受《左氏春秋》,郇卿之称‘卿’,盖法虞卿矣。刘向云:‘兰陵人喜字为卿,以法孙卿也。’然则在齐人、赵人称郇卿,尊之之辞也;兰陵弟子称郇卿,美之之辞也。”④依胡氏之见,“卿”字之于荀子,固为尊美之辞,然其来有自,本于官称。在齐,“卿”为列大夫之长,荀子三为祭酒,在列大夫之上,故不称“列大夫”而称“卿”;之赵,以为上卿,位同虞卿,故法虞卿而称“荀卿”。

---

① 〔清〕汪中著,田汉云点校:《新编汪中集》,广陵书社2005年版,第2~3页。

② 见汪中《荀卿子通论》。

③ 〔清〕胡元仪:《郇卿别传考异》二十二事,见〔清〕王先谦撰,沈啸寰、王星贤点校《荀子集解》,中华书局1988年版,第33页。

④ 〔清〕胡元仪:《郇卿别传考异》二十二事,见〔清〕王先谦撰,沈啸寰、王星贤点校《荀子集解》,中华书局1988年版,第41~42页。

3.“卿”为其字说。学术界一向以刘师培、江瑔为此一说法之始作俑者,其实在稍早一些的章太炎那里,此说已见端倪。章太炎《膏兰室札记》即有言:“刘子政《荀子序》云:兰陵多善为学,盖以孙卿也。长老至今称之曰:兰陵人喜字为卿,盖以法孙卿也。按《汉书·儒林传》云:孟喜字长卿,东海兰陵人也。父号孟卿。(旁注:师古谓时人以卿呼之,若言公矣。亦备一说。)此兰陵人喜字为卿之证。”①“卿为其字”之意已隐约可见,呼之欲出。其后刘师培、江瑔的工作实乃此一意念或主张之具体论证和正式表达。所以,较之章太炎,二人的观点已然确定而鲜明:“卿”字既非尊号,也非官称,而是荀子的字。如刘师培《荀子斠补》即曰:“况为荀子之名,则卿为其字。……以卿为相尊之称,此大误也。……据本篇(即刘向《孙卿书录》)后文云:‘兰陵人喜字为卿,盖以法孙卿也。’此即字卿名况之确证。若以称卿由时人相尊,则卿与子同,非孙况所能专,弗应兰陵人竞取为字也。”并作注论证:“《说文》及《广雅·释言》云:‘卿,章也。’况与皇同。《诗·周颂·烈文》传:‘皇,美也。’是卿、况义略相符,故名况字卿。”②江瑔《读子卮言》则曰:“古人有名必有字,孟、荀之字均不见于古籍,窃谓‘卿’者即荀子之字也。古者名字相因,王引之作《春秋名字解诂》,搜录甚详,而证其相因之义。‘卿’与‘况’皆同部字,其义均为长为大,故名况字卿。……刘向《叙》曰:‘兰陵人善为学,盖以孙卿也,长老至今称之。曰:“兰陵人喜字为卿,盖以法孙卿也。”’云云,此为荀子字‘卿’之确证。刘向不言兰陵人‘喜名为卿’,而曰‘喜字为卿’,则‘卿’为荀子之字可知。盖荀子本字‘卿’,兰陵人向往遗风,故争以荀子之字为字,以示不忘典刑之意,如孟卿之

① 上海人民出版社编,沈延国、汤志钧点校:《章太炎全集·高兰室札记诂经札纪 七略别录佚文》,上海人民出版社2014年版,第188~189页。

② 刘师培:《刘申叔遗书》,江苏古籍出版社1997年版,第939页。

流是也。若以'卿'为卿大夫之称,则'卿'非荀子所固有,奚为效之?且如其说,必曾为卿而后可称'卿',兰陵人未曾为卿,何以侈然而为卿大夫之号?兰陵人素知礼,断不若是之无耻也。况古有荆卿,亦称'庆卿',岂亦曾为卿乎?"又曰:"《荀子》书多称曰'孙卿子',《汉书·艺文志》及《隋书》、《旧唐书》《经籍志》亦皆曰'孙卿子',《唐书》、《宋史》《艺文志》又皆曰'荀卿子'。其称'子'者,尊美之词也。'卿'为尊美之词,'子'亦为尊美之词,既曰'卿'又曰'子',则不词矣。是可见'卿'为荀子之字,而非卿大夫之称,故可曰'孙卿子'或'荀卿子'。"①

以上即围绕"荀卿"的"卿"字所形成的三种历史解读。从学术界的反应和所呈现的影响看,第三种解读即"卿为其字说"的解释力无疑是最强的,故今之学者多从此说②,著述言谈之间,似乎已成定论。但话又说回来,一种解释力最强的观点是否意味着它也是最正确的呢?其实未必。由反思可见,"卿为其字"说也确实不能真正令人心安理得,因为其所使用的证据事实上没有一条是板上钉钉、确凿无疑的。从"名字相因""义略相符"论证"名况字卿",没有事实,仅凭推论,看似有理,实为臆断。③ 当然,除此,"卿为其字说"还有两个引以为切实而充分的证据:一即所谓的"确证"——"兰陵人喜字为卿";二是一个历史的事实——"卿""子"连称。但事实上,这两条看似可靠的证据同样有甚可质疑之处。比如前者,就很难说是一个"确证"。"兰陵人喜字为卿"当

---

① 江瑔:《读子卮言》,华东师范大学出版社2011年版,第59~61页。

② 如钱穆之持论即全从江瑔,其《孟子不列稷下考》一文即曰:"荀子称卿,自为其字。刘向《叙》曰:'兰陵人喜字卿,盖法孙卿。'此荀子字卿之确证。燕有荆卿,不闻其为卿。《荀子》书多称荀卿子,子者尊美之词。若卿已为尊美之词,既曰卿,又曰子,则不词矣。"

③ 参阅龙宇纯:《荀子论集》,台湾学生书局1987年版,第3页。

然与荀子称“卿”有关,但与“卿”字是否是荀子的字没有确定而必然的关联。对兰陵人来说,“卿”就是一个与其人相关并因其人影响而颇受人们喜爱的一个字,这就足够了,至于它在荀子那里到底是名、是字、是官称还是尊号,其实并不重要,也未必能搞得清楚。即如学者所言,“以‘卿’为字,不一定必须据其字为字”①;至于后者,问题就更大了,把历史上“卿”“子”连称的情况当作证据来使用,实质上是犯了一个逻辑上“倒果为因”的错误。因为在司马迁和刘向那里,荀子仅被称作“荀卿”或“孙卿”,称“孙卿子”“荀卿子”应是后来的事情②,也就是说,“卿”“子”连称本身就是一个有待论证并判断对错的问题,又怎么可以拿来当作一个不证自明的前提来使用呢?更何况,考之史籍,“卿”“子”连称亦未必不词。近有学者③在《史记·项羽本纪》中就发现了一个典型用例:“王召宋义与计事而大说之,因置以为上将军……诸别将皆属宋义,号为卿子冠军。”裴骃《集解》引文颖曰:“卿子,时人相褒尊之辞,犹言公子也。”其实,从司马贞《史记索隐》对“荀卿”姓名的解读中似乎也能证明裴骃所引文颖之言不虚。司马贞的原话是这样:“卿者,时人相尊而号为卿也……后亦谓之孙卿子者,避汉宣帝讳改也。”如果文本本身不存在讹窜情况的话,那么这段注解文就很能说明问题。他一方面云“卿”为尊号,另一方面对“卿”“子”连称却丝毫不以为意。这说明什么?说明“卿子”之称在当时确实是一个为人们普遍熟悉并接受的概念。若果如江瑔、钱穆等所言,二字连称为“不词”,则司马氏断不会有“卿”为尊号之

① 廖名春《〈荀子〉新探》,中国人民大学出版社 2014 年版,第 14 页。

② 《荀子》本文中的“孙卿子”和“荀卿子”,以颜师古、司马贞“避讳”说推之,亦刘向之后改窜使然。

③ 参阅廖名春:《〈荀子〉新探》,中国人民大学出版社 2014 年版,第 15 页;卢永凤、王福海:《荀子与兰陵文化研究》,山东人民出版社 2013 年版,第 5 页。

语,否则,前后抵牾之明显,司马氏的错误也实在太过低级了。司马贞不至于此!

其实,判断“卿”字本义的最可靠的方法还是要回到最初的语境即司马迁的《史记》中去考察。司马迁对待孟、荀的态度是众所周知的,用清代学者梁玉绳的话说,即叫作“孟、荀齐号”。在《史记·孟子荀卿列传》中,司马迁称前者为“孟子”,称后者曰“荀卿”。那么,以“孟荀同尊”之理推之,荀卿的“卿”字与孟子的“子”字一样,首先而且肯定是一个尊美之辞。“子”为尊称而“卿”为其字的情况理应不会出现,这是其一;其二,如果“卿”字仅仅是一个与“子”字一样的尊美之辞的话,那么司马迁也大可不必在“子”字以外另择“卿”字而用之,统以“子”称,岂不更加简洁明了,而且符合习惯和常理?所以毫无疑问,在这里,“荀卿”的“卿”字除了具有与“子”字一样的尊美之义,它一定还有另外的意义。也就是说,在司马迁的眼里,“卿”字之于荀子,一定是一个比“子”字更加贴合其身份、更能表征其个人属性的概念。那么,较孟子或其他诸子而言,荀子到底拥有怎样一种用“子”字无法表征、但用“卿”字能够表征的身份或独特性呢?说出来其实无人不知,那就是《史记》告诉我们的一个事实——“最为老师”,“三为祭酒”。稷下学宫,百家荟萃,名士云集,然而在前后约一百五十年间,能享此殊荣者,唯荀子一人而已。如此荣耀而独特的身份及寓意,一般意义上的尊称即“子”字显然是无法涵盖和呈现的,于是便有了唐人司马贞向我们揭示的另一个事实——时人相尊而号曰“卿”。司马迁在《史记》中不曰“荀子”而称“荀卿”,缘由即在于此!如此而然,则“卿”字之本义也就清晰可辨、一目了然了。首先,“卿”之于荀子,并非其人之字,而是如“子”字一样,是尊美之辞;其次,但它同时确实又与“子”字不同,而具有某种程度的官职色彩。因为此尊号之获得,几乎可以肯定是与其“三为祭酒”“最为老师”的独有经历相关。而之所以又说是“某种程度”，是因为荀卿之“卿”毕竟与体制之内拥有实际权责的职官不同，虽为学宫之长，但与赐号“列大夫”的稷下诸先生一样，皆属于“不治而议论”之列。

如此说来，汪中、胡元仪的“卿为官称”说也并非全无见地。简单、笼统地说荀卿之“卿”即官称，固然有失偏颇；谓荀子曾适赵为卿，且法虞卿而称“荀卿”，亦难免有无稽妄断之嫌。但他们推定在“三为祭酒”“最为老师”与荀子称“卿”之间有直接而不可分割之关联，甚合情理，当为不易之论。故在今天，若想准确地理解和把握“卿”字的本义，有必要在司马贞“尊号”说的基础上，取汪、胡之说参酌以观。当然，从逻辑上说，汪、胡之所见其实已经在“卿为尊号说”的语义涵括之中，而且在司马贞的眼里，如同在司马迁的眼里一样，应该是被当成了一件不言自明、不必做解的事情。但是，随着时空的推移和转换，“三为祭酒”与荀子称“卿”之间原本还算清晰和明确的关联却逐渐变得似有若无、模糊不清了，乃至到最后，歧说纷出，莫知所是。所以，重新厘清并确定二者之间的脉络和关系，从而还原荀子称“卿”之事实真相和本义，实属一项必且为之而不能略过的工作，汪、胡之说的意义即在于此。

三、结语

综上可见，关于荀子的姓名，虽然有清以来，新论迭出，异说纷呈，且不乏复杂而严谨的考据和论证，但比较而言，还是最初的解读即唐人颜师古、司马贞之说最为切实和近理。故在此问题上，甄别取舍，仍当以颜、司之说为主，至于后起诸说，凡能与之兼容、会通者，则可引为参考和补充。准此，荀子姓名约略可知：荀子，名况，字不可考。因于稷下时，“三为祭酒”，“最为老师”，时人相尊而号曰“卿”，故又称“荀卿”；汉时，刘向奉诏校书，为避宣帝刘询之讳，依“音转”而改“荀”为“孙”，故又称“孙卿”。

荀子的思想体系新探

吴展良
(台湾大学历史系教授)

荀子,战国后期人,乃稷下最有名的儒者,在儒学史上常与孟子并称。唐代以前,学者普遍尊荀子过于孟子。宋代以降,学者重视道德性命之学,理学家尤其批评荀子的性恶说与法家倾向,是以尊孟子远过于荀子。[①] 从清末以来,学者多批评荀子的学说有利于专制,甚至以其为"封建"传统的代表。新文化运动之后,知识分子普遍反传统。少数继续讲传统的学者,多宗主宋明理学,亦重孟子远过于荀子。是以清末民国以来,荀子的学说也一直受到忽视。

现当代学人有许多喜爱研究荀子,然而其观点一般多从西哲出发,或深受西哲与现代视角的影响。许多现代学者喜爱荀子学说似乎具有的"理性"、分析能力、系统性或"综合性"特质。如东方朔的荀子思想研究论集名为《合理性之寻求》[②]。佐藤将之论述荀子思想通乎天、地、人,超越了国家与朝代观念,而有很完整、

---

① 朱熹:"荀卿全是申、韩。""荀子极偏驳,只一句'性恶',大本已失。"(《朱子语类》卷一三七)

② 东方朔:《合理性之寻求:荀子思想研究论集》,台湾大学出版中心2011年版。

美丽的一套"综合性"学说。具有丰富的伦理实践意涵,以及"分析国家社会的理论意涵"。① 另外则是重视荀子思想的综合融通性,例如佐藤将之《荀子礼治思想的渊源与战国诸子之研究》便提出荀子的思想以"综合"为特征。此书同时认为"荀子哲学旨在'栽培能够治理天下的帝王'"一说,虽颇有所见,但似乎也太偏于"帝王"一人。② 还有不少学者分别从西方政治哲学、社群主义、美学、逻辑学、身体观等角度分析荀子的思想。③ 更多学者同时受西方与传统思想激发,经常探讨荀子的心、性、天、人等观念,以及天人关系、学派归属等问题。各种角度各有其所得,颇能展现荀子学说的丰富性乃至现代意义。然而因为其问题意识深受西哲或现代视角影响,未必能深入荀子的本意。本文则希望能够尽量回归中国历史,从荀子与当时人最关心的核心问题出发,重新诠释荀子的学说。

---

① 佐藤将之在《参于天地之治:荀子礼治政治思想的起源与构造》中强调:"经由阐述'礼'概念的各种功能,荀子将当时备受怀疑的伦理工夫之效能,以及过度抽象化的各种政治论辩内容,重新界定为每个人都能够实践的伦理准则;早期儒墨的'伦理论辩',由此提升为富有分析国家社会原理的'礼治论'。而因为荀子的礼治论兼有丰富的伦理实践意涵,以及分析国家社会的理论意涵,其后更成为汉朝建立国家制度与伦理基础时的设计蓝图。"参阅佐藤将之:《参于天地之治:荀子礼治政治思想的起源与构造》(台湾大学出版中心 2016 年版,内容简介);类似观点又见佐藤将之:《〈荀子〉"礼治论"的思想特质暨历史定位》,载《邯郸学院学报》2012 年第 4 期。

② 佐藤将之:《荀子礼治思想的渊源与战国诸子之研究》,台湾大学出版中心 2013 年版,第 xii 页。

③ 参阅陈昭瑛:《荀子的美学》,台湾大学出版中心 2016 年版;杨儒宾主编:《中国古代思想中的气论及身体观》,臣流图书公司 1993 年版;卢永凤:《社群主义视野下的荀子政治哲学研究》,山东大学 2011 年博士论文;李哲贤:《东亚汉学视野下之荀子名学研究综述及反思》,载《邯郸学院学报》2017 年第 3 期。

荀子身处战国晚期,当时天下最大的问题是各国长期激烈征战,生灵涂炭。若不能指出一条比较理想的解决之道,则战争、混乱与生民的痛苦永无休止。为了从根本上解决问题,荀子呼唤真正的王者与王道体制,以求重新建立世界秩序,并期待长治久安。中国从夏、商、周时期,政治的规模就已经非常巨大。当周代封建制度崩坏后,要维系这样巨大的政治体系的和平与稳定,可行的选项其实很有限。除了一些比较空想型的政治提议外,春秋战国时期的学人,如墨子、荀子,最后都指向体系森严、层层节制、以上治下的制度。即使如孟子,也主张“天下恶乎定”“定于一”(《孟子·梁惠王》)的王道。这些都是中国大一统帝王体制的思想渊源,而荀子的学说,对后世影响最为深远。

在战国儒家当中,孟子不太讨论政治体制,因为他首重德行,而且孟子政治、社会论述背后的基底仍是封建体制。他主张“天下之本在国,国之本在家,家之本在身”(《孟子·离娄》),倾向于认为每个人本于道德做事,则天下可治。是以孟子的思想比较容易接上个体自主与民间自治。荀子的思想则首重政治体制设计与由上而下的控制,通过贤能政治与刑赏威罚,由政治体系基本调控所有资源并规范供给。他所提出的国家体系,比起先秦诸家,最接近两汉以降中国两千年的政治乃至教化体制。① 汉代以降的政治在上层统治结构上,大量运用了法家,社会文化则主儒家,形成“体儒用法”的构造。而韩非、李斯正是荀子的学生,其思想渊源清楚可寻。仅从这些,就可见荀子的重要性。

---

① 这与我们今天看到的中国治理架构仍颇有类似,可说古已有之。此架构数千年,是中国之所以能维系的根本原因之一,是以中国的政治不容易跳出这条路子。必须先要懂得这一点,才能谈中国政治的改革与改良。如果不懂,只能是一次又一次失败的自由民主运动,跟现实政治始终有距离。

一、荀子思想的出发点

讲思想史，必须要从历史自身情境与脉络出发。20 世纪初以来讲荀子思想，人人都难免深受新文化运动与西潮的影响。像冯友兰讲荀子所建构分析化与系统化的人性论、认识论、形上与本体论。① 固然简单明了，很符合现代人的胃口，但其实离古人的思想很远。

如前所述，战国时期最大的时代问题应是如何重新建立良好的世界政治秩序。若从这一问题重新审视荀子，不要说将与西化派、西方哲学化派，甚至与近现代传统派的很多看法都会颇有不同，这就牵涉荀子思想的出发点到底是什么的问题。

《孟子》思想的出发点很清楚，第一篇《梁惠王》开宗明义，以仁义教导王者如何治国平天下。《孟子》一书都在说明如何以仁义之道施与仁政，从上而下地安顿天下。他认为仁义植根于人性，是人们共同的、终极的向往。只要能行仁义，则天下必然能安。

至于荀子的思想，若观其书的篇章主题与内容，如《儒效》《仲尼》《王制》《富国》《王霸》《君道》《臣道》《致士》《议兵》《强国》《成相》《大略》《哀公》《尧问》均明显以政治，尤其是政治体制与路线为主。至于《天论》《正论》《礼论》《乐论》《解蔽》《正名》《性恶》《君子》《赋》《宥坐》《子道》《法行》则以教化为主，亦与政治密不可分。至于全书一开始的《劝学》《修身》《不苟》《荣辱》《非相》《非十二子》诸篇，则继承《论语》的传统，先论为学。当我们细读《劝学》《修身》《不苟》乃至《荣辱》《非相》《非十二子》等篇，

---

① 冯友兰：《中国哲学史》，台湾商务印书馆 2015 年版；冯友兰：《中国哲学史新编》，人民出版社 1998 年版。

则发现他所学、所修、所论一切,依然是以先王之政教与礼义为中心,并以如何完成治国平天下为目标。是以知其学实以天下“政教”应当如何为主轴,并由之展开专题化、系统化的论述,与孟子颇为不同。

荀子不仅讨论了他所继承的王道、王政传统,也讨论了如何在此基础上,重新建立一统的国家。换言之,他不仅讨论了理想的政教,也讨论了如何具体建国与立国,而这些正是战国晚期最迫切的时代问题。《荀子》一书即以如何兴起王政与王道,以建立世界的合理新秩序为其主要关怀。本文乃以《荀子·王制》为主轴,尽量依照其原有论述次序分析其思想,以得其原貌。荀子论各种事物的重点,都在于要学习百王之道,继承其礼义精神,以建立理想的新“王制”,这是荀子思想的核心问题与起点。至于其思想渊源问题,笔者认为难以具体讨论,因为我们几乎完全不知道荀子成学的过程。作为一个集大成的学者,他所受儒家经典与先秦诸子的影响是多方面的,均可一一分析,若企图对其思想渊源下一定论,则很可能会流于揣测。①

司马谈《论六家要旨》开宗明义说:“易大传:‘天下一致而百虑,同归而殊途。’夫阴阳、儒、墨、名、法、道德,此务为治者也。”②中国“天下型”的巨大格局使其天生如此,中国思想,尤其是先秦诸子的核心问题还是要从“论治与论政”出发。阴阳、名、墨如此,法家、儒家更是自始如此,到孟、荀依然,只是各人的立论主轴有所不同。而荀子正是其中尤为杰出的代表。

---

① 《史记》只记荀子五十岁之后数事,而且因为史料稀缺,《史记》所记数事之发生时间与真伪尚且众说纷纭,无论其成学过程。参阅《史记·孟子荀卿列传》;刘向:《荀子叙录》;汪中:《荀子年表》;钱穆:《先秦诸子系年》;梁涛:《荀子行年新考》。

② 司马谈:《论六家要旨》,见司马迁《史记·太史公自序》。

《史记·孟子荀卿列传》说:"自驺衍与齐之稷下先生,如淳于髡、慎到、环渊、接子、田骈、驺奭之徒,各著书言治乱之事,以干世主,岂可胜道哉! ……齐襄王时,而荀卿最为老师。齐尚修列大夫之缺,而荀卿三为祭酒。"稷下先生们讨论的重点是"治乱之事",而荀子是其中最受尊崇的学者,其学说的出发点与中心是"治乱之事",也就很自然了。

二、荀子的划时代贡献:大一统王政与贤能政治

《荀子·王制》代表了封建体制到帝王制度的根本性变化,其新的大一统帝王制度及完整的贤能政治理论,都是一种划时代的贡献。在春秋战国列国相争数百年之后,封建君主制势必无法继续,战国时代列强的"军国"体制更是荼毒百姓,在这种情形下,乃有《王制》的出现。《王制》继承了封建君主制,而进一步往帝王制发展,期之以王道,成为两汉以降两千余年中国帝王制度的基本蓝图。

有人认为,荀子是主张君主专制,事实上,荀子主张非常彻底的贤能政治。除了王者,以贤能与否,决定人在政治社会上的位置。并以"大儒",期待于"王者之人",亦即王者及其佐辅所构成的权力中心。他继墨子之后,彻底打破封建贵族世袭的传统。墨子虽首创"尚贤"的政治理论,然而荀子的体系更为完整,并与夏、商、周三代的礼乐传统相结合,成为当时最有实践力量的理论。不仅如此,荀子还提出王者当全面照顾老百姓的主张,这非常值得注意。

(一)大一统王政与贤能政治

《王制》开宗明义说:

请问为政?曰:贤能不待次而举,罢不能不待须而废,元

恶不待教而诛,中庸民不待政而化。分未定也则有昭缪。虽王公士大夫之子孙,不能属于礼义,则归之庶人。虽庶人之子孙也,积文学,正身行,能属于礼义,则归之卿相士大夫。

为政首重举贤能,罢不能,诛政治上的元恶,使一般人不待政成而可化。可见荀子的"为政"思想是从贤能政治出发,以贤能政治为最根本的要求与其体系合理性的根源。这种以"为政"为首要的考虑,表现了先秦诸子"言治"的传统。这并非简单地从君主出发,而是从"为政"出发,虽然在当时的历史条件下,能"为政"者,必须是以君王为中心的政治体。而其理想的政治,一言以蔽之,是以贤能政治为根本。主张政治上务必用贤能,打破阶级,只问行为是否系于礼义,是否贤能,而不问出身背景,这不能不说是历史上的一大进步。①

而此种以建立政治秩序为目标的贤能政治,同时非常重视改造"奸民"与赡养"身障人士":

故奸言、奸说、奸事、奸能、遁逃反侧之民,职而教之,须而待之,勉之以庆赏,惩之以刑罚,安职则畜,不安职则弃。五疾,上收而养之,材而事之,官施而衣食之,兼覆无遗。才行反时者死无赦。(《荀子·王制》)

对发出足以造成恶劣影响的言论、行为,或逃匿反叛的人要给予适当职务,"职而教之",以庆赏刑罚管理之,这大抵属于维稳行为。有"瘖、聋、跛躄、断者、侏儒"等残疾者,由政府全面收养照顾,并因材而用之。至于反抗这一切的,则以死刑待之,这显示了荀子强调威权的一面。

夫是之谓天德,王者之政也。(《荀子·王制》)

天包覆照管一切,有刑有赏,所以说是天德,以"王者之政"比之。荀

① 本段文本解释参考《荀子》,杨倞注。

子继承了周天子的传统,而进一步往大一统的政局迈进。

(二)分贵贱贫富之等以养天下

荀子进一步讨论为何要在制度上要有贵贱贫富的分别。他说:

> 分均则不偏,埶齐则不壹,众齐则不使。有天有地而上下有差,明王始立而处国有制。夫两贵之不能相事,两贱之不能相使,是天数也。埶位齐而欲恶同,物不能澹则必争,争则必乱,乱则穷矣。先王恶其乱也,故制礼义以分之,使有贫富贵贱之等足以相兼临者,是养天下之本也。《书》曰:"维齐非齐。"此之谓也。(《荀子·王制》)

人不可能没有欲望,若地位平等则必然相争,是故王者"制礼义以分之,使有贫富贵贱之等"。有了贵贱贫富之分,则在上位者可以使下,社会方可以弭争。换言之,是为了政治社会上能够弭争与驱使人,所以才有了贵贱贫富的分别。

荀子最怕的是"乱",《荀子·富国》说:

> 夫有余不足,非天下之公患也,特墨子之私忧过计也。天下之公患,乱伤之也。

荀子认为资源不足不是天下之公患。"墨子之'非乐'也则使天下乱。墨子之'节用'也则使天下贫。"(《荀子·富国》)是故:"墨子大有天下,小有一国,将蹙然衣粗食恶,忧戚而非乐。"(《荀子·富国》)换言之,荀子认为政治秩序或者说政治稳定是第一考虑,这一点基本为后世中国所继承;墨子兼爱与平均的想法,变成次要的考虑。

为何要重视礼乐呢? 因为"知夫为人主上者不美不饰之不足以一民也,不富不厚之不足以管下也,不威不强之不足以禁暴胜悍也。故必将撞大钟、击鸣鼓、吹笙竽、弹琴瑟……"(《荀子·富国》)

换言之,没有美饰及富厚的礼乐无法形成以上管下、以威禁暴的政治秩序。这不是以暴力威吓,而是以礼乐悦服与震慑,在当时自然是较高明的办法。也从根本上界定了贵贱贫富。是以荀子主张:

众人徒、备官职、渐庆赏、严刑罚以戒其心。使天下生民之属皆知己之所愿欲之举在是于也,故其赏行;皆知己之所畏恐之举在是于也,故其罚威。赏行罚威,则贤者可得而进也,不肖者可得而退也,能不能可得而官也。若是,则万物得宜,事变得应,上得天时,下得地利,中得人和……夫天下何患乎不足也?(《荀子·富国》)

只要有良好的政治秩序,贤者在上,不肖者斥退,则“万物得宜,事变得应”,“天下何患乎不足”。即政治秩序是一切的根本,若得之,不必担心天下会不足。这个说法,在后世一直很有影响。

为了这个宏大而根本性的目标,荀子主张,贤能者当身在上位,并得到好的享用,相对的,若是不贤能者居位,则必须受罚。故曰“礼在于养”,礼要让人人都能得到养,但人世间资源有限,荀子主张将天下资源按贵贱上下分配,使在上位者得到赏,下位者则依不同的贤能层次,得到相应的位置与资源。这套方法,为后人所继承。荀子在打破了传统的世袭贵族的基础上,开创了一个合理性较高的政治制度理论。

相应于此基本蓝图,荀子提出“田野县鄙者,财之本也”和“工商众则国贫”的重农抑商主张。他的学说又为韩非、李斯所继承。从秦汉以降直至清末,中国历代大体均奉行重农抑商的政策,并由士、农、工、商构成“四民论”,成为中国社会的基础架构,其说实起于荀子。大抵在春秋以前,商业是受王命方可有的行为。春秋时期,列国竞争,从齐国开始,政策上多以振兴商业为务,而商人在政治上也颇有影响力。以商业为末业,起于春秋末年的范蠡、计然,然而他们仍强调“农末俱利”,并未轻商。商鞅变法重农抑商,然而影响仅限于西陲。到了荀子、韩非以及《吕氏春秋》,才奠定了中国历史重农轻商的思想。① 学者多知晓此事,然而不知这必须在荀子“分贵贱贫富之等”,建立普世政治秩序以养天下的蓝图下理解,与大一统政治的基本需求有密切的关系。唐宋以来,尤其是明中叶以降,士人、学者虽有颇多为商人申冤的,但均不能从政治结构的层面思考此事,是以终归无效。② 此为秦汉以下中国政治社会的基本结构,至今仍有重大影响。

(三)王者之德

何谓王者,荀子说:

> 王者之人:饰动以礼义,听断以类,明振毫末,举措应变而不穷。夫是之谓有原。是王者之人也。(《荀子·王制》)

王者之人,或指王者之佐,或指王者本人。其一举一动,均需以“礼义”整饰(“饰”通“饬”)。③ 所听闻之事,均能以类加以区别判断。明足以举毫末,无论事情如何变化,均知道如何举措以应变,这显然需要极高的修养与智慧。“有原”就是有本,王者之人,缺此本领不可。由此可见,荀子对中国“政治中心”的要求极高,深知不如此,不足以为王者。

荀子认为,王者之政最重要的是要让贤能在上。为达此目

---

① 李达嘉:《从抑商到重商:思想与政策的考察》,载《“中央”研究院近代史研究所集刊》2013 年第 82 期。“四民”说源于《管子·小匡》:“士农工商,四民者,国之石民也。”“石民”乃国之基础,犹柱之石,不具等级意。在秦汉以降的重农轻工商的政策下,四民的等级才有明显的区隔。

② 为商人申冤的意见可略见李达嘉:《从抑商到重商:思想与政策的考察》,载《“中央”研究院近代史研究所集刊》2013 年第 82 期。

③ 熊公哲注译:《荀子今注今译》,台湾商务印书馆 1984 年版,第 157 页。

标,务必要懂“听政”。这个“听”字用得很高明:

听政之大分:以善至者待之以礼,以不善至者待之以刑。两者分别则贤不肖不杂,是非不乱。贤不肖不杂则英杰至,是非不乱则国家治。……凡听,威严猛厉而不好假道人,则下畏恐而不亲,周闭而不竭,若是,则大事殆乎弛,小事殆乎遂。和解调通,好假道人而无所凝止之,则奸言并至,尝试之说锋起,若是,则听大事烦,是又伤之也。……故公平者,职之衡也;中和者,听之绳也。……故有良法而乱者有之矣;有君子而乱者,自古及今,未尝闻也。传曰:“治生乎君子,乱生乎小人。”此之谓也。(《荀子·王制》)

“听政”的目标在于能够赏贤能、去不肖。善者以礼待之,不善者则罚之,使贤不肖不杂,方能致“英杰”。所以在上位者最重要的是要能分别善与不善。这必须有“公平”与“中和”的德行才能做到。过于“威严猛厉”,就会使在下者“畏恐”而“周闭”,造成大事废弛,小事因循。过于随和,则奸猾尝试之说蜂起,造成大事太复杂而无法处理。唯有“公平”与“中和”之德行,方能避免过与不及。必能善于听政,才能达到“无德不贵,无能不官,无功不赏,无罪不罚”,彻底地尚贤使能,赏善罚恶。此所谓“王者之论”,即善于论定人事。(《荀子·王制》)

荀子认为,人君能以中和、公平的德行赏贤罚恶,重于一切。“故有良法而乱者有之矣;有君子而乱者,自古及今,未尝闻也。”即使有良法若无君子也可能乱。荀子认为,论政以在上位者的德行与智慧为第一义,法只能是第二义。这种“人治”的思想,从清末以来便一直受到严厉批判。

(四)从王者之法到法家

荀子论王制首重人,其次亦重法。“王者之法”是:

等赋、政事,财万物,所以养万民也。田野什一,关市几而不征,山林泽梁以时禁发而不税,相地而衰政,理道之远近而致贡,通流财物粟米,无有滞留,使相归移也。四海之内若一家,故近者不隐其能,远者不疾其劳,无幽闲隐僻之国莫不趋使而安乐之。夫是之谓人师,是王者之法也。(《荀子·王制》)

简言之,是要让社会富足充裕,物资流通,政府抽税有节度,并做基本的管理以防奸。这是一种既有政府管理,又相当自由的经济。

"致贡"二字以上皆战国时儒家所认为的夏、商、周三代古法,实则古人未必如此理想。战国时期儒家将先王的政治理想化,荀子集其大成,不仅如此,他还提出"四海之内若一家"的主张,企图将全天下融成一体。在此体系内,"近者不隐其能,远者不疾其劳,无幽闲隐僻之国",换言之,仍存有封建或类封建体制,然而都在王政的覆盖之下。这很符合从战国到汉乃至魏晋南北朝的实情。此时的体制仍在封建与彻底的郡县中摆荡,时常存有上古封建之遗。是以"王者之法",在政治上以仍带有封建印记的礼义为中心,其经济措施,则有举国一致相通的新时代的气象,可以说是两者的综合,而为汉以下中国政治、经济形态的先声。

除了"王者之法",还有"王者之论"。重点是"尚贤使能而等位不遗,析愿禁悍而刑罚不过"(《荀子·王制》)。贤能政治是王制的根本,此处所强调的赏罚,本与贤能政治配合,赏善罚恶,使贤者居于上位,不肖者斥退。然而其做法上,要让"百姓晓然皆知夫为善于家而取赏于朝也,为不善于幽而蒙刑于显也"(《荀子·王制》),不免有让政治全面控制社会危险。不仅是荀子,墨子与法家也有类似的主张,法家化的秦政更是最充分的体现。汉代之后的中国社会,基本上是小政府、大社会,天高皇帝远,社会大多采用家族自治与地方自治的做法,且一旦走上政府彻底控制社会的路线则很可怕。

早有学者指出,荀子所说的礼实际具有法家的性质,且受到《管子》《商君书》《申子》《慎子》等法家作品的影响。菅本大二说:第一……荀子把“礼”也当作从君子个人规范扩大到可当治国之规范。第二,荀子的“礼”包含着建构秩序的功能。其功能之实质在于定“分”。……这种对“分”概念的重视在《慎子》等著作可以看到。第三,由于荀子主张:“不能属于礼义,则归之庶人”,在此“礼”乃发挥几乎与“法”同样强制的约束力。……总之,荀子“礼”的思想几乎到了与韩非子的思想互为表里的地步。①

荀子并未提倡“郡县制”,到他的学生李斯才力主郡县。荀子所期待的天下秩序,虽然一统,却依然有诸侯、卿大夫、士等阶级。②《荀子·王制·序官》则明显反映了封建时期的官制,且带有战国后期的齐国特征。③ 虽然如此,荀子的思想,却很有由天子三公一统天下之法与天下之论的性质。这不能不说是开了以下法家的先声。荀子的这些理念,事实上只能通过郡县制来完成。

(五)平政爱民

若是平民不安,则国家必然出乱。面对这种情况,最好的办法莫若惠泽于百姓。④ 而其具体办法是:

> 选贤良,举笃敬,兴孝弟,收孤寡,补贫穷。(《荀子·王制》)

---

① 菅本大二:《荀子对法家思想的接纳:由“礼”的结构来考察》,载《“国立”政治大学哲学学报》2003 年第 11 期,第 111 页。

② 《荀子·儒效》:“大儒者,天子三公也。小儒者,诸侯大夫士也。”

③ 樊波成:《论〈荀子·王制篇·序官〉官制多采齐制——兼论〈荀子·王制〉与〈管子·立政〉的关系》,载《管子学刊》2011 年第 3 期,第 40 ~ 42 页。

④ 《荀子·王制》:“庶人骇政,则莫若惠之。”

这几句话讲得简明扼要，是传统中国政治的关键，也是现代中国政治不能忽视的要点。若能如此，“则庶人安政矣。庶人安政，然后君子安位”（《荀子・王制》），俗语“水能载舟，亦能覆舟”出典于此，这是中国政治至今奉行的基本原理。必须让老百姓安于政府的施政，政权才能稳定。换言之，荀子并非以君主为本，而是以民为本。中国政治自古必须如此，但要做到并不容易：首先，是容易有其他的考虑；其次，是在上位者必须很会“听政”。荀子说：

故君人者欲安则莫若平政爱民矣，欲荣则莫若隆礼敬士矣，欲立功名则莫若尚贤使能矣，是人君者之大节也。（《荀子・王制》）

上位者至少必须重视“平政爱民”，若希望良好发展，则必须“隆礼敬士”及“尚贤使能”。

三、礼治之本源与发展

学界向来以“礼治”囊括荀子的学说，①此说虽有其道理，却可能忽略了对荀子而言，“礼治”的本源是王者之制，而且有一个从学先王、法后王以及兴时王的发展过程。必须从“王制”的本源与发展的观点，才能够看清荀子“礼治”说的本质特性。

（一）以礼义与君子为核心

荀子论政，重视以根本的道理驾驭万事万物。他说：

以类行杂，以一行万，始则终，终则始，若环之无端也，舍是而天下以衰矣。（《荀子・王制》）

“得其统类，则不患于杂”，“行于一人，则万人可治”，得此枢

---

① 钱穆：“荀卿，重倡礼治之论。”钱穆：《国学概论》，联经出版公司1994年版，第62页。

要,“此道为治,终始不穷”。① 而此枢要,在于礼义与君子。他说:

天地者,生之始也;礼义者,治之始也;君子者,礼义之始也。(《荀子·王制》)

天地是生之始,礼义是治之始。礼义之于政治,犹若天地之于万物,可见荀子极其强调礼义的地位。礼义是对所有人而言都必须要有的集体规范。而礼义来自君王,由君王制礼义,这可以说是荀子思想的中轴,与西方的政治思想大不同。② 此处用“君子”二字,耐人寻味。此两句引文上接“《诗》曰:‘天作高山,大王荒之。彼作矣,文王康之。’此之谓也”。可知此处“君子”指大王、文王。推而广之,“君子”可以是效法大王与文王的政治与学术领袖,所以用“君子”而不用“君王”。此因儒学传统中的“君子”富有道德含义,“君王”未必为君子,而合乎君子之道的君主,其德当犹若大王与文王。君子的功能很大,他说:

故天地生君子,君子理天地。君子者,天地之参也,万物之摠也,民之父母也。无君子则天地不理,礼义无统,上无君师,下无父子,夫是之谓至乱。(《荀子·王制》)

“君子理天地”,若无君子则“天地不理,礼义无统”,天下大乱。由此可以看出,荀子思想的核心是礼义与制定礼义的君子。③

至于礼义为何特别重要,荀子归之于此所以能“群”。他说:

---

① 王念孙主,参阅〔清〕王先谦撰,沈啸寰、王星贤点校:《荀子集解》,中华书局1988年版,第163页。

② 与西方传统重法的观念有所相通但不同。相通之处是作为集体的秩序,不同之处则在于西方的法或源于宗教,或源于城市的自我立法,而礼义来自圣王之制。

③ 《荀子·儒效》:“先王之道,仁之隆也,比中而行之。曷谓中?曰:礼义是也。道者,非天之道,非地之道,人之所以道也,君子之所道也。”亦可证明此说。

人有气、有生、有知，亦且有义，故最为天下贵也。力不若牛，走不若马，而牛马为用，何也？曰：人能群，彼不能群也。人何以能群？曰：分。分何以能行？曰：义。……人生不能无群，群而无分则争，争则乱，乱则离，离则弱，弱则不能胜物，故宫室不可得而居也，不可少顷舍礼义之谓也。能以事亲谓之孝，能以事兄谓之弟，能以事上谓之顺，能以使下谓之君。君者，善群也。群道当则万物皆得其宜，六畜皆得其长，群生皆得其命。故养长时则六畜育，杀生时则草木殖，政令时则百姓一，贤良服。（《荀子・王制》）

荀子认为，人最重要且尊贵的，在于人能群，所以能胜过万物，而其能群的关键在于有分、有义。若无父子、兄弟君臣之分，则人生必争、必乱。知人生必须有群，而且必须基于孝悌，“顺”“君”之礼义，此所以人能胜过万物。而国君最重要的特质就是“善群”，从而使万事万物皆得其宜。此种说法，具有功利主义的意涵，与孟子论群道伦理从本心、本性出发大不同。此处论处群之伦理，亦从孝悌开始，然而特别强调“顺”与“君”，并以君道做结。与前述“君子者，礼义之始也”相应，都表现出荀子特重政治的特质。大抵荀子的学说仍从夏、商、周三代的礼制而来，所以有封建礼制家族宗法主义的渊源，然而因应战国晚期的需求，更强调了以君子为中心的群道，为秦汉以下大一统的政治开先声。

（二）复位伦理的次序

荀子既然强调君子和礼义，故以制定礼义的圣王君子为第一义，而本此复位伦理的次序：

君臣、父子、兄弟、夫妇，始则终，终则始。（《荀子・王制》）

其根本是圣王所定之礼义，所以顺序是“君臣、父子、兄弟、夫妇”，君臣在第一位。

孔子平时强调“弟子,入则孝,出则悌,谨而信,泛爱众,而亲仁。行有余力,则以学文”,由近及远,以孝悌忠信为主。只有在答齐景公问政时,孔子回答说“君君,臣臣,父父,子子”,以君臣在前。五伦之说出自《孟子》,孟子所排列的五伦的顺序则为:“父子有亲,君臣有义,夫妇有别,长幼有叙,朋友有信。”以父子之亲为第一位;其君臣关系则言义,出于相互之情感与道德,而非天地政治的整体秩序,皆与荀子大不同。(《孟子·滕文公》)与五伦接近的是《春秋左传·文公十八年》的传文:“父义、母慈、兄友、弟共、子孝。”孔安国于《尚书·尧典》“慎徽五典,五典克从”下说:“五典,五常之教,父义、母慈、兄友、弟恭、子孝。”于“敬敷五教”下说:“布五常之教。”即以五典与五常均为“五常之教”。孔颖达《疏》以其说本于《左传》。马融、郑玄、《国语》三国吴韦昭《注》、《史记》南朝宋裴骃《集解》、唐代孔颖达以至清朝的孙星衍等均采同样见解。①

换言之,在荀子之前,经典与儒家传统所重在于自然情义与家庭伦理的关系,到了荀子,改从整体政治秩序着眼,所以将君臣放在最前。不仅如此,荀子还将兄弟放在夫妇之前,以表现父系社会以父子、兄弟等男性承继系统为主的家族政治秩序。换言之,因其思想较偏重政治秩序,所以将君臣、父子、兄弟置于前,个人的自然情感在后。

与此类似,战国晚期以后的作品,多有将君臣提高至父子之前的倾向。如《韩非子·忠孝》说:“臣之所闻曰:‘臣事君,子事父,妻事夫,三者顺则天下治。’”《中庸》说:“天下之达道五,所以

---

① 董金裕:《人际关系的和谐之道——〈尚书·尧典〉“五教”之所指及吾人应有的认识》,载《孔子研究》2016 年第 1 期。

行之者三。曰:君臣也,父子也,夫妇也,昆弟也,朋友之交也。”①董仲舒《春秋繁露》中“君臣、父子、夫妇之义,皆取诸阴阳之道”,排列顺序亦为君臣、父子、夫妇。这似乎都表现出大一统政治形成前后,中国伦理与价值系统的重大调整。

荀子认为他所说的由君子制定的“君臣、父子、兄弟、夫妇,始则终,终则始”的治道,“与天地同理,与万世同久,夫是之谓大本”(《荀子·王制》),其实殊不知荀子所言已与孔子有所不同,也与本于宗族伦理所建构的封建伦理不同,而是指向大一统的新体制!虽然似乎同样重视五伦,不同的伦理秩序,在政治社会上的差异与影响太大。

荀子以君子与礼义为中心,不免太重视政治,而压低了家族伦理的地位。荀子对于君子与礼义固然在知识与德行上均有极高的要求,但终究还是较偏于知识,轻于德行。更何况在上位的未必是君子,礼义也容易僵化成礼教与阶级,所以未必能如他所说的理想,较依靠家族自身的伦理,更容易出问题。

(三)承历代王者之制而加以变化

礼义既始于圣王君子,所以学者必须效法夏、商、周三代以来的王者,且以学问与智能变通应用之。荀子说:

> 王者之制:道不过三代,法不二后王。道过三代谓之荡,法二后王谓之不雅。(《荀子·王制》)

古代的先王很多,战国时人相传,夏、商、周三代之前尚有黄帝、神农乃至五帝等种种。是以“道不过三代”,即夏、商、周以前的不

---

① 《中庸》成书的时间颇有争议。钱穆等学者主张《中庸》成书于秦汉之际。郭店竹简发现后,梁涛将有关文字比对后,主张今本《中庸》可能经荀子之手而编订。梁涛:《郭店楚简与〈中庸〉公案》,载《台大历史学报》2000年第25期。

学。至于“法不二后王”，“后王”指最后、最接近的王者，但荀子没有说明最后的王者为谁，所以后人一路争执不休：或说周王，或说当代之王者，还有人认为他只是期待后王出现，希望有理想的政治制度。① 总之，“道过三代谓之荡”，因其太遥远。“法二后王谓之不雅”，因其偏离可效法的现当代对象。王者之制，传承自夏、商、周三代，但必须与时俱进，是以有法后王之说。

此制度如何？《荀子·王制》说：

> 衣服有制，宫室有度，人徒有数，丧祭械用皆有等宜，声则凡非雅声者举废……夫是之谓复古。是王者之制也。

其所说王者之制继承了夏、商、周三代“圣王”的礼制，尤其是学习最后的王者之礼制，再加以改造，使之成为一种符合时代的贤能政治。他基本上接受了“有制、有度、有等”的封建礼制，反对墨家的非礼、非乐，认为礼制、礼义与上下尊卑等在政治与社会上是必要的，只是必须用贤能与否而非封建时代的亲亲与尊尊决定何者在上。照荀子的学说，虽贫愚在下之人，只要是能学、能读书的贤能之士，都能在上位。所以以《荀子》一书以《劝学》为第一篇，强调人人皆可以为贤能，都可以在政治上得到高位。首劝学，次修身，这在汉代的郡国察举及博士弟子制度中得到了相当的实现，后来的科举制度亦以此为目标。在荀子之后，贤能政治成为中国传统政治的最重要的一个理想。这是从封建政治到帝王之制最重大的转变。

在此基础上，王政的重点在于：

> 本政教，正法则，兼听而时稽之，度其功劳，论其庆赏，以时慎修，使百吏免尽而众庶不偷，冢宰之事也。论礼乐，正身行，广教化，美风俗，兼覆而调一之，辟公之事也。全道德，致

---

① 廖名春：《论荀子的“法后王”说》，载《湖湘论坛》1995 年第 6 期。

隆高，綦文理，一天下，振毫末，使天下莫不顺比从服，天王之事也。故政事乱则冢宰之罪也；国家失俗则辟公之过也；天下不一，诸侯俗反，则天王非其人也。（《荀子·王制》）①

作为政治顶层的冢宰之责在于“本政教，正法则……度其功劳，论其庆赏”，辟公之责在于“论礼乐，正身行，广教化，美风俗”。天王之责则在于“全道德，致隆高，綦文理，一天下”，亦即以自身的表率，最高的道理为治。荀子理想中的官制是人人均为贤能之士，冢宰、三公尤高，而天王更在最高位。他们互相以礼义劝勉，形成一个以道德、礼义、智能、知识相尚的最高统治团体，领导整个以“贤能”原则选举出来的官员体系，以从事于治平的大业。此段以“天下不一，诸侯俗反，则天王非其人也”作结，表现出荀子对“天王”高度的期待与要求。无此等天王，则“天下不一”，诸侯或说各种地方势力将各自为政，各有习俗。依照荀子的学说，中国的一统，必须建立在高超的道德、礼义、智能、知识之上，否则难以长久。

（四）荀子礼制的阶级性与专制性

如前所述，荀子论礼特别提出礼义所以“养人”。为了避免乱与争，这必须建立在“贵贱有等，长幼有差，贫富轻重皆有称者也”之上。② 为了能够由上使下，所以“制礼义以分之”，好让人人都有适当的位份。“而分之枢机管于人君。”③由人君将整体加以分别。钱穆先生本此认为，荀子本礼以“复位阶级”，“以去世袭之

---

① 此段属于“序官”，或疑“序官”当为单独篇名，杂乱在此。（〔清〕王先谦撰，沈啸寰、王星贤点校：《荀子集解》，中华书局 1988 年版，第 166 页）此说诚然有理，然亦因其义相近，故前人合并于一篇。

② 钱穆：《国学概论》，联经出版公司 1994 年版，第 63 页。

③ 钱穆：《国学概论》，联经出版公司 1994 年版，第 64 页。

敝,存阶级之善”[1]:

> 荀子欲本此而别造人伦,复位阶级。其与古异者,则古人本阶级而制礼,先有贵贱而为之分也。当荀子世,则阶级之制殆于全毁,乃欲本礼以制阶级,则为之分以别其贵贱也。荀子之分阶级之贵贱者,则一视其人之志行知能以为判。曰“大儒”,为天子三公。曰“小儒”,为诸侯、大夫、士。曰“众人”,为工、农、商、贾。[2]

之所以要“去世袭”,存“阶级之善”,是因他认为必须如此才能以上治下,形成良好的政治秩序。让贤能者在上,不贤能者在下,这是当时君主制度下最好的选择。同时,“其意亦为当时平民学者之扰动而谋所以宁静整顿之方也”[3]。因为当时正值“百家争鸣”,各种说法混乱多歧。对此,荀子提出:大儒在上,小儒与庶人在下,方所以为治。荀子的说法很理想,但往往贤能者不一定在上。所以钱穆先生批评:“荀子之说,徒足以导奖奢侈,排斥异己,为专制者所借口,而荀学遂为秦政渊源。”[4]荀学不够重视道德,这确为秦政渊源,稍有不慎就成为专制、独裁之路,且使在上位者容易骄纵奢侈。

相较之下,孟子学说是以仁心、仁政为中心,以德行为关键,却未能申论如何建立新政治体制,这不免是一重大缺点。荀子所设计的体制在君主时代最符合实际,又有其理想性。因为当时不可能从下而上建立政治秩序,既然必须从上而下,只好希望大儒在上。然而荀子学说的流弊就是大儒与贤能未必在上,却保留严格分层级的以上治下,这就变成法家与秦政专制与阶级的渊源。

---

① 钱穆:《国学概论》,联经出版公司 1994 年版,第 65 页。
② 钱穆:《国学概论》,联经出版公司 1994 年版,第 64 页。
③ 钱穆:《国学概论》,联经出版公司 1994 年版,第 65 页。
④ 钱穆:《国学概论》,联经出版公司 1994 年版,第 66 页。

荀子从礼义与政治出发，有其长处与缺点。首先，这使后来的政治较体系化与制度化。相对于较偏德行的颜、曾、思、孟，荀子较偏于礼制，双方各有所得。孔子则两方面并重。但孔子时代的礼是夏、商、周三代封建之礼，由天子、诸侯、卿、士大夫层层以礼相规范，各人有各人的封邑或封国，且必须互相尊重，非从中央直接指挥到基层。在军国化的战国，墨家或法家都主张从中央，通过运用法家所谓能人或墨家所谓贤人，一直管控到基层。荀子的礼制亦然，一方面继承夏、商、周三代，一方面重视贤能政治与层层管制。所以荀子所讲的礼其实与孔子所讲的礼颇为不同。孔子所谈的礼基本上是"君君、臣臣、父父、子子"，是封建政治以名分互相节制之礼；而荀子的礼转为"量能而授官，使贤不肖皆得其位，能不能皆得其官，万物得其宜，事变得其应"（《荀子·儒效》），属于直接控制。这样的做法其实为后来的大官僚体系做了预备。

封建时代并无大官僚体系，其政府依"尊尊、亲亲"的宗法原理组织，贤能与否是次要因素。荀子所主张的"量能而授官，使贤不肖皆得其位"，让贤能者在上，不肖者在下，有利于建立大官僚体系。后来秦朝的法制，以及李斯、韩非的学说都由此而来。中国历史上很有名的所谓"汉承秦法"，即汉以后的国家基本法度与法律来自秦朝。而秦朝这套法度的思想渊源，如钱穆先生所说，与荀子有密切关系。

荀子当然与韩非不同，因为他仍重视道德、仁义，只是不那么强调德行的渊源。而荀子重视富强之道，亦与法家相同。因此，其结果是荀子所谈的道德、公、礼与王道的部分难以真正达成，却留下了以上治下、层层节制、容易强大富厚的政治体系。因此，虽不能说荀卿同于韩非、李斯，却对韩非、李斯有重大影响。在中国后世，贤能政治的理想，通过郡国察举、九品中正、科举与国家教育体制,得到了部分的实现。而刑赏威罚制度没有被取代。理想的部分不易充分实现,但层层控制的部分到了后代越来越严厉,愈来愈像秦政而非荀子。数千年如斯,既可见荀子的重要,亦可见中国政治的一种顽强性格。

唐以前的中国政治,表面上尊崇荀子,骨子里容易流为秦政,所以古人也一再以"刑名度术"作为政治的大戒。① 宋朝以下推崇孟子,批判荀子,除性善、性恶论,同时应当从这个角度观察。

国人一路期盼贤能政治,但不幸的是往往得到的是威权政治。因此,威权与贤能政治,谁的分数大,是政权兴衰成败的关键。若真是接近贤能政治,则是否民主对一般国人而言并不很在意;但若主要只是威权非贤能,就会有政权颠覆的危险。

(五)重礼或重德

孔子既重礼又重德,孟子以德行为中心而兼重礼,荀子以王制与礼为中心而兼重德。而且即使讲礼、讲制度,荀子与孔子亦有所不同。礼在古代基本上包含一切制度以及制度背后的文化。孔孟思想承袭封建礼制的程度强,封建礼制其实是"全天下大同盟",属于一种分权而必须相互尊重的政治,天子、诸侯、卿、士大夫各有其封国采邑,所以是分权而且首重相互合理关系的政治。到了荀子时则不然,转为大儒、小儒、众人,是以上制下的政治。这个转变非常重要,是为先秦两汉之际最重要的政治转变,与封建时代大为不同,开始往帝王集权制转变,其影响至今犹存。

且荀子强调思想与行为管控:

凡事行,有益于理者立之,无益于理者废之,夫是之谓

① 朱熹:《读两陈谏议遗墨》,见《晦庵集》卷七〇。

> 中事。凡知说，有益于理者为之，无益于理者舍之，夫是之谓中说。事行失中谓之奸事，知说失中谓之奸道。(《荀子·儒效》)

“事行”与“知说”，明显分为“中”与“不中”，凡失中的，就归为奸事与奸道。这转为国家全面管控思想与行为，也是荀子与孔孟大不同之处。荀子论事与措辞的方式与孔子很不同。《论语》所载孔子的言论并不系统化，而是一句句、一件件谈事物之理。荀子的言论则非常理论化、系统化，很容易变成国家系统化地管控。这是儒学到战国晚期的一种重要发展，影响亦极其深远。

与贤能政治相搭配，荀子特别看重学习与知识，《荀子·儒效》言：

> 我欲贱而贵，愚而智，贫而富，可乎？曰：其唯学乎。

他一方面讲究严厉而层层节制的贤能政治，另一方面则要在理论上给所有人一条路：让贱可以为贵、愚可以为智、贫可以为富的关键在于学习。只要努力学习，就能在这个体系中一直往上爬。这也成为后来中国政治与社会的基本原理，尤其表现在延续了一千五百年的科举制中。它极其深刻地造就了中国社会特重教育与学习的一种基本特质。

政治上也一样，政治结构既然金字塔化，为政者自然需要在上层用一些最能干或学历最佳的人，才能有效管理下层。然而这与汉代的“孝廉”仍有所不同，汉代举孝子廉吏，从名义上说，较偏重德行。荀子以劝学为本，在德行与学问中更看重学。这条路在他的政治理论体系与现实政治上会产生问题。因为偏重学，难免对德的讲究不足，便很容易按自身意愿与欲望行事，导致权力与欲望泛滥。而政治上的最大问题，归根究底其实就是权力与欲望的泛滥。荀学容易有此偏向，虽然他的原话是：

原仁义,分是非,图回天下于掌上而辩白黑。(《荀子·儒效》)

而且他本人守礼义,道德亦高。但仔细读《荀子》就会发现,他对德行的根源与意义讲得有限,他所谈的偏重的是治天下之大法,以贤能政治为中心,是以集中在学习与治理两方面。

四、修礼者王:王者建国之道

荀子认为修礼者可以王天下,仅依赖政治与强力者,反而不能。《荀子·王制》说:

故修礼者王,为政者强,取民者安,聚敛者亡。故王者富民,霸者富士,仅存之国富大夫,亡国富筐箧,实府库。

这几句话在战国后期特别有分量。列国相争不已,唯修礼者可以王天下,仅致力于政事者,虽强而不能王。荀子并以此观点批评秦政:一方面清晰地认识到秦人守法守分、朴实强大的一面,一方面也认为秦国无儒、不知礼而难以朝天下之人,更难以长久。① 但他未能预测到秦人最终以强力得天下,这不能不说是荀子依然儒家意识形态化了。秦人虽得天下,却二世而亡;中国体制,必须等汉武帝独尊儒术,采用类似荀子所说的王制与贤能政治之后才稳定,这不能不说是荀子学说的高瞻远瞩。若依荀子的观点看现代世界,近数百年来列国征战不已,大抵各国也只达到“为政者强”的层次,难以达到“修礼者王”,要建立稳定的新世界秩序,也非常

---

① 《荀子·强国》:“力术止,义术行。曷谓也?曰:秦之谓也。威强乎汤、武,广大乎舜、禹,然而忧患不可胜校也,諰諰然常恐天下之一合而轧己也,此所谓力术止也。……佚而治,约而详,不烦而功,治之至也。秦类之矣。虽然,则有其諰矣。兼是数具者而尽有之,然而县之以王者之功名,则倜倜然其不及远矣。是何也?则其殆无儒邪!”

困难。①

荀子同时以得人心与否区别王、霸，深入分析两者的不同。他说：

> 王夺之人，霸夺之与，强夺之地。夺之人者臣诸侯，夺之与者友诸侯，夺之地者敌诸侯。臣诸侯者王，友诸侯者霸，敌诸侯者危。（《荀子·王制》）

王者之政在于得天下人心，故曰“夺之人”。霸者夺取同盟国，强者夺取土地。只靠力量夺取土地危，因为用兵不已，“伤人之民甚，则人之民恶我必甚矣。……则伤吾民必甚矣”，彼我双方的人民都太受伤害，有地亦无益，迟早要危及其国。是以“知强大者不务强也，虑以王命全其力，凝其德。力全则诸侯不能弱也，德凝则诸侯不能削也，天下无王霸主则常胜矣。是知强道者也”（《荀子·王制》）。若真正图强，则不走这条路，当尊重时王之命，保全自己的力量，凝聚自己国家的长处与价值，一般的诸侯国也无法削弱他。若不遇王、霸之国，亦可昌盛。

至于春秋战国时期的霸者，“辟田野，实仓廪，便备用，案谨募选阅材伎之士，然后渐庆赏以先之，严刑罚以纠之。存亡继绝，卫弱禁暴，而无兼并之心，则诸侯亲之矣”。然而霸者不足以为王。王者“仁眇天下，义眇天下，威眇天下”。（《荀子·王制》）他说：

> 仁眇天下，故天下莫不亲也；义眇天下，故天下莫不贵也；威眇天下，故天下莫敢敌也。以不敌之威，辅服人之道，故不战而胜，不攻而得，甲兵不劳而天下服。是知王道者也。知此三具者，欲王而王，欲霸而霸，欲强而强矣。（《荀子·王制》）

---

① 世界史进入民族国家时期，无所谓王者。是以当作“新的世界秩序领袖”解，较接近封建时期的王者，而内涵自然不同。

此处荀子也以仁义为本,但同时说王者"威眇天下",这是孟子不讲的,也是荀子比较实际的地方。孟子似乎过于理想,实际政治上必须同时"威眇天下"才有可能王天下,孟荀之别在此。然而实际的历史中,秦汉以降的历史,其实蕴含着另一种危险,亦即所谓王者仁义不足,只以"威眇天下",最后不成其王,只成霸政。以中国之大,不可以长久。是以孟子"纯仁义"的主张,亦有救弊的价值。

王者得天下的方式,主要是重用贤良,修明政治,百姓富厚,使天下之人爱慕之,所以取天下。他说:

> 权谋倾覆之人退,则贤良知圣之士案自进矣;刑政平,百姓和,国俗节,则兵劲城固,敌国案自诎矣;务本事,积财物,而勿忘栖迟薛越也,是使群臣百姓皆以制度行,则财物积,国家案自富矣。三者体此而天下服,暴国之君案自不能用其兵矣。何则?彼无与至也。彼其所与至者,必其民也,其民之亲我也欢若父母,好我芳若芝兰;反顾其上则若灼黥,若仇雠。彼人之情性也虽桀、跖,岂有肯为其所恶贼其所好者哉!彼以夺矣。故古之人有以一国取天下者,非往行之也,修政其所莫不愿,如是而可以诛暴禁悍矣。故周公南征而北国怨,曰:"何独不来也?"东征而西国怨,曰:"何独后我也?"孰能有与是斗者与?(《荀子·王制》)

其具体的作法则是:

> 安以静兵息民,慈爱百姓,辟田野,实仓廪,便备用,安谨募选阅材伎之士;然后渐赏庆以先之,严刑罚以防之,择士之知事者使相率贯也,是以厌然畜积修饰而物用之足也。兵革器械者,彼将日日暴露毁折之中原,我今将修饰之,拊循之,掩盖之于府库;货财粟米者,彼将日日栖迟薛越之中野,我今将畜积并聚之于仓廪;材技股肱、健勇爪牙之士,彼将日日挫

顿竭之于仇敌，我今将来致之、并阅之、砥砺之于朝廷。如是，则彼日积敝，我日积完；彼日积贫，我日积富；彼日积劳，我日积佚。君臣上下之间者，彼将厉厉焉日日相离疾也，我今将顿顿焉日日相亲爱也，以是待其敝。（《荀子·王制》）

既有儒家传统仁政与孟子仁者无敌的思想，又有具体的辟田野，实仓廪、修饰兵革、掎循器械、训练"材技股肱、健勇爪牙之士"，加以贤能之士居上领导，上下亲爱精诚，以佚待敝，诚能如此者，若有足够的国力基础，确实大有得天下的可能。

五、学以至于大儒

（一）学于百王之道

荀子心目中的大儒，以周公为代表，能在极艰困疑难的处境中，断然处之，以安天下：

以枝代主而非越也，以弟诛兄而非暴也，君臣易位而非不顺也。因天下之和，遂文、武之业，明主枝之义，抑亦变化矣，天下厌然犹一也。非圣人莫之能为，夫是之谓大儒之效。（《荀子·儒效》）

以枝子而代成王，以弟而诛管叔，以臣子而暂代成王，循着天下之和，完成文武之业，还政于成王以明主枝之义，实属变化之妙，天下安然如一，这只有圣人才能做得到，如是可谓大儒之效。此处荀子以周公作为大儒的代表，甚为巧妙。周公虽为臣子，所行却属君王之事，成就安天下之王业后，又不恋栈而退居臣子之位。荀子所学，志在成就王业以安天下，此所以其心中之大儒，必以周公为代表。

何谓儒者，荀子说：

儒者法先王，隆礼义，谨乎臣子而致贵其上者也。……通乎财万物、养百姓之经纪。势在人上则王公之材也，在人

下则社稷之臣,国君之宝也。虽隐于穷阎漏屋,人莫不贵之,道诚存也。(《荀子·儒效》)

自古以来儒学就以“法先王”为本,而先王之治,以礼为本,荀子于“礼”字之后加上“义”字,表现出他偏重义理与制度的特点。此种儒者,若势在人上,可以为王公,可见儒者之道与王者之道同条共贯。若在人下,则可为“社稷之臣,国君之宝”,可见儒者的重要性在于帮助君王完成治平的大业。若不得志,则为隐君子,以其怀有安天下之道,所以人莫不贵之。儒者一旦失去了这些本领与功能,自然不再为世所重。

儒者的最高境界,在于明“百王之道”,深通天下政教之全体与精义。这是荀子心目中的圣人,也是他所要讲的大儒。何谓圣人?荀子说:

圣人也者,道之管也。天下之道管是矣。(《荀子·儒效》)

“管”是集中的意思,天下之道集中在此。

百王之道一是矣,故《诗》《书》《礼》《乐》之归是矣。《诗》言是,其志也;《书》言是,其事也;《礼》言是,其行也;《乐》言是,其和也;《春秋》言是,其微也。(《荀子·儒效》)

《诗》《书》《礼》《乐》之道归本于圣王,也归本于道。这句话在经学中很重要,《诗》言其意志,《书》记事情,《礼》道行为当如何,《乐》论音乐与道理之和;《春秋》论一言一行的是非,微言大义,一字褒贬,故“言是其微也”。对于荀子而言,《诗》《书》《礼》《乐》《春秋》都是百王之道,也就是“中国体系之政教与思想文化”之起源。

《荀子·劝学》也有类似的论述:

学恶乎始?恶乎终?曰:其数则始乎诵经,终乎读礼;其义则始乎为士,终乎为圣人。真积力久则入,学至乎没

> 而后止也。故学数有终，若其义则不可须臾舍也。为之，人也；舍之，禽兽也。故《书》者，政事之纪也；《诗》者，中声之所止也；《礼》者，法之大分，类之纲纪也，故学至乎《礼》而止矣。夫是之谓道德之极。《礼》之敬文也，《乐》之中和也，《诗》《书》之博也，《春秋》之微也，在天地之间者毕矣。

以先王政教为中心的经典分为几个方面，《诗》谈其心志，心之所至；《书》记具体的大事；《礼》规范所有人际关系与行为；《乐》增进整体和谐；《春秋》是针对重大政治行为加以褒贬。这是对经典体系非常完整而深入的说明。传统上认为"荀子传经"，汉朝人认为儒家经典传自荀子。[①] 这种说法在今日很有争议，事实上孔子的时代还没有六经，六经是战国中后期儒家所建构的系统。所以未必如汉朝人所认为的那样所有传统经典都传自荀子，然而荀子与儒家经典体系的建构与传经应当确实有关系。

荀子所传的经学其实是"百王之道"，而其所谓圣人是"天下之道管是矣"，亦即"百王之道"所集中之人。由此可见，中国传统思想的本质与核心，不是胡适、冯友兰讲得那些问题，亦非过去百年来一般西化的哲学史所讲的那些问题。它要究明的是"百王之道"，或者说是历代成功的、可以安天下的"政治与教化"究竟是怎么回事，精义为何，圣人如何融合它的问题。《诗》《书》《礼》《乐》《春秋》表现了"百王之道"的五大最重要层面。这里不曾提及《易》，可见《易》至少对于荀子而言，地位并不那么重要。因为《易》本卜筮之书，非王道的重点。

---

① 汪中《荀卿子通论》说："荀卿之学出于孔氏，而尤有功于诸经。……自七十子之徒既殁，汉诸儒未兴，中更战国暴秦之乱，六艺之传赖以不绝者，荀卿也。"

(二)大儒之功效

大儒通于"百王之道",具有安天下的本领,所以地位崇高:

> 彼大儒者,虽隐于穷阎漏屋,无置锥之地,而王公不能与之争名;在一大夫之位,则一君不能独畜,一国不能独容,成名况乎诸侯,莫不愿得以为臣;用百里之地而千里之国莫能与之争胜。(《荀子·儒效》)

大儒虽隐于敝陋之地,王公亦不能与之争名。"一君不能独畜,一国不能独容,成名况乎诸侯,莫不愿得以为臣。"这是战国时期的实况。"用百里之地,而千里之国莫能与之争胜。"则是荀子王政无敌的信念。

大儒能够如此,其言行的关键在于"其言有类,其行有礼"。(《荀子·儒效》)荀子极重视"知类通达"(《荀子·儒效》)。将类似、共通的事情,归纳出其中共通的道理,叫"知类"。一路上达,可知天下事的各种分类与总类,从而明白其整体道理,是以荀子强调"其言有类"。"其行有礼",则继承儒家传统,重视足以建立整体秩序的行为举止。因为"其言有类,其行有礼",所以大儒可以:

> 举事无悔,其持险应变曲当,与时迁徙,与世偃仰,千举万变,其道一也。是大儒之稽也。(《荀子·儒效》)

因为他通达于一切事理,所以能够随时而变化。荀子在战国晚期,非常明白当时需要变,故曰"千举万变"。荀子强调要通"百王之道",能"知类""知变",方能出大儒以安天下,这与战国晚期时代巨变有关。中国后代制度相对稳定,只要国家安定,便不再主张天子需为大儒,因为实际上也做不到。后世更多主张的是孔子所说的"为政以德,譬如北辰,居其所而众星共之"(《论语·为政》),天子像北极星,是道德与体制的象征,具体事务则应由宰相管。宰相则应是大儒,层次不够、做不对就换人,这样才能不出问题。中国作为人类史上的大国,其政治极为困难,必须用最高的标准要求。荀子在此所谓的大儒是天子、三公,期待政治最高阶层必须是这样的人。战国时代政治体制与文化剧变,犹如清末民国之际,上位者必须有能力从事"千举万变"。

以上所论,都不是孟子所强调之事。孟子的学问虽然也非常广阔,但他并不特别强调"千举万变"与通乎"百王之道"。孟子开宗明义指出:"王何必曰利,亦有仁义而已矣。"(《孟子·梁惠王》)一切以仁义为依归。荀子则重视知识,要建立整体的政教体系,这是双方的不同。

荀子认为儒学史上,只有"仲尼、子弓"是真的大儒,颜、孟、思、曾不在其列。(《荀子·儒效》)在大儒之外,"有俗儒者,有雅儒者",穿的衣服像儒者。其中俗儒"略法先王而足乱世术……不知隆礼义而杀《诗》《书》"。(《荀子·儒效》)不知礼义是一切根本,而《诗》《书》需要做节略,只能模仿,不知礼义方为真正重点。较高一等的是雅儒:

> 知不能类也,知之曰知之,不知曰不知,内不自以诬,外不自以欺,以是尊贤畏法而不敢怠傲,是雅儒者也。(《荀子·儒效》)

无法以类相通,但清楚自己知道什么、不知道什么,不会欺罔高傲,懂得"尊贤畏法",这叫"雅儒",即很知道自己的位置,不妄作。

再上一层,就是他理想中的大儒:

> 法先王,统礼义,一制度,以浅持博,以古持今,以一持万。……卒然起一方,则举统类而应之,无所儗怎,张法而度之,则晻然若合符节,是大儒者也。(《荀子·儒效》)

大儒的特色是"法先王,统礼义,一制度,以浅持博,以古持今,以一持万",这也是荀子思想的核心。大儒观"百王之道"而一之、统之,故能"以一持万""以浅持博""以古持今",通达古道、一贯之道而能主持当今之事与万事。纵然有奇物怪变,亦无所疑怍,开张其法以测度之,一切行为如合符节。①

荀子如此强调大儒的应变能力,其处境有些接近现代。近代中国正当“事变之亟”、中西会通之际,所以任何道理都不能死守古法,也无法照抄西法,必须按照荀子“以一持万”“以浅持博”“以古持今”的道理。

荀子指出,一旦启用大儒,效果宏大:

> 用大儒则百里之地久而后三年,天下为一,诸侯为臣,用万乘之国则举错而定,一朝而伯。(《荀子·儒效》)②

“而后三年,天下为一,诸侯为臣”用的是汤、周文化之后三年而王的典故。这是荀子心目中真正的大儒,也是儒学应有的目标。一般人对此是否仍可行于战国之时,可能颇有怀疑,但荀子非常自信。

(三)社会之统一师法

大儒之效,首先在于治国平天下,其次则为社会之师法。荀子说:

> 人无师无法而知则必为盗,勇则必为贼,云能则必为乱,察则必为怪,辩则必为诞。……故有师法者,人之大宝也;无师法者,人之大殃也。人无师法则隆性矣,有师法则隆积矣……情也者,非吾所有也,然而可为也。注错习俗,所以化性也;并一而不二,所以成积也。习俗移志,安久移质,并一

---

① 〔清〕王先谦撰,沈啸寰、王星贤点校:《荀子集解》,中华书局 1988 年版,第 140 ~ 141 页。

② 杨倞读“伯”为“霸”,王念孙读“伯”为“白”,“言一朝而名显天下也”。(〔清〕王先谦撰,沈啸寰、王星贤点校:《荀子集解》,中华书局 1988 年版,第 141 页)今从杨。

而不二则通于神明，参于天地矣。（《荀子·儒效》）

目睹了战国时期的混乱状况，荀子对于一般人性，甚为怀疑，强调礼义善道之积。“注错习俗”即措置与习俗，可以“化性”，专一于圣人、大儒之道，积久可以改变社会、人心。

既然不相信一般的自然人性，必然要强调有所师法，此师法的最高对象是圣人，而圣人是所有人间善道的集大成者：

积善而全尽谓之圣人。……积之而后高，尽之而后圣。故圣人也者，人之所积也。……积礼义而为君子。（《荀子·儒效》）

圣人的善与道是积累而得，并非天生的。这句话很重要，也是荀子劝学、重学的根源。“积礼义而为君子”，礼义乃先王所传政治社会的应有秩序与道义。一般人通过不断的学习与实践，从而明白整体政治、社会应当有的秩序与道义，这叫“积礼义而为君子”。

荀子对于一般人性，评价颇低：

志不免于曲私而冀人之以己为公也，行不免于污漫而冀人之以己为修也，甚愚陋沟瞀而冀人之以己为知也。（《荀子·儒效》）

一般人的意志不免自私，只考虑自己所在意的方面而扭曲事实与整体。“曲私”实在是一般人性的写照，虽然如此，一般人同时都还希望他人认为自己纯属“公道”；一般人行为污漫、不检点，却希望他人认为自己颇有行为修饬；一般人多愚陋无知，却还希望别人认为他有知。

既然不相信一般人性，所以在政治社会强调大儒与贤能的领导：

志安公，行安修，知通统类，如是则可谓大儒矣。大儒者，天子三公也。小儒者，诸侯大夫士也。众人者，工农商贾也。礼者，人主之所以为群臣寸尺寻丈检式也。人伦尽矣。……道

过三代谓之荡,法二后王谓之不雅。(《荀子·儒效》)

大儒之志安于公道,其行为安于己修,其知通于统合各类,所以足以为天子三公。诸侯、大夫、士等各层级的领导,则为小儒。至于工农商贾,则为听命的众人。这种依贤能高下的衡量与分类,乃所谓礼,可以尽人伦。由此可知,荀子以政治的整体秩序,作为分别"人伦",或者说人的等级与类别的基础。① 从荀子的观点出发,这一切继承了夏、商、周三代之道与后王之法,也就是封建时代的等级观念。然而他以贤能政治出之,强调大儒的志、行、知当为天下所师法,诚属创新。

六、为学之道

(一)以礼义外铄

荀子既然以王制与贤能政治为天下根本,又以学至于大儒当作为学的最高目标,其《劝学》与整体学问,亦以学于"百王之道"与礼义为中心。他说:

木直中绳,𫐓以为轮,其曲中规,虽有槁暴,不复挺者,𫐓使之然也。故木受绳则直,金就砺则利,君子博学而日参省乎己,则智明而行无过矣。(《荀子·劝学》)

此处所谓"木受绳""金就砺",其实均指先王之道或礼义,而不只是一般意义上的规矩。所以他紧接着说:

故不登高山,不知天之高也;不临深溪,不知地之厚也;不闻先王之遗言,不知学问之大也。(《荀子·劝学》)

人当法天地与先王之道。而"百王之道"与君子乃积礼义而成,是所谓"博学而日参省乎己",使其"智明而行无过矣"。荀子对一

① 按,本节标题为"人论",王念孙曰:"论,读为伦。伦,类也,等也。谓人之等类。"〔清〕王先谦撰,沈啸寰、王星贤点校:《荀子集解》,中华书局1988年版,第145页。

般人性没信心，所以非常强调“受绳”“輮轮”等后天功夫，以期使人合于礼义。他说：“君子生非异也，善假于物也。”（《荀子·劝学》）假于物，即假于先王所传之礼义，这是荀子学问的渊源，也应该是夫子自道，与孟子的德行自觉大不相同。

孟子强调仁义礼智的端倪，即恻隐之心、羞恶之心，辞让之心、是非之心，都是人原本有的。亦即主张仁义礼智根源于心性，是人本有而渴望的，而荀子主张的礼义是外塑的。所以有人说荀子的思想近于告子，主张“义外”，由外塑而来。荀子说：“善者，伪也。”伪不是虚伪而是“人为”，即善是人用力为之的，确实较近于外塑。

荀子的《劝学》倾向于从外塑而来，“木受绳则直，金就砺则利”是外塑的，故其内在德行容易有所不足。荀子本人还重德，但后学就容易出问题，如其学生李斯、韩非就明显不重德行，专门重视政治上的管控与实效。因为聪明人一旦学了百王之道，又知道当下必须要通变以务实，就很容易只求实际有效，不顾道德仁义，立刻就变。是故若无不可动摇的德行基础，人便会变。照荀子的说法，善者，人为也，即并无固定标准，聪明人很容易各有看法。法家认为以强力一统海内，使天下不再打仗而至于太平，大善也。人的脑子什么想法都想得出来。荀子只以百王之道为标准，强调先王所传的礼义，并不足以管束人心。

（二）传承先王之道：始乎诵经，终乎读礼

对荀子而言，学问始于诵习先王所留下来的经典，终于读礼。他说：

> 学恶乎始？恶乎终？曰：其数则始乎诵经，终乎读礼。（《荀子·劝学》）

其实“经”就是百王之道的记录，终乎读礼，重点放在深入认识政

治社会应有的制度与规范。荀子传经,特重政治,讲百王之道;孟子则是以德行为中心,首重伦理。二者合一,更可完整地展现孔子的两大方面。

其义则始乎为士,终乎为圣人。(《荀子·劝学》)

“士”是政治社会的最低阶的领导者,圣人则为政、教的最高领导者。荀子论学的目标其实很简单,就是要完成政、教体系,所以“其义则始乎为士,终乎为圣人”,与现代社会的为学目标大不同。

真积力久则入,学至乎没而后止也。(《荀子·劝学》)

荀子论学强调“积”,要不断累积礼义与善道,以改变自身,成为迈向最高境界的大儒。荀子之学成为后来汉唐儒学极重要的面向。礼义根源于君子,实则为先王,具体见于经书。所以“其数则始乎诵经”。从为学的层面,他对于经典的大义,有新的发挥:

《书》者,政事之纪也;《诗》者,中声之所止也;《礼》者,法之大分,类之纲纪也。故学至乎《礼》而止矣。(《荀子·劝学》)

《书》乃先王大政最重要的记载,《诗》是无过与不及之声,这两者是先王之治的首要呈现,也是儒学之始,所以荀子在此专言《书》与《诗》,回到儒学最古的传统。这里用“声”字,是因《诗经》之诗必配乐,部分诗还配舞,尤其是《雅》《颂》部分,诗、乐、舞一体。音乐最能表达人的性情,不过于强烈或不足,故曰“中声之所止”。对传统中国政治而言,诗、乐、舞很重要,目标在使领导阶层与人民中正平和。中国是一个超级大型国家,处处以天下为考虑,故古人谈政治强调中正平和,今日亦不免于如此。

如前所述,荀子的政治社会思想起于王制,归结于礼义。他说:

《礼》者,法之大分,类之纲纪也,故学至乎《礼》而止矣。

夫是之谓道德之极。(《荀子·劝学》)

“礼”是全天下所有制度与规范之所在,所以是“法之大分”;礼将人分成天子、诸侯、卿、士、农、工、商、父子、夫妇、兄弟、朋友等类别,这是整个政治社会制度的基础,所以是“类之纲纪”。“故学至乎《礼》而止矣”。礼包含古代政治、经济、社会、宗教、礼俗及婚丧喜庆等一切制度与文化,而以前述的政治与伦理秩序为骨干,所以说“学至乎《礼》而止矣”。“夫是之谓道德之极”,此所谓“道德”显然不能从个人行为是否合乎某些价值规范来解释,而直指整体的终极安顿。“道”是能走得通的路,整体政治、社会应有的方向是“道”;“德”则使其都能有得,既有得于内又有得于外。所以“道德之极”就是让所有人与事都安顿。荀子的思想处处深富整体性,又从此可见。五经是一个整体,所以他说:

《礼》之敬文也,《乐》之中和也,《诗》《书》之博也,《春秋》之微也,在天地之间者毕矣。(《荀子·劝学》)

《礼》之敬文,《乐》的中和,《诗》《书》之博载先王之政教,“春秋之微”对于政治上机微之处的批评,一起完整地传承了先王之道,所以说“在天地之间者毕矣”。

这是经学上很重要的变化。其实在孔子之时并无所谓“六经”的概念,孔子教弟子只读《诗》《书》与习礼。六经或五经是战国时期儒者建立的体系,是对先王之道的一种统整与再诠释。荀子的学术思想亦属于对先王之道的整理,重新诠释其一以贯之的道理。孔子说“吾道一以贯之”,荀子也说“吾道一以贯之”。对荀子而言,先王的政教可分成《礼》《乐》《诗》《书》《春秋》这几个方面,从不同的角度记载与诠释王者政教之大体。《易》作为卜筮之书,不能与政教之书相比,故荀子较不重《易》。现代人受西方科学与哲学的影响,常觉得五经的分类莫名其妙,然而若从王者政教之传承的观点来看,五经的体系明显亦懂。

荀子完成了经学的新系统,所以汉人说“荀子传经”,荀子其实是战国时的儒家代表,将先王的道理重新整理成五经。后人加上《易》,变成六经。其实儒家所学的传统在第一阶段只是先王的政教,其载体是《诗》《书》。《礼》《乐》皆其政治社会生活之实际所习,西周初都还比较简单,之后渐渐发展得较复杂,在政治社会实践中不断变化。① 关键的先王政教记录在《诗》《书》中,故孔子教人读《诗》《书》,这是第一阶段。第二阶段以孔子为代表,孔子研究这些先王之道,发现贵族奢僭衰微,所以培养了一批讲正道、尚政治的学生,成为新的士阶层,逐渐取代旧贵族,以传承先王之道。战国儒家事实上是第三阶段,他们对先王之道进行系统性整理,新推出《礼》《乐》与孔子作的《春秋》,以形成理论体系,变成了“新儒学”,所以儒学的系统化到战国时才完成,孔子则是开创者。

汉代继承了荀子的系统化经学,变成以五经或六经为中心的新时代儒学,这事实上是战国儒学所建立的新体系。前面三个阶段是先王阶段、孔子阶段与荀子阶段。汉朝看重荀子,因为荀子传经;不看重孟子,认为孟子不传经,只是子学。汉朝人不看重诸子,他们看重的首先是先王,其次是孔子。所谓复古更化,要根据古代成功的制度文化来更当今之化,只看重历史上曾实践成功的体制,而非空口难凭的一家之言。是以汉人只相信已经实践成功者,其儒学完全以经学为中心,专门研究记载与传承先王之道、具体施政体系的“百王之书”。因为荀子传先王之经典,所以荀子在从汉代到唐代的儒学史与经学史上的重要性远高于孟子,这也表

① 参阅[美]罗泰著,吴长青、张莉、彭鹏等译,王艺等审校:《宗子维城:从考古材料的角度看公元前1000至前250年的中国社会》,上海古籍出版社2017年版。李峰著,吴敏娜、胡晓军、许景昭、侯昱文译:《西周的政体:中国早期的官僚制度和国家》,生活·读书·新知三联书店2010年版。

示在此时期的中国体制与儒学,亦企图以先王之道为中心。虽然先王之道的内涵到了荀子,已经发展到第三阶段了。

(三)知书达礼,一以贯之

实际为学时,最重要的是从师,即跟从有道之人。"学之经莫速乎好其人,隆礼次之。"(《荀子·劝学》)学习之法,莫速于"好其人",就是追随有道、有德之人,其次是以礼检束自身。换言之,荀子虽然及推崇礼,亦深知礼背后必须有人,必须有一体现礼义精神之人。君子之人深知"夫不全不粹之不足以为美也",故"诵数以贯之,思索以通之"(《荀子·劝学》),表现了荀子重学习经典、重知识也重以思考贯通的特质,这与孟子明显有所不同。

荀子之学,一方面求贯通,一方面重积累与学习。他说:"伦类不通,仁义不一,不足谓善学。"(《荀子·劝学》)将"伦类"放在"仁义"之前,换言之,他重视礼制还在仁义之前。其思想首先通贯在礼制之中,而后以仁义一贯说明之。继承了孔门克己复礼的传统,他主张时时刻刻以礼义约束自己:

> 为其人以处之,除其害者以持养之,使目非是无欲见也,使耳非是无欲闻也,使口非是无欲言也,使心非是无欲虑也。(《荀子·劝学》)

换言之,是要通过不断学习与接受先王所传之礼义与善道,让自己不断进步,可称之为"礼义中心"主义。这与孟子大不同,孟子强调仁义从自己心性中所发出,是"德行中心"主义。

> 生乎由是,死乎由是,夫是之谓德操。德操然后能定,能定然后能应,能定能应,夫是之谓成人。天见其明,地见其光,君子贵其全也。(《荀子·劝学》)

然而如此用力之久,一以贯之,也会产生光明的道德自觉,进而成为纯全的"完成"之人。

荀子是文章大家,在中国文学史上有重要地位。汉赋深受荀子影响,例如四六、对仗、押韵及遣词用字。荀子的文章写得好,除了重视学问的传承外,背后一大原因是他要论述的是整套的礼义与学问,其整体性要求宏伟而系统化的表现,所以他的文章也很有体系性与韵致,前后文字互相呼应。其优美的文字,对于他学说的传布,产生了很大的功效。

(四)修身

《荀子》首篇《劝学》,次篇《修身》。如何解释这个排列次序呢?荀子将《劝学》与《修身》分开,且将《劝学》放在前面,反映了他首重体系化的礼义与知识,所谓"始乎诵经,终乎读礼"。然而为学不仅要明理,还必须实践,即所谓"隆礼",如此必须要修身。他说:

> 见善,修然必以自存也;见不善,愀然必以自省也。(《荀子·修身》)

这依然延续着《劝学》积善、积礼义以成学的主张。修身要见善自存,见不善而内自省,这承袭着孔子"三人行,必有我师焉:择其善者而从之,其不善者而改之"的主张。

荀子论学首重周围环境,所以特别重视师与友,他说:

> 故非我而当者,吾师也;是我而当者,吾友也;谄谀我者,吾贼也。故君子隆师而亲友,以致恶其贼。(《荀子·修身》)

作君子,必须好好追随亲近且能引导自己走上善道之人,并厌恶害我的人。这固然是为学的普遍意义,然而配合上荀子所强调的上下尊卑,很容易形成阶级社会。

在长期的学习与修养之下,可以养出高超的德行:

> 君子之求利也略,其远害也早,其避辱也惧,其行道理也勇。君子贫穷而志广,富贵而体恭,安燕而血气不惰,劳倦而

容貌不枯,怒不过夺,喜不过予。(《荀子·修身》)

这些都是非常优良的德行,而且是在上位者必然应具的德行。荀子一方面强调上下尊卑,一方面严格要求在上位者应具有高标准的德行。其中如"求利也略""行道理也勇""贫穷而志广""富贵而体恭"都不是一般人容易做到的。而这一切,关键在于:

君子贫穷而志广,隆仁也……君子之能以公义胜私欲也。(《荀子·修身》)

君子的地位来自他们维系整体政治社会秩序的功能,所以君子首重以公义胜私欲。荀子所讲的道义以公义为核心,一切道理源于"公"字,因其理论大多从整体出发,与一切从个人内心出发的孟子大为不同。他对于"仁"的诠释,也偏从君子之"志广",为整体服务出发。

荀子在各种修养德行中,尤其强调不苟,也就是恰当:

君子行不贵苟难,说不贵苟察,名不贵苟传,唯其当之为贵。故怀负石而赴河,是行之难为者也,而申徒狄能之;然而君子不贵者,非礼义之中也。(《荀子·不苟》)

有些事情可能难做到,像申徒狄负石而投河自杀,但并非中道,所以并非礼义。

七、评先秦诸子

荀子的系统宏大而完备,又特别能照顾到当时所最需要解决的政治社会整体秩序问题,所以在他眼中,当时其他诸子几乎都是偏颇或混乱的。他说:"假今之世,饰邪说,交奸言……使天下混然不知是非治乱之所存者有人矣。"(《荀子·非十二子》)荀子对于其他先秦诸子有许多强烈的批评,写出《非十二子》,而其批评的关键都在于他们不知"是非治乱"。他首先抨击了它嚣、魏牟:

纵情性,安恣睢,禽兽行,不足以合文通治……是它嚣魏

牟也。(《荀子·非十二子》)

魏牟是魏国著名的“贤公子”,他“好与贤人游,不恤国事”(《列子·仲尼》),或为公孙龙子的学生,习于言辩精思。他曾隐居于岩穴,习“贵生”之理,其学大抵继承杨朱一系,以安顿个人身心为人生第一要义,而有纵情恣性的嫌疑。① 它嚣身世不明,应与魏牟有类似的主张。荀子认为他们“任情性所为而不知礼义,则与禽兽无异”②,亦即强调个人情性与生命优先的路线,与其主张的整体秩序显然不同。所以批评时,不仅措辞甚为强烈,且列于他所非的第一对学者。换言之,荀子似将个人主义视为他体系的第一大敌。

荀子又批评农家的陈仲、史鰌:

> 忍情性,綦溪利跂,苟以分异人为高,不足以合大众,明大分……是陈仲、史鰌也。(《荀子·非十二子》)

农家路线非常克己、简约,主张人人都要靠自己耕作,自耕而食。他们“违矫其性”,如极深之溪谷,以离世独立于他人。这是“矫异于人以为高”,无法“合大众”,当然也不合于先王之礼义。③

荀子另外又批评了墨家,在《荀子·非十二子》中说:

> 不知壹天下、建国家之权称,上功用、大俭约而僈差等,曾不足以容辨异、县君臣……是墨翟、宋钘也。

重点是墨家不知如何“壹天下”,建立国家的整体。墨学主张兼爱、非攻,这无法“壹天下”,也难以建立国家的法度。墨家重视实

---

① 冯友兰:《中国哲学史》,台湾商务印书馆2014年版,第145~148页。

② 〔清〕王先谦撰,沈啸寰、王星贤点校:《荀子集解》,中华书局1988年版,第91页。冯友兰据“纵情性,安恣睢,禽兽行”一句,认为魏牟乃“极端纵欲主义”者,恐误读文义。魏牟在当时以“贤公子”称,应非“极端纵欲主义者”。(同上,第148页)

③ 文义参阅〔清〕王先谦撰,沈啸寰、王星贤点校:《荀子集解》,中华书局1988年版,第91~92页。

用与俭朴,也不知上下尊卑差等的重要,从而非礼、非乐。而荀子认为,政治上必须有差等,否则无法以上制下。这是中国政治思维中的一大根本问题。墨子较崇尚平等,虽然其尚同说也是以上制下,但他不喜欢有太多——尤其按儒家之礼所造成的——等差。荀子则认为若不给予上位者足够尊养,谁肯那样努力?且若无富厚之威势,亦无法管理众人。墨子较理想化,而荀子较实际。他主张"礼者养也",给予不同待遇、不同尊养,只要勤学都可以往上爬,让最有能力和德行者最上,方能治下。这种想法确实较容易建立政治、社会的秩序与体制,墨子则过于理想,所以荀子批评墨子"不足以容辨异、县君臣"。

他进而批判稷下道法学派的代表慎到、田骈:

> 尚法而无法,下修而好作,上则取听于上,下则取从于俗,终日言成文典,反紃察之,则倜然无所归宿,不可以经国定分……是慎到、田骈也。(《荀子·非十二子》)

慎到,战国中后期赵国人,早年学黄老道术,属于从道家分化出来的法家,主张"尚法"和"重势",是法家重"势"一派的代表。曾至齐国稷下讲学而负盛名。田骈,齐临淄人,为稷下先生的中坚人物,重黄老道术,主张"齐万物以为首",从而建立"明分""立公"、崇法的道法思想,颇与慎到类似。荀子批评他们虽尚法而自己无法,"不循旧法"而好自为造作,"使上下皆听从之";虽然是"言成文典",若"反复紃察"之,实则"疏远无所归",法度不立,"不可以经国定分"。[①] 这是批评慎到、田骈虽然表面尚法治,但自己好为造作变化,其言论经不起检验,结果是无法建立法度。大抵法家在实际政治上用途甚大,道法学派重势而善于观物更增加其势

① 〔清〕王先谦撰,沈啸寰、王星贤点校:《荀子集解》,中华书局1988年版,第93页。

力,所以荀子对于他们不足以建立法度这一方面大加批判。

荀子又批评名家:

> 不法先王,不是礼义,而好治怪说,玩琦辞,甚察而不惠,辩而无用,多事而寡功,不可以为治纲纪……是惠施、邓析也。(《荀子·非十二子》)

认为名家"好治怪说",辩而无用,不能作为治国的纲纪,根本没什么用处。现代人受西学影响,看重名家的逻辑性,但在荀子看来,不法先王、不是礼义、不可以为治纲纪,便根本不重要,因为他们完全不知整个国家社会的制度应该如何。

荀子进而批评儒家的子思、孟轲:

> 略法先王而不知其统,然而犹材剧志大,闻见杂博。案往旧造说,谓之五行,甚僻违而无类,幽隐而无说,闭约而无解。(《荀子·非十二子》)①

认为他们虽然略法先王却不知先王的体统。才能繁多而志向远大,"闻见杂博",荀子认为他们知道很多,"案前古之事而自造其说"②,谓之仁之行、义之行、礼之行、智之行、圣之行等五行。③

子思、孟子这种德行说,在荀子眼中是"僻违而无类,幽隐而无说,闭约而无解",因为荀子不喜欢谈论心性与内在德行。由此更可知荀学所偏蔽之处。事实上,今日若将这种德行论告诉一般的做生意、谈政治之人,也同样会得到"幽隐而无说,闭约而无解"的看法,因为他们完全不信性善、德行、恻隐之心等说法。所以德行论对一般讲政治社会制度、重现实运作的人,确实容易变成"僻

---

① "然而犹"三字从宋本,参阅〔清〕王先谦撰,沈啸寰、王星贤点校:《荀子集解》,中华书局1988年版,第94页。

② 参阅〔清〕王先谦撰,沈啸寰、王星贤点校:《荀子集解》,中华书局1988年版,第94页。

③ 参阅马王堆帛书《五行》与郭店竹简《五行》。

违而无类，幽隐而无说，闭约而无解”。

荀子的理想是：

> 若夫总方略，齐言行，壹统类，而群天下之英杰而告之以大古，教之以至顺，奥窔之间，簟席之上，敛然圣王之文章具焉，佛然平世之俗起焉。（《荀子·非十二子》）

“总方略，齐言行，壹统类”，这是荀子的大格局、大政治，从而得以“群天下之英杰”，让天下的英杰分上下尊卑，均进入其贤能政治体系，因而得以成群而不乱。并“告之以大古，教之以至顺”，让他们学习先王的礼义与至顺之道，平日读的都是圣王的文章，勃然兴起平世之俗，从而完成其理想的政治社会秩序。如此则“六说者不能入也，十二子者不能亲也”《荀子·非十二子》。这番话，在汉武帝“罢黜百家、独尊儒术”后得到充分的实践，成为之后中国政治社会与学术文化的写照。这也显示，到了战国后期，儒家与法家均走上独尊所学、排斥泛滥纷杂的异说，以求建立政治社会新秩序的道路。

荀子认为这是仲尼、子弓这类大儒将做的事，而且禹、舜在位，也必将如此，以“一天下，财万物，长养人民，兼利天下”（《荀子·非十二子》）。是以统一天下、裁成万事万物、长养人民，兼利天下之人，是荀子的最高理想。因此，势必要让“六说者立息，十二子者迁化”（《荀子·非十二子》）其定于一尊的思想非常清楚。

荀子还进一步批评了子张，子夏、子游等从游于孔子的弟子及其后学。他说子张的后学戴着大夫以上的冠冕，讲着冲淡的言辞，效法舜、禹的举止威仪，在表象上力求学习古人，其实只能算是“贱儒”。① 他又批评子夏、子游的后学：

---

① “弟陀其冠”，杨倞无说，卢文弨作“其冠绕”解。全句解释参阅〔清〕王先谦撰，沈啸寰、王星贤点校：《荀子集解》，中华书局 1988 年版，第 104～105 页。

> 正其衣冠,齐其颜色,嗛然而终日不言,是子夏氏之贱儒也。偷儒惮事,无廉耻而耆饮食,必曰君子固不用力,是子游氏之贱儒也。(《荀子·非十二子》)

认为子夏的后学表面上俨然君子,衣冠与颜色甚正,做谦退状整天不讲话。子游的后学则偷儒怕事,好吃喝而无廉耻,还大言不惭地说君子是不用力做事的。荀子认为这些后学都是贱儒,同时也批判了子张、子夏、子游所学的偏颇,其态度非常凶悍。荀子思想完全以建立整体的政治社会制度与秩序为依归,所以看不上其他诸子与其他派别的儒家。①

荀子自视为完整继承先王之道的大儒,痛恨其他学者背离或扭曲了先王之道,所以出言如此激烈,几句话就将其他的学派一一推翻,由此更可见他思想的系统化、意识形态化与严整性。荀子的思想在中国由第一期(封建)将转型为第二期(帝王制)之际出现,其系统化、意识形态化与严整性的追求,与第二期将转型为第三期(共和体制)的主流思想类似,而其排他性亦然。这不能不让我们深思中国体系一种深刻的内在需求及其问题。

八、结论与申论

本文分析和讨论荀子,从荀子与当时人所关心的问题出发,并尽量依其文本的次序立论,以力求还原荀子思想的本貌。近百年来讲中国哲学史或思想史的作品,经常都从西方哲学或科学的角度出发,依照西方哲学或科学的框架解剖古人。例如冯友兰讲荀子,首先分析其人性论、知识论,再论其礼论,企图按照西方哲学的理路将其系统化,以求在"伟大正确"的西哲或西学框架内,

---

① 荀子所见战国晚期的儒家似为五家,他自己居其一,其他则是思孟学派与子张、子夏、子游的后学。"儒分为八"则是韩非子的说法,各家分类有所不同。

找到几分传统思想的价值。这其实违背了荀子学说在历史上的状况，无法真正认识荀子思想的自身理路，也因而无法看到荀子思想的真价值与真问题。我们虽然身处现代，仍务必先要认识荀子在中国历史文化中的位置，而后再进一步从现代或西方的观点加以评析，方能得其真相。以下将分几个方面来综论荀子的学说。

（一）思想主轴

荀子所处的战国晚期，最大的问题是各国已激烈征战数百年，战争的规模愈来愈大，人民痛苦不堪。所以荀子首先主张以王道“壹天下”，建立统一的王制与理想的“贤能政治”，以安天下之民。限于当时的经济与教育文化水平、政治现实以及既有历史文化的传统，民主政治或由下而上建立政治秩序并无可能，“贤能政治”与“王道政治”应该是最好的选项。中国虽由秦人以暴力统一，但如荀子所料不能长久。从两汉以降，中国体制在理论上基本寻求并且走上了荀子所提议的道路，这是荀子对中国历史的伟大贡献。

作为一个超级大国与“天下”，中国在当时还有几个选项：墨家、法家或儒家的一统政府。墨家太理想而难以实现，容易强迫大家“只能爱人”，且其彻底控制思想的弊病与法家、荀子相同。法家容易流于一切为统治阶级服务，严重压迫人民。荀子儒家式的一统政府，仍是三者中最好也最实际的选择。

然而荀子学说主要的问题首先是国家通常未必是通过王道建立的，从开国者到其后的继承者又大抵皆非荀子理想中的大儒或真正既仁慈公正又聪慧守礼的王者，所以其“王制”或“王道之治”也只能流于理想，难以真正落实。其所希望的“贤能政治”，也因为种种现实的原因，经常流于既得利益阶层或团体的政治。如何让真正的贤能在政治上层,一直是儒家政治难以解决的根本问题。在最高权力的转移与限制问题上,过去只能以嫡长子继承、礼义与祖宗之法规范、天道示警与善择贤辅来处理。虽然如此,诚如荀子所言,越能接近其王道与贤能政治理想的朝代越能长久,所以中国历代的最高统治者或统治团体,都不能不重视这种学说,使其在历史上得到相当一部分的实践。

荀子虽无法解决上述问题,但他极为强调礼义,以其作为限制。儒家礼教森严的原因主要在此,做父亲要有父亲的样子、做长辈要有长辈的样子,就算私下毛病甚至问题一堆,往堂上一坐就必须照规矩办事,呈现应有的礼法风度。家有累世相传的祖宗法度,国家亦然。皇帝私下可能乱七八糟,坐上龙椅便非得有皇帝的样子,不能肆意妄为,因为礼教与祖法要求他必须如此,否则群臣苦谏。这是为了应对人的私欲与平庸所制订的办法。

所以礼治有两个主要层面:一个是上下尊卑,一个是严格的行为规范。前者源自中国的封建传统,也容易造成秦汉以降政治的专制性与阶级性;后者则是传统上中国统治阶层的自我约束。上下尊卑等差一直是中国政治社会的一个基本特质,荀子虽然提倡以贤能代替贵族,却很强调上下尊卑等差的必要性。这是中国政治的一大基本特质,笔者称之为"多层级锥形网络结构",并不容易去除。

荀子学说中与上下尊卑直接相关的另一主要问题在于钳制思想与文化的自由发展。这在传统中国,一般未被视为一个大问题,因为巨大的中国体系从来以维系稳定为第一考虑。而且因为中国的体量巨大,只要能够维系其政治社会的基本秩序,内部自然会不断自内发展或从周围吸收新生事物。然而从一个长期的观点来看,压制思想与文化的自由,对于任何体系或国家的发展与繁荣,仍明显有其重大的限制。从荀子对先秦诸子的批评可以看出,其学说体系的严整性与排他性。荀子坚持先王与后王之道以及从封建传统延续而来的礼义,以其为中国体制稳定与繁荣的基础,并据此排斥一切与其相违逆乃至无关的思想。荀子坚持尊重与延续既有"历史典范"的看法固然有其深刻的道理,然而过度强调这一点,甚而据此否定一切其他思想文化存在的价值,其后果也非常严重。

(二)孟荀

荀子论政教的重点明显与孟子不同。孟子比较理想化,一切以仁义为中心,少谈制度与经学,荀子则颇为实际,既重视对历史典范的继承,也重视贯通求变。荀子尊崇前代王制,重贤能,讲究领导者的全面修为,分上下贵贱使人民听命,既重视维稳,也重视富国强兵。他要求在位者一方面以礼义整治自身,一方面学习知类通达。尤其是统治者必须目光如炬,以适当的"举措"应付政治上无穷的事变。换言之,他虽然非常重视制度、礼义与仁政,但同时看重政治上应有的各种修养与能力,并不那么强调一切从仁义出发。孟子则不然,强调政治上一切要从仁心与道义出发。

在中国历史上,唐以前、宋以后较重视荀子,这很可能是因为从秦汉到唐代,最重要的是解决一统建国问题与体制问题,这是荀子的长处。两汉所建立的政教体制可称之为"体儒用法",同时在观念上,自许继承了夏、商、周三代王者的政教,这与荀子的学说,其实最为接近。这种重古制、尚经学、通时变的态度为北朝及隋唐所继承。到了宋代,汉唐式的中国体制已经较为确立,宋人想在此基础上"回向三代",以恢复"真正的王道与儒学",反而对奠立汉唐体制有重大贡献的荀子展开批评,以求更上一层楼。

荀子认为要行王政有几个关键:一是王制,二是礼义,三是以知类通达为目标的积累式学习与修养。然而从宋以后儒者,尤其是理学家来看,荀子对“性善”与“仁”认识不足,所以未曾真切掌握到圣人与王者之道。宋人认为理想的政教必须从符合天道的本性之善与天地之仁出发,方能有可大可久的真正基础。他们普遍遵从孟子,对荀学的性恶说与功利、法家倾向大肆批评。他们所追求的境界诚然高远,却不免低估了荀学的价值与影响。若论其实,从两汉至清朝的实际中国体制,其实更接近荀学。宋学还是在先秦儒学与汉唐体制上,才能有这种更进一步的追求。

然而孟子与宋人所言,也确实有其深刻的道理,这与荀学的一些缺点有关。荀子之说虽然善于建立体制,也相当切合政治实际。然而就实际政治而言,一般不太需要担心在上位者不现实乃至不聪明,而是要担心他们是否太自我与自私以致不能从公道与整体出发,做该做的事。这在古人,称之为非仁义之道。一路争权夺利的政治上层人物,大抵都够现实与聪明,也都明白理论上应该怎么做,却往往因为私心不能行公道与仁义于天下。荀子重客观明察,非常明智,也知道不能只重知识,必须以礼义为先。太多明智之人尽管平时也都“饰动以礼义”,满口仁义,看似是君子与哲人,却往往在关键时刻表现出小人、为己或不仁的一面。因此虽然荀子看事理极为分明,其聪明智慧,可能古今罕有,但四书最后选择《论语》《孟子》《大学》《中庸》而非《荀子》,应该是有道理的。至于说从明嘉靖之后,将荀子逐出孔庙,则不免是理学家的偏见,实在太过。兰陵荀子墓长期是“荒郊野外的一座孤坟”,与孟子庙的雕梁画栋、金碧辉煌不可相比拟。① 这不能不说是宋学影响下的一种偏见。

孟子的政教论述看似迂阔,却因无所逃于对德行的讲究,且

---

① 参阅路德斌:《试论荀子哲学在儒学发展中的地位和意义》,载《中国哲学史》1997 年第 3 期。

一般人都是很现实的,一旦体制大体确立后,“德行”反而是政治良窳的关键。荀子看似实际,但因其贤能在上、大儒在上的理想政治,往往做不到,最后只留下巩固既得利益团体的那一面,现实政治会因而愈来愈坏,最后导致朝代的覆亡。荀子虽主张“无德不贵,无能不官,无功不赏,无罪不罚”,但现实政治上往往并非如此。

相较之下,孟子的话最终无法否定,因为他强调发自内心的真实德行。荀子强调王制与劝学,主张“君子生非异也,善假于物”。“假于物”主要假于先王的遗言遗行,他主张“其数则始乎诵经,终乎读礼;其义则始乎为士,终乎为圣人”。所以荀子的学问终究会有不知礼义根源究竟为何的问题,不像孟子直指人性。

然而荀子之言亦有其好处,即礼义的根源似乎并不只是人性或德行这么简单。当然,孟子并非主张制度文化只从德行发出,但孟子论先王之道乃至整体政教,并不如荀子清楚。就儒学的传统而言,应当兼取其长,要能通伦类、一仁义,这是他的通达之处。

孟子之学虽稍嫌迂阔,现实中难以实行,但抓到人心的核心问题与出路。荀子在具体的制度文化方面发挥甚多,但核心部分不足。循孟子之道过于理想与迂远,循荀子又易流于威权与自利,尽管后者本意不是如此。孔子的伟大则在于两方面兼而有之。荀子之道不同于孟子之道,孟子之道又不同于孔子之道。经过两千余年的实践与研究,学人一般还是认为只有孔子之道中正平和又包容广大,不容易出问题。

在很多现代人眼中,孟子、荀子甚至孔子都差不多,反正都是儒家。然而对古人而言绝非如此。这不仅是所谓客观学理问题,而是直接关系到政治社会运作的基本方式及伦理、道德与文化的基本内涵。中国传统学说,尤其是春秋战国时期,原来多以政治领袖及其佐辅为传授对象;这些人的修养与观念只要略有偏差,就会产生严重的后果。同时因为战国中晚期以降中国的政治体制愈来愈有高度的集中性,尤其会集中在最根本的“政府形态与政策走向”。这些地方稍有偏差,万民都会饱受灾殃,所谓差之毫厘,谬以千里,所以“论道”时必须丝毫不苟。荀子骂儒家其他各派的后学都是贱儒,并认为孟子与子思均属“幽隐而无说”,虽然太过,也是因为他深信论道不能有所偏差,所以颇有强烈的排他性。这与当时中国体系必须“重构”的基本需求有关,也是我们今天所必须注意与反省的。

(三)礼义与公义

荀子的学说个别强调舍礼义不足以为治。他最看重的是整体秩序,反复强调“公”字,其礼义从整体政治社会的公道出发,而并非从封建时代的宗族主义出发。在这个意义上,荀子的思想比较接近现代人,因为现代世界最看重的正是从政治社会整体出发的公义。

儒家传统虽然也很重视公与义,但其实不常将公、义二字连用。这是因为儒家传统是泛家族主义,认为社会存在的基本单位是家,而人最重要的是能在家庭与家族中照顾好家人。家族重情感,而不是重公义,所以强调仁义,仁字在义之前。公、义重政治社会普遍性,但家族以感情为出发点,更重关系性。传统社会的基本存在单位是家庭与家族,政治上也主张化家为国。其整体治理的方式是小政府、大社会,家族与民间自治,同家族主义及封建传统仍有密切关系。在这个意义上,孔孟之道代表了中国社会特重仁义、情感与关系的基本特质。传统上所谓的道义主要是情义而非公义。

虽说汉代在国家体制与传经上更重视荀子,但其社会整体运作仍是家族主义,这方面又并非荀子之道。汉以降的中国社会基本上仍重家族、重情义，不怎么谈“公义”。古人将公与义分开说，古人所谓的“公”就是家家户户都这样。人人应优先照顾其父母、亲人、朋友甚至随从们，并体认到家家户户都有同样的需求，这就是公，也就是义。然而荀子所谓的礼义并不走这条路，而更看重政治与社会的整体需求。

荀子首重政治社会体制，很少谈家，所谈都是先王之道与政治社会。其影响比较偏于上层政治。荀子的后学发展成法家，虽有严重流弊，但其法治观点较近于现代。现代社会重法制与公义，在此意义上较近乎荀子而较远于孟子。这是因为现代社会以个体主义为基础，互无关系的个体与个体间，只能谈公义而很难谈情义。情分需要时间的累积，情义只能和认识已久的人讲，工商社会中变迁流动快速，更难谈情义，而必须讲公义。现代很多人喜欢讲荀子，因为他讲公义、重政治社会制度、知识与合理性，均较近乎现代社会。

荀子这套公义观，容易推向较集体制度政治，一切都集体地运作。荀子、墨子、韩非子乃至商鞅等人都有类似性，要建立大政府。这代表战国时期“强国家”与“大政府”的需求。孔子与孟子背后则是小政府，以礼与仁德为中心，是分散的机制，让各家族或家族化的各种团体自治；人人互相尊重，各自管理，是表率型、自治型而非统治型。墨子、法家和荀子则都是统治型。

（四）学习百王之道

从现代观点言之，荀子政治社会学说的一大关键在于核心之处根基不够坚实。设若后人不信百王之道，则全盘皆输。这在传统上不是问题，因为古人找不到更可信的典范，到了现代则产生大问题，现代中国人一般完全不信上古三代的百王之道。传统的百王之道既受根本性的质疑，国人便发愤依次全面改学英、法、美、德、俄等国的典范。因为中国体系一向需要有“一贯之道”的指引,所以清末民初很快发展成全盘西化的那一套。这反过来也显示了秦汉之后荀学化中国体系的现代命运。

虽然如此,用荀子的话来说,西方各国的典范,也是一种广义的“后王”。只是并非自家历史中的后王,而完全是他国历史中生成的典范与理论,所以怎么学都学不到。荀子所强调的百王之道,不能不说是中国体系的起源。中国之为中国,一切源于百王之道,从夏、商、周三代所谓的“圣王”建立中国体系后,其基本内涵一路被继承至清末。所以其基本特质,至今依然处处可见,难以去除。

荀子所思考的问题,既然是关系中国体系治乱存亡的根本问题,所以这些问题虽然经过两千年却依然历久弥新。其说虽然有前述不少缺点,然而礼义的根基在于以“百王之道”为中心的经学,还是很有其道理。既必须立足与本文明历史上有价值的典范,也必须融通中外,以矫正本文明传统典范的不足。这才是荀子“百王之道”以通贯之的新时代意义。

韩愈“扬孟抑荀”的成因及分析

张　明
（山东社会科学院国际儒学研究与交流中心副研究员）

韩愈在中国思想史上具有重要的地位，近代史家陈寅恪在《论韩愈》中评价他为“承先启后转旧为新关捩点之人物也”①。谓之“承前”，是因为韩愈借孟子之言而首倡“传道”之说，于中唐时期力排佛老，恢复了儒学的正宗地位；谓之“启后”，是因为他的学说奠定了此后宋明理学的基础，故钱穆认为治宋学“必始于唐，而昌黎韩氏为之率”②。不过，韩愈在推崇孟子的同时，又有对荀子的贬抑之辞。这就在客观上打破了历来“孟荀齐号”的格局，这种影响到了宋代，一方面造成了孟子的升格运动，另一方面又使得荀子被排斥出“道统”，以致荀学一脉千年来不得彰显。然而细究韩愈的荀学观，实则有其更为复杂的样态。

一、“大醇小疵”与“优入圣域”

韩愈对于荀子的评价，既有前后一致的地方，也有看似矛盾

① 陈寅恪：《论韩愈》，见陈美延编《金明馆丛稿初编》，生活·读书·新知三联书店 2009 年版，第 332 页。

② 钱穆：《中国近三百年学术史》，九州出版社 2011 年版，第 1 页。

之处。这集中在他的几篇相关的文章中,最为典型的是《读荀子》《原道》《进学解》三篇。

圣人之道不传于世。周之衰,好事者各以其说干时君,纷纷藉藉相乱,六经与百家之说错杂。然而老师大儒犹在。火于秦,黄老于汉,其存而醇者,孟轲氏而止耳,扬雄氏而止耳。及得荀氏书,于是又知有荀氏者也。考其辞,时若不醇粹;要其归,与孔子异者鲜矣。抑犹在轲雄之间乎? ……孟氏,醇乎醇者也;荀与扬,大醇而小疵。(《读荀子》)

斯吾所谓道也,非向所谓老与佛之道也。尧以是传之舜,舜以是传之禹,禹以是传之汤,汤以是传之文武周公,文武周公传之孔子,孔子传之孟轲,轲之死,不得其传焉。荀与扬也,择焉而不精,语焉而不详。(《原道》)

昔者,孟轲好辩,孔道以明,辙环天下,卒老于行。荀卿守正,大论是弘,逃谗于楚,废死兰陵。是二儒者,吐辞为经,举足为法,绝类离伦,优入圣域,其遇于世何如也? (《进学解》)

纵观这三篇文章,韩愈在提及荀子时,总与孟子相提并论,但《读荀子》《原道》两篇明显地扬孟而抑荀,谈孟子辄曰"醇乎醇",谈荀子则云"大醇而小疵","择焉而不精,语焉而不详",这就打破了自汉代以来"孟荀齐号"并且多为"先荀后孟"的格局。然而相矛盾的是,在《进学解》中韩愈却又将荀、孟一体而论、不分伯仲,并给予"优入圣域"这样崇高的评价。那么这是否意味着在韩愈荀学观的发展过程中有所变化,即由扬孟抑荀进而孟荀并举,或者反之由孟荀并举进而扬孟抑荀?

骥索三文的写作年代而加以排序,得以窥其评说的先后,似乎是解决这一问题的一种方式。由于年代久远,文献不足,确定三文写作年代并无确凿的依据,只能通过有限的史料加以合乎情理的推论。其中《进学解》为新旧《唐书》全篇录入,皆言其为韩愈任国子监时所作。《新唐书》卷一七六本传云:“愈坐是复为博士。既才高数黜,官又下迁,乃作《进学解》以自谕。”《旧唐书》卷一六〇本传云:“以愈妄论,复为国子博士。愈自以才高,累被摈黜,作《进学解》以自喻。”宋洪兴祖《韩子年谱》引《宪宗实录》云:“(元和)七年二月乙未,职方员外郎韩愈为国子博士。”又:“八年三月乙亥,国子博士韩愈比部郎中、史馆修撰。”[①]则《进学解》的写作年代当在元和七年(812)与八年(813)之间。《读荀子》的写作年代失考,按《原道》《进学解》都提到荀子,而揣摩文中的语气,当是韩愈初读《荀子》后进行的写作,故应在二者之前较为合理。

《原道》一文较为全面地阐释了韩愈的儒学思想,特别是其中关于儒家之道的传承谱系之说,实为后世宋儒“道统”说的滥觞,故在思想史的地位极为重要。然其具体写作年代难以确定,自北宋以降即众说纷纭,莫衷一是。与韩愈同时代的杨倞作《荀子注》时,多处引用韩愈的说法,尤其在注《性恶》时,全文引用了韩愈的《原性》。按杨倞《荀子注·序》的记载,该书完成于元和十三年(818),那么遵循一般视《五原》(《原道》《原性》《原毁》《原人》《原鬼》)为一时之作的观点来看,《原道》的写作年代至少不晚于此时。最早对《原道》写作年代做出推测的是北宋前期的僧人契嵩(1007—1072),他在其所著《非韩·十四》中认为《原道》早于贞元十八年(802)所作之《马汇行状》,并以此证明“韩子既壮,精神明盛,始见道理,乃觉佛说之为至”。但是他的说法全是为释家张本,不免荒悖,欠缺依据。稍后的程颐认为:“退之晚年为文,所

---

① 〔宋〕洪兴祖:《韩子年谱》,见〔宋〕吕大防等撰,徐敏霞校辑《韩愈年谱》,中华书局 1991 年版,第 56,58 页。

得处甚多。……如曰：‘轲之死，不得其传。’似此言语非是蹈袭前人，又非凿空撰得出，必有所见，若无所见，不知言所传者何事。《原性》等文皆少时作。”(《程氏遗书》卷一八)实则将《五原》离析，以《原道》为韩愈晚年之作，《原性》等篇则是早期作品。这种说法遭到了朱熹的反驳：“《五原》篇目既同，当是一时之作。《与兵部李侍郎书》所谓‘旧文一卷，扶树教道，有所明白’者，疑即此诸篇也。然则皆是江陵以前所作，程子独以《原性》为少作，恐其考之或未详也。”(《昌黎先生集考异·原性》)按韩愈上书李巽时为永贞元年(805)，依照朱熹的说法，《原道》的写作时间当在此之前。清代李光地则又批评朱子之说，断言：“韩昌黎《原道》，某断他是晚年作，朱子说是二十余岁时作，决不然。”(《榕村语录》卷八)又云：“韩文公二十来岁数传道，多一扬雄，三十岁作《送文畅序》，又少一孟子，都是识见未定。到四十岁作《原道》，便斩钉截铁云：‘轲之死，不得其传’，卓有定见矣。至《与孟尚书书》，乃是晚年之作，耑提出孟子，以为功不在禹下，而自己几幸续在后，荀、扬半字不提起。学识精进如此。”(《榕村语录》卷一九)韩愈四十岁即元和三年(808)。今人刘真伦先生通过详密考订，认为“《五原》作年，当以贞元二十年(804)前后较为近真”①。

从上述考证来看，从《读荀子》而《原道》而《进学解》这一写作时间序列大致可通，然而是否就可据此说明韩愈思想发展中存在某种“转向”，即由“扬孟抑荀”转而“孟荀并举”呢？恐怕不然。

其一，韩愈儒学思想的要旨在“传道”，其所以特意标榜孟子，是因为在他看来，圣人之道在“轲之死，(道)不得其传焉”。既然他下了这种断语，那么在《原道》所勾勒出的传道谱系中就没有给

① 〔唐〕韩愈著，刘真伦、岳珍校注：《韩愈文集汇校笺注》，中华书局2010年版，第19页。

荀子留下位置。而他本人在其他文章中也一再强调孟子在传道谱系中的这种特殊地位，甚至不再提及荀子。如《送王埙秀才序》云：“孟轲师子思。子思之学，盖出曾子。自孔子没，群弟子莫不有书，独孟轲氏之传得其宗，故余少而乐观焉。”又《与孟尚书书》云：“孟子虽贤圣，不得位，空言无施，虽切何补？然赖其言而今学者尚知宗孔氏、崇仁义，贵王贱霸而已。……故愈尝推尊孟氏，以为功不在禹下者，为此也。”又云：“释老之害过于杨墨，韩愈之贤不及孟子。孟子不能救之于未亡之前……虽然，使其道由愈而粗传，虽灭死万万无恨！”按《与孟尚书书》写作年代可考，当在元和十五年(820)①，已近于韩愈卒岁。由此比照《原道》《读荀子》等篇来看，韩愈思想上实有某种一以贯之的线索，即以孟子为圣人之道的合法传承者，而在孟子之后道的传承就中断了。韩愈本人则以呈递孟子的薪火为己任，所谓“道济天下之溺”是也。至于荀子，在传道的链条中就显得不那么重要了，更难以与孟子比肩，这也就在客观上形成了“扬孟抑荀”的效果。

其二，为什么在《进学解》中韩愈又将荀、孟并称，并冠以“优入圣域”的评价呢？这是否与他贯穿始终的标榜孟子而不计荀子的“传道”说相背离呢？要回答上述疑问，不妨先具体考察一番文本的内容与特点。《进学解》是韩愈遭受贬谪，三为国子监博士时的作品。就文义而言，其写作的目的与内容一为劝学，即开篇所谓“业精于勤，荒于嬉；行成于思，毁于随”，以老师的口吻对学生进行劝诲。另一深层意蕴则是讲述自己精通学问却屡遭贬谪的经历，即借学生的口吻叙述“三年博士，冗不见治”诸种不得其志的状况，在这种语境下特举孟、荀为例以自况：以孟、荀为“优入圣

① 〔宋〕洪兴祖：《韩子年谱》，见〔宋〕吕大防等撰，徐敏霞校辑《韩愈年谱》，中华书局1991年版，第72页。

域”的大儒,却在现实中皆不得志,前者“卒老于行”,后者“废死兰陵”,韩愈本人的经历与二人何其相似,“其遇于世何如也?”就此而言,该篇的主旨乃以老师与学生对答劝学的形式,抒发自己不遇于世的愤懑抑郁之情。而《进学解》作成,也起到了实际的效果,史载:“执政览其文而怜之,以其有史才,改比部郎中、史馆修撰。逾岁,转考功郎中、知制诰,拜中书舍人。”(《旧唐书》卷一六〇)通过这番文本考察,我们可以发现,《进学解》与《原道》《与孟尚书书》等以“传道”为主旨的文章不同,并不涉及圣人之道的传承问题,而是另有其他的写作目的。换句话说,当无涉“传道”谱系的理论建构时,韩愈是将荀子与孟子并举的,相互之间并无高下之别。类似的情形也见于《送孟东野序》,其文云“臧孙辰、孟轲、荀卿,以道鸣者也”,所要表达的是“不平则鸣”的文学创作论主张,孟、荀并举,也与“传道”不相干。据此可见,韩愈在发挥“传道”说之外,另有一种对荀子的评价方式,这种方式沿袭了历来“孟荀齐号”的传统,故此梁玉绳《史记志疑》中也说:“孔、墨同称,始于战国,孟、荀齐号,起自汉儒,虽韩退之亦不免。”事实上,即便在《读荀子》《原道》等篇中韩愈于“扬孟”之时不免有对荀子的贬抑之辞,但也称“要其归,与孔子异者鲜矣”,以“大醇”目之,可见在韩愈心目中,荀子的地位并不卑微。

二、“传道”的主观意图与扬孟抑荀的客观影响

在中国思想史上,韩愈的重要性在于首创“传道”①之说,复兴了儒学的正统地位,其思想又被宋儒所发挥,遂有了“道统”的建立,自是以后,儒学无论是在政治意识形态领域,还是

---

① 按,韩愈本人并未明确使用“道统”一词,只言“传道”。“道统”系朱熹首创,《中庸章句序》云:“自上古圣神继天立极,而道统之传有自来矣。”

在思想学术领域都成为不可撼动的主流正宗，绵延千年而不绝。

韩愈创立“传道”说，其原因是当时佛老盛行，造成政治、经济与社会的诸多问题以及思想领域中的混乱，他要借复兴儒学的方式来解决这种困局。在方式上，“退之自述其道统传授渊源固由孟子卒章所启发，亦从新禅宗所自称者摹袭得来也”①。即既模仿了有着严格宗教衣钵传递的新禅宗的方式，又从《孟子》书中找到了言论的依据。

《孟子·尽心下》曰：“由尧舜至于汤五百有余岁，若禹、皋陶则见而知之，若汤则闻而知之。由汤至于文王五百有余岁，若伊尹、莱朱则见而知之，若文王则闻而知之。由文王至于孔子五百有余岁，若太公望散宜生则见而知之，若孔子则闻而知之。由孔子而来至于今百有余岁，去圣人之世若此其未远也，近圣人之居若此其甚也，然而无有乎尔，则亦无有乎尔。”实质上已经构成了道的传递序列：由尧、舜到商汤、文王，由商汤、文王到孔子，孟子本人则以承续孔子之道自命。这就给予韩愈“传道”谱系说充分的启发，故他在《原道》中云：“尧以是传之舜，舜以是传之禹，禹以是传之汤，汤以是传之文、武、周公，文、武、周公传之孔子，孔子传之孟轲。”既然当时兴盛发达的佛教有着自身的“法统”依据，有着久远的历史渊源和路迹，那么在儒学的世界、在圣人之道的传承中，也可以找到自身更为悠久的历史根源和流脉。通过这番正本清源的工作，也就为儒学的正统地位找到了合理的依据。

孟子给予韩愈另一方面的启发则是二者所处时代思想风貌的相似性，以及二者自我肩负的使命之间的相似性。孟子所处的

---

① 陈寅恪：《论韩愈》，见陈美延编《金明馆丛稿初编》，生活·读书·新知三联书店2009年版，第320页。

时代,“圣王不作,诸侯放恣,处士横议,杨朱墨翟之言盈天下,天下之言,不归杨则归墨”,而“杨墨之道不息,孔子之道不著”,孟子为了昌明孔子之道,故常常与杨墨诸家进行辩论,谓“能言距杨墨者,圣人之徒也”。(《孟子·滕文公下》)韩愈所处的时代,则是佛老之言盈天下,以至于圣人之道不彰,孔门之学不著,尤其当政者迷信佛教,造成了严重的经济负担和社会问题,于是笃守儒学的韩愈终其一生以排佛老为己任,则与“距杨墨”的孟子相仿。《与孟尚书书》中所谓“释老之害过于杨墨,韩愈之贤不及孟子”等言论,正可见其所受孟子的直接影响。

由上述两点可知,孟子对韩愈的“传道”说有着无可比拟的影响,故而他对孟子的尊崇超出了对其他儒者的评价也就是情理之中的事了。然而问题是,为什么在“扬孟”的过程中又必然“抑荀”,韩愈在对荀子的评价中所谓的“小疵”又当作何解?

按,《读荀子》樊汝霖注曰:“《荀子》三十二篇,其《非十二子篇》以子弓并仲尼,谓子思孟轲略法先王而不知其统。其《性恶篇》谓人之性恶,礼仪生于圣人之伪。此其抵捂不合于道,而公所欲削者欤?”①此说给我们两点提示,即韩愈之所以贬抑荀子,评其“小疵”,一是因为荀子在《非十二子》中批评了孟子,称其不合于道统;二是因为荀子又在《性恶》中主张“性恶”论,否定了孟子的“性善”论。据此,荀子既然明确地反对了孟子,那么对于特别推崇孟子的韩愈而言,自然要将二者分出个高低优劣,择其一而从之,扬孟而抑荀就是其必然的结果。但是上述两个因素乃后人的推测,在韩愈那里究竟如何,尚需加以细查。

《荀子·非十二子》曰:“略法先王而不知其统,然而犹材剧志

① 〔唐〕韩愈著,刘真伦、岳珍校注:《韩愈文集汇校笺注》,中华书局2010年版,第115页。

大，闻见杂博。案往旧造说，谓之五行，甚僻违而无类，幽隐而无说，闭约而无解。案饰其辞而祗敬之曰：此真先君子之言也。子思唱之，孟轲和之。世俗之沟犹瞀儒、嚾嚾然不知其所非也，遂受而传之，以为仲尼、子游为兹厚于后世，是则子思、孟轲之罪也。”言辞之间，对子思、孟子大加批判，称其为沟瞀之儒，与道家、法家、名家诸人并列，并云：“今夫仁人也，将何务哉？上则法舜、禹之制，下则法仲尼、子弓之义，以务息十二子之说，如是则天下之害除，仁人之事毕，圣王之迹著矣。”以其为天下之祸害，而把铲除其学说言论当作要务，可见荀子之于孟子的激烈态度。

因孟、荀皆被后世尊为大儒，荀子这段针对孟子的批评颇为学者所怪，故王应麟说：“荀卿《非十二子》，《韩诗外传》引之，止云十子，而无子思、孟子。愚谓荀卿非子思、孟子，盖其门人如韩非、李斯之流托其师说以毁圣贤，当以《韩诗》为正。”（《困学纪闻》卷一〇）是为荀子批孟子事作解脱，以维护二儒之间不相龃龉的关系，有为尊者讳的意图。然而杨倞注《荀子》时，对此段文字曾作注解七条，则其所参照的《荀子》书必然有此段文字；杨倞与韩愈同时，且所作荀注颇受后者的影响，那么韩愈所见的《荀子》书中也就绝不止于十子，荀子批评孟子的文字必为其所目见。

荀子在《非十二子》中批评孟子，一上来就说他“不知其统”，也就是指责孟子并没有真正遵循孔子所开出的正道，这就与韩愈尊崇孟子的缘由相悖逆。因为在韩愈看来，孟子力“距杨墨”、昌明圣人之学，是承递孔子之道的不二人选，荀子恰在礼义之统问题上对孟子加以攻击，这是令韩愈无法接受的。所以尽管他遍读《荀子》书，也找不出荀子学说异于孔子之道的地方（“要其归，与孔子异者鲜矣”），却仍然要说他有“小疵”，这所谓的“小疵”实则就是指荀子在传承孔子之道的问题上排斥和否定孟子的地位这件事。

由此我们还可做进一步的推论,为什么韩愈要作出“轲之死,(道)不得其传焉”这样的断语呢?按照通常对儒学传统的理解,儒学之精神自孔子之后并非到了孟子就断绝了,孟子之后尚有荀子,汉代有董仲舒,有扬雄,及至隋唐也有如王通这样的大儒,何以韩愈独辟新说,遽尔止步于孟子呢?我们认为,这还是由于荀子在《非十二子》中批评孟子“不知其统”所造成的。前文业已说明,韩愈的“传道”之说全然脱胎于孟子,而据此说来排佛老也犹如孟子之“距杨墨”,其理论的正当性完全依赖于孟子的学说,因此维护孟子作为孔子之道继承者的正统地位也就是维护韩愈本人学说之正当性的前提。倘若没有荀子对孟子的质疑与否定也就罢了,然而偏偏孟子之后的第一个大儒就起而对孟子在承继孔子之道问题上的合法性提出了质疑与责难,这就使韩愈必须做出某种决断:要么容纳荀子等人进入“传道”谱系,则将造成理论内部的混乱,要么坚决地将荀子排除出统序,承认孟子的唯一合法性。很显然,韩愈做出了后一种选择,干脆将孟子之后的儒者统统拒之“传道”的门外,不仅是荀子,连他向所青睐的扬雄也跟着遭了殃。

质而言之,韩愈将荀子排斥出“传道”谱系的做法,虽然维护了其理论内部的逻辑统一性,但也同时显现出这一理论自身的不足。韩愈讲“传道”,其主观意图是基于极为现实的功利目的,即排斥佛老之说,所以他真正的着眼之处是“道”之用,至于“道”本身的体悟、研习和阐发则并不为所重。他推崇孟子,但除了“传道”“距杨墨”鲜有对孟子学说的发挥;贬抑荀子,也仅仅因其攻击孟子的正统地位。至于韩愈在应用儒学话语评论时政,言说主张时,则无非君臣之义、治乱之理,既合乎孟子的学说,也不违荀子的学说,这本身就说明了孟、荀在承继孔子之道问题上只是道同而术不同,皆为韩愈纳而用之。所以在韩愈的思想中,涉及“道”

之传,则扬孟抑荀,涉及“道”之用,则孟、荀并举。

在人性论问题上,韩愈有其独特的见解。在《原性》中,他提出“性三品说”:

> 性之品有上中下三。上焉者,善焉而已矣;中焉者,可导而上下也;下焉者,恶焉而已矣。其所以为性者五:曰仁,曰义,曰礼,曰信,曰智。上焉者之于五也,主于一而行于四;中焉者之于五,一也不少有焉则少反焉,其于四也混;下焉者之于五也,反于一而悖于四。……孟子之言性曰:人之性善;荀子之言性曰:人之性恶;杨子之言性曰:人之性善恶混。夫始善而进恶,与始恶而进善,与始也混而今也善恶,皆举其中而遗其上下者也,得其一而失其二者也。

在这里,韩愈把人性分为上、中、下三品,上品为善,下品为恶,中者可善可恶。又举孟子性善论、荀子性恶论以及扬雄性善恶混三种前说为例,实则加以批评,称他们只看到了三品中的某一品,而忽略了其他两品,同时也忽略了可善可恶的变化。

韩愈的“性三品说”貌似比孟、荀的人性论复杂而全面,兼容了二者性善、性恶的不同观点,但在实质上显露出他对孟、荀学说认知体悟上的欠缺。孟子倡导性善论,在改造“性”概念的同时试图将所谓“善端”内化为心之本体,故性善实乃孟子心性之学的根本。而荀子与孟子相对提出性恶论,一则回归“生之谓性”的“性”概念之原初含义,二则为其“化性起伪”的理论留出思想空间。韩愈只关注到外在的善恶表现形态,于内在的思辨内容却缺少觉察,虽然借用孔子“上智下愚不移”(《论语·阳货》)之语为其依据,但终显不得要领,以至于向来尊韩的朱熹也评论说:“三品之说太拘,又不知性之本善,而其所以或善或恶者由其禀气之不同为未尽耳。”(《昌黎先生集考异·原性》)

就韩愈本人而言,在人性论问题上他既不同于孟子,也不同于荀子,对性善、性恶两说实质上都持否定态度,那么他在扬孟抑荀的问题上就与人性论无干。换言之,韩愈称荀子有“小疵”,就不是因为荀子谈性恶而与孟子的性善论相违。然则,为何后世韩文注者会进行这样的推测,把韩愈视作持孟子立场而反对荀子性恶论者呢?这实则既与韩愈有关而又无关。说有关,是因韩愈在创立“传道”说时,已然导致了扬孟抑荀的实际效果,宋儒接续其说而进一步发挥孟子的心性之学,就把其学说根基的性善论抬升到至高的地位,触犯这一理论的荀子及其性恶论则遭到了彻底的打压。首先发起攻击的是程颐,他说:“荀子极偏驳,只一句性恶,大本已失。”(《程氏遗书》卷一九)而以二程为宗的朱熹接着说:“不须理会荀卿,且理会孟子性善。……荀扬不惟说性不是,从头到底皆不识。”(《朱子语类》卷一三七)于是,自程、朱开始,儒学道统内,只谈孟子,荀子则隐没不彰。从这个角度上说,韩愈既然开辟了一条扬孟抑荀的道路,在后世发展到这样一种极端的情形,他也就难以摆脱干系。另一方面,说它无关,是就韩愈自身而言,实在除了“传道”说之外并无特意贬抑荀子之举,甚至他对荀子的关注与评说,前有《读荀子》专篇之作,后有对杨倞《荀子注》的启发,远远超过了前人的格局。后世儒家对他的偏执一端的发挥与比附,绝非由他自身所能决定的,这可真是“我不杀伯仁,伯仁因我由死”的翻版了。

三、扬孟而疑《孟》与抑荀而“注”《荀》

韩愈虽在其“传道”说中褒扬孟子,但在《孟子》的作者问题上提出了质疑。关于《孟子》成书及作者问题,在韩愈之前有两种说法。其一是司马迁在《史记·孟子荀卿列传》中所说:“退而与万章之徒序《诗》《书》,述仲尼之意,作《孟子》七篇。”即认为《孟子》是孟子本人与其弟子万章等人的集体著作。其二是汉代赵岐在《孟子题辞》中所说:"此书,孟子之所作也,故总谓之《孟子》。"即认为《孟子》是孟子本人所著,与门人等无干。第三种意见却是韩愈首创①,他在《答张籍书》中说:"孟轲之书,非轲自著,轲既殁,其徒万章、公孙丑相与记轲所言焉耳。"即认为《孟子》并非孟子本人所著,而是其门人的记录。

韩愈向以孟子自况,言孟子不著书,于是自己也不愿著书,这是他在《答张籍书》与《重答张籍书》中的想法。至于何以认为《孟子》不是孟子所著,其依据韩愈并未言明,但因韩愈的影响之大,这种说法遂流传开来,不仅韩愈的朋友张籍,其后的林慎思、宋代的苏辙也都赞同之。倘若《孟子》并无孟子本人亲自参与编写,那么其中所载孟子的思想事迹就难免在可信度上大打折扣,势必对尊孟派的学说主张造成麻烦。故而朱熹也不得不站出来进行辩护:"《论语》多门弟子所集,故言语时有长长短短不类处。《孟子》,疑自著之书,故首尾文字一体,无些子瑕疵。不是自下手,安得如此好!"(《朱子语类》卷一九)

然而即便像朱子这样的儒学大师,也无法阻止疑《孟子》思想的传播,韩愈看似无意的一番说辞,竟引起后世接续不断的涟漪。宋代的晁公武就首先为韩愈的说法找到了依据,他说:"按韩愈以此书为弟子所汇集,与岐之言不同。今考其书载孟子所见诸侯,皆称谥,如齐宣王、梁惠王、梁襄王、滕定公、滕文公、鲁平公是也。夫死然后有谥,轲无恙时所见诸侯,不应即称谥。且惠王元年至平公之卒,凡七十七年,轲始见惠王,目之曰叟,必已老矣,决不见平公之卒也。"②即从谥号问题上说明孟子之卒年当在书中所记诸侯之前,故《孟子》书不应为孟子所作。此说证据确凿,难以辩驳,

---

① 杨伯峻译注:《孟子译注·导言》,中华书局2010年版,第5页。

② 〔宋〕晁公武撰,孙猛校证:《郡斋读书志校证》,上海古籍出版社2011年版,第415页。

让朱熹等以《孟子》为自著之书的说法无法自圆。疑《孟子》之说遂埋下了种子,虽后世孟子的地位不断升格,乃至于列入“四书”,成为自明代以降的官方意识形态范本,而质疑之声不绝于耳。清人崔述更列出其他证据:

> 《孟子》七篇之文往往有可议者。如“禹决汝、汉,排淮、泗而注之江”,“伊尹五就汤,五就桀”之属,皆于事理未合。果孟子所自著,不应疏略如是,一也。七篇中,称时君皆举其谥,如梁惠王、襄王、齐宣王、鲁平公、邹穆公皆然;乃至滕文公之年少亦如是。其人未必皆先孟子而卒,何以皆称其谥,二也。七篇中,于孟子门人多以子称之,如乐正子、公都子、屋庐子、徐子、陈子皆然;不称子者无几。果孟子所自著,恐未必自称其门人皆曰子,三也。细玩此书,盖孟子之门人万章、公孙丑等所追述,故二子问答之言在七篇中为最多,而二子在书中亦皆不以“子”称也。①

就此而言,扬孟始自韩愈,疑《孟子》也始自韩愈,或显或隐,此起彼伏,都对后世的孟学及其地位产生了重大的影响,然而这种客观性的效果,是韩愈本人所始料未及的。

与上述情形恰恰相反,因“传道”说而贬抑荀子的韩愈,在《荀子》上做出了更多更实际的工作。历史上首次为《荀子》作注的杨倞,与韩愈同时而辈分稍晚,其生平经历虽不甚可考,但在所作注解中,凡8处引用韩愈的言语文字为据,并尊称“韩侍郎云”。韩愈与杨倞的交往事迹于今亦不可考,然而就上述情形来看,杨倞注《荀子》定然受到了韩愈的直接启发。甚至有论者推测,韩愈本人也曾注过《荀子》,这当然只是凭空的假定,杨倞本人在《荀子注

---

① 〔清〕崔述撰著,顾颉刚编订:《崔东壁遗书》,上海古籍出版社2013年版,第433页。

序》中已明确说过"独《荀子》未有注解"的断语；不过杨倞如此看重韩愈的意见，尤为突出的是在《性恶》注中全文采用了《原性》，因此若称韩愈为《荀子》注的重要参与者似并不为过。

杨倞注《荀子》引韩愈之说兹列举如下：

其一，《劝学》："口耳之间则四寸耳，曷足以美七尺之躯哉！"下注引韩侍郎云："则，当为财，与才同。"

其二，《修身》："加惕悍而不顺，险贼而不弟焉。"下注引韩侍郎云："惕与荡同字，作心边易，谓放荡凶悍也。"

其三，《非相》："仲尼之状，面如蒙倛。"下注引韩侍郎云："四目为方相，两目为倛。"

其四，《非相》："故君子之度己则以绳，接人则用抴。"下注引韩侍郎云："枻者，檠枻也，正弓弩之器也。"

其五，《解蔽》："桀蔽于末喜、斯观，而不知关龙逢，以惑其心而乱其行。"下注引韩侍郎云："斯，或当为斟。斟观，夏同姓国，盖其君当时为桀佞臣也。"

其六，《性恶》："唯贤者为不然。"下注引韩侍郎作《性原》曰："性也者……"（按即《原性》全文，《原性》又作《性原》）

其七，《成相》："复慎、墨、季、惠，百家之说诚不详。"下注引韩侍郎云："或曰：季梁也。"

其八，《成相》："得益、皋陶、横革、直成为辅。"下注引韩侍郎云："此论益、皋陶之功，横而不顺理者革之，直者成之也。"

纵观上述注引韩愈的文字，多为字义、典故的细节考证与解释，且散落于《荀子》诸篇，一则可见韩愈对荀书的熟稔，虽细枝末节亦有所洞察，其对《荀子》所下的功夫绝非泛泛；二则也可以做出合乎情理的推测，即杨倞注《荀子》凡遇到疑难之处，必向韩愈作直接的请益，且以所涉篇目颇多，亦必非止于一时，定是多次往顾，屡受垂教。韩愈之说被杨倞直接采用引入注解，也可见他对韩愈荀学修养的信任与推重。

对比疑《孟子》来看,韩愈固然在倡导“传道”说时称荀子“大醇而小疵”,在实际上反而对《荀子》更为关注,在文本的解释与考证上做出了重要贡献,启发杨倞作了史上第一部《荀子注》。由是观之,孰能谓韩愈仅止扬孟抑荀?反过来说他是重荀轻孟也并不违于事实。

四、文人风骨与救世情怀

韩愈既是中国思想史上转折期的关键人物,又是中国文学史上开一代风气的大师,其文名更甚于其思想家的地位。于诗文和圣道的两途,韩愈曾经在《上兵部李侍郎书》中自谓:“性本好文学,因困厄悲愁无所告语,遂得究穷于经传史记百家之说,沉潜乎训义,反覆乎句读,砻磨乎事业,而奋发为文章。”是故韩愈为文,必与他所勤学的圣人之道相合,而非毫无内容只追求绮丽的文辞。这就一反汉晋以来只注重文字形式的华丽,而不关注文章内容的浮夸文风,在中唐文坛掀起了一场革命性的古文运动。所谓古文,在韩愈看来就是指先秦上古的文章,其不仅有辞采,圣人之道的精髓亦在其中,他说:“愈之志在古道,又甚好其言辞。”(《答陈生书》)又说:“愈之所志于古者,不惟其辞之好,好其道焉耳。”(《答李秀才书》)

先秦儒家特别重视礼乐教化,重视文章内容与形式的统一。孔子论《诗》辄曰“思无邪”(《论语·为政》),曰“《诗》可以兴,可以观,可以群,可以怨”(《论语·阳货》),又曰“质胜文则野,文胜质则史,文质彬彬,然后君子”(《论语·雍也》),皆本此意。荀子承继孔子之说,作《礼论》《乐论》诸篇,发挥了文以明道的主旨。其言曰:

> 凡礼,始乎棁,成乎文,终乎悦校。故至备,情文俱尽;其

次，情文代胜；其下，复情以归大一也。……文理繁，情用省，是礼之隆也；文理省，情用繁，是礼之杀也；文理、情用相为内外表里，并行而杂，是礼之中流也。(《荀子·礼论》)

曰：乐者，乐也。君子乐得其道，小人乐得其欲。以道制欲，则乐而不乱；以欲忘道，则惑而不乐。故乐者，所以道乐也。金石丝竹，所以道德也。(《荀子·乐论》)

韩愈虽未明言其直接本于荀子之说，但按其追迹先秦，有志于道的态度，实则于内在理路上与荀子暗合，不可谓其未受荀子之影响。

韩愈所开创的文、道相合的理论，后世皆以"文以载道"称之，然考其实，韩愈并未有此语。其门人李汉论之曰："文者，贯道之器也。"(《唐吏部侍郎昌黎先生韩愈文集序》)即所谓"文以贯道"者也。载道之说，实出于宋儒周敦颐，其言曰："文所以载道也。"(《通书·文辞》)又言："圣人之道，入乎耳，存乎心，蕴之为德行，行之为事业。彼以文辞而已者，陋矣！"(《通书·陋》)一字之易，已然重道而轻文，颇悖于韩愈的本意，也消磨了孔子"文质彬彬"的期许，得失之处未可轻下判语。然而从历史发展的角度看，从荀子的"文以明道"，至韩愈的"文以贯道"，又至周敦颐的"文以载道"，构成了一条发展线索，纳圣道精髓于文艺创作中，体现了儒学传统一以贯之的文艺观，韩愈居其间，上承孔、荀，下启宋、明，其重要性自不待言。苏轼称韩愈"文起八代之衰，道济天下之溺"(《韩文公庙碑》)，从文与道两个方面大加称赞，究其实际来看并非过誉之辞。

作为诗文大家的韩愈，其关于"道"的探究、阐扬除去少数单篇专论，多体现于其文学创作中，因此其儒学思想呈现出零散、不成体系，甚至颇相抵牾的面貌，这往往被后世儒者诟病。然而究其原因，并非韩愈自身的过失。从社会现实状况来看，有唐一代诗文之风盛行,而儒学思想在佛教、道教的冲击下显得黯淡无光,韩愈虽有心致力于恢复儒学的传统,也只得向先秦儒家那里去寻找思想的资源。巧妇难为无米之炊,时代没有给予足够的土壤与养分,也就不可能产生出成熟的思想果实,所以韩愈能在文学领域成为一代诗文大师,在思想领域也只能做到"但开风气不为师"的地步,这已属难能可贵的了,不必苛责。

从个体自身的角度来看,韩愈并非那种坐而论道的学者,而是学以致用的实干家。他以接续孟子所传圣人之道自命,留意于《荀子》等诸子之书,并非想要独创儒学的新体系,而是着意于"道"之用,即按照儒家学说来规范自己的处世方式,践行君臣之义、亲民之策。① 由是之故,他才会在宪宗迎佛骨之时,置个人生死于不顾,毅然上《论佛骨表》犯颜直谏。此种事迹观其一生,不一而足。韩愈在《答张籍书》中谈著书立说时,曾设想"请待五六十然后为之,冀其少过也"。然而天不假年,其寿不考,韩愈病逝时仅 57 岁,且在吏部侍郎任上,著书立说的愿望也就无从实现了。后世苏辙评论说:"愈之言,朝夕从事于仁义、礼智、刑名、度数之间,自形而上者,愈所不知也。"(《昌黎先生集考异·原道》朱熹引)事实确乎如此,不过韩愈作为儒者,其特点正是在于其经世致用的救世情怀。就此而言,韩愈与"迂远而阔于事情"(《史记·孟子荀卿列传》)的孟子并不相类,反倒与隆礼重法、重视躬行的荀子差可比拟。

五、结语

韩愈生于唐中期佛老之说盛行、儒家之学黯淡之世,然而他

① 参阅孙聚友:《儒家人的存在完善思想论析》,载《东岳论丛》2015 年第 12 期。

能力排佛老，借孟子而发为“传道”之论，使圣人之道不辍，开后世儒学之新气象，其功莫大焉。但是他又在褒扬孟子的同时贬抑了荀子，称其“大醇而小疵”。考其实，乃因荀与孟相龃龉，无益于树立“传道”谱系之故。韩愈于荀学并无偏见，他在文学上倡导“文以贯道”与荀子“文以明道”的主张相暗合，在人生实践中也与隆礼重法、讲求躬行的荀学精神系于一脉，至于他启发并间接参与了杨倞的《荀子注》，则更是荀学史上的辟荒之举。宋代理学家沿袭“传道”说而立“道统”论，虽然复兴了儒学的传统，但是专举孟学之一隅，不明韩愈对荀学的态度，致使孔门之道惜失一翼。

康有为、梁启超诸子学研究的传承与递嬗

——以管子研究为例

王学斌
(中共中央党校文史教研部副教授)

作为近代著名的思想家与改革者,在发动戊戌变法之前的很长一段时间内,康有为潜心于传统学术,先秦诸子便是其关注的一个重点。长期以来,学界将更多视野投射在康有为毕生致力的尊崇孔子及创办孔教上面,故对其先秦诸子研究及子学观少人问津。[①] 虽然康有为有关先秦诸子评论的资料十分零散,且他的不少观点在今人看来存在诸多误读,但对其子学观的探讨很有必要。一方面可以反映出晚清维新派人物对诸子思想批判与吸收时的诸多特色,另一方面通过梳理康有为的子学观点,也可以理清康有为对康门弟子诸子思想的影响程度。

---

① 以笔者目力所及,目前学界只有魏义霞的《康有为先秦七子研究》(人民出版社2016年版)一书对康氏的诸子学研究进行过系统研讨,可谓很见功力与颇具意义的尝试。不过作者长于哲学思辨,就康有为诸子学思想对其弟子的影响和传承涉及不多。

一、"以儒统子":康有为的子学观浅析

综观康有为于戊戌变法前的所有关于诸子的言论,[①]可将其子学观大致概括为"以儒统子"[②]。作为近代倡导孔教的代表人物,康有为出于极力神化孔子形象之需要,曾从先秦诸子思想中汲取营养,并通过以孔教统辖诸子的方式,来证明其"孔子改制理论"的合法性,从而形成了其"以儒统子"的子学观点。一方面,康有为宣称孔子学说至高无上,诸子皆出于此,即"天下之所宗师者,孔子也,义理、制度皆出于孔子,故经者学孔子而已"[③],因而凡诸子百家之书"皆出于孔子"[④],"九流皆出儒家,所以班固纂《艺文志》,列儒家为之首"[⑤]。康有为还在日常讲学中,将诸子同孔子的师承关系一一做了交代。比如康认为:"庄子,孔子之再传弟子也。其中有《天下篇》,发挥儒家之理甚多。"[⑥]而在战国时期与儒家并称"显学"的墨家由于其开创者"墨子内称文子,是子夏弟

---

① 至于仅收集康有为变法失败之前的言论,笔者是基于以下考虑:作为梁启超的恩师,康有为对梁的思想影响主要还是在1890年拜师受学到1898年变法失败这段时期。梁流亡日本后,随着其大量吸收西方新知,逐渐摆脱了康有为的影响,并超越了其师的思想水平,故将资料限定于戊戌变法失败之前。然康氏对其诸子思想的影响,则或隐或现的影响一生。

② 除"以儒统子",康有为在子学观上还呈现出"肯定荀子""非老攻庄"等倾向,由于同本论文联系不大,故不在此详述。

③ 康有为撰,姜义华、吴根梁编校:《康有为全集》(第二集),上海古籍出版社1990年版,第52页。

④ 康有为撰、姜义华、吴根梁编校:《康有为全集》(第二集),上海古籍出版社1990年版,第235页。

⑤ 康有为撰、姜义华、吴根梁编校:《康有为全集》(第二集),上海古籍出版社1990年版,第234页。

⑥ 康有为撰,姜义华、吴根梁编校:《康有为全集》(第二集),上海古籍出版社1990年版,第235页。

子”,所以康有为“疑墨子为孔子三传弟子”①。此外,诸如老子、列子甚至是鬼谷子、纵横家也被康有为武断地纳入其儒家学术谱系中,成为孔学阵营之一员。另一方面,既然诸子皆出于孔学,那么时值“周衰礼废”,诸子也应同孔子一样,“皆有改作之心”②,投入到“托古改制”的政治大潮中去。康有为正是按照此种逻辑推演下去,将先秦诸子归为“托古改制”者。在《孔子改制考》卷三《诸子创教改制考》中,康有为列举出“墨子改制”“管子改制”“晏子改制”“棘子成原壤老子改制”“杨子改制”“宋钘尹文慎到改制”“惠子改制”“许子改制”“白圭改制”“驺子改制”“公孙龙改制”“邓析改制”“林既改制”“商君申子韩非子改制”等,以此证明在孔子之外,诸子无一不改制。他说:“孔子改制之说,自今学废没、古学盛行后,迷惑人心,人多疑之。吾今不与言孔子,请考诸子。诸子何一不改制哉?后世风俗,法密如网,天下皆俯首奉法,无敢妄作者……今揭诸子改制之说。诸子之改制明,况大圣制作之孔子,坐睹乱世,忍不损益,拨而反之正乎?知我罪我,惟义所在,固非曲士、夏虫所能知矣。”③紧接着,康有为又作《诸子改制托古考》,归纳出“墨子托古”“老子托古”“杨子托古”“庄子托古”“列子托古”“驺子托古”“尸子托古”“商君托古”“韩非托古”“管子托古”“吕氏托古”“内经托古”“鹖冠子托古”“淮南子托古”等,把先秦诸子拉入“孔子托古改制”的同盟大军中。康有为指出,先秦诸子皆有“托古之风俗”,“盖当时诸子纷纷创教,竞标宗旨,非

① 康有为撰,姜义华、吴根梁编校:《康有为全集》(第二集),上海古籍出版社1990年版,第357页。

② 楼宇烈整理:《长兴学记 · 桂学答问 · 万木草堂口说》,中华书局1988年版,第19页。

③ 刘梦溪主编,朱维铮编校:《中国现代学术经典 · 康有为卷》,河北教育出版社1996年版,第374~375页。

托之古,无以说人"①。他以《庄子》一书为例,总结出诸子托古之规律:"《庄子》一书所称黄帝、尧、舜、孔子、老聃,皆是寓言。既自序出,人皆知之。然此实战国诸子之风。非特《庄子》为然,凡诸子皆然。所谓亲父不为其子媒,亲父誉之,不若非其父者也。故必托之他人而为寓言。寓言于谁?则少年不如耆艾,今人不如古人。耆古之言,则见重矣,耆艾莫如黄帝、尧、舜,故托于古人以为重,所谓重言也。凡诸子托古皆同此。"②

由是观之,我们不难发现在康有为"以儒统子"的观念中,无论是"诸子皆出于孔学",还是"诸子托古改制",子学同孔学的关系实际上是不平等的。在康有为心目中,孔学统摄诸子,子学因孔学之嬗变而亦步亦趋,子学仅为印证孔学合法性的材料,正如康有为所言:"各子书虽《老子》《管子》亦皆战国书,在孔子后,皆孔子后学。说虽相反,然以反比例明正比例,因四方而更可得中心。诸子皆改制,正可明孔子之改制也。"③一言以蔽之,子学在康有为的学术体系中仍是儒学的附属品,尚未走出"以子证经"的研究范式。然而,同时我们也应看到,康有为"以儒统子"的主观意图是为了神化孔子,为其创立"孔教"提供理论依据,但其"诸子托古改制"说的"随意性"在不自觉中将孔子推入了凭空捏造史实的泥沼中,贬损了孔子形象,使人们不得不重新考量孔子同诸子的关系问题,究竟是"以儒统子"还是"经子平等"。这种主观意图与客观效应的

① 刘梦溪主编,朱维铮编校:《中国现代学术经典·康有为卷》,河北教育出版社1996年版,第389页。

② 刘梦溪主编,朱维铮编校:《中国现代学术经典·康有为卷》,河北教育出版社1996年版,第389~390页。

③ 康有为撰,姜义华、吴根梁编校:《康有为全集》(第二集),上海古籍出版社1990年版,第58页。

“二律背反”恐怕是康有为始料未及的。①

要之,康有为对先秦诸子的关注堪称多维,首先,他针对先秦诸子的学术归属,侧重阐明诸子的身份定位、学派归属以及彼此之间的源流关系和思想异同;其次,追踪并梳理先秦诸子与汉唐哲学、宋明理学的关系;再次,将先秦诸子与西学相互观照,彰显彼此关系异同。归根结底,康有为最终意在将诸子统摄于儒学之下,供其改革主张驱使。

二、推崇与矛盾:《管子》在康有为学术视阈中之位置

具体到《管子》一书,康有为对其评价颇高。就文献考订而言,康有为认为“《管》《晏》皆伪书”②。该书“殆是战国人所撰,其中多旧制遗礼,以《周礼》一书比较,窃其六七”③。比较明确地将《管子》定为伪书,这无疑开启了19世纪初怀疑《管子》属后人伪作之先河。

不过揆诸康氏心中的先秦诸子学术谱系,管子的地位可谓举足轻重。对《管子》一书之文采,康有为赞叹:“周、秦诸子宜读。各子书,虽《老子》《管子》亦皆战国书……《吕氏春秋》《淮南子》为杂家,诸家之理存焉,尤可穷究。子家皆文章极美,学者因性之所近,熟读而自得之。”④甚至为了彰显管子的精微,康有为不惜采用“黜韩(愈)扬管”的形式,用其言即“先生(指康有为的老师朱

---

① 路新生:《中国近三百年疑古思潮研究》,上海人民出版社2001年版,第484~493页。

② 康有为撰,姜义华、吴根梁编校:《康有为全集》(第二集),上海古籍出版社1990年版,第278页。

③ 康有为撰,姜义华、吴根梁编校:《康有为全集》(第二集),上海古籍出版社1990年版,第356页。

④ 康有为撰,姜义华、张荣华编校:《康有为全集》(第二集),中国人民大学出版社2007年版,第21页。

次琦)堪称韩昌黎之文,因取韩柳集读而学之,亦遂肖焉。时读子书,知道术,因面请于先生,谓昌黎道术浅薄,以至宋明国朝文章大家巨名,探其实际,皆空疏无有。窃谓言道当如庄荀,言治当如管韩,即《素问》言医,亦成一体。若如昌黎,不过为文工于抑扬演灏,但能言耳,于道无与,即《原道》亦极肤浅,而浪有大名。千年来文家颉颃作气势自负,实无有知道者。”①透过与乃师学术商榷之文字,不难窥知管仲与韩愈,在其心中孰高孰低。

当然,康氏如此抬高管子,还是借助申发《管子》思想来为其学说建构提供资源。他认定管子深得孔子大道之精髓,其中最明显的证据即记载孔子言行的《论语》却不能充分体现孔子的思想旨趣。如康有为曾写道:

> 一部《易经》,专讲中和。孟子言忍性,则性不尽善可知。子路闻过最喜,为善最勇,的当得“雷霆走精锐,冰雪净聪明”二句。孔子最贵有耻,故诗人言:人而无耻,不死何为?子贡问士,告以“行己有耻”,即管子亦以礼义廉耻为四维。②
>
> 《洪范》:思曰睿。《管子》谓:思之思之,鬼神来告之。《中庸》言:慎思之。《诗》:思无邪。《孟子》:思则得之。③

遵循康氏的论证逻辑,孔门最贵有耻,且孔子当年教导子贡的“行己有耻”一句当是管子所谓的“礼义廉耻”四维。另外孔门贵思,《管子》中又有“思之思之,不得,鬼神教之”之句,如此说来,管子与孔门思想倾向颇为一致。故康有为便以此为据,推断

---

① 楼宇烈整理:《康有为学术著作选 · 康南海自编年谱(外二种)》,中华书局1992年版,第6页。

② 康有为撰,姜义华、张荣华编校:《康有为全集》(第二集),中国人民大学出版社2007年版,第323页。

③ 康有为撰,姜义华、张荣华编校:《康有为全集》(第二集),中国人民大学出版社2007年版,第234页。

管子乃孔子后学。

然而,在某些篇章中,康有为又给予管子法家的学派身份。如其指出“同是法家,管子心最公,重民也;商君次之;至申、韩,直视民命如草芥”。这势必在管子的学派归属上产生混淆。于是,管子在康有为的先秦诸子学术构想中,既是孔门后学,又带有法家标签,实际徘徊于二者间,增加了自身的复杂性与不确定性。这恰恰体现了康有为诸子学研究中前后观点矛盾的特征。

三、继承与开新:梁启超的管子研究

作为弟子,戊戌变法前的梁启超基本上秉承了其师观点。在子学观上,梁持“经学为主,子学为辅”的态度,他在《变法通议》中说:“经学必以子学相辅,然后知经学之用,诸子亦皆欲以所学易天下者也。”①对于《管子》,梁启超则认为其“多存旧制,伪《周礼》所本”②。

1896 年,梁启超于《时务报》上连载的《变法通议》系列政论性文章,成为其变法思想形成的标志。值得注意的是,在诸多文章中,梁启超曾于四处提及《管子》一书,现照录如下:

> 智恶乎开,开于学;学恶乎立,立于教。学校之制,惟吾三代为最备。家有塾,党有庠,术有序,国有学,立学之等也。八岁入小学,十五而就大学,入学之年也。六年教之数與方名,九年教之数日,十年学书计,十有三年学乐诵诗,成童学射御,二十年学礼,受学之序也。比年入学,中年考校,以离经辨志为始事。以知类通达为大成,课学之程也。《大学》一篇,言大学堂之事也;《弟子职》一篇,言小学堂之事也;《内

① 梁启超:《饮冰室合集·文集》第一,中华书局 1989 年版,第 63 页。

② 梁启超:《饮冰室合集·专集》第六十九,中华书局 1989 年版,第 8 页。

则》一篇,言女学堂之事也;《学记》一篇,言师范学堂之事也;《管子》言农工商,群萃而州处,相语以事,相示以功,故其父兄之教不肃而成,其子弟之学不劳而能,是农学、工学、商学,皆有学堂也。①

《国语》齐桓公内正之法,正月之朔,乡长复事,君亲问焉,曰:'于子之乡,有居处好学、慈孝于其父母、聪慧贤仁、发闻于乡里者,有则以告。有而不以告,是谓蔽明,其罪五。'有司已于事而竣。公又问焉,曰:'于子之乡,有奉养股肱之力秀出于众者,有则以告。有而不以告,是谓蔽贤,其罪五。'役官及五属大夫复事,公问之如初。五属大夫退而修教于其属,属退而修县,县退而修乡,乡退而修卒,卒退而修邑,邑退而修家。是故匹夫有善,可得而举也。启超案属县乡卒邑家以《周礼》《管子》证之,皆使教于其地者也。②

一义曰:公理家之言曰:"凡一国之人,必当使之人人各有职业,各能自养,则国大治。"……《管子》曰:"一夫不耕,或受之饥,一女不织,或受之寒",此非空言也。③

古者乡官,悉用乡人。(《周礼》《管子》语句详之)④

可见,此时梁启超论及《管子》,皆出于论证观点的需要而以材料性质加以援引,《管子》一书尚未引起其研究的高度重视。

梁启超对《管子》学术态度之转变,出现于1903年前后。1903年2月11日,一篇名为《管子传》的文章刊登在第25号《新

---

① 梁启超:见《饮冰室合集·文集》第一,中华书局1989年版,第14页。

② 梁启超:《饮冰室合集·文集》第一,中华书局1989年版,第21~22页。

③ 梁启超:《饮冰室合集·文集》第一,中华书局1989年版,第38页。

④ 梁启超:《饮冰室合集·文集》第一,中华书局1989年版,第97页。

民丛报》的新年大附录征文栏目中。① 该文作者署名“广东省城卫道街尚同寄庐 汤学智”,全文共计一万一千余字,分成发端、管子之时代及其位置、管子之出现及其时齐国之形势、管子之爱国心及其返国、管子之初政、管子之内治六个部分。

关于这篇刊登在《新民丛报》上的《管子传》的作者汤学智(其生平事迹已不可考),学界历来大都视其为该报主编梁启超的一个笔名。经笔者考证,非梁启超“自导自演”之行为,而是梁在未经投稿人汤学智授权的情况下横加修改的“合著作品”。②

至于1903年版《管子传》的思想大旨,应当是传承乃师学术经世倾向,同时借助在日本所获西学和东学新知,对管子进行了新的阐释。如在民约论与国家论孰优孰劣上,彼时梁启超的政治思想恰值由主张民约论到服膺国家论的转变中,这在《管子传》中便有鲜明体现。在文中,梁启超一方面努力发掘《管子》书中有关帝国主义政策的内容,管仲凭借国家机器所推行的一系列称霸措施皆由于“管子者,以帝国主义为政略者也”(《新民丛报》)。且“管子之制法,非徒以拥护君权,而亦以裁抑君权而使之有限矣”(《新民丛报》),这与近代西方君主立宪制多有暗合之处,梁启超不禁感叹:“君主之幸福,莫过于立宪矣。”(《新民丛报》)而另一方面,他又认为管子的牧民政策带有几分民约论的色彩。当他读过《管子·君臣上》中“先王善牧之于民者也”一段后,评论道:“管子寻常多言牧民,而此则言牧之于民,牧之于民者,以民牧民之谓也。曰民体以为国,曰以国守国,以民守民,虽卢梭《民约之

① 《新民丛报》第25号并未将《管子传》全文刊登完毕,而是于第26号(1903年2月26日)将剩余部分续载刊出。

② 详见王学斌:《梁启超管子研究之肇端——1903年〈管子传〉考析》,载《鲁东大学学报(哲学社会科学版)》2008年第6期。

精义》何以过此焉？何以过此焉？民别而听之则愚，合而听之则圣，此政治学无上神圣之理论也。近世所谓‘最大多数之政治’，亦由兹出焉尔。”(《新民丛报》)并视管子“以百姓为刍狗”之言与民约论精神相悖，毫不客气地指出这正是管仲“仅为豪杰而不能圣贤”(《新民丛报》)的根源所在。同一文章中，民约论与国家论并举，放任主义同干涉主义皆不排斥，显得颇为矛盾，让人捉摸不透梁启超究竟认同哪派理论。

究其原因，尚需将该文章置于梁启超政治思想转变的全景中考察，方可把握其此时期的思想特征。综观梁启超流亡日本的14年，其政治立场有两次转变。第一次是在变法失败的流亡初期，他由依赖自上而下的渐进式的维新改良转向了与革命党联合，主张革命、认同共和；第二次是从赴美考察归来后，他又重新回归改良派的立场，提出“开明专制论”。而在这两次转变中，卢梭的民约论和伯伦知理的国家论无疑是其思想转变的理论源泉。早在戊戌变法时期，梁启超已从其师康有为那里接触到思想家伯伦知理的国家论学说，但他并未对此产生太大兴趣。赴日之后，梁启超将主要兴趣放在宣传卢梭的学说上，并认定民约论才是中国的救世良药。在光绪二十五年(1894 年)9 月 21 日的《清议报》上，梁启超对卢梭学说大加褒扬：

> 吾视其方最适于今日之中国者，其惟卢梭先生之民约论乎。是方也，当前世纪及今世纪之上半，施之于欧洲全洲而效……呜乎！民约论，尚其来东。东方大陆，文明之母，神灵之宫。惟今世纪，地球万国，国国自主，人人独立，尚余此一土以殿诸邦，此土一通，时乃大同，呜乎！民约论兮，尚其来东，大同大同兮，时汝之功。①

---

① 梁启超:《饮冰室合集·专集》第二，中华书局 1989 年版，第 25～26 页。

可见初到日本的时候,卢梭民约论对梁启超之吸引力要远过于伯伦知理的国家论。

然而,随着居日时间的加长,梁启超发现明治政府实际上是建立在伯伦知理国家学说之上的,这促使梁启超开始钻研伯伦知理的国家论学说。在与《管子传》同期发表的一篇文章中,梁启超再次讨论该问题:"若夫帝国主义之一阶级,吾中国终必有达之之一日,西人经百年而始达,我国今承风潮之极点,或十年,或廿年而遽达焉,盖未可定。要之,欲躐此一级而升焉,吾有以知必不能也,何也,无其本也。"①梁启超认为人类社会必先经由民族主义时代,方能进入民族帝国主义时代。在民族主义时代,政治上的支配思想是以卢梭的民约论为代表的放任主义;在民族帝国主义时代,以伯伦知理的国家论为代表的干涉主义则会占据支配地位。考揆当时中国实际,梁启超指出中国目前正向民族主义时代迈进,故仍需倡导卢梭学说。但由于中国终有一天要达到民族帝国主义时代,所以也有讲国家主义之必要,只是不能不经过民族主义时代而躐级而进而已。由此可见,虽然国家论在梁启超心中之分量已日益加重,但他还仍未放弃对民约论的信笃。

然而,时隔不久,在梁启超赴美考察之后,其政治立场发生了巨大转变,随之也开始在卢梭学说是否适应中国问题上持否定态度。赴美的所见所闻使梁启超从原来拥护自由民主的立场上退却下来,转而强调国家威权的重要性。他在1903年10月4日的《新民丛报》第38,39号合刊上发表《政治学大家伯伦知理之学说》一文,公开宣称同自己曾经笃信不疑的民约论学说道别。至此,梁启超完成了从信奉卢梭民约论学说到服膺伯伦知理国家论

① 梁启超:《饮冰室合集·文集》第十五,中华书局1989年版,第31页。

学说的巨大转变。

通过以上对梁启超 1903 年前后政治理念转变过程的梳理,我们不难发现梁启超修改汤学智《管子传》之时,恰值其思想转变的关键期,他一方面仍信奉卢梭学说,另一方面又倾向于接受伯伦知理的国家论。正如《答某君问法国禁止民权自由之说》所体现的思想特征一样,梁启超在《管子传》里面既发掘管子的帝国主义干涉政策,又阐述其民权思想,这说明他认为中国此时处于向民族主义时代的迈进中,因而有放任主义和干涉主义并举共倡之必要。此种情形看似矛盾,实际上恰恰是此时期梁启超思想的真实写照。

四、小结

综上所论,正是秉持学术经世的宗旨,康有为的诸子学研究展现出通过追根溯源来将诸学派纳入孔门之下的特色,其管子研究亦不例外。然而也正基于并不纯粹的学术目的,故管子在康氏的先秦诸子学术构建中,始终处于徘徊于儒、法两家之间的尴尬境地。当管子进入其弟子梁启超的学术视野后,从最初追随恩师观点亦步亦趋,到赴日后凭借西学新知来重新诠释管子,将其终归入法家谱系中。康、梁师徒二人在管子研究上的传承与开新,只是康门诸子学研究乃至学术思想递嬗的一个侧影而已。

论齐国学术制度:稷下学宫的兴起与没落

陈　复
(宜兰大学博雅学部副教授)

一、稷下兴起前的学术环境

齐国的学术与政治这两大领域相互影响,很难被割裂开来单独检视。因此,当我们讨论稷下兴起前的学术环境,很难挣脱齐国自古以来的开明政治传统来单独认识。不过,学术环境确实还是有两个独立的特征能被单独划出来检视的:其一,稷下兴起前,齐国政府如何保护与扶植学术的发展,这包括理论与实践两个层面;其二,如果齐国的学术与政治确实很难被割裂(起码在稷下兴起前),拥有学问的人与担任官职的人几乎就是等号,齐国有什么客观的制度,来保障拥有学问的人能有机会管理政治。这里要由以上两个角度来思考。

《管子》这部书哪些属于管仲门客记录管仲思想,哪些属于稷下先生各自记录其思想而整理至《管子》,或甚至哪些本属于管仲门客记录,后再经稷下先生润色,这种时间性的问题现在已经很难清晰查考,不过,我们由《管子》这部书的确能看见一种专属于齐学的整体倾向,这种倾向如果特别在指学术领域那就是提倡教育。或许因为齐人曾面临相对较恶劣(不适合全面农耕)的天然环境,人才资源自古以来就深受齐国统治者重视,姜太公建国伊始不断与东夷贤人合作，前面已有详论，现在我们专门来看《管子》，透过这本反映齐学的最重要典籍，来检视其对人才的重视程度。《管子·权修》说："一年之计，莫如树谷；十年之计，莫如树木；终身之计，莫如树人。一树一获者，谷也；一树十获者，木也；一树百获者，人也。我苟种之，如神用之，举事如神，唯王之门。"这里表示要让"士无邪行"与"女无淫事"就要靠教育，而说："凡牧民者，使士无邪行，女无淫事。士无邪行，教也。女无淫事，训也。教训成俗而刑罚者，数也。"这里强调让有道的士人来朝内做官的重要性："法者，将立朝庭者也；将立朝庭者，则爵服不可不贵也；爵服加于不义，则民贱其爵服；民贱其爵服，则人主不尊；人主不尊，则令不行矣。"

《管子·君臣下》还说："是故国之所以为国者，民体以为国。君之所以为君者，赏罚以为君。致赏则匮，致罚则虐。财匮而令虐，所以失其民也。是故明君审居处之教，而民可使，居治战胜守固者也。"重点就在这个"审居处之教"，国君如果能细致注意人民的生活，尤其注意日常生活对人民的影响，在生活中施加教化，再加上国君赏罚适度中矩，才能使民心向着国家而替国家做事。《管子·禁藏》还说："夫明王不美宫室，非喜小也，不听钟鼓，非恶乐也，为其伤于本事而妨于教也。"这里把"本事"（不论这个"本事"是农业或工商，因该篇内容相当驳杂）与教育相提并论，显而易见《管子》对教育的重视。《管子·五辅》则说："然则得人之道，莫如利之。利之之道，莫如教之以政。"这里指出获得贤人的办法，莫如直接使他们获利；要能使贤人获利，莫如直接教他们政治；让道德与政治结合，使贤人具备管理政治的专业能耐，并能使他们获利，才能使他们愿意出仕。加上前面"财匮而令虐，所以失其民"的观点，都反映出齐国重利的传统，这种重利不是拿金钱去豢养人，而是给出（赏）与收回（罚）都要有个公正的机制，能让人服膺其教化。这里还可看出齐学确实已有关于发展教育得相当清晰的观念,教育不单纯是在学校内,还包括在生活里,尽管我们无法确认这些观念到底是否出自管仲门客或稷下先生的手笔,致使在时间断限上有认知的困难。无论这些说法出现的时间早晚,齐国统治阶层确实很重视教育,希望借此发展出客观的选才制度,与周王朝仅重视宗法血缘的观念相当不同。

齐国这种重视教育的态度是具有特殊性的先进思想,与齐国比邻的鲁国,还是长期依循宗法血缘观念,受教育的对象主要还是贵族,无关于平民。光就齐国与鲁国的差异来论,《吕氏春秋·长见》说:“吕太公望封于齐,周公旦封于鲁,二君甚相善也。相谓曰:‘何以治国?’太公望曰:‘尊贤上功。’周公旦曰:‘亲亲上恩。’太公望曰:‘鲁自此削矣。’”

这段话使我们看出齐国与鲁国治国方略的不同,齐国采取尊重贤者,依照实际事功来论断爵位的办法,而鲁国采取血缘宗法继承爵位的办法,这不由得不使齐国国势日强,鲁国国势日削。“尊贤上功”的政策就不会只是在民间搜罗贤人出仕,而更包括设立学校去培育贤人。《礼记·学记》就说:“古之王者,建国君民,教学为先。”春秋时期,齐桓公就有各种选拔人才与教育人才的措施。《孟子·告子下》记载齐桓公称霸,在葵丘大会命令诸侯说:“尊贤育才,以彰有德。”《国语·齐语》则说:“管子对曰:‘昔我先王昭王、穆王,世法文、武、远绩以成名,合群叟,比校民之有道者,设象以为民纪。’”这就是由民间搜罗德行道艺都堪做表率的贤人,让他们来做人民的言行举止的模范,这套制度更具体的作法,就是由民间最基层的乡选出贤人,让他们在各乡做官,再由各乡负责考核的官员定期将政绩卓越的人上报给齐桓公,最后齐桓公会亲自去基层考察,合格者就被赋予重任,这套制度被称为“三选法”,《管子·小匡》说:“正月之朝,乡长复事,公亲问焉,曰:‘于子之乡，有居处为义好学，聪明质仁，慈孝于父母，长弟闻于乡里者，有则以告。有而不以告，谓之蔽贤，其罪五。'”还说：“于是乎乡长退而修德进贤明。公亲见之，遂使役之官。公令官长期而书伐以告，且令选官之贤者而复之。”还说：“公宣问其乡里，而有考验，乃召而与之坐，省相其质，以参其成功成事，可立而时，设问国家之患而不肉，退而察问其乡里，以观其所能，而无大过，登以为上卿之佐，名之曰三选。”

三选的对象显然包括平民阶层，因为齐桓公把全国分出21个乡，命令各乡长推举贤人。住在“三国”内的国人与住在“五鄙”内的野人都是他们推举的候选人，不会只任用住在城内的贤人而不任用住在城外的贤人。住在城内的国人不见得都是贵族，住在城外的野人则绝对都是平民，这就替平民阶层的出仕开启了大门。《管子·大匡》对三选有更精确细致的讨论，其说：“凡县吏进诸侯士而有善，观其能之大小，以为之赏，有过无罪。”这里“诸侯”两字笔者推测是衍文，实意为各县乡吏向齐桓公进献有善行的士人，按他们才能的高低来做赏赐，即使推荐的人有错误，也不做处罚。齐桓公还特别命令三位大夫来执行此事，《管子·大匡》中说：“令鲍叔进大夫，劝国家，得之成而不悔为上举。……令晏子进贵人之子，出不仕，处不华，而友有少长，为上举。”这个晏子可能是《管子·小匡》里说的晏尚。命令晏尚推举贵族的子弟出来做官，如果他们不肯做官，居住很朴素不华丽，其交往的朋友又包括年轻人与年长者（因贵族子弟养尊处优，容易傲慢待人，不容易交朋友，如果能交到同年龄、向善的朋友，甚至还有忘年的交游诚属不易），这就是上等的推举。还说：“士处靖，敬老与贵，交不失礼，行此三者为上举。”士人居处很宁静，尊敬老人与显贵，朋友相交不会失礼，能做到这三者就是上等的推举。还说：“耕者农农用力，应于父兄，事贤多，行此三者为上举。”

这段意思是说耕种的人奋勉工作,顺从父兄实践孝悌,能善于侍奉贤人,能做到这三者就是上等的推举。《管子·大匡》还说:“令高子进工贾,应于父兄,事长养老,承事敬,行此三者为上举。”齐桓公派高傒推举在工商领域有优异表现的人才,顺从父兄实践孝悌,能谨慎承办委交的事情,能做到这三者就是上等的推举。这里可看出齐桓公需要的人才涵盖士、农、工、商四种领域,不论这些人本来的职业是什么,都希望举用的人才能兼备德行与才干,这很具体地指出其举用人才不问出身高低的事实。最后,《管子·大匡》说:“三大夫既已选举,使县行之,管仲进而举言,上而见之于君,以卒年君举。”上面这三位大夫既已推举各领域的人才,并把他们拨交给各县去做事,管仲还观察其间是否有优异表现的贤人,再把他们推举给齐桓公,不满一年齐桓公就再晋用他们至朝内。齐桓公还有两种招纳贤人的举措:其一,设庭燎招士。西周时诸侯去朝觐、祭祀与商议军国大事,会在大庭燃起火炬。其二,派游士招士。《国语·齐语》记载齐桓公希望自己能称誉诸侯,管仲建议齐桓公派遣游士八十人,给他们车马、衣裘等各种物质需要,再给他们大量的货币,使他们去各国游历,伺机号召天下各国的贤士汇集于齐国并出仕,且让本国的商人去各国做生意,熟悉各国上下阶层的喜好,选择其中淫乱于国的统治者来征讨,如此更能获得该国人民的接纳,由此可知齐桓公的纳士更扩及他国之贤人。

齐桓公恐怕是最早教育国人甚至“野人”的君主,他接受管仲建议,打破国人与“野人”的界限,把全国百姓区隔出士、农、工、商四种不同类型,使他们各自群居,不因杂处而相互混淆工作的热忱,并因这种群居而各使其子弟能在生活中学习父兄的工作,使家庭生活与社会教育合而为一。当时各乡应该都设有乡校,《国语》里面没有指出,不过《管子·君臣上》把负责教化四民的官员称为“人啬夫”，意即老师，这是相对于负责做事的“吏啬夫”而言的，《管子·君臣上》说：“吏啬夫任事，人啬夫任教，教在百姓，论在不挠。”对百姓设立教化，使不驯的人民能折服。《管子·君臣下》则说得更清晰：“乡树之师，以遂其学，官之以其能，及年而举，则士反行矣。”每个乡都设立老师，便利乡民求学，从中选择有才干的人在各地做官，等到考核的时间，由其中选拔合格的人来中央做官，如此就能获得士人的钦佩了。这是很细致地在考量农、工、商这三个阶层的优异人才，他们可能不易获得士人的接纳同任官事，因此乡校的设立，或许还有让这三个阶层的贤人培训与养望的意蕴，使他们逐渐具有与士阶层相同的背景，以消弭不同阶层的对立与互斥。这一套把教育落实在士、农、工、商的家庭暨社会环境里，士、农、工、商本身传统的家学与经验可以留存并运用到政治上。乡校的设立，使得“读书人”的学习管道更宽广，对齐国人才的培育也产生莫大助益。

这里引用了各种不同的文献，其可信度稍有不同，我们很难详细检验，然而，这些不同的文献都有关于齐桓公与管仲或内容不同的教育兴革，可见其事纵然细节有异，却不是子虚乌有。这种理念，无论它曾经被实践的程度有多彻底，光就其理念蕴含的开放性来看，我们若与春秋晚期郑国曾因人民聚集在乡校议论政事，因而统治者想要“毁乡校”来避免异议的声音（内容详见《新序·杂事》）来相互比较，就可发现两者反映的思维与心态相当不同，齐国正因春秋早期就有这些学术环境的长期孕育，具有相当的先进性，才会在战国中期孕育出更大规模的稷下学术风貌。

稷下兴盛前齐国的学术环境，除齐桓公，值得认识者还有齐景公时期的晏婴与田无宇。晏子养士著称于世，齐景公觉得晏婴似乎太贫穷了，想要送他车马改善生活，晏婴却拒绝了，他表示亲族与游士都靠他生活，《晏子春秋·内篇杂下》记晏婴对景公说：

“赖君之赐,得以寿三族,及国游士,皆得生焉。”孔子曾批评晏子只是个侍奉昏君未善教于百姓的“细人”,《晏子春秋·外篇重而异者》记晏婴见仲尼说:“婴之宗族待婴而祀其先人者数百家,与齐之简士待婴而举火者数百家,婴为此仕者也。”靠晏婴的俸禄才能营生的士人竟有数百家,晏婴虽还“谦称”自己只因要养士才如此辛苦去做官,借此指出他并不是没有善教于百姓,如此反过来却可使我们看出其养士的可观。笔者相信这种现象应该不是出自后世稷下学者的附会粉饰,因为跟他同时期的大夫田桓子无宇同样在养士,其子孙后来能全面篡夺姜齐政权自做国君,当然要有个长期布局的过程。赢得齐国士人的好感,绝对是取得政权的重要依靠,而赢得好感最直接的办法,如果按照齐国的传统,那就是出钱养士。《左传·昭公三年》记晋国的叔向问晏婴齐国目前的状况,晏婴坦白回答说:“此季世也,吾弗知齐其为陈氏矣。公弃其民,而归于陈氏。齐旧四量,豆、区、釜、钟。四升为豆,各自其四,以登于釜,釜十则钟。陈氏三量皆登一焉,钟乃大矣。”管仲承认这已经是“季世”,却想要挽回,因此消耗巨资养士。这很可能还有跟田桓子争取民心的用意,毕竟田桓子养士的目的在于壮大自己,而他的养士是希望能匡扶齐景公。

晏婴还说田桓子养士的盛况:“公聚朽蠹,而三老冻馁。国之诸市,屦贱踊贵,民人痛疾,而或燠休之,其爱之如父母,而归之如流水,欲无获民,将焉辟之?”这段话大意是说田无宇拿私家较大的量器借粮给人民,却拿公家较小的量器收粮,使得人民都如流水般归向田无宇,爱戴他如父母。这段文字替我们保存了田齐政权建立前的珍贵纪录,这纵然是个政治手腕,但我们还是可以看出这对于百姓的裨益,更可看出后来田齐的学术蓬勃发展,实在有合理的前因,那就是早在姜齐末世,田无宇就已经在大规模养士,晏婴冀图拯救姜齐而跟田无宇做养士的竞争,更激发了这股风气的扩张。

晏婴忧虑齐国已经到了末世，田无宇的子孙终将窃取政权，因为他已经深获人心。其实不仅如此，田无宇自己还前往各处招徕士人，他曾见晏婴一人独自站在墙角阴暗处，就问他为何不觅各地的士人来陪伴？《晏子春秋·内篇杂下》说："田桓子见晏子独立于墙阴，曰：'子何为独立而不忧？何不求四方之学士可者而与坐？'晏子曰：'共立似君子，出言而非也，婴恶得学士之可者而与之坐？'"此时晏婴不见得没有养士，但由田无宇的说话态度反映出他自己肯定在大量养士，而且晏婴说与士人并立时乍看他们好像是君子，然而一开口就发现不是如此，自己如何能轻易获得真正的士人呢？这话恐怕是对田无宇养士不论是否有德行，只问能否襄赞其成事者做暗讽。《韩非子·外储说右上》则对田无宇养士的事情记载得更具体，说："杀一牛，取一豆肉，余以食士。终岁，布帛取二制焉，余以衣士。"田无宇杀一只牛，自己只取一豆牛肉，其余都交给门客享用，到年终岁暮的时候，征收来的布帛，自己只取三丈六尺，其余都交给其门客去制衣。田无宇就是靠着这种对待士人推心置腹的态度，终于传至五世至齐相田和（齐太公）篡夺齐康公的王位，建立田齐政权。这里大量讨论稷下兴起前齐国的学术环境，我们发现春秋时期的齐国其人民阶层组合的特点与各诸侯国迥异，就是当各诸侯国还把士人阶层视作贵族最低的阶层时，齐国早在春秋早期就已经把士人阶层与其他农、工、商三个阶层合并为国人阶层，并把士人的来源扩张至农、工、商阶层里的优异精英，这使得士人的认知已经发生变化。

上面的材料使我们发现士人已变为"贤人"的异称，不再狭隘地被认知做血缘宗法的贵族或军事组织的兵员，更不纯粹只是政府机构的官僚，而是具有兼摄德行与才干的认知（尤其是后者，具有某项专业技能），这种阶层属性的变化，与齐国的工、商业繁荣，人才大量流动至这两个阶层有关(齐桓公再设法把他们挖回士人阶层来做官),由这个角度认识齐桓公对四民居住的安顿,就更能体现齐桓公与其后继者借此创造“新士人阶层”的用意,而田家由大夫(而且本是工正这种技术官僚)至累世为相(属于下卿,位阶只低于国氏与高氏这两位上卿),最终取得政权,其本身地位的变化更是这种新士人阶层兴起的极致表现。这个特殊的现象很值得史家留意。

二、稷下会兴起的具体原因

历史的演进,常充满着各种现实利害激烈的竞争。齐国的富强,难道不会引起各诸侯国的觊觎,模仿齐国富强的办法,来改进自己国内的政治吗?齐国是春秋早期各国中最早大量任用贤人辅政的国家,而不仅依靠血缘宗法里的贵族对公室的支持,这本有其远溯自姜太公的立国传统,然而,至战国早期,随着各国兼并战争越趋激烈,西周初年成立的国家,到这时已经所剩无几。举例而言,鲁国受制于三桓,公室已经毫无实权;卫国国势日衰自己贬降爵位;越国经过大战最后彻底灭掉吴国;楚国灭掉陈、蔡两国,领土扩至淮河中下游;晋国在六卿争权的情形下,最后被韩、赵与魏三家大夫联合瓜替出三国……各国君主在这种混乱的局面里,莫不希望能得到贤能士人的辅佐,为自己出谋设计,来提高声望、地位与权柄,图强家国。因此,他们不断重金礼聘学者从政,促成言论大开、学术风气获得蓬勃而激烈的发展。再加上周王朝声望日微,所谓的“王官失学”,也就是朝廷无能修护典章图籍的情况早已发生,大批贵族(其中人数最多的是士人)无法维持往日养尊处优的地位,纷纷流落民间,他们或靠教授往日的官学来牟取生计,致使教育日渐普及,平民士人愈益增加。

除齐国的长期传统,战国早期招揽贤能士人的作风,首先出自魏文侯。他由大夫的角色僭位得国，因此同样希望能借由礼贤士人，取得国内外对他统治的认同。他本人特别喜欢后世称谓的儒家，《汉书・艺文志》说："六国之君，魏文侯最为好古。"为争取儒者来魏国出仕，他派其弟魏成子长年驻外寻觅，《史记・魏世家》说："魏成子以食禄千钟，什九在外，什一在内，是以东得卜子夏、田子方、段干木。"只要争取到儒者，他都会表现出甚为礼敬的态度，尤其推尊孔子的弟子卜商（子夏）为师，自居弟子甚敬，《史记・魏世家》说："文侯受子夏经艺，客段干木，过其闾，未尝不轼也。"也因此，他确实得到诸侯的认同，连秦国想攻打魏国，都因魏文侯的贤能而没有借口，《史记・魏世家》说："秦尝欲伐魏，或曰：'魏君贤人是礼，国人称仁，上下和合，未可图也。'文侯由此得誉于诸侯。"这确实使得他的统治取得合法性。魏文侯招揽的贤能士人，其实并不是只有儒者，如任用李悝为相；任用屈侯鲋为太子击的师傅；任用西门豹守邺；任用乐羊治中山；还得到吴起、翟璜与赵苍唐这些所谓法家或兵家的人为大臣。由此来看，战国时期的学术获得大规模发展，魏文侯实在是首倡者。

魏文侯即位于周定王二十四年（前445），比后来的田和被周天子承认建立田齐政权（周安王十六年，齐康公十九年，前386）还要早，根据宫源海先生的统计，名义上是姜齐政权，实际由田齐把持国政的时间长达98年。因此，虽然田桓子养士要远早于魏文侯，不过，如就受封为诸侯的角度来说，魏文侯还是战国时期最早用国君的名义积极奖掖学术的人。

姜姓的齐国，因诸氏争权，政权不稳，终为田姓篡夺。

田姓始祖为陈国公子完，又称陈完，因陈国发生内乱，他于齐桓公十四年（前672）投奔齐国，齐桓公收容并命他担任工正，掌管百工生产，齐秀生先生指出，这可能是因事设官的工作。陈完的子孙将取替姜齐而拥有天下，据说早有预言，《史记・陈杞世家》

记陈厉公请周太史替儿子陈完卜筮，得占辞说陈国将要衰亡，陈完的后裔却会昌盛，取替陈而拥有国："厉公二年，生子敬仲完。周太史过陈，陈厉公使以《周易》筮之，卦得《观》之《否》：'是为观国之光，利用宾于王。此其代陈有国乎？不在此，其在异国？非此其身，在其子孙。若在异国，必姜姓。姜姓，太岳之后。物莫能两大。陈衰，此其昌乎？'"后来陈完投奔齐国，齐懿仲想把女儿嫁给他，再卜筮得占辞说陈完："是谓凤皇于飞，和鸣锵锵。有妫之后，将育于姜。五世其昌，并于正卿。八世之后，莫之与京。"后来陈国果真在鲁哀公十七年(陈愍公二十四年，前478)被楚惠王消灭亡国，而陈完这支五传至田厘子(陈乞)，六传至田成子(陈常)，七传至田襄子(陈盘)，八传至田庄子(陈白)，九传至田悼子共五世为齐国宰相，最后十传至田和子(陈和)篡夺齐康公的爵位自立诸侯，史称田齐太公。

田齐取代姜齐的过程很残酷，这种情况始自齐景公。崔杼与庆封两个权臣接连专政，鲁襄公二十八年(齐景公三年，前545)田文子(陈须无)参与推翻庆封的战斗，掩护齐景公安全回到内宫，从此掌握齐国的实权。前面已说过其儿子田无宇以私家大量器借给人民米粮，再拿公家小量器收回的办法对人民施惠，获得广大齐人的拥护与支持，《左传·昭公三年》记宰相晏婴对此已深有警觉，却无计可施，早在襄公二十八年，吴国公子季札出使齐国，就已经看出端倪，劝告晏婴要尽早置身事外，《左传·襄公二十九年》记说："遂聘于齐，说晏平仲，谓之曰：'子速纳邑与政！无邑无政，乃免于难。齐国之政，将有所归。未获所归，难未歇也。'故晏子因陈桓子以纳政与邑，是以免于栾、高之难。"季札看出田姓不得政权绝不会善罢甘休，因此要晏婴借故请陈桓子帮他归还封邑与权柄，避开与田无宇的利益冲突，不要让田无宇把他当做具有威胁性的对手，才能远离祸端。晏子被后世美称为贤相，其实他这个贤相的美名，来自极聪明的头脑善于趋吉避凶并适时做出对国君与人民有利的事情，实质上他已无能改变田无宇日渐坐大的结构性事实，只能与齐景公坐困愁城。

因此，当齐景公哀叹自己日渐被架空的处境时，晏子能说什么话来安慰国君呢？《左传·昭公二十六年》载："齐侯与晏子坐于路寝，公叹曰：'美哉室！其谁有此乎？'晏子曰：'敢问何谓也？'公曰：'吾以为在德。'对曰：'如君之言，其陈氏乎！陈氏虽无大德，而有施于民……公厚敛焉，陈氏厚施焉，民归之矣。《诗》曰："虽无德与女，式歌且舞。"陈氏之施，民歌舞之矣。后世若少惰，陈氏而不亡，则国其国也已。'公曰：'善哉！是可若何？'对曰：'唯礼可以已之。在礼，家施不及国，民不迁，农不移，工贾不变，士不滥，官不滔，大夫不收公利。'"当齐国已经被田无宇把持政权，最需要有善用权谋的智者来帮国君揽回权柄，晏婴只跟齐景公建议说要知礼，这种缓不济急的建议，暴露的真相恐怕是权柄已经拿不回来了。这就难怪齐景公能善用晏婴这个大贤人，却整日喝酒沉迷于欲望的享受里，恐怕他自己面对现实处境，有着无法解决的痛苦吧？这就更难怪孔子会批评晏婴只是个善于察言观色的细人，不能怀正道去规劝国君改过，开展大体去教化百姓，只知顺着情境注意自己的节操做点细微的琐事，这种人其实真正爱的是自己，不是国事。

《晏子春秋·外篇重而异者》记孔子说："仲尼曰：'灵公污，晏子事之以整齐；庄公壮，晏子事之以宣武；景公奢，晏子事之以恭俭。晏子，君子也！相三君而善不通下，晏子细人也。'"《晏子春秋》里有好几段孔子与晏子话不投机的记录，笔者认为要从这个角度来观察，才能看出两人不和的真相。孔子来齐国，齐景公问他为何不去见宰相晏婴，《晏子春秋·外篇不合经术者》记说："仲尼游齐，见景公。景公曰：'先生奚不见寡人宰乎？'仲尼对曰：

‘臣闻晏子事三君而得顺焉,是有三心,所以不见也。’仲尼出,景公以其言告晏子,晏子对曰:‘不然!非婴为三心,三君为一心故。三君皆欲其国家之安,是以婴得顺也。婴闻之,是而非之,非而是之,犹非也。孔丘必据处此一心矣。’”孔子与晏子不和的记录都被归于《外篇重而异者》或《外篇不合经术者》,大概往日的学者不愿意张扬孔子与晏子曾有不和的事情,然而,从这段话里能看出孔子很不满意晏子只会顺应国君的喜好曲折办事,不能怀着正道去侍奉国君,面对三个国君就有“三心”;晏子则觉得孔子是故意不顺服君命来博取忠君的美名,因此当齐景公想任用孔子,给他封地让他在齐国居住时,晏婴却从中阻挠,使孔子不得不离开齐国。

晏婴不见得是在陷害孔子,面对齐国如此复杂的政局,恐怕也只有晏婴这种善于趋吉避凶的贤人才能全身无祸安居于世吧?孔子是个鲁人,做事有棱有角不打折扣;晏子不仅是个细人,症结更在于他是个齐人,孔子才会无法忍受他这种拐弯抹角、兼容阴谋与正道行事的作风。然而,齐国的国鼎终将易手是个正在发生的事实,不论晏婴如何善于曲折行道,都对挽回这种明白的趋向毫无办法(或许更有爱惜羽毛明哲保身的思考)。孔子认为晏婴这种态度终究会滋生大问题。齐国的政局急遽恶化,却在晏婴死后才发生,齐景公晚年委托大族国惠子与高昭子立子荼为国君,后世称为晏孺子。田无宇的儿子陈乞假装讨好国子与高子,并对两子说齐国的大夫都不听他们的话;再对齐国的大夫说两子得权将会不利于大家,要早点想办法。陈乞不断地挑起齐国诸大夫与两子的矛盾,最后在鲁哀公六年(前489)发动政变攻入宫内,国惠子流亡莒国,高昭子被杀,晏孺子投奔鲁国,陈乞迎接滞留鲁国的公子阳生为新君,是为齐悼公。陈乞把晏孺子引回齐国,最后把他杀害。齐悼公在位四年就又被杀害了,《左传 · 哀公十年》记说:“齐人杀式悼公。”齐悼公是被谁杀害的呢?

《左传》对此没有回答。学者杨伯峻先生在《春秋左传注》里认为,齐悼公被陈乞杀害。不论如何,陈乞再扶立悼公之子壬即位,是为齐简公。齐简公后来信任并重用子我,引发陈乞的儿子陈常的不满,齐简公四年(鲁哀公十四年,前481)陈常发动兵变,杀死子我,先把齐简公挟持至自己的封地舒州,再把齐简公杀害。齐国的国君屡屡被田氏杀害,坚持原则却未免不识时务的孔子再三呈请鲁哀公征讨乱臣,《左传·哀公十四年》记说:“甲午,齐陈恒弑其君壬于舒州。孔丘三日斋,而请伐齐三。公曰:‘鲁为齐弱久矣,子之伐之,将若之何?’对曰:‘陈恒弑其君,民之不与者半。以鲁之众,加齐之半,可克也。’公曰:‘子告季孙。’”出兵的事情其实鲁哀公一点都不能做主,鲁哀公请孔子去问季孙的意见。其实孔子早已问过,季孙拒绝出兵,陈常做了季孙想做却丝毫不敢去做的事,他即使受限于鲁国的礼教不敢犯上作乱,又岂会出兵去攻打军事势力远比鲁国强大的齐国陈常呢?陈常此时生怕引起诸侯国的反弹,《史记·田敬仲完世家》记说:“田常既杀简公,惧诸侯共诛己,乃尽归鲁、卫侵地,西约晋、韩、魏、赵氏,南通吴、越之使,修功行赏,亲于百姓,以故齐复定。”

把过去姜齐侵占鲁国与卫国的土地归还两国,跟同样瓜替晋国的韩、赵、魏三国签订盟约,再与吴、越两国和好,最后对内亲善于百姓,陈常既展开残酷的斗争,还能同时安外且安内,这是后来田齐能因此建立政权的关键。

此时陈常立齐平公,杀掉齐国较强的公族,使得齐国无人能与之抗衡,再割裂齐国,给自己极大的封邑,面积已经超过齐平公的国土,《史记·田敬仲完世家》说:“割齐自安平以东至琅邪,自为封邑。封邑大于平公之所食。”齐平公在位25年卒,其子积即位,后世称为齐宣公,陈常的儿子陈盘与孙子陈白相继为宰相,宣公老实听话,生平没有什么大变故,在位 51 年卒,其子贷即位,后世称为康公。齐康公在位 14 年,大概因为已经彻底失去权柄,《史记·田敬仲完世家》说:"贷立十四年,淫于酒、妇人,不听政。"此时先由陈白的儿子田悼子做宰相,六年田悼子卒,由其弟田和子(陈和)继位,《史记·田敬仲完世家》说:"太公乃迁康公于海上,食一城,以奉其先祀。"陈和自立为齐侯(意即后来的田齐太公),随后获得周王室的承认。这里耗费如此巨幅文字认识田齐取代姜齐的过程,重点在于指出田姓累世欺凌姜齐公室的历史充满着蛮横与不义,如果田姓仅凭如此残酷的手段取得政权,它不可能获得齐国人民的认同与支持,田姓新兴统治者除了不断略施恩惠给百姓,借此争取齐国人民的好感,更需要争取齐国士人的强力支持。

笔者认为,这是稷下学宫会兴起的最直接原因。当各诸侯国都已开始效法春秋早期的齐国去养士与招士,出仕的路已经在各国大开,齐国还有什么优越的条件,去吸引本国与外国的士人愿意待在齐国?田齐太公在位两年而卒,他可能没有充裕的时间思索这个问题,其子田齐桓公(午)不可能不思索这个问题。他的父亲已经把整个家族子孙推往国君的位子,他如果想常保这得来不易的位子,且未来能传诸子孙,就要有更具号召性的办法,使得国内的百姓与国外的诸侯相信他是个堪做国君的人,而不是个犯上的乱臣贼首。更重要的在于他要能大举号召士人来帮他管理政治,这种号召要具有真正的号召性,就要有完善的制度能让士人安身立命,觉得在这里生活有尊严、有前景更有保障,这就使得具有空前规模的稷下学宫宣告诞生。东汉徐幹《中论·亡国》说:"齐桓立稷下之官,设大夫之号,招致贤人而尊宠之,自孟轲之徒皆游于齐。"这段简短的文字,是历来学者指出田齐桓公首先设立稷下学宫的证据,这是中国历史上第一个大型的学园(academa),

意即讲学与生活兼容的学术环境，如同宋明时期的书院。

后来学者对于田齐桓公首创稷下学宫有不同看法，其论据有二：其一，田齐桓公时期，齐国国势很弱，经常被动挨打，在这样的情况下不可能修筑稷下学宫这样庞大的工程，并拿出巨额经费来维持稷下学宫的开支。其二，孟子游齐其实在齐威王时期，田齐桓公的时候他尚未来到齐国，因此徐幹《中论》的说法有误，徐幹既然将“稷下之宫”误写为“稷下之官”，那他将齐威王误为田齐桓公就并不奇怪了。白奚先生认为这两个论据都值得商榷。首先，田齐桓公时期，正值田齐政权建立不久，齐国刚经历过长期的内乱，主要精神用于巩固政权，国势确实比较衰弱，但这种局面与设立学宫并不矛盾，反而会刺激齐人招贤纳士、洗雪国耻并发愤图强的决心，先秦史里这种事例并不鲜见，而招贤图强恐怕正是田齐桓公设立稷下学宫的初衷。史书明确记载，凭借雄厚的国势大规模兴办稷下学宫的是齐宣王，而在学宫刚建立的时候，规模未必庞大，花费不见得很多，这对于急于图强，且有远大政治眼光的田齐桓公来说，应该能承担得起。更何况徐幹说“立稷下之官”，不见得就是“宫”字的误写，因为这或表示设立大夫的“官号”（称号），且“官”字与“宫”字极为相像，确实容易在传写的过程中误识或误写，但如果因此把“齐威王”误识为“齐桓公”，就颇令人费解了。

因此，我们归纳出田齐桓公会在稷下设立学术论坛，招纳天下贤士，有两大重点：其一，从消极层面来说，异姓取得传统的姜齐政权，这种长期犯上的举措，田齐桓公自知早已引起国内外反感，因此想借由更大规模的兴利举措，来转移舆论对篡齐这个头等大事的敌意；其二，从积极层面来说，田齐桓公尤其需要士人精神与实质的支持，出资盖高楼广厦供士人居住，让士人汇集在自己阵营内，这能在精神与实质层面增强自己统治的合法性，博取历史美名。而且,本来就出身于新士人阶层,靠自身才干起家的田齐王室,比起其他受封于周王室的贵族政权,当更能体会善用贤士的重要性。学者于孔宝先生则指出:齐国的稷下学宫具有双重性,即集政治性(政策咨询机构)与学术性(研究院与大学堂)于一体。它表现出两个显著特点:其一,是求实务治与经世致用;其二,是学术自由与百家争鸣。稷下学宫作为战国时期的文化中心,主要表现在五个层面:政治咨询中心、学术交流中心、教育培训中心、科技传播中心与图书资料中心。因此,稷下学宫的设立确实蕴含着田齐政权很复杂的企图与理想。

三、稷下的兴盛与中衰

稷下学宫的真正兴盛,始于田齐桓公的儿子齐威王。田齐桓公在位共计18年,周显王十二年(前357),齐威王即位,虽然田齐由太公至桓公立国已经快三十年,此时齐国的内忧外患却并未稍歇,内部新旧集团的斗争持续不断,贪赃枉法腐蚀统治基础歪风层出不穷;外部则根据《史记·田敬仲完世家》的记载,由齐威王元年开始,三晋(韩、赵、魏)就趁着田齐桓公发丧,派兵攻打齐国的灵丘。齐威王六年(前351),鲁国再次攻打齐国,军队大举进入阳关。同年,魏国亦攻打齐国,进入博陵。齐威王七年(前350),卫国攻打齐国,占领薛陵。齐威王九年(前348),赵国攻打齐国,占领甄。齐威王即位的前九年,委政于卿大夫,自己不管任何事,由于国家处境日益艰险危急,他至此深受刺激,再加上驺忌与淳于髡的劝谏,使他终于决心发愤图强。驺忌与淳于髡两人就是后来的稷下先生,他们劝谏齐威王的办法很特别,前者鼓琴而歌后者隐语讽刺,都因触动齐威王的心底事而获得任用,这种被任用的过程就具有稷下先生的典型风格。稷下先生是被齐威王赏识并提供学宫让其讲学与从政的士人,文献里并未仔细记叙稷下先生被任用的状况，不过司马贞《史记集解》在这里引刘向《新序》说："齐稷下先生喜议政事。驺忌既为齐相，稷下先生淳于髡之属七十二人皆轻驺忌，以为设以微辞，驺忌必不能及，乃相与俱往见驺忌。淳于髡之徒礼倨，驺忌之礼卑。淳于髡等称辞，驺忌知之如应响，淳于髡等辞诎而去。"

由这里可以看出稷下先生的称号与实质确实在齐威王时已经存在。白奚先生就指出：虽然目前尚没有材料能证实齐威王时期稷下学宫发展的具体情况，然而，通过齐威王任用驺忌为相，而司马迁把驺忌列为稷下先生，且《史记·田敬仲完世家》记齐威王把能安邦治国的人视为"宝"，可知稷下先生在他变法图强和争霸称王的过程中应该占有重要的位置。

刘向《别录》还有说："方齐威王、宣王之时，聚天下贤士于稷下……号曰列大夫。"这段话意指齐威王时已经给予稷下先生列大夫的职衔，不过由驺忌与淳于髡这些稷下先生直接在参与国政的状况来看，稷下先生"不治而议论"，意即无事议论国政，有事备王咨询，平日则纯粹专注于讲学的状况恐怕要到宣王时期才发生。由于驺忌拜相辅佐齐威王，使得齐国蒸蒸日上，《史记·田敬仲完世家》说："齐国震惧，人人不敢饰非，务尽其诚。齐国大治。诸侯闻之，莫敢致兵于齐二十余年。"齐国成为各诸侯国里最强的国家，各诸侯国有 20 年的时间不敢与齐国交锋，因此齐威王开始称王，《史记·田敬仲完世家》说："于是齐最强于诸侯，自称为王，以令天下。"齐威王在位共计 37 年，不过在威王晚期的齐威王三十五年，由于相国驺忌与将军田忌长期失和，后来竟闹出田忌率兵打回临淄要找驺忌报仇的事情，《史记·田仲敬完世家》说："田忌闻之，因率其徒袭攻临淄，求成侯，不胜而奔。"田忌袭齐并没有成功，而与孙膑共同离开齐国流亡至楚国，驺忌也失去相位。这场争乱由于牵扯到稷下先生，或许影响已届晚年的齐威王对稷下先生的信赖,对稷下的声望与发展造成相当影响,因此稷下学宫应该有暂时衰落的现象,士人星散各国,这较能合理解释后来会有“复盛”的说法。

四、稷下的复盛与没落

齐威王后期,齐国将相不和,相国驺忌与将军田忌闹矛盾,田忌离开齐国去楚国,驺忌失去相位。这场风波的主要人物是稷下先生出身的驺忌,对稷下学宫不能不说有某种程度的影响。白奚先生却认为这种论点很难成立,因为稷下学宫不是私家养士,而是国君拿国家的资源来养士,学宫的盛衰应该取决于国君,而不应该系于将相。这时正值齐威王“称王”不久,国势正强,政权巩固,因此这一点麻烦不应该波及学宫。再说驺忌脱离稷下至此已30年,威王怎么会因他曾经是稷下先生而迁怒于学宫呢?或者,有人认为学宫由盛转衰是因为齐宣王对文学游说之士有一个由“不喜”到“喜”,或由“轻”到“重”的转变过程,其根据是《说苑·尊贤》和《战国策·齐策四》中淳于髡和王斗批评齐宣王不好士的言论。白奚先生则认为,在战国时期的士,在列国竞相招纳游士的状态里,“很少”在国君面前称道其“好士”,相反地,他们总是用各种理由指出其“不好士”,借此自抬身价,说动国君更进而“好士”,淳于髡与王斗的事迹就是这种情况的典型。齐宣王的好士在列国君王里最负盛名,孟子就是在他刚即位的时候慕其“好士”的名声而离开梁国来到齐国,因此说齐宣王曾经“不好士”就无法成立。他觉得从包括《史记》在内的现有史料来看,齐宣王前,稷下学宫一直在上升发展,并不存在某个衰落时期,更不存在齐宣王再度振兴稷下学宫的问题,理解《史记》的文字应该在全面占有史料的基础上,根据事实来论断,因此其所谓的“复盛”应当理解做更加兴盛,在齐宣王时期其兴盛飞跃至新的阶段。

白奚先生的说法固然不无道理，然而由于史料的不够完备，我们很难据此骤然论断驺忌与田忌的失和到底对稷下学宫产生如何影响。我们宜思考两个状况：其一，田忌失和于驺忌，竟然曾带兵去攻打首都临淄，军事手段的背后，可反过来看，正是因为相国驺忌与其领导的稷下学宫对齐国政局有着全面性的影响（驺忌既出身于稷下先生，又贵为齐国最高行政阶层，自然是稷下学宫里最有威望的人），田忌有理说不清，直接率兵去攻打临淄，虽然后来失败，但自然会引发齐威王的反省，这应该就是驺忌会离开相位的原因；其二，君主统治时期，任何事物的存废即使不取决于君主一人，也会受到君主的很大影响，稷下学宫因为田忌与驺忌的失和，究竟受到多大程度的牵动，这端赖于齐威王受此震撼而"反省"的程度。笔者觉得稷下学宫与其养士制度并没有因此而被废除，只是齐威王受此挫折，不再如过去特别仰赖稷下先生，后来齐宣王继位，则又重新鼓励发展稷下学宫，如此《史记》说"复盛"就有其合理性了。这里并不是完全否认白奚先生的看法，而是指出不同层面的可能性。

周慎靓王二年（前319），齐宣王即位，国祚更强。为实践其"莅中国而抚四夷"的大愿，他开始发起更大规模的兼并战争，冀图让士人能替他的政治目标广造舆论，他开始设立对稷下先生更优裕的政策，这有两大特点：第一，让稷下先生做不需负责政事，却能自由议论国事的上大夫，这种优厚的待遇使得学者能更专注于著书立说，《史记·田敬仲完世家》说："宣王喜文学游说之士，自如驺衍、淳于髡、田骈、接予、慎到、环渊之徒七十六人，皆赐列第，为上大夫，不治而议论。是以齐稷下学士复盛，且数百千人。"第二，修筑高门大屋提供稷下先生居住，并铺设康庄大道，使得稷下先生来往交通便利，《史记·孟子荀卿列传》说："于是齐王嘉之，自如淳于髡以下，皆命曰列大夫，为开第康庄之衢，高门大屋，尊宠之。”这两大特点,使得“稷下学宫”名副其实地变做一个学术研究的殿堂,学术研究开始有个专责机构,这是中国历史的首发创举。著书成为专责,可能始于齐威王时期的稷下先生,例如《史记·司马穰苴列传》说:“齐威王使大夫追论古者《司马兵法》而附穰苴于其中,因号曰《司马穰苴兵法》。”著书开始受到制度性的保障,使得稷下先生以大量著书为荣誉,则应该始于齐宣王时期,《史记·孟子荀卿列传》记说:“自驺衍与齐之稷下先生,如淳于髡、慎到、环渊、接子、田骈、驺奭之徒,各著书言治乱之事,以干世主,岂可胜道哉?”最后还说:“故慎到著十二论,环渊著上下篇,而田骈、接子皆有所论焉。”

白奚先生认为齐宣王办稷下学宫有个特点:齐威王重视人的“才”,齐宣王则更重视人的“学”,因为他让各国与各派的学者都能在稷下学宫自由议论,争鸣辩驳,授徒传业,著书立说,意即让学者能尽情传播自己的学说,阐发自己的治国方案,使得学宫成为名副其实的学术殿堂。这个说法很有意思。齐威王重视“才”,则只是看重个人在具体议题里能做出的心智贡献,这比较实时性。齐宣王重视“学”,则会因此看重学问本身的架构与其传授,这使得先秦的学术与思想获得深度开展的空前机会。笔者认为多部具有治国指导意义的典籍,譬如《管子》,具有集体创作的特征,应该酿就于这段时期,因为只有齐宣王愿意提供可观的经费,让学者从事于总结性的研究工作,这不是个人简单的著书立说而已,而是经由团队合作,汇整前人的各种文献,整合出来的崭新典籍。

这个时期待在稷下的士人到底有多少人?前面《史记·田敬仲完世家》说有数百人至上千人,《盐铁论·论儒》则说千有余人:“齐宣王褒儒尊学,孟轲、淳于髡之徒,受上大夫之禄,不任职而论国事,盖齐稷下先生千有余人。”这个数字记载的出入不大,由于稷下的士人流动性应该很大，因此待在稷下的士人最起码有五六百人，最多则有一千余人，应该说相当高比例的精英都聚集在稷下。当然，并不是说来稷下就必然能封官晋爵，能拥有高门大屋的士人不见得能当上大夫，能当上大夫的士人不见得都会享万钟俸禄，譬如《战国策·齐策四》记齐人讽刺田骈说："今先生设为不宦，訾养千钟，徒百人。不宦则然矣，而富过毕也。"田骈是个上大夫，能享千钟俸禄已经算是相当富有了，然而来齐国游宦的孟子其地位更高于上大夫，他在齐国担任客卿，有时会奉派出使外国，他的俸禄就有万钟，《孟子·公孙丑下》记齐宣王表示要供养孟子，作为大夫与国人的典范："我欲中国而授孟子室，养弟子，以万钟，使诸大夫国人皆有所矜式。"《孟子·公孙丑下》还记孟子替齐宣王去滕国出使吊丧，宣王还派大夫王欢辅佐同行："孟子为卿于齐，出吊于滕，王使盖大夫王欢为辅行。"当然更有纯粹论正道于世，无求于富贵荣华的士人，如前面曾指出讽刺齐宣王后终身不仕的颜斶，还有被孟子推崇为齐国巨擘的陈仲子，《孟子·滕文公下》记说："仲子，齐之世家也。兄戴，盖禄万钟。以兄之禄为不义之禄而不食也，以兄之室为不义之室而不居也，辟兄离母，处于於陵。"

不过，这个陈仲子的状况跟其他士人有些不同，他本来就属于田齐王室的苗裔，因看不惯田氏篡窃权柄的凶残与不义，因此执意不愿出来做官，自己修身隐居在於陵，因此他的思想固然属于齐学的脉络，却不能算是严格定义上的稷下先生。被称作稷下先生，都要接受齐国王室各种形态的供养（不论是官职俸禄或各种物质配给）。稷下先生只是这种待在稷下论学的士人概称，齐宣王时期被赐封作上大夫的士人有 76 人，受一般大夫礼遇（意即列大夫）的士人则人数不详，不过或该多于 76 人，现在较为我们所知者如前面指出的十余人，较有名者还有尹文子，如《说苑·君道》记说:“齐宣王谓尹文曰:‘人君之事何如?’尹文对曰:‘人君之事,无为而能容下。夫事寡易从,法省易因,故民不以政获罪也。大道容众,大德容下,圣人寡为而天下理矣。《书》曰:“睿作圣。”诗人曰:“岐有夷之行,子孙其保之。”’宣王曰:‘善!’”在列大夫外,还有一般的稷下先生,这些先生没有官职与俸禄,也没有私人的高门大屋,只与弟子共同住在学宫里,根据中国最早的学规,见于《管子·弟子职》的记录,里面说弟子如何向老师学习:“趋进受命,所求虽不在,必以反命。反坐复业,若有所疑,捧手问之。师出皆起。至于食时,先生将食,弟子馔馈。”这些师生的日常生活作息都在一起的状况,确实具有宋明时期书院的特征,亦使我们知道当时有些先生住在学宫里从事教学与著作,他们受到齐国王室的尊重,更享有弟子认真的侍奉,这是学术开始有独立的尊严并受到制度性保障的首例。

《管子·枢言》曾有一位稷下先生意外在文末自道人生态度:“先王之书,心之敬执也,而众人不知也。故有事事也,毋事亦事也。吾畏事,不欲为事;吾畏言,不欲为言,故行年六十而老吃也。”这段文字显示作者的个性与风格已经具有后世专业研究者的态度,对于读书与思考有特殊的兴趣,对于劳顿精神地做事常感困倦,而稷下学宫能容纳这种形态的士人存在,证明它的确已经具有某种程度的专业学术倾向。虽然结合学问与某种意蕴的从政(譬如担任国事的被咨询对象),依旧是当时士人的主流,他们各著书言治乱来干预世主,并不仅有现实利害的考量,更多人则带着平治天下的理想。在稷下的士人有三种一般性的尊称,这三种尊称应该不是职衔:首先是学士,前面指出《史记·田敬仲完世家》说:“齐稷下学士复盛。”由上下文来看,这个“学士”该是泛指来稷下游学的士人,不论其是否有官职,或只是稷下各学派大师的弟子,都可通称为学士。再者是先生,这种称呼甚常见,如

《史记·滑稽列传》记齐威王称淳于髡;《战国策·齐策四》记齐人称田骈;同书记齐宣王称王斗;《孟子·告子下》记孟子称宋钘;《列子·周穆王》记老成子与尹文子对话时作者称尹文……这些文献背后的情境不同,如王者称士人为先生该是尊称,如孟子称宋钘为先生该是谦称,综合来说称“先生”当是称谓敬语,而不是职称。最后则是博士,博士听起来是个职称,不过在齐国这个称谓似乎尚未正式化,只具有“博学的士人”的意思,譬如齐威王时诸侯联合攻打齐国,齐威王请诸臣出意见,《说苑·尊贤》说:“博士淳于髡仰天大笑而不应。”结果淳于髡说了个隐语使得齐威王有所醒悟:“王乃立淳于髡为上卿,赐之千金,革车百乘,与平诸侯之事。”这里“上卿”是个职称,而“博士”只是个尊称。不过,钱穆先生表示齐国的稷下先生是秦朝博士制度的根据,他引《续汉志》说:“博士掌教弟子,国有疑事,掌承问对。”虽然如此,笔者目前还是怀疑“博士”这种说法是后世学者根据自身当时制度往前给出的尊称,在齐国即使已经有这个尊称,都还没有被真正放在政府制度里用作公职称谓,最起码目前尚没有直接的文献能证实。在稷下学宫人数最多者应该是各学派的弟子,前面说过田骈有弟子百人,孟子则有弟子数百人,《孟子·滕文公下》记他的弟子彭更跟他说:“后车数十乘,从者数百人,以传食于诸侯,不以泰乎?”当这数百人都跟着孟子来稷下,则稷下会显得热闹非凡,如果孟子离开稷下,则稷下会显得冷清寂寥。当数十位大师的动静,如同在擂台演戏的台柱般,会不同程度地影响稷下的发展,难怪当日的齐宣王会如此在意这些大师的行止。

齐宣王并不见得是个天资聪颖的王者,不过他善于向贤人发问,且知错能改,这些状况散见于各种文献(前面都已列举),应属确有其事。齐宣王时应该是稷下最盛的时期,各种学派的大师荟萃于此论学,后世称颂“百家争鸣”的盛况至此已完整体现!

周赧王十四年(前301),齐宣王死,隔年齐愍王即位,他想继承并发扬祖父与父亲的功业,连续攻打各国,使得五国诸侯都宾服于齐国,桓宽《盐铁论·论儒》说:“及湣王,奋二世之余烈,南举楚、淮,北并巨宋,苞十二国,西摧三晋,却强秦,五国宾从,邹、鲁之君,泗上诸侯皆入臣。矜功不休,百姓不堪。诸儒谏不从,各分散,慎到、捷子亡去,田骈如薛,而孙卿适楚。”由于齐愍王太过执着于外显的功业而征战不已,使得百姓苦不堪言,在稷下的士人大概觉得已不受齐愍王重视,纷纷离开齐国,如慎到与接予离开后就去世了,田骈去了薛国,荀子去了楚国,稷下盛极而衰。齐国的优势在其文化培养出大量极具素质的人才,当大师纷纷离去,意味着其弟子大量跟随离开稷下。林丽娥先生表示这些士人多投奔至燕国与战国四大公子的门下,尤其是赵国的平原君与楚国的春申君,因此,稷下的盛极而衰就意味着齐国的盛极而衰。当齐国的国脉迅速衰弱,就引起各国诸侯的觊觎,最终导致燕国联合五国攻打齐国,使齐国失陷城池七十余座,愍王到处逃奔,先至卫国,再至邹国与鲁国,这些国君都不愿意收留他,最后逃奔至莒城而被杀,由莒人共同寻觅出齐愍王的儿子法章立为新王,这就是后来的齐襄王。齐襄王五年(前279),田单由即墨出发攻破燕军,迎接齐襄王回临淄,收复齐国原来大部旧境。此时稷下学宫的状况《史记·孟子荀卿列传》说:“田骈之属皆已死。齐襄王时,而荀卿最为老师。齐尚修列大夫之缺,而荀卿三为祭酒焉。齐人或谗荀卿,荀卿乃适楚。”

根据《盐铁论》的记载,稷下先生大批离开是因为齐愍王不能采纳他们的劝谏,使他们的自尊受到伤害,才会失望而去。白奚先生则认为,仅由于劝谏不被采纳,稷下先生不会轻易离开,因为他们依然能在这里著书立说或传业授徒,从事于各种学术和教育活动。迫使稷下先生离开的重要原因在于齐愍王已经容不得他们，如不离开就会有杀身的祸害。

白奚先生举田骈不得不离开齐国，投奔回薛地的孟尝君的遭遇来做例证。根据《淮南子·人间训》的记载："唐子短陈骈子于齐威王，威王欲杀之。陈骈子与其属出亡奔薛。孟尝君闻之，使人以车迎之。至而豢以刍豢黍粱，五味之膳日三至。冬日被裘罽，夏日服絺纻，出则乘牢车，驾良马。孟尝君问之曰：'夫子生于齐，长于齐，夫子亦何思于齐？'对曰：'臣思夫唐子者。'孟尝君曰：'唐子者，非短子者耶？'曰：'是也。'孟尝君曰：'子何为思之？'对曰：'臣之处于齐也，粝粢之饭，藜藿之羹，冬日则寒冻，夏日则暑伤。自唐子之短臣也，以身归君，食刍豢，饭黍粢，服轻暖，乘牢良，臣故思之。'此谓毁人而反利之者也。"白奚先生表示这里"威王"其实是"愍王"，学术界对此早有公认，因为根据《史记·孟尝君列传》，孟尝君的父亲靖郭君田婴是齐威王的少子，孟尝君是齐威王的孙子，孟尝君承袭薛地在齐宣王晚年，齐愍王即位后，孟尝君专权，齐愍王七年，发生"田甲劫王"事件，孟尝君被迫出奔回到薛地。因此田骈奔薛当在愍王七年后。大概是稷下先生已经习惯威宣时期开明宽松的政治风气，在愍王时依旧毫无顾忌地议论时政，愍王越来越嫌他们多嘴多舌且碍手碍脚，尤其田骈的逆耳忠言本来已经使愍王厌烦，加上唐子的诬陷，愍王因此萌生杀机，这迫使田骈离开了稷下。而且，不只人身安全受到威胁，由于齐愍王穷兵黩武，耗尽齐国的资财，齐国百姓苦不堪言，致使无法再资养学宫，稷下先生的生活水平因此急遽下降，他们不堪忍受而纷纷离开，相信这是造成稷下学宫衰落的重要原因。

这里要特别提到荀子。《史记·孟子荀卿列传》记说："荀卿，赵人。年十五始，来游学于齐。"这里有个断句的问题，历来认为"年十五始来游学于齐"的意思不通，因其断句做"年十五始，来游学于齐"，故而认为"十五"该做"五十"意思才通，否则"始"字将无法解释,如《史记会注考证》说:"《风俗通·穷通篇》云:'齐威宣之时,孙卿有秀才,年十五,始来游事,至襄王时,孙卿最为老师。'《郡斋读书记》引刘向序亦作十五,《桃源藏》曰:'曰五十始游者,以见宿学之精熟也,若十五,则始字不通。'"如果"始"字解释为"才",则荀子来齐国只有15岁确实过于年轻显得不通,如果把这段文字断句为"年十五始,来游学于齐",而这个"始"字解释做"起",则意味着荀子由15岁自赵至齐待在稷下的时间甚长,则其意自通。约当齐宣王后期,荀子15岁,开始来齐国游学,应该就是泛滥于诸家大师做弟子,再经历愍王时期17年的时光,当齐国几乎灭国的时刻,他应该已经有五十余岁了,因此早已成名,他是否曾经在齐愍王末期离齐至楚或有争议,不过,齐襄王即位,重新恢复稷下先生列大夫的职位,而荀子能重新在稷下学宫讲学,还担任稷下学宫主持祭事的祭酒三回,可见其地位崇隆。齐襄王会由重新恢复列大夫的职位作为支持稷下学宫的重要表示,显现他经历齐国大难,已经明白士人的汇聚是齐国的最大保障与宝藏,能善待大师,则汇聚过来的弟子共同奠立齐国的声望,其效益将无可估量。然而,稷下随着齐国的衰落,终究无法恢复往日的盛况了。

经过几乎灭国的大破坏,元气大伤的齐国,即使恢复稷下学宫,也都已失去往日繁荣昌盛的气象。如同田齐政权般,已经失去吸引与号召,很难再有什么作为了。可想见这时候的稷下学宫,无论在规模、人员素质与繁荣程度,还是在政治或社会影响上,都已经今非昔比了。齐襄王在位19年,无法扭转日渐颓败的国势,齐王建即位后的四十余年间,秦国的政治、经济、军事的优势日益突出,秦相吕不韦广招天下学者,其中直接和间接来自稷下者应该不在少数,《史记·田敬仲完世家》记说:"君王后死,后胜相齐,多受秦闲金,多使宾客入秦,秦又多予金,客皆为反间,劝王去从朝秦。”宾客要不就离开齐国，前往秦国谋位，即使留在齐国的宾客，都已经被秦国收买，要来蛊惑齐王建的心智。据白奚先生的研究，《荀子·强国》篇显示，荀子在齐王建时期，冀图挽回齐国败亡的局面，曾经向齐相进言，说齐国当时“女主乱之宫，诈臣乱之朝”，对齐王建的母亲君王后把持朝政的混乱局面表示不满。至于掌握实权的君王后究竟做过什么事情呢？问题可能正在于她什么武装齐国的事情都没有做，而只是置身秦国正在西征的事外。《史记·田敬仲完世家》记说：“君王后贤，事秦谨，与诸侯信。”这位地位高而独揽大权的君王后，其“贤能”就只是谨慎去侍奉秦国。很可能正是因为荀子批评君王后，齐王建听信君王后的谗言，使荀子觉得自己的处境很危险，这才跟当年的田骈一样，被迫离开稷下学宫。身为学宫祭酒的荀子尚且如此，其他稷下先生更可想而知。

荀子离开后，学宫失去学术领袖，人才外流的现象应该更为严重，稷下学宫的结束，就只是时间问题了。

在经历齐威王、齐宣王与齐愍王后，礼贤最有名的君主是燕昭王，他为了报复齐宣王曾经几乎灭燕的耻辱，谦卑寻觅各国士人并委以重任，《史记·燕召公世家》记说：“燕昭王于破燕之后即位，卑身厚币以招贤者。谓郭隗曰：‘齐因孤之国乱而袭破燕，孤极知燕小力少，不足以报。然诚得贤士以共国，以雪先王之耻，孤之愿也。先生视可者，得身事之。’郭隗曰：‘王必欲致士，先从隗始。况贤于隗者，岂远千里哉！’于是昭王为隗改筑宫而师事之。乐毅自魏往，驺衍自齐往，剧辛自赵往，士争趋燕。燕王吊死问孤，与百姓同甘苦。”其实由这里可看出，燕国能迅速强盛，正是在效法齐国稷下召士的办法，当齐国稷下的士人开始流失，正是燕昭王开始以礼敬郭隗，替他筑宫而用老师之礼对待他的事实来做号召，使得士人争相投奔的时刻，这里尤其属提倡“阴阳五行说”

的大师驺衍离齐至燕最具象征性,《史记·孟子荀卿列传》记说燕昭王如何盛情款待驺衍:“如燕,昭王拥彗先驱,请列弟子之座而受业,筑碣石宫,身亲往师之。”这是个跟时间拔河的竞赛,燕昭王肯替驺衍打扫前席,请他上座,自谦为弟子屈居末座,对照此刻的齐愍王因不重视稷下先生而使大师纷纷离去,再由攻打燕国的将领都属各地投奔的士人来看,我们几乎可说齐国的衰落甚至于被侵略,就败在稷下学宫的颓圮里。至于最后的齐王建即位(前264),他四十余年不整顿军事,不援救他国,如同神经麻痹般,坐待秦国来犯,《史记·田敬仲完世家》记说:“五国以亡,秦兵卒入临淄,民莫敢格者。王建遂降。”

齐国灭亡,稷下学宫横亘一百五十年的历史,就此彻底结束了。

稷下学宫对于各种思想的交汇起过极其重要的媒合效应,其归于瓦解,受损失者不只是齐国自身。田齐政权能长期不惜巨资来供养大量风格各异的学者来稷下自由讲学与议论,不做任何干预,酿就出兼容并蓄的学风与思潮。这种具有开放性与综合性,不拘泥于名相的学思气象,随着齐国被消灭,而由军事强横的秦国来统一六国,就此退出中国思想的舞台,这对于未来中华文化的发展产生关键性影响。

参考文献：

[1] 上海师范大学古籍整理组:《国语》,里仁书局 1981 年版。

[2] 邵增桦注译:《韩非子今注今译》,台湾商务印书馆 1982 年版。

[3] [日]泷川龟太郎:《史记会注考证》,洪氏出版社 1986 年版。

[4] 李勉:《管子今注今译》,台湾商务印书馆 1988 年版。

[5] 王更生注译:《晏子春秋今注今译》,台湾商务印书馆 1989 年版。

[6] 钱穆:《先秦诸子系年》,东大图书公司 1990 年版。

[7] 林品石注译:《吕氏春秋今注今译》,台湾商务印书馆 1985 年版。

[8]〔汉〕刘安著,〔汉〕许慎注,陈广忠校点:《淮南子》,上海古籍出版社 2016 年版。

[9] 林丽娥:《先秦齐学考》,台湾商务印书馆 1992 年版。

[10] 钱穆:《秦汉史》,东大图书公司 1992 年版。

[11] 李新泰主编:《齐文化大观》,中共中央党校出版社 1992 年版。

[12] 王利器:《盐铁论校注》,中华书局 1992 年版。

[13] 杨家骆:《新校本汉书并附编二种》,鼎文书局 1994 年版。

[14]《十三经注疏汇编本》,蓝灯文化出版公司 1995 年版。

[15] 罗少卿:《说苑读本》,三民书局 1996 年版。

[16]《齐文化丛书》编辑委员会:《齐文化丛书》,齐鲁书社 1997 年版。

[17] 胡家聪:《稷下争鸣与黄老新学》,中国社会科学出版社1998年版。

[18] 白奚:《稷下学研究:中国古代的思想自由与百家争鸣》,生活·读书·新知三联书店1998年版。

[19] 杨宽:《战国史》,台湾商务印书馆1998年版。

[20] 齐秀生主编:《举贤尚功:齐国官制与用人思想研究》,齐鲁书社2005年版。

[21] 东吴大学哲学教学与研究平台、东吴大学哲学系:《道家哲学国际学术研讨会论文集》,台北,2008年。

稷下学术在中华文化精神形成中的作用

孙聚友
（山东社会科学院所长、研究员）

稷下学宫是一所集多种社会功能于一身的学术机构，主要是从事学术研究与教育、教学活动，并为当政者提供参谋咨询服务。其规模范围之大，持续时间之长，学派林立之多，教育遗产之丰富，精神价值之突出，在世界文明史上具有典型的意义。王志民先生在《稷下学宫：文明史上的奇观》一文中指出："战国时代，齐国统治者在都城临淄创设的稷下学宫，是我国历史上最早的集教育、政治、学术功能于一体的'高等教育'大学堂，是战国时代的思想文化中心；是诸子百家争鸣，促进各派融合、发展，培育、创生新学派的文化沃土；是博士制度的先声，学术大师的摇篮；它兼容并包、独立自由的学术精神是中国也是世界的珍贵精神文化遗产。"①郑东先生认为，稷下学术精神蕴涵五个基本元素，即学术与政治的和谐互动、学术批评与学术争鸣、学术开放与学术对话、学术人才与学术自由、学术创新与学术实践。稷下学术在中国文化史上具有划时代的意义，在中华文化的进步发展中占据着极为重

① 王志民：《稷下学宫：文明史上的奇观》，载《光明日报》2015 年 9 月 17 日，第 7 版。

要的历史地位。由此形成的稷下学术精神,是中华文化精神的重要体现,是中华民族精神的重要来源,更是推动中华文明进步发展的重要力量。

一、关注现实,明道救世的务实精神

关注现实,明道救世的务实精神,是中华民族精神的首要特征,更是中华文化精神的重要内容。无论是爱国主义精神,还是改革创新精神,以及尊德重义精神、自强不息精神、整体和合精神,都是建立在关注现实、积极入世、讲求实用、追求事功的基础之上的。以孔、孟为代表的儒家文化,追求“正德、利用、厚生”,力求将内在的思想外化为积极的事功,追求人的道德完善和社会和谐发展。法家文化,主张以法治世,奖励耕战,在社会的治理中,以功利和实效为依归,具有鲜明的现实主义精神。道家文化,讲求自然无为,其目的仍在于安定民心,寻求人生和社会的和谐有序的运行之道,以“无为”而达致“无不为”。司马谈在《论六家要旨》中指出:“夫阴阳、儒、墨、名、法、道德,此务为治者也,直所从言之异路,有省不省尔。”《易大传》也说:“天下一致而百虑,同归而殊途。”这说明了中国古代学术的宗旨,是以寻求社会的运行之道,关注社会的运行发展为其目的的。而这一精神的形成和丰富,与稷下学术有着不可分割的内在关系。稷下学宫是战国时代诸子百家荟萃的学术中心,儒家、道家、墨家、法家、名家、阴阳五行家、纵横家、兵家等各种学术流派,都曾活跃在稷下学宫。虽然他们的学术思想各有特点,彼此之间展开论争,但就其学术特点而言,各派思想无不是与当时的政治社会生活紧密结合在一起的,旨在寻求社会的治理之道。

稷下学者怀着强烈的忧患意识和使命意识,心系天下,着眼现实,关注治乱,倡明治道,虽然田齐统治者并不要求整个学术文化都直接服务于齐国的内政外交、现实政治，但稷下学者在为学过程中，无论是探讨修身之方，还是为政之道，以及进行哲学的、逻辑的论辩等，都是与时代发展紧密相关，与社会治乱不可分离。这种强烈的社会责任感，这种对人文之道的探索，展示出了中华文化关注现实、明道救世的务实精神。

稷下学者在学术论辩中，大都关注现实社会，强调经世致用。他们不治而议论，其议政就是为了解决具体的现实社会问题，讲求论辩要具有社会实践意义。吴文哲在其《稷下学宫的产生及其历史作用的研究》论文中分析指出：

> 稷下学宫争鸣和辩驳虽然广泛实施，但是也不是什么问题都能拿来争鸣，也不是什么人都能成为辩论者。在学宫中，辩驳和争鸣必须符合三个要求，一是争鸣和辩驳的内容必须与社会民生有关。争鸣和辩驳的目的直指经世致用，“言必及义，有用于世”，与社会发展、民生无关的事情都被剔除在辩论、争鸣的范围之外；二是争鸣和辩驳必须有一定的理论基础，“言必当理”，辩论必须建立在摆事实讲道理的基础上，反对空谈；三是能正确看待辩论的人，才会成为其他学者争鸣的对象。稷下先生们认为辩论主要是为了寻求经世致用的真理，不是意气之争，因此，“有争于气者，无与辩之”。①

关注现实，明道救世，是齐国统治者建立稷下学宫的政治目的所在，而这也成为稷下学者最为推重的学术精神。稷下学者在学术探讨中，也是积极向齐国统治者提供治国方案。例如，驺忌以谈琴论政、辅助齐威王变法就是明显一例。为了做到君臣既能

---

① 吴文哲：《稷下学宫的产生及其历史作用的研究》，福建师范大学2007年硕士论文。

分工明确,又能相互密切合作,共同治理国家,驺忌以弹琴比喻君主治理国家,向齐威王阐述了治国之道。《史记·田敬仲完世家》载:

> 驺忌子曰:“夫大弦浊以春温者,君也;小弦廉折以清者,相也;攫之深而舍之愉者,政令也;钧谐以鸣,大小相益,回邪而不相害者,四时也。夫复而不乱者,所以治昌也;连而径者,所以存亡也:故曰琴音调而天下治。夫治国家而弭人民者,无若乎五音者。”王曰:“善。”

大弦浑厚温和象征君道,小弦清廉不乱象征臣道,琴声既深沉又舒展,灵活多变,相互协调,象征国家政令有条不紊。同样,治理国家,如同弹琴,只有君臣上下和谐沟通,各司其职,才能治理好国家。驺忌以弹琴之理言治国之道,齐威王由此识得驺忌之才,任其为相。驺忌为相,兴利除弊,谨修法律,整顿吏治,重用人才,实施了一系列富国强兵的改革措施,使齐在当时最强于诸侯。

关注现实,明道救世的精神,在鲁仲连的行为中也有着突出的表现。《史记正义》引《鲁仲连子》中载:鲁仲连得知稷下先生田巴能言善辩,但不太注重解决实际问题,只知道“毁五帝,罪三王,服五伯,离坚白,合同异”,遂前往与田巴辩论。他指出:“臣闻堂上不奋,郊草不芸,白刃交前,不救流矢,急不暇缓也。今楚军南阳,赵伐高唐,燕人十万,聊城不去,国亡在旦夕,先生奈之何?若不能者,先生之言有似枭鸣,出城而人恶之,愿先生勿复言。”田巴羞愧得“终身不谈”。鲁仲连表达自己要“罢南阳之师,还高唐之兵,却聊城之众”,充分展现了鲁仲连以时为务,为国解忧的务实精神。

稷下学者明于个人与社会、公与私的关系,力求社会的治理,各著书言治乱之事,以干世主,贡献出自身的能力。《管子·正世》篇也指出:“行私则离公,离公则难用。”提倡“废私立公”“爱民无私"(《管子·正》),"予而无取"(《管子·形势》)的精神,认为"能予而无取者,天地之配也"。这种精神是稷下学者治学精神的重要特征,如孟子强调"当务之为急",稷下齐国法家也强调"事莫急于当务",注重解决现实问题。同时,稷下学者在自然科学领域的建树,也多是为解决当时生产实践中出现的问题服务,体现出了关注现实、经世致用的学风。

二、兼容并包,相互交融的自由精神

中华民族精神具有兼容并包、厚德载物的基本特征,这一特征在中华文化精神中也有着显著的表现。《易传》曾说:"地势坤,君子以厚德载物。"老子也说"有容乃大",《论语》强调"尊贤而容众,嘉善而矜不能",荀子倡导"贤而能容罢,知而能容愚,博而能容浅,粹而能容杂"(《荀子·非相》)等,这些展示了中华文化兼容并包的精神。而兼容并包、相互交融的自由精神,在稷下学术中也得到了进一步地发扬光大。这一精神的形成和体现,与齐文化的兼容性和开放性是分不开的。齐文化是一种开放性、兼收并蓄的文化类型,自齐国建国之始起,这种开放性的文化精神就得到了体现,同时它也促进了稷下学宫兼容并包、自由活跃的学术精神的形成。张岱年指出:"稷下学者中,既有道家,也有法家、儒家、阴阳家。可能各家之间也有争论,但又相互承认,彼此容忍。而且彼此之间也相互影响,取长补短。如荀子宗仰孔子,属于儒家,但也接受了道家黄老之学的影响。应该承认,稷下学宫表现优良的学风。"①

稷下学术所展示的兼容并包、相互交融的自由精神,具体表

---

① 张岱年:《稷下学宫的历史意义》,载《管子学刊》1994 年第 1 期,第 25 页。

现为诸子百家在稷下的学术交往中,能够在学术平等发展的环境下,既相互切磋讨论,又相互辩驳论争,彼此吸取,平等对话,尊重异说。由于稷下学术倡导兼容并包的自由精神,各派学者尽管政治主张不同,思想学说各异,但都能彼此自由讲学论争,相互融合发展,促进了各派思想的丰富和创新。刘宝春在《论稷下学宫和谐精神及其对当代高等教育发展的启示》一文中,指出:

> 在激烈的思想交锋、碰撞过程中,各种学说、各种思想互相交融、渗透。如孟子一方面批判朱杨学说,一方面又积极吸收其精气说;一方面猛烈批墨,一方面又吸收墨子的“非攻”“利民”“贵义”等主张。荀子号称大儒,他无情“非十二子”,但他的思想是在博取众长的基础上建立起来的。正因为荀子“有兼听之明”“有兼覆之厚”,才能成为一代风流人物。在稷下,许多先生都兼具几个学派之长。如慎到属黄老学派,又有法家特征;宋钘既是墨家,又是小说家,又有黄老学派的特征。总之,这种不受任何干扰的论争和辩论,激发了参与者的思维水平和创造力,使得诸子各派有了进一步发扬光大的条件和际遇。学派间互相取长补短,融合交流,促进了学术的繁荣,形成了各学派兼容并蓄的博大态势。①

稷下学术形成的自由开放的学术风气,从政治层面上讲,在于齐国统治者实行了尊士、重士的政策,对于稷下学者不在政治上施加各种限制,而只是为他们的思想争鸣创造条件,因而学者们可以自由地发表各自的学说观点。这种自由开放的学术风气,保证了各派思想在多家共存的条件下,能够展开学术上的自由争鸣,形成了稷下学术具有兼容并包、相互交融的自由精神。虽然儒

① 刘宝春:《论稷下学宫和谐精神及其对当代高等教育发展的启示》,载《中国成人教育》2010 年第 1 期,第 109 页。

家、道家、法家、阴阳家都曾在稷下学宫不同时期的演进中，占有相对的优势，但都未能永久占据绝对优势，这样共同促进了稷下学术的繁荣发展。

稷下学术的兼容并包、相互交融的自由精神，促使各家学派在许多问题的认识上，形成了交融、趋同、综合的观点。郑东先生《稷下学术精神与当代学术发展》指出：

> 在学术自由的环境中，稷下先生敢于冲破旧传统的思想束缚，学术思想的分化和融合导致学术创新。于是昭示创新的学术著作如雨后春笋般涌现，其内容涉及政治、经济、军事、哲学、历史、教育、道德、伦理、文学、艺术、逻辑、美学、法学以及天文、地理、历数、医、农等很多学科。为学术思想的发展开辟了新的领域、探索出新的方向，其中道家的黄老之学和荀子礼法互补政治模式的学术理论对中华学术文化的影响较为深远。稷下学者所议论的各种学术问题，一直激活着先秦以来学术界的论争。稷下先生们就丰富而广泛的议题发幽阐微、探颐索隐，如宇宙生成、阴阳五行、物极必反、终始循环、重义轻利，礼法兼宗、君臣关系、形神关系、王霸、天人、世界本原、名实、性善性恶、德治法治、本事末事、用兵寝兵等学术思想，均为后世学者所继承、阐扬。稷下学者所创造、使用的各种学术概念和范畴，为中国古代学者们长期沿用或赋予新的学术内涵。这都反映了稷下学术创新思想对古代学术思想文化发展所产生的巨大影响力。①

稷下学术所具有的兼容并包、独立自主、自由开放、相互交融的自由精神，促进了战国时代思想的活跃和学术的繁荣，造就了中国历史上著名的百家争鸣学术思想繁荣景象的出现。这种兼容并

① 郑东：《稷下学术精神与当代学术发展》，载《管子学刊》2007年第3期。

包、相互交融的自由精神,也在历史的演进中,成为中华文化精神的重要特点,产生了深远的历史影响,进一步推动了中华文化内容的博大精深,同时也推动着中华民族精神的形成。

中华民族精神既是华夏民族与周边民族文化交融的结果,也是诸子百家学说思想兼容并进的结果。在中华民族的历史演进中,虽然汉文化始终居于主导地位,是民族文化大交融的核心,对各少数民族具有强大的吸引力和影响力,但中华民族精神是在自身不断发展以及不断吸收外来文化的精华中发扬光大的。兼容并包、相互交融的自由精神,造就了中华民族顽强的再生能力,推动着中华民族的进步发展。

三、彰显个性,实现价值的主体精神

中华民族精神具有自强不息、与时俱进的基本特征。《易传》说“天行健,君子以自强不息”,天道刚健,永无止息。人应当效法天道,与时俱进,不断进取。这种精神的形成,与稷下学术所展现出来的彰显个性、实现价值的主体精神,有着不可分割的内在关系。稷下学者以其强烈的社会责任感,直道而行,不趋邪曲,居仁由义,尚礼贵信,急公义而贱私利,明大道以治世。可以说,稷下学术崇尚彰显个性、实现自身价值的主体精神,也促进了中华文化精神的发展。

稷下学术的可贵精神,在于学者们力求自身的人生价值实现,具有高度的独立自主性。在齐国政治层面,稷下学者的独立自由精神得到了统治者的尊重。在稷下学宫论争中,稷下学者作为一个学术群体,始终保持独立自由的品格,在学术论争过程中,从不迎合统治者个人的喜好和需要,秉承着批评时弊、不惧流俗的学术理念,自由论争,彼此争鸣,阐发观点,相互交融。

稷下学宫创办的目的就是要招揽天下的英才聚集到齐国,为齐国政治强盛、经济发展、实现霸业出谋献策。为了鼓励学者们能大胆发表想法,齐国的统治者允许稷下学者“不治而议论”,即不担任具体的行政职务,但是有权对国内外的大事、要事畅所欲言,而不用承担任何政治上的风险。因而,稷下先生敢于针砭时弊,直言进谏,不畏权势。稷下学者之所以来到齐国,在于推广自己的学说和理论,以求为齐国统治者采用,在明道救世的学术活动中,实现自身的存在价值。虽然他们在学术上各有所主,分属各派,但他们在学宫自由地宣传自己的学说,尖锐批评朝政,在学术争鸣中,力求真知。无论是在与君主议论政事中,还是在与学者们学术论辩中,他们保持着独立的主体人格,敢于标新立异,张扬着各自的主张,追求自身价值的实现。例如,儒学学派代表人物孟子,虽受到齐宣王推重,但当其学说和主张得不到采纳时,便毅然离开齐国,保持着自身独立的主体精神。

同样,在关于人生价值的论辩中,稷下学者主张持守正道,追求自身的独立品格,不惧安危,实现自身的人生价值。孟子倡导“舍生取义”的人生价值,主张“天下有道,以道殉身;天下无道,以身殉道”(《孟子·尽心上》)。为人处世要坚守自己的道德品格,挺立刚正不阿的大丈夫品格,做到“富贵不能淫,贫贱不能移,威武不能屈”(《孟子·滕文公下》),修养成就自身的浩然正气。荀子主张,要实现自身的人生价值,必须做到“不为贫穷怠乎道”(《荀子·修身》),在生死利害面前,君子要做到“畏患而不避义死,欲利而不为所非”(《荀子·不苟》),“虽穷困冻饿,必不以邪道为贪,无置锥之地而明于持社稷之大义”(《荀子·儒效》),这才是自身行为所应持守的准则和应有的崇高人生境界。

在社会实践活动中,稷下学者也是彰显个性,追求自身价值的实现。例如,鲁仲连在其人生活动中,一以国家的安危存亡作为其人生志向,指出“夫危不能为安,亡不能为存,则无为贵学士矣”(《太平御览》卷四六四)。他在致聊城燕将书中还以管仲为榜样,论述了个体功名荣辱观,赞扬"不羞小节而耻功名不显于天下"的管仲,赞扬"管子不耻身在缧绁之中而耻天下之不治,不耻不死公子纠而耻威之不信于诸侯,故兼三行之过而为五霸首,名高天下而光烛邻国"(《史记·鲁仲连列传》)。稷下学者所展示的彰显独立个性、实现自身价值的主体精神,在中华文化精神中具有重要的作用。这一精神,将个体价值的实现与国家民族紧密联系在一起,在突显个体价值主体精神的同时,强调了自身存在对于国家和社会的义务,将自身价值实现与社会进步发展融合在一体。它强调个人道德和品质的修养,注重培养独立的主体精神,追求实现"治国平天下"的理想,它对于中华民族威武不屈、贫贱不移的民族气节的形成,对于中华民族形成巨大的民族向心力,保持国家的大一统和中华民族的不断发展,都产生了深远的影响作用。

四、以人为本,重视民生的民本精神

中华民族精神具有以人为本,重视民生的基本特征。传统文化认为,人在天地之间最为优越,可以顺天之时,因地之利,可以赞助天地之化育,可以与天地并而为三。儒家称赞人为"三才"之一,道家称赞人为"四大"之一,因而中国传统文化形成了以人为本,重视民生的民本精神。以人为本作为中国传统文化的重要精神,在中国传统社会中也得到历史思想家和政治家的重视。中国古代的思想家自周公提出"敬德保民",孔子提出"仁者爱人",其后都强调治国理政,要"因民之所利而利之",主张要"利民""裕民""养民""惠民",保证民众的生存,这一思想丰富和发展着中华民族精神中以人为本的内涵。而稷下学术中,这种以人为本、重视民生的民本精神,也有着丰富的体现。可以说,稷下学术对于中华文化以人为本精神的推进,也发挥了重要的作用。

儒家学派是稷下学术的一个重要学派,其代表人物孟子、荀子等都特别重视以人为本、重视民生。孟子在对社会管理的认识中,指出了社会管理的具体内容就是实施仁政德治、保民爱民。他说:"尧舜之道,不以仁政,不能平治天下。今有仁心仁闻,而民不被其泽,不可法于后世者,不行先王之道也。"(《孟子·离娄上》)仁政既包括管理者要保证社会组织结构的有序运行,而且包括管理者要保证人民对于社会纲纪规范的遵循,进而实现保民、爱民、养民、富民的仁政,满足民众的生存需求,实现社会的和谐运行。他指出,社会管理要实行保民而王的仁政,这样才能得到天下士、农、工、商的归附,保证社会组织结构的有序运行。他曾说:"人之所以异于禽兽者几希。"(《孟子·离娄下》)而人的高贵之处在于人是具有仁义道德的人,"人皆可以为尧舜"(《孟子·告子下》),人的高贵价值在于每个人都能追求实现自身的存在价值。在君与民的关系上,他提出了"民为贵,社稷次之,君为轻"(《孟子·尽心下》)的思想,强调天下的得失,王道的行否,就在于能否实行仁政。实行仁政,就能获得民心,得到民众的支持,巩固政权,统一天下。孟子的仁政学说,作为社会管理的首要内容,是以保民为核心特征的。仁政能够"使民养生丧死无憾也。养生丧死无憾,王道之始也",所以"黎民不饥不寒,然而不王者,未之有也"(《孟子·梁惠王上》)。孟子强调,实施保民、养民的仁政,管理者首先要具有爱民忧民之心,乐民之乐,忧民之忧,"乐民之乐者,民亦乐其乐;忧民之忧者,民亦忧其忧。乐以天下,忧以天下,然而不王者,未之有也"(《孟子·梁惠王上》)。

荀子是稷下儒家继孟子之后的又一著名代表,他在论人之所以贵时指出:"水火有气而无生,草木有生而无知,禽兽有知而无义,人有气、有生、有知,亦且有义,故最为天下贵也。"(《荀子·王制》)荀子认为,"人莫贵乎生,莫乐乎安"(《荀子·强国》),追求生存和安宁是人的最大需求。而为政的根本目的就在于实现安人。要达至这一目的,为政者必须认识到统治者与被统治者的相互关系,实行平政爱民的为政之道。他指出,民众与君主的关系,就如同马和车、水与舟的关系一样。他说:“马骇舆则君子不安舆,庶人骇政则君子不安位。马骇舆则莫若静之,庶人骇政则莫若惠之。选贤良,举笃敬,兴孝弟,收孤寡,补贫穷,如是,则庶人安政矣。庶人安政,然后君子安位。《传》曰:‘君者,舟也;庶人者,水也。水则载舟,水则覆舟。’此之谓也。故君人者欲安则莫若平政爱民矣。”(《荀子·王制》)马儿惊车,则车上的人就坐不稳;民众惊惧政事,则为政者的统治就不会稳定。水既能使舟安稳的运行,也可以使舟沉没。所以,为政者要充分认识到民众在政权和国家存亡中的地位和作用。只有民众安心于政事,才能实现政权的稳固。他说:“有社稷者而不能爱民,不能利民,而求民之亲爱己,不可得也。民不亲不爱,而求其为己用,为己死,不可得也。民不为己用,不为己死,而求兵之劲,城之固,不可得也。兵不劲,城不固,而求敌之不至,不可得也。敌至而求无危削,不灭亡,不可得也。”(《荀子·君道》)为政而不能爱民、利民,就会失去民心,得不到民众的支持,而导致国家的覆亡。他说:“用国者,得百姓之力者富,得百姓之死者强,得百姓之誉者荣。三得者具而天下归之,三得者亡而天下去之;天下归之之谓王,天下去之之谓亡。”(《荀子·王霸》)要想得到民众的拥护,获得民心,为政者必须除害兴利,厚德明礼,赏贤使能,实行惠民、裕民的爱民政策。他特别指出:“五疾,上收而养之,材而事之,官施而衣食之,兼覆无遗。”(《荀子·王制》)对于各种残疾的人,官府要收养他们,根据他们的能力加以使用,由官府供给衣食,普遍地予以照顾而不遗漏一人,这也是王者之政的内容之一。能够实行养民的王者之政,就会实现四海之内若一家的和谐局面,就能得到民众的拥护和爱戴。故他说:“上莫不致爱其下而制之以礼,上之于下,如保赤子。政令制度,所以接下之人百姓,有不理者如豪末,则虽孤独鳏寡必不加焉。故下之亲上欢如父母,可杀而不可使不顺。”(《荀子·王霸》)君主能够做到爱民、养民,民众就会归顺君主,这样整个社会才会形成“庶民安政”“君子安位”的和谐秩序,保证管理活动的顺利运行,最终达致“王道”,实现安人的价值追求。

管子学派是稷下另一个重要学派,管子学派同孟、荀等儒家学者一样,也认为人在万物中是最有价值的,强调治国理政要实行以人为本、重视民生的为政方针。《管子》一书首先提出了“以人为本”的思想,“夫霸王之所始也,以人为本。本理则国固,本乱则国危”(《管子·霸言》),“国之所以为国者,民体以为国”(《管子·君臣下》)。治理国家要以人为根本,根本安定则国家巩固,根本混乱则国家危险。以人为本,就必须获得民心。而要获得民心,就必须满足人们物质上和精神上的正常欲望需求,即“民恶忧劳,我佚乐之;民恶贫贱,我富贵之;民恶危坠,我存安之;民恶灭绝,我生育之”(《管子·牧民》)。百姓害怕忧劳,君主应该让他们感到安乐;百姓憎恶贫贱,君主应该使他们富贵起来;百姓担心危祸,君主应该保全他们;百姓害怕死亡,君主应该养育他们。满足人们的社会生存需求,就能获得民心,进而保证社会的和谐。“夫民必得其所欲,然后听上,听上然后政可善为也。”(《管子·五辅》)故《管子》从顺应民心,从民之欲出发,提出了丰富的爱民、利民、富民、惠民的各种方法。《管子》曾将君主和民众的关系作了形象的比喻:“蛟龙,水虫之神者也。乘于水则神立,失于水则神废。人主,天下之有威者也,得民则威立,失民则威废。蛟龙待得水而后立其神,人主待得民而后成其威。”(《管子·形势解》)管仲以蛟龙和水的关系,比喻君主和民众的关系,蛟龙无水就失去了神威,君主没有民众的支持也就丧失了威势。因此,君主要实现自身在社会运行中的作用,就应当如同蛟龙一样,获得民众的支持和拥护。得不到民众的拥护,君主的权势和作用也就不能得以实现,整个社会就会处于无序的状态中。《管子·形势解》说:“山者,物之高者也。惠者,主之高行也……山高而不崩,则祈羊至矣。渊者,众物之所生也,能深而不涸,则沉玉至。主者,人之所仰而生也,能宽裕纯厚而不苛忮,则民人附。”君主在社会中的地位,如同高山在万物中一样,具有崇高的特点,应当得到民众的崇敬;君主应像深渊一样,具有博大的胸怀,得到民众的归附。君主要得到民众的拥护,就要做到施惠于民。君主苛刻而不宽厚,民众就不肯归附。《管子》不仅以高山和深渊比喻君主在社会中应有的地位,而且通过天地的特点,指出了君主所应有的行为准则。“天生四时,地生万财,以养万物而无取焉。明主配天地者也,教民以时,劝之以耕织,以厚民养,而不伐其功,不私其利。故曰:能予而无取者,天地之配也”(《管子·形势解》)。天不失其常规,寒来暑往恰当其时,日月星辰正常有序。君主不失其常规,就能得到臣下、百姓的顺从,社会就会出现和谐的局面。“得天之道,其事若自然;失天之道,虽立不安。”(《管子·形势》)实现社会的和谐,君主在治理国家中,要取法自然,不易其则,具有像天地覆载养育万物一样的行为品性,做到“法天合德,象地无亲,参与日月,佐于四时。悦在施有,众在废私,召远在修近,闭祸在除怨,修长在乎任贤,安高在乎同利”(《管子·版法》),“修阴阳之从,而道天地之常”(《管子·势》),做到“立政出令用人道,施爵禄用地道,举大事用天道”(《管子·霸言》),“上度之天祥,下度之地宜,中度之人顺”(《管子·五辅》),这样不仅能够保证社会的和谐,而且能够实现国家的富强。故“道行则君臣亲,父子安,诸生育。故明主之务,务在行道”(《管子·形势解》)。所以,君主拥有广阔的国土,众多的大臣,但如果不能取法天地之道,实现自身的社会职能,就得不到民众的拥护,不但不能保证社会的和谐,而且必将失去其权势,以致亡国。所以,《管子》特别重视以人为本、重视民生在社会治理中的重要作用,指出"争天下者,必先争人"(《管子·霸言》),治理国家必须获得民心的支持。《管子·五辅》中提出了实施"兴德六策"的方法,即厚其生、输以财、遗之以利、宽其政、匡其急、赈其穷。"厚其生"是指要做到改善人们生活;"输以财"是指要给人们输送财物;"遗以利"是指要给人们提供便利;"宽其政"是指要实施宽大的政治;"匡其急"是指要救民危急;"赈其绝"是指要救民穷困。"六德"就是要为民众的生产创造有利条件,改善人们的生活环境和生活质量,特别是对老幼贫困之人更要进行生活上的救助。《管子·入国》中又提出了实施"九惠之教"的方法:"一曰老老,二曰慈幼,三曰恤孤,四曰养疾,五曰合独,六曰问疾,七曰通穷,八曰振困,九曰接绝。"这些保民、爱民、养民、重民政策的实施,满足民众的要求,保证民众的生存,进而实现国家的治理,达致和谐局面的形成。

稷下其他学派也都从自己的思想体系出发,对人的价值给予充分肯定,强调了以人为本的民本精神。如慎到认为,国治与国亡的关键在于"得人",所谓"尧有不胜之善,而桀有运非之名,则得人与失人也"(《慎子·知忠》)。尹文强调:"今万民之望人君,亦如贫贱之望富贵,其所望者,盖欲料长幼,平赋敛,时其饥寒,省其疾痛,赏罚不滥,使役以时,如此而已,则于人君弗损也。然而弗酬、弗与,同劳逸故也。故为人君,不可弗与民同劳逸焉。故富贵者,可不酬贫贱者;人君不可不酬万民。不酬万民,则万民之所不愿戴;所不愿戴,则君位替矣!危莫甚焉!祸莫大焉!"(《尹文子·大道下》)战国时代是诸侯争战、民众涂炭的动荡时代。如何治理社会,实现社会的和谐与发展,成为当时稷下学者非常关心的一个社会问题。正是基于对人的价值的认识,稷下学术中形成了以人为本、重视民生的民本精神。这一精神,继承、发展了自周公以来“敬德保民”的民本思想,成为中华文化精神的重要内容,对中国传统社会的进步发展,产生了深远的推动作用。

五、尊道贵德、礼法并重的和谐精神

中华民族精神具有尊道贵德、礼法并重的和谐精神特征。讲求尊道贵德,主张礼法并用,实现社会和谐,一直为历史思想家、政治家所推重,成为中华文化的重要精神。稷下学术在这一精神的形成中,也发挥了重要的作用。

《管子》作为稷下学术的重要著作,不仅重视法律的规范作用,而且重视礼义道德的规范作用,形成了德教与法治并重的社会管理思想。因为仅仅依靠法治,并不能保证国家的长治久安。“刑罚不足以畏其意,杀戮不足以服其心。”(《管子·牧民》)必须重视和实现道德教化的辅助作用。道德是规范人们行为的重要准则,“所谓仁义礼乐者,皆出于法,此先圣之所以一民者也”(《管子·任法》),道德规范也如同法律一样,它不仅是源于法,而且也应当具有取法自然的内在特点。这种取法自然的特点,不仅在于道德规范要像天地一样具有其公正无私、无所不在的属性,而且要合于人的自然心理的需要。故“礼者,因人之情,缘义之理,而为之节文者也。故礼者,谓有理也。理也者,明分以谕义之意也”(《管子·心术》上)。人情是人的自然属性的表现,它是人类所具有的共同自然属性,不因时空的变化而改变,“好利恶害”“趋利避害”是人情的自然特点,而道德规范的设置正是为了规范人们的行为,满足人们的需求,实现社会的有序运行。所以,《管子》十分重视道德在调整人际关系、规范人们行为、达致社会和谐中的作用。《管子·牧民》中说:“国有四维。一维绝则倾,二维绝则危,三维绝则覆,四维绝则灭。倾可正也,危可安也,覆可起也，灭不可复错也。何谓四维？一曰礼，二曰义，三曰廉，四曰耻。”维系国家的四大纲纪，就是指“礼、义、廉、耻”这四个最基本的伦理道德规范和准则。人们持守礼、义、廉、耻的道德规范，社会行为自然就会端正，邪乱之事也就不会发生，这样国家就能出现和谐的局面，反之“四维不张，国乃灭亡”（《管子·牧民》）。《管子·五辅》还具体提出了“义有七体，礼有八经”的道德内容。“义有七体”是指：“孝悌慈惠以养亲戚，恭敬忠信以事君上，中正比宜以行礼节，整齐撙诎以辟刑僇，纤啬省用以备饥馑，敦懞纯固以备祸乱，和协辑睦以备寇戎。”人们在社会生活中持守这七个方面的道德要求，社会行为就能中正合义，彼此就能和睦团结，生活安定，社会和谐。所以，义是不可不行的。“礼有八经”即“上下有义，贵贱有分，长幼有等，贫富有度”。如果上下没有礼仪就要乱，贵与贱没有本分就要争，长与幼没有等次就要叛离，贫与富不依法度就要失其节制。上下乱，贵贱争，长幼叛离，贫富失其节制，国家必然陷入混乱。所以，礼的实施就能保证社会的有序运行。实行礼法并重的治国方法，行天道，出公理，满足人们的生存需求，就能得到民众的拥护，保证社会和谐有序地运行。

《管子》也特别重视法治的作用，认为法是衡量人们行为的客观标准，是普遍适用的社会规范。“法者，天下之仪也，所以决疑而明是非也，百姓所悬命也。”（《管子·禁藏》）法律作为人们的行为规范，其作用在于“兴功惧暴”“定分止争”（《管子·七臣七主》）。“君一置其仪则百官守其法，上明陈其制则下皆会其度矣。君之置其仪也不一，则下之倍法而立私理者必多矣。”（《管子·法禁》）法律应当像天地常则一样，具有其公正性，“版法者，法天地之位，象四时之行，以治天下”（《管子·版法解》）；“当故不改曰法”，“（法）如四时之不貣，如星辰之不变，如宵如昼，如阴如阳，如日月之明，曰法”（《管子·正》）。法律的规范性、公正性等，具体展示了立法、行法要取法天道的思想特点。治理国家如果不能持守法律,“号令已出又易之,礼义已行又止之,度量已制又迁之,刑法已错又移之,如是,则庆赏虽重,民不劝也;杀戮虽繁,民不畏也”(《管子·法法》),也就不能规范人们的社会行为。“故圣君失度量,置仪法,如天地之坚,如列星之固,如日月之明,如四时之信。”(《管子·任法》)治理国家,就要依靠法律的作用来规范人们的社会行为。故《管子·法法》说:“宪律制度必法道……此正民之经也。”道即自然规律,天常地则,具有其恒常性、无私性,依法治国也要做到无亲疏厚薄、公正无私、一视同仁。所以,《管子》要求社会各阶层以及国家的活动都应置于法律的约束之下,即使是君主也不能例外。“天不为一物枉其时,明君圣人亦不为一人枉其法。天行其所行而万物被其利,圣人亦行其所行而百姓被其利。”(《管子·白心》)“君据法而出令,有司奉命而行事,百姓顺上而成俗,著久而为常。”(《管子·君臣》)就依法治国和不依法治国的特点而言,《管子·任法》指出:“圣君任法而不任智,任数而不任说,任公而不任私,任大道而不任小物,然后身佚而天下治。失君则不然,舍法而任智,故民舍事而好誉;舍数而任说,故民舍实而好言;舍公而好私,故民离法而妄行;舍大道而任小物,故上劳烦,百姓迷惑,而国家不治。”只有这样,才能取信于民,实现法律应有的效力。所以,“法者,不可恒也。存亡治乱之所从出,圣君所以为天下大仪也”(《管子·任法》)。“君壹置其仪,则百官守其法;上明陈其制,则下皆会其度也。”(《管子·法禁》)法律是治理国家的天下大仪,具有和谐人际关系、稳定社会运行的作用。君主治国要以法律、制度为准则,实行法律化、制度化。

孟子关于社会管理的实施方法,在继承孔子德政思想的基础上,以其仁政学说为宗旨,提出了以德法并用、重视教化为特点的思想。孟子认为,社会管理的最好方法是实行以德服人,而不可采取以力服人的硬性控制管理方法。“以力服人者,非心服也,力不赡也。以德服人者,中心悦而诚服也。”(《孟子·公孙丑上》)他认为,实行以德服人的控制管理,人们就会心中悦服,社会管理就会达到一种良好的效果。故他指出,以德服人者王,得人心者得天下,“孔子曰:‘道二,仁与不仁而已矣。暴其民,甚则身弑国亡,不甚则身危国削。名之曰幽厉,虽孝子慈孙,百世不能改也。’《诗》云:‘殷鉴不远,在夏后之世。’此之谓也”(《孟子·离娄上》)。如果不能实行仁政德治,而只是一味地实施严酷的刑罚,就会导致国家的覆亡。但是,孟子在揭示社会管理方法时,充分肯定了刑罚和法律在社会管理中不可缺少的作用,强调社会管理必须明其政刑。社会管理的实施,必须要有明确的法律和规范,这样才能保证社会的稳定性和有序性。所以,管理者在管理过程中,应做到明其政刑,将法律公布于众,让人们的行为有法可依。对于道德和刑罚这两种社会管理方法,孟子主张二者兼施并用,缺一不可。如果单独地依靠其中一种方法,不可能达到理想的管理效果。只有宽猛相济以宽为主,德刑并用以德为本,综合运用道德和法律的社会管理方法,取长补短,互为补充,才能达到理想的管理效果。孟子曾说:“离娄之明,公输子之巧,不以规矩,不能成方员;师旷之聪,不以六律,不能正五音;尧舜之道,不以仁政,不能平治天下。今有仁心仁闻,而民不被其泽,不可法于后世者,不行先王之道也。故曰徒善不足以为政,徒法不能以自行。”(《孟子·离娄上》)社会管理方法的实施,要善人与善法相互结合、统一起来,才能得以实现社会管理的作用。德治与法治的社会管理方法的相互补充,就是要做到一方面运用外在的权力、制度进行强制性的约束;另一方面也要推行德治,培养、提高人们的道德意识,使人产生一种行善的内驱力,这样就是做到了以道治民,故“以佚道使民,虽劳不怨。以生道杀民,虽死示怨杀者”(《孟子·

尽心上》)。如果"上无道揆也,下无法守也,朝不信道,工不信度,君子犯义,小人犯刑,国之所存者,幸也。故曰城郭不完,兵甲不多,非国之灾也。田野不辟,货财不聚,非国之害也。上无礼,下无学,贼民兴,丧无日矣"(《孟子·离娄上》)。社会管理方法的实施,在于规范人们的行为和社会的秩序,它关系到国家的存亡。如果不能合理实施社会管理的方法,就会导致人们行为失范,社会混乱无序,最终国家灭亡。

荀子指出,德治与法治是社会治理不可缺少的方法,德治在于"隆礼",而法治在于"重法"。道德礼义和法律制度,是治理国家的根本大端,隆礼与重法并行,国家才能得到有效治理,社会才能实现和谐局面。实施德治与法治,这是社会管理的控制方法。控制管理作为社会管理的重要方法,它是以宽猛相济为其特点的。"宽"与"猛"是实现社会和谐不可缺少的两个策略和方式,只有德刑互补,隆礼重法,才能实现最佳的管理效果,达到社会的有效治理。荀子强调了道德礼义和法律制度在社会管理中的作用,他的隆礼重法的思想,也是建立在对德治重视的基础上的。他说:"不教而诛,则刑繁而邪不胜;教而不诛,则奸民不惩;诛而不赏,则勤属之民不劝;诛赏而不类,则下疑俗俭而百姓不一。"(《荀子·富国》)宽猛相济,礼法并重,才能实现治国安民的作用,保证社会和谐有序运行。

稷下学术所主张的以人为本、重视民生的民本精神,展示了他们对实现社会和谐进步发展的追求,他们对这一精神从政治上、经济上进行了深刻地阐发,强调了人的存在价值,指出了民众在社会政权兴亡中的决定作用,以及礼法并用在实现社会和谐中的管理作用。这一精神丰富了中华文化的以人为本、礼法并用的和谐精神,成为中华文化的重要精神内容,促进了中国传统社会的进步发展,至今有其重要的现实价值。

灌园何其鄙，皎皎於陵中

——稷下学士陈仲论

朱丽霞

（上海交通大学教授）

在文化史上，隐士作为中国士人文化的一种特殊类型源远流长，人们都把隐居看作是对个体气节和高尚情操的坚守。这些高逸之士，于“王政所先，厉浊激贪之务”（皇甫谧《高士传·序》），他们怀才抱德，具有极大的社会影响力和道德感染力。他们以不慕名禄、远离尘嚣的节操和声望为后世广为传颂，相关诗词流传千古。隐居於陵的齐国贵公子陈仲织履灌园，坚辞相位，成为受人敬仰的道德典范。可是，就是这位人格气节令人仰止、思想学术自开一派的隐士陈仲，在历史上，没有伯夷、叔齐般家喻户晓，其学说思想也没有如孟子、韩非的影响深远，反备受争议，屡遭谴责。不仅生前寂寂无闻，卒后也很快消失在世人的视野之中。主流思想对陈仲的评价远不能与其实际的成就和声望相匹配，挞伐之声不绝，“若仲子者，蚓而后充其操者也”（《孟子·滕文公下》）。孟子把陈仲喻为蚯蚓，荀子、韩非也对陈仲直言相向，而《战国策》亦与孟子异口同声，甚至在国际的评论视野中，陈仲仍然不被认可。齐国使者出使赵国，赵威后特别问及陈仲，认为陈仲避世灌园，引导人们无所事事，不忠不孝，希望齐王处死陈仲。基于陈仲所在时代的讥讽，后世许多史书都有意将陈仲忽略,而在隐士的梯队里,陈仲往往被后起的严子陵、陶渊明的巨大名声所覆盖。

古代隐士不绝如缕,为什么唯有陈仲备受争议?为什么开创了战国六大学派之一的陈仲却遭遇诸子百家的攻击,其闪光的思想也不见容于主流意识,致使曾被孟子称为“齐之巨擘”的陈仲被后世所遗忘?

一

隐士,一个特殊的社会群体,相较于仕宦而言,指那些不仕于官府的文士。他们具有独特的人生观、价值观,往往富有才学,但由于某种原因远离人群,隐居山林乡野,“或隐居以求其志,或回避以全其道,或静己以镇其躁,或去危以图其安,或垢俗以动其概,或疵物以激其清”(《后汉书》),从而赢得社会的尊重,形成隐士文化。聂雄前《中国隐士》谓:“隐士是不见于世的士。古代历史典籍和文学作品中的高士、处士、逸士、幽人、高人、处人、逸民、遗民、隐者、隐君子等,都是隐士的同义词。”①

孔子云:“道不行,乘桴浮于海。”(《论语·公冶长》)史籍记载,中国最早的隐士为许由、巢父。《庄子·逍遥游》:“尧让天下于许由。”在上古时代,尧发现许由有德有才,便派人聘请许由接管天下。许由听后,立刻逃至颍水,隐居在箕山脚下。继而尧请许由任九州长,许由闻听感到受到污染,立刻临水洗耳。巢父得知,则更深入颍水上游的深山中,莫知其处。善卷有德,舜以为师。舜欲以天下让善卷,善卷曰:“予立于宇宙之中,冬日衣皮毛,夏衣葛絺……日出而作,日入而息,逍遥于天地之间,而心意自得。吾何以为天下哉!”(《庄子·让王》)于是,善卷去而至深山。

---

① 聂雄前:《中国隐士》,湖南文艺出版社1991年版,第16页。

他们所追求的人生信念，“隐居以求其志”，不为世俗所累，超脱功名利禄之外。许由、巢父、善卷成为后世仰望的贤人。商末周初，伯夷、叔齐，不食周粟，隐居首阳，采薇而食，最终饿死。他们所坚守的是对自己国家的无比忠诚，并将此作为生命中不可动摇的“义”，他们用生命守护的节操和意志鼓舞了后世一代又一代人，由此，司马迁将夷、齐列为《史记》列传之首。

春秋时期，诸侯纷争，才智之士可以自由选择自己的人生道路，《史记·老子韩非列传》：“楚威王闻庄周贤，使使厚币迎之，许以为相。……（庄周曰）子亟去，无污我。我宁游戏污渎之中自快，无为有国者所羁，终身不仕，以快吾志焉。”庄子公然宣称明哲保身以快吾志，由此，庄子成为后世拒绝高官厚禄追求自由适意人生的典范。庄子以其巨大的声名影响了后世士人的选择。北郭先生，春秋时期楚国人，有经纶济世之才。《韩诗外传》卷九载楚庄王派使者“赍金百斤聘北郭先生”，北郭先生拒绝高官厚禄的诱惑，携妻逃入深山。颜回“一箪食，一瓢饮，在陋巷，人不堪其忧，回也不改其乐”①。颜回的“快乐”赢得其师孔子的充分肯定。渴望荣华，仰慕富贵，乃人之常情，但颜回主动选择清苦，并自得其乐，“静己以镇其躁”，则是常人之所难。在孔子的弟子中，尚有曾参、原宪等也选择远离仕禄隐居，同颜回一样，他们为孔子所赞赏。晋国介之推随晋文公重耳在外流亡十九年，风餐露宿，饥寒交迫，艰难备尝。当重耳回国继任国君后，介之推辞厚禄而隐居绵山。为促介之推下山出仕，晋文公乃放火烧山，最终介之推抱树而死。为纪念介之推，晋文公改绵山为介山，并立庙祭祀，由此产生了传统节日——寒食节。介之推成为后世知识分子独立精神的体现，黄庭坚《清明》中写道：“士甘焚死不公侯……满眼蓬蒿

① 杨伯峻译注：《论语译注》，中华书局 1980 年版，第 59 页。

共一丘。”从春秋始，作为一个特殊的士人群体——隐士开始形成，贤人多隐，清刘宝楠《论语正义》中有“‘天下有道则见，无道则隐’，隐者，即此隐居求志之谓，非如隐而果于忘世也”。

战国大乱，天下分崩离析，时代为士人施展才艺提供了广阔舞台。《史记·田敬仲完世家》记载：“宣王喜文学游说之士，自如驺衍、淳于髡、田骈、接予、慎到、环渊之徒七十六人，皆赐列第，为上大夫，不治而议论。是以齐稷下学士复盛。”怀才抱艺者岌岌于途，宣传自己的思想学说，谋求人生富贵。正在张仪、苏秦、驺忌等穿行于诸侯各国进行游说时，齐国贵公子陈仲却选择退出，远离尘嚣，遁迹山野，为人灌园，躬耕自食。

陈仲，又名田仲，因避居於陵，亦名於陵子。生活于田齐威王、宣王、湣王、襄王时期，约与孟子同时。战国时期，临淄稷下学宫诸子讲学，思想自由，出现了百家争鸣的学术盛况，形成著名的“稷下学派”。陈仲出身田氏贵族，“齐之世家”（《孟子·滕文公下》），自幼条件优越，在稷下学宫学习成长。20岁左右，开始在稷下学宫讲学，并逐渐形成自己的思想体系，建构起自己的学说。因父早卒，陈仲兄田戴继承卿大夫爵位，食禄万石，陈仲认为其兄万石食禄属于不义、奢华居室属于不义，不义之人却能与齐王在朝廷议论国事，陈仲感到国事垂危。故齐威王因赏识其才欲聘请他担任大夫时，陈仲子坚辞不就。携妻迁居长白山下的於陵（今山东邹平临池镇古城村），与妻子织席灌园为生，“立节抗行，不入洿君之朝，不食乱世之食”（《淮南子·汜论训》）。楚王先后两次派使者持重金赴於陵聘陈仲为相，亦坚辞不受。陈仲的高尚节操深为司马迁所钦佩，《史记·鲁仲连邹阳列传》以“孙叔敖三去相而不悔，於陵子仲辞三公为人灌园”颂扬鲁仲连的德操。陈仲子隐居长白山石室，以“上不臣于王，下不治其家，中不索交诸侯”（《战国策·齐策》）自处。他潜心著述，形成了自成一派的学说，世称“於陵学派”，多慕名追随者，荀子将其列为战国六大学派之一。后人整理其思想而为《於陵子》，今存十二篇。

陈仲子不慕荣华，躬耕自食，守节自持，他的道德操守和坚持在其当代却并未赢得应有的尊敬，不仅没有颂扬他的诗词，甚至遭到了普遍的谴责。

二

齐宣王时，孟子游学稷下学宫，他认为陈仲是个思想深沉的哲学家，学术领域颇有建树，是“齐之巨擘”。可是，孟子对陈仲所选择的生活方式不认同，当匡章评价陈仲隐于於陵饥寒交迫而不改志时，慨叹陈仲“诚廉士”时，孟子曰：“仲子恶能廉？充仲子之操，则蚓而后可者也。”（《孟子・滕文公下》）。孟子认为，陈仲的自我要求超出常人所能忍受的极限，他所采取的方式等于自残，陈仲的作为并不能算是廉洁，尤其不值得提倡和推广。

作为亚圣，孟子的评价直接决定了人们对陈仲的态度。荀子则将孟子的评价又向前推进一步。荀子认同陈仲的学说，将陈仲列为战国思想界代表人物之一，但是认为陈仲的主张违背人性，《荀子・非十二子》：“忍情性，綦溪利跂，苟以分异人为高，不足以合大众，明大分；然而其持之有故，其言之成理，足以欺惑愚众，是陈仲、史鰌也。”荀子认为陈仲放弃高贵的生活是为了欺世盗名，“夫富贵者则类傲之，夫贫贱者则求柔之，是非仁人之情也，是奸人将以盗名于暗世者也，险莫大焉。故曰：盗名不如盗货。田仲、史鰌不如盗也”（《荀子・不苟》）。荀子认为陈仲故意标新立异，沽名钓誉，实际上是连盗贼都不如的奸人。

接续孟子、荀子的言论，善用比喻论事的韩非认为陈仲虽然有才，可他的才华不为世所用，那么陈仲本人也就是无用之人而已。他进而把陈仲比作是一无用处的“实心葫芦”，更有甚者想把陈仲除掉,《战国策·齐策四》:“(齐襄王)使使者问赵威后,书未发,威后问使者曰……於陵子仲尚存乎?是其为人也,上不臣于王,下不治其家,中不索交诸侯。此率民而出于无用者,何为至今不杀乎?”赵威后认为陈仲辞国离家,上无君臣、下无父母,不履行社会职责,应当处死。晋代大将军桓温读《高士传》至陈仲部分时,认为陈仲自虐,不近情理。

从孟子的批评,到荀子、韩非的否定,到赵威后的必欲除之,陈仲在其当代即被社会否定,一方面说明陈仲的选择在当时产生了巨大影响,声名远播,以至于出访大使在异国他乡也了解陈仲的情况;另一方面说明舆论的巨大力量,众口铄金,孟子的评论直接决定了陈仲的历史命运,其基于儒家入仕关怀的哲学评价直接影响了后世对陈仲的态度。由此,陈仲成为历史上一个颇有争议的人物。同时也说明,在战国诸子百家争鸣的时代,所有的思想无论正统、无论异端都有存在的空间,自由的思想氛围由稷下学宫延展到诸侯各国,人们都可以在任何场合对时事评头论足。由此,即使志节高尚的伯夷、叔齐,太公姜尚也颇不认同,认为伯夷、叔齐目无君、心无民,缺乏社会担当。

尽管孟子对陈仲严加批评,却对陈仲的思想表示认可。陈仲的思想主要包括:其一,主张自食其力,人人平等,共享自然。这体现出先秦时期的人本主义思想。《於陵子·遗盖》所阐述的中心内容是对私有财产的否定,而正是在这一点上,荀子不能苟同。其二,主张廉洁自律,抨击贵族骄奢淫逸、争权夺利。《於陵子·辩穷》记载了一大夫看到陈仲瓮牖绳枢,家贫如洗,深表同情。但陈仲表示,虽然物质贫困,但精神富足、潇洒自适。其三,主张“不食乱世之食”(《於陵子·辞禄》),反对行贿受贿,主张自食其力。陈仲的思想固然完美,却架空于生活现实之上,对多数人来说,陈仲所描绘的理想社会是永远难以企及的空中楼阁。令人感到疑惑的是，陈仲不切实际的生活方式被孟子所否定，陈仲同样不切实际的思想却被孟子深为认同，在这个意义上，孟子谓陈仲为“齐之巨擘”。陈仲著述讲学，开创了“於陵学派”，形成了自己的学说体系，在当时产生了一定的影响，由此，荀子将於陵学派视为战国六大学派之一。

陈仲傲视权贵、不慕名利的气节令人敬仰。从某种程度上说，韬光养晦的隐士无视社会苦难，受到后世责备也在情理之中。如深受范仲淹敬仰的严子陵，拒绝光武帝征召，隐于富春江畔，空耗才华，于事无补，因而宋代杨万里对严子陵的选择深表不满，曰：“客星何补汉中兴？空有清风冷似冰。早遣阿瞒移九鼎，人间何处有严陵！”（《读严子陵传》）明朝开国帝王朱元璋指斥严子陵为历史“罪人”：“汉之严光，当国家中兴之初，民生凋敝，人才寡少……（严光）大礼茫然无所知，故纵之，飘然而往。却仍栖岩滨水以为自乐……朕观当时之罪人，罪人大者莫过严光、周党之徒。”①朱元璋站在国家的高度直言隐居无益于国民。而在战国争雄，天下纷争的时代，拥有文化资本的“士”同时拥有广阔的人生舞台，他们可以自由择主，畅所欲言，游说各国，谋求功名利禄，实现人生价值。因此，各国君、卿大夫纷纷礼贤下士。在强大的齐国，稷下学宫形成了百家争鸣的思想盛况，各家学说纷纷登场，争奇斗艳。战国才俊穿行于诸侯各国之间时，正在稷下学宫讲学的陈仲却急流勇退，选择了隐居，为追寻自我内心的纯洁，而置社会的动乱腐败于不顾，坐视贪污受贿者的嚣张，这种选择是对社会责任的逃避。因此，有学者认为，隐士是一种“自私而萎缩的人生是不合理的病态的人生”②。从这个意义上说，孟子的批评正切中肯綮。

---

① 〔清〕田艺蘅撰，朱碧莲点校：《留日青札》，上海古籍出版社1992年版，第202页。

② 蒋星煜编著：《中国隐士与中国文化》，三联书店1988年版，第12页。

古君子所贵者三:太上立德,其次立功,其次立言。德行高尚的君子立于朝廷,博施济众,可以影响社会风气。归隐,固然以德扬名,但其品德未能施及于众,未能发挥应有的作用,君子隐居使朝廷上缺少了一些阳刚正气。“道不行,乘桴浮于海。”(《论语·公冶长》)虽然隐居是君子守志的无奈选择,可对于国家朝政而言是一种缺失。疏离于政治,坚守自我,不与统治者合作,但也脱离人民,无视人民的生活和苦难,人民也并未得益于他的隐居。相较之下,钟离子的选择则较陈仲更为适当。钟离子“有粮者亦食,无粮者亦食;有衣者亦衣,无衣者亦衣。是助王养其民者也”,叶阳子则“哀鳏寡,恤孤独,振困穷,补不足。是助王息其民者也”(《战国策· 齐策四》)。虽然钟离子、叶阳子也隐居自处,可他们热切关注现实,立足现实,关怀大众。作为一个思想家,从治理乱世与现实的角度来说,陈仲子的学说超越其当代,成为无用之学。但陈仲只是一个思想家,绝不是治世者,更不是政治家,在百家争鸣的时代,陈仲的思想只是一种理论学说的代表,他坚守的是自己的信念,“隐居以求其志”(《论语·季氏》)而已。

陈仲拒绝楚国的相位,说明陈仲的思想高度与非凡智慧足以堪当国任。荀子将其列入战国六大家,汉《烈女传》、晋《高士传》皆有其传,司马迁、陶渊明、张说撰文颂扬,说明陈仲的人格与思想终究为社会接受和认可。尤其是孟子,尽管他否定陈仲的生命选择,但终究敬佩他,认为陈仲是最令人尊敬的名士。而在其隐居的於陵,人们为纪念陈仲子,在灌园修建古泉驿。

三

尽管《史记》《汉书》记载了许多隐逸高士,但是据晋人皇甫谧统计,“史班之载,多所阙略”(《高士传序》),从上古至魏晋,众多的隐士被司马迁、班固遗漏了。基于此,皇甫谧辑“自尧至魏”

“八代之士……凡九十余人”（《高士传序》）的隐士事迹为《高士传》，皇甫谧在《序》中表示，凡是有过功名入过仕途或与官场有过瓜葛的高人一概不收，所收的全部是如陈仲般的一生与利禄无缘者。即使司马迁为之作传的伯夷、叔齐，历史上是否真有其人至今仍属疑问。而在皇甫谧《高士传》所收的96位隐士中，春秋以前（包括春秋）的隐逸之士多为虚无缥缈的历史假说，如江上丈人、披裘公、鲁二征士、商山四皓等。

首先，对陈仲做出肯定的是汉朝刘向，他颠覆了孟子、荀子、韩非子对陈仲的批评和否定，最早较为理性地对陈仲进行评价。刘向认为，尽管陈仲子“违远中庸，取讥通人”，但他确是名副其实的守穷者，因而慨叹陈仲“诚廉士哉”。不仅如此，陈仲是道德至上者的完美践行者，“砺志洁身，亡有疑贰者”。刘向为陈仲所遭遇的不公深表不满，他认为陈仲的人生具有足够的社会教育意义。由此，为了弘扬陈仲，为了让后人知道并了解真实的陈仲，刘向特别整理陈仲的遗作及言论辑为《於陵子》（今存十二篇）。刘向深信，陈仲的著作正如其人，后世“足有严慕者”。刘向的预言得到了验证，至范晔著《后汉书》时，便在《冯衍传》中感叹：“於陵子之灌园兮，似至人之仿佛。”认为陈仲的言行几乎达到“至人”的境界。“至人”概念最早由庄子提出，指拥有最高理想的人，《庄子·逍遥游》：“至人无己，神人无功，圣人无名。”能够做到“无己、无功、无名”即可达到“至人、神人、圣人”的生命境界，此即逍遥的人生。据此，陈仲就是战国时期的逍遥文士。陈仲之后，在盛衰之世，选择隐居者前后相继，对陈仲的颂扬声不绝如缕，先后出现了陶渊明、陈子昂、张说、王维、杜甫、钱起、吴筠、李德裕、李頎、贯休、张九龄、元稹、陆龟蒙、林逋、董嗣杲等一大批陈仲子人格的追慕者。

“仲子守志，楚王不夺其灌园。”（阮籍《奏记》）在后世文学中，“灌园”的文化意蕴日渐丰富，并与陈仲紧密相关，不断引发后世文人的颂扬,“灌园何其鄙,皎皎於陵中”(陈子昂《感遇诗三十八首》十八),“偶然灌园兴,不是学於陵”(唐顺之《村居》其一)。同时,陈仲也开启了古代文人的“灌园”生活模式。陶渊明即十分仰慕陈仲,故混迹官场数十年后终选择归隐,其《扇上画赞》:“至矣於陵,养气浩然,蔑彼结驷,甘此灌园。”即颂扬陈仲高洁的人格。王维隐居辋川,即时时以陈仲的故事自我激励:“寂寞於陵子,桔槔方灌园。”(王维《辋川闲居》)“颇识灌园意,於陵不自轻。”(王维《春过贺遂员外药园》)可知在唐代,人们开始充分肯定陈仲灌园的选择。唐开元十三年(725),唐玄宗封禅泰山,中书令张说任封禅使。封禅之后,张说一行专程从泰安来到长白山下,寻访了陈仲子灌园处,其《古泉驿》:“昔闻陈仲子,守义辞三公。身赁妻织屦,乐亦在其中。岂无穷贱苦,羞与倾巧同。长白临河上,於陵入济东。我今行至此,感叹古泉空。”①

自注云:“於陵,仲子宅也。”陈仲放弃自己拥有的富贵生活而守道固穷,携妻隐居长白山下躬耕灌园。虽云“乐亦在其中”,但历尽人生磨难的张说真正读懂了陈仲的内心。“岂无穷贱苦”,只是凭意志和信念努力克制和坚守。陈仲之所以能忍受如此“穷贱”,只是“羞与倾巧同”,仅仅因为不希望为虚伪的政治环境所污染。其后,“灌园”逐渐脱离与陈仲的直接关联,而逐渐引申为文人隐居的生活方式。元末朱希晦《书怀呈同志》:“谁复挂冠辞汉阙,客多鼓瑟向齐门。野人自信无机事,年老何妨且灌园。”诗中描述人们对财富声名的强烈渴求,即使时居动乱的元末,人们鼓瑟而歌,谋求仕晋机遇。然而,仍然有不恋爵位挂冠而去的高官。诗人灌园山野,早已与世无争。可知,灌园不仅成为古代文人主动选择的生活方式,也代表了一种古代文化。

---

① 〔唐〕张说著,熊飞校注:《张说集校注》,中华书局2013年版,第360页。

《中庸》云："子曰：天下国家可均也，爵禄可辞也，白刃可蹈也，中庸不可能也。"既然"中庸"不可能，那么生逢乱世，许多智慧卓绝之士便毫不犹豫地选择辞禄而隐。宋仁宗天圣年间状元宋庠久居高位，厌倦官场，仰慕古代隐士而作《谋退》诗："昔日於陵子，遗荣自灌园。三分轻国爵，一世谢人宣。"对陈仲绝国弃禄的操守衷心钦佩，暗喻自己也将追寻陈仲的步伐辞却高位，回归山林。元代，长山人张公直夜不能寐，月夜抒怀，作《於陵夜雪》："粉妆前代将军庙，玉树当年仲子家。泷水人归寒罢钓，静方僧扫晚烹茶。"大雪纷飞的月夜，诗人垂钓归来，登楼远望，昔日将军庙已银装素裹，"仲子家"也被妆点为玉树含烟。诗人以陈仲的同乡而自豪，更为能够拥有陈仲的生活而欣慰。明代桓台名士王象春《陈仲子祠》："於陵的是首阳薇，伯夷不肯贪周粟。年年苦风吹古井，夜月空临辟纑冷。……君不见，延陵季子耕，汨罗左徒醒。"陈仲墓在瑟瑟秋风中寂寞冷落，可是，陈仲的气节与伯夷、叔齐，与躬耕延陵的吴国季札，与葬身汨罗的楚国屈原彪炳史册，他们的名声将世代传颂。更令人欣慰的是，晚明江南才子徐渭，一生对《於陵子》爱不释手，为陈仲深刻的思想所折服，"子终实获我心"，将《於陵子》奉若圭臬，进而重刻"以公诸同志"，并为之写序撰评，传播於陵学说。

陈仲在其当代，寂寞冷落，甚至被误解，被否定。然而在其后世，得到普遍的认可和颂扬，与许由、夷齐一起成为受人敬仰的高士。作为道德的典范，陈仲的节操为后世提供了榜样，成为仁义和忠节的象征。作为传统文化的精髓，於陵精神在今天仍然具有道德感化意义。

考古发现与齐文化研究

魏成敏
(山东省文物考古研究院研究员)

公元前11世纪,武王灭商,建立周王朝,并大封功臣谋士,姜太公(吕尚)战绩显赫,位列受封,建立齐国,由此开创齐国长达800余年的历史。齐国自周初受封建国,直到秦统一天下,终始有周一代,齐国的历史和齐文化的发展贯穿了周王朝的兴衰和周文化发展的全过程,高度发达的齐文化达到了周代文化发展的最高水平。

以临淄为中心的鲁北中部地区是周代齐国的政治、经济、文化中心,这一地域的物质文化遗存,集中反映了齐文化产生、发展的全过程及主体文化特征。20世纪60年代以来,山东省文物考古部门把这一地域商周时期的重要遗址作为考古工作重点,通过多年的考古调查、勘探和发掘,取得了许多重要成果,基本掌握了齐文化的物质文化特征和发展脉络,为齐文化的深入研究提供了可靠依据。下面主要对学界比较关注的三个问题结合考古发现进行探讨。

一、临淄与营丘

根据古文献记载,周代齐国先后有三都,太公都营丘,胡公徙都薄姑,献公再徙临淄。目前齐国三都中只有晚期都城临淄的地理位置明确，但其营建年代以及是否与营丘有关自汉代以来就多有争议。20世纪60年代，国家文物局和山东省文物考古部门将临淄齐故城作为考古工作的重点，自1964年至今，仍在不断有序地开展工作。2010年，通过对临淄齐故城考古发掘资料进行系统整理，发现临淄城存在西周中期之前的城垣遗迹，城内并发现西周早中期贵族墓葬和商代末期的车马器，这为对临淄城的营建年代及早期都城营丘的探索提供了重要信息。

1.临淄城的营建年代

临淄齐故城由大城和小城共同组成，但与一般周代诸侯国都城将小城作为宫城且置于郭城即大城之内的布局不同，临淄的小城基本独立于大城之外，仅东北部嵌入大城西南部。考古发掘资料证明，目前临淄齐故城由大城与小城组成的基本格局是多次扩展的结果，城市的发展大体经历了大城始建、增建、扩建和小城的营建、增建、修补等多个发展阶段。战国时期，临淄城的总面积达15.5平方千米，成为东方最大的都城之一。

大城平面近似不规整的长方形：东墙东临淄河，随着河流的蜿蜒而形成多处曲折；西墙南端与小城北墙相交，随着城外系水的弯曲，城墙中部略向外鼓，北端稍内收，略呈弧形；北墙分东、西两部分，在西部与两号排水道相交处有一拐角，拐角以东墙体近直，略向东南倾斜；南墙近直，中部略外弧。目前所知最早的城墙为大城北墙东段第两期城墙。大城北墙的修筑共分为七期，第一期在大汶口文化层上起建，第二期则为对第一期城墙的增补或修补。从层位关系看，东古城第一期城垣属于大城最早的城垣遗迹，城墙内侧被西周中期的墓葬81东古T101、M11打破，这为确认临淄城的始建年代提供了重要依据，证明大城北墙东段的营建年代下限不晚于西周中期，由此可以确认临淄城城垣最早营建于西周中期之前，也即献公迁临淄之前。

2. 西周贵族墓

1989 年在齐故城大城河崖头村西发现三座西周墓,墓葬南北排列,约相距四米。三座墓葬规模不大,最大的 M1002 墓口长3.2米、宽 1.7 米,出土包括铜鼎、簋、鬲在内的青铜礼器以及陶鬲、罍、簋、罐及瓷豆等生活用具,在铜簋底部有铭文,内容为“伯俞作其尊彝”。M1002 随葬陶器也极为精美,两件陶罍表面光洁,并刻有三角蕉叶纹,陶簋器形规整,器表经磨光处理,腹部刻有蕉叶纹、卷云纹,在圈足底部刻有一“侯”字。

M1002 出土铜鼎的特征与北京琉璃河 M251 的“父乙鼎”、M35 的“复鼎”比较相近,均为圜底、深腹、三柱状足,出土的铜鬲琉璃河 M251 的“麦鬲”形制也基本相同,

而出土的铜簋为深腹矮圈足。上述三类器物均具有西周早期的特点,从总体特征观察略晚于琉璃河 M251,墓葬年代应在成康之后,但不晚于穆王时期。

稍晚的 M1001 出土的铜鼎与曲阜鲁国故城 M23 出土的 I 式西周铜鼎相近,与宝鸡竹园沟 M13 出土的“父辛鼎”也比较相似或略晚,出土的铜簋也具有中期偏早的风格,因此,M1001 年代不晚于西周中期前段。

河崖头 M1002 及 M1001、M1003 由南而北排列,规格相近,而且头向相同,墓向一致,具有明显的规律,属于一组重要的贵族宗族墓葬。“伯俞”家族应为西周早中期齐国宗室成员或上层贵族。

3. 商代车马器

1965 年在临淄齐国故城大城东北部东古城村附近出土一组制作精美的车马器,计 13 件,包括车軎、车踵、车轭饰和车轸饰及马衔,各部件造型古朴,纹饰精美,有的并镶嵌绿松石,应是实用车马部件。古城村出土的铜车軎、车踵、车轭饰、车轸饰及马衔等车马器,基本属于一两套大体完整的车马构件和装饰件,应出自

墓葬或附葬的车马坑。①

车軎为长筒状,其形制、纹饰均与河南安阳市梅园庄殷代车马坑出土的车軎几乎完全一致,均在内侧对穿的辖孔两侧各装饰一条夔龙纹,外端则饰四个长蕉叶纹,以云雷纹作地纹,仅顶端略有不同。车踵器呈方筒状,两侧铸有对称的半圆形鼻钮,踵身主纹为两条夔龙纹,内端饰三角蕉叶纹,底纹饰云雷纹,并镶嵌绿松石。安阳市梅园庄车踵两侧饰夔龙纹,下饰三角形纹,与东古城出土的形制纹饰几乎完全相同。铜车軓饰与安阳梅园庄车马坑所见的同类器也基本相同。长条形轸护板贴在舆前车轸上,正面铜车軓有一夔龙纹,弧形板则盖在车辕上,正面饰均铸有造型精美的兽首形的饕餮纹。东古城车马器中有夔龙形车轸饰六件,器身均呈夔龙状,整体近似 S 形,制作精致,背面有四个扁环状穿钮。类似的夔龙形车轸饰,在殷墟安阳小屯也有发现,在小屯 M40 的车舆周围发现有一周夔龙形铜饰,也为单个夔龙形。

东古城出土的这组铜车马器造型古朴,制作精致,纹饰精美,铜车踵并镶嵌绿松石,规格比较高,属于上层贵族乘车所用。将东古城出土的车马器与河南安阳市梅园庄车马坑、殷墟小屯 M40 出土的铜车马器进行对比,可以看出三者的车马器从形制到纹饰均有惊人的相似性。均属于典型的殷商晚期车马器。

据文献记载,献公率营丘人袭薄姑杀胡公而自立,并徙都临淄时在西周夷王时期。根据发掘资料,临淄大城北墙东段发现西周中期的墓葬 81DG、M11 打破最早的第一期城墙,可以确认临淄城始建年代的下限不晚于西周中期,也即在献公徙都临淄之前,这对研究临淄城性质以及其是否与太公之营丘有关提供了重要信息。

---

① 魏成敏、贾健:《临淄齐故城出土商周青铜器与相关问题探索》,见山东省考古研究所、北京大学震旦古代文明研究中心、莒县人民政府编《青铜器与山东古国》,上海古籍出版社 2017 年版,第 147 ~ 155 页。

同时临淄城不仅存在西周中期之前的城垣,而且发现西周中期贵族墓葬,显示出在献公迁临淄之前临淄城已具有重要地位。目前在临淄齐故城内发掘出土属于殷商时期的遗物较少,但临淄东古城附近出土晚商时期的镶嵌绿松石车马器,属于商代上层贵族乘车所用,这批高规格的车马器的发现,则进一步说明临淄在晚商时期地位也非常重要。

文献记载太公所都之营丘为商末诸侯薄姑所属旧地,《左传·昭公二十年》:"昔爽鸠氏始居此地,季萴因之,有逢伯陵因之,薄姑氏因之,而后太公因之。"《左传·昭公九年》:"及武王克商,薄姑、商奄,吾东土也。"《史记·齐太公世家》:"武王已平商而王天下,封师尚父于齐营丘……营丘边莱。莱人,夷也,会纣之乱而周初定,未能集远方,是以与太公争国。"周公东征横扫殷商反叛势力后,封太公于营丘,而此时莱夷冒着与太公发生战争的风险而争营丘,足以证明营丘在商末和西周初年具有重要的战略地位。

营丘地处古代半岛连接中原交通要道,是山东东部夷人西进的咽喉之地,齐国占据营丘就会掌控东方的主动权,并可继续向东扩张。东夷势力必然深明这一点,不想坐以待毙,莱夷与齐国争营丘,也正是出于生存战略的考虑。而位于淄河西岸的临淄同样地处古代半岛连接中原交通要道,在地理位置上具有相同的战略地位,齐国将临淄作为都城,实际控制了东部夷人西进的可能,并继续向东扩张,春秋时期已基本扫平东夷,全面控制半岛。以上说明营丘与临淄所处的地理位置具有相同的战略地位,均达到了控制东夷西进、继续向东扩张的目的。

临淄城的考古发现表明,目前对太公之营丘的研究中只有临淄具备了一定的条件:首先明确临淄城营建于献公迁都之前；第二，城内西周早期的遗存具有一定的分布范围；第三，发现西周中期齐国贵族墓葬区；第四，出土商代晚期的镶嵌绿松石高规格车马器；第五，具有与营丘相同的战略地位，达到了控制东夷西进、继续向东扩张的相同战略目的。以上这些信息对探讨临淄是否为营丘非常重要，目前在没有发现新的可靠证据之前，临淄作为西周初年太公所都之营丘的可能性不但不能排除，而且可能性最大，但进一步的确认有待于今后考古工作的证实。

二、陈庄西周城的性质

高青陈庄遗址发现于2003年，山东省文物考古研究所为配合南水北调东线山东段工程的建设，沿线调查时发现该遗址。遗址位于淄博市北部的小清河北岸，隶属于高青县花沟镇。北距黄河约18公里，东北距高青县城约12公里，东南距临淄齐故城约55公里。2008年10月至2010年1月，山东省文物考古研究所对其进行了大规模勘探和发掘，发掘面积近9000平方米，取得了重大收获。发现属于西周时期的城址，并发掘西周时期的贵族墓葬、车马坑、可能与祭祀有关的夯土台基等重要遗迹。出土有陶器、青铜器、玉器、刻辞卜甲、骨器、蚌器、海贝等随葬品。其中青铜器50余件，约有十件带有铭文。陈庄西周城地处齐国腹心地区，墓葬出土的铜器铭文表明与齐国公室密切相关，而齐国早期都城营丘、薄姑的具体地理位置至今尚不清楚，据此，许多学者推论陈庄西周城或为太公封齐始都营丘①、胡公迁都之薄姑②，齐国

---

① 郑同修、高明奎、魏成敏、蔡友振：《山东高青陈庄西周遗址考古发掘获重大成果》，载《中国文物报》2010年2月5日。

② 王树明：《山东省高青县陈庄西周城址周人设防薄姑说——也谈营丘的地望与姜姓丰国》，载《管子学刊》2010年第4期。

陵园①、周公东征之军事城堡等②,也有的学者认为与殷商旧国丰有关③。陈庄西周城的发现无疑是齐国历史和齐文化研究的重要的收获。

1. 城址

经考古勘探,城址近方形,城内东西、南北墙体间隔一百八十多米,城内面积不足四万平方米。东、北两面城墙保存略好,尚存高度0.4~1.2米,顶部宽6~7米,底部宽9~10米。西墙大部分尚存,残高不足0.4米。南墙基本被大水冲掉,局部残存墙体底部。东南、西北及西南拐角也遭破坏。南墙中部应有一个城门,城内有宽20~25米的道路通往南墙中部,但揭露后发现城门已被唐代的砖窑完全破坏。其余三面城墙经密集勘探后没有发现缺口。

2. 墓葬

共发掘西周时期的墓葬十座,八座中型墓葬为长方形竖穴土坑墓,两座属于"甲"字形大型墓葬。其中M18、M35、M36最为重要。

M18,开口距地表约1.3米,打破F1,方向17度。墓圹口部为长方形,直壁,平底。长3.4米、宽1.8米、深5.4米。葬具为一棺,已朽成灰痕,可辨认出呈长方形,长2.4米、宽0.9米、残高0.25~0.3米,棺内有人骨架一具,头向北,仰身直肢葬。在头端的棺外,放置长方形的木器物箱,内放随葬品16件,其中铜器九

① 任相宏、张光明:《高青陈庄遗址M18出土豐簋铭文考释及相关问题探讨》,载《管子学刊》2010年第2期。

② 魏成敏:《陈庄西周城与齐国早期都城》,载《管子学刊》2010年第3期。

③ 方辉:《高青陈庄铜器铭文与城址性质考》,载《管子学刊》2010年第3期。

件,陶器七件。铜器均严重锈蚀,器形有鼎、簋、爵、觯、觥、甗、尊、卣、斗各一件,除斗和爵,其他七件皆有铭文,内容有“丰启作厥祖甲齐公宝尊彝”“丰启作文祖齐公尊彝”“丰作厥祖齐公尊彝”“丰启作祖甲宝尊彝”等。陶器有一件鬲,六件罐。棺内随葬两件铜戈,一件在头部的左侧,另一件在右手下,均锈蚀严重。

M35,属于带有一条南向墓道的“甲”字形墓葬。墓室口南北长5.2米、东西宽4.2米。斜坡状墓道位于墓室南侧中部,南北长10.5米、北端宽3.2米。墓道内殉车两辆。椁室位于墓室中部,四周有生土二层台。椁室内葬具为一棺一椁。随葬品主要放置在墓主头前的棺北端与椁之间的器物箱内,属于青铜礼器的有鼎、簋、壶、盘、匜,以及铜戈、銮铃、车軎等兵器、车马器和陶鬲一件。棺内还出土玉佩及串饰、贝壳等器物。出土的两件铜簋上有铭文,释读内容相同:“唯正月壬申,王各于龚大室。王若曰:‘引,余既命女(汝)更乃(祖)□(司)齐师,余□(申)命女(汝),赐女(汝)彡(彤)弓一,彡(彤)矢百,马四匹,敬乃御,毋败(绩)。’引拜首稽手,对扬王休。同,追俘兵,用作幽公宝簋,子子孙孙宝用。”

M36,位于M35东侧,结构与M35大致相同,也属于带有一条南向墓道的“甲”字形墓葬。墓室口南北长6.2米、东西宽五米。斜坡状墓道位于墓室南侧中部,南北长15.7米、北端宽3.6米。墓道内殉车两辆,属于车轮、车舆分拆放置。椁室位于墓室中部,四周有生土二层台。椁室内葬具为一棺一椁。随葬品放置在墓主头前的器物箱内,有铜盨、方壶、圈足盘及铜戈等青铜器,另有陶鬲1件。

3.祭坛

位于城南部,在城门内侧略偏东,相距南城门约21米。祭坛南北残长34.5米,东西残宽19米,中心呈圆台形,直径5.5米左右,残存高度约 0.8 米。从平面观察,由于祭坛表面土色不同,中心为圆心状,由内向外依次为圆形、方形框、圆环、椭圆形,不同土色相套叠。中心圆台外仍有多圈深浅不同的土色向外延伸。从解剖的层面看,每层堆积厚 5 ~ 12 厘米。其中有的层与层之间夹杂白色的沙土或灰烬。祭坛仅北面保存较好,呈斜坡状,周围有明显践踏形成的活动面。从保存的情况看,祭坛之外及外缘部分被晚期遗迹破坏严重,但中心部位保存完好,而且春秋战国时期的道路环绕祭坛西侧通过,由此判断,直到战国时期,人们对祭坛仍心存敬畏,存有某种神秘或敬仰的色彩。

从上述对城址、墓葬、祭坛的考古发现看,如果将陈庄西周城作为齐国的都城来进行考察,首先城的规模似乎过于偏小。发掘勘探表明,城近似方形,东西、南北各长约 180 米,面积不足四万平方米。这在西周早中期甚至在商代,大概也只能算一般城邑。湖北发现的商代黄陂盘龙城,平面略呈长方形,南北长约 290 米,东西宽约 260 米,城墙高出地面 1 ~ 3 米,四周中部都有一个缺口,可能是城门①。该城的面积 7.5 万多平方米,几乎比陈庄城大一倍。西周时期诸侯国的都城应该更具规模。北京琉璃河西周城,为西周初年召公所封燕国之都城,该城始建于西周早期,废弃的年代不晚于西周中晚期。城址平面呈长方形,发现东、西、北三面城墙,北墙长约 829 米,东西墙各存北半段,残长约 300 米,南墙被琉璃河冲毁②,照此计算,现存城内的面积也近 25 万平方米,已是陈庄西周城的数倍。考古资料表明,陈庄城与商代方国都城的规模相比尚有一定的差距,更难与西周早中期诸侯强国的都城相

---

① 湖北省博物馆盘龙城发掘队、北京大学考古专业盘龙城发掘队:《盘龙城一九七四年度田野考古纪要》,载《文物》1976 年第 2 期。

② 北京市文物研究所编:《琉璃河西周燕国墓地 1973—1977》,文物出版社 1995 年版。

比,很难想象这样一座面积不足 4 万平方米的城邑能够长期作为当时国势强盛的齐国的都城。

西周时期,在众多诸侯国中地处东方的齐国和鲁国是因循周代礼制最多的国家。虽然建立政权之初太公可能受条件所限定都于营丘,但作为齐国经营多年的都城,在平定东方、扩展疆域之后,营丘城必然也会依据周代礼制进行规划建设。其内城外郭、宫室祖庙、道路城门等主要布局都应遵循周礼并与之相适应。《考工记·匠人·营国》:"匠人营国,方九里,旁三门。国中九经九纬,经涂九轨,左祖右社,面朝后市。"《考工记》为齐国官书,这种对营建都城的规划含有井田制式的想象,为战国时期对周礼理想化的崇尚,西周时期的王城也不会有如此规模。不过考古发现证明春秋战国时期各诸侯国的都城如齐城临淄、鲁城曲阜的规模布局与之相近,证明《考工记》虽含有许多理想化的成分,但反映的内容或有所本,如临淄、曲阜的城门都多达十几处,近似郑玄所说"天子十二门"(《考工记·匠人》郑玄注),西周中晚期各诸侯国的都城实行多门之制或四面四门还是有可能的。陈庄西周城考古发掘揭露的面积有限,城内的总体布局也一时难以全部搞清,但经过发掘和详细勘探只发现一处位于南墙中部的城门,而商代黄陂盘龙城已经是四面四门。同时,营丘作为齐国近 200 年的都城,其夯筑的城墙必然会受到自然界的侵蚀和人为的损坏,这就需要经过多次的修补整建,甚至随着齐国的发展和不断扩张,可能还会进行多次扩建或重建。陈庄西周城城墙现存高度 1.2 米,底部宽度在 8 ~ 10 米,墙高可能因受到破坏高度不明,但城墙下部保存较好。从发掘揭露的范围看,墙体系一次修建而成,未见明显的修补、扩建迹象。可见陈庄西周城从建成使用后,基本上没有进行大的维护修补,更未发现重建、扩建的现象。而且陈庄城除了南门通道,整个城内基本处于封闭状态。因此,从城的使用功能看,陈庄西周城也难以与作为齐国多年都城的营丘相提并论。

关于陈庄西周城是否与胡公所徙薄姑有关,先看一下薄姑与齐国的关系。薄姑或称蒲姑,本为殷商方国。武王克商剪灭商纣后,对那些表示臣服的殷商旧国进行了名誉上的册封,薄姑应在其列。《左传·昭公九年》:"及武王克商,薄姑、商奄,吾东土也。"而武王崩后,薄姑参与了四国叛乱,后因事败而惨遭灭国,旧地归齐。出土于陕西凤翔的《塱方鼎》也进一步印证了这一史实,铭曰:"唯周公于征伐东尸(夷),丰白(伯)、尃古(薄姑)咸𢦏(斩)。"尃古即薄姑,为周公东征所斩灭,周初太公所封之营丘即薄姑旧地。太公因袭薄姑旧地都营丘,历经丁公、乙公、癸公,至哀公时,由于邻国纪侯谗言,哀公被周王所烹,《竹书纪年》:"(夷王)三年,王致诸侯,烹哀公于鼎。"同时册立其弟静,是为胡公。《史记·齐太公世家》:"哀公时,纪侯谮之周,周烹哀公而立其弟静,是为胡公。胡公徙都薄姑,而当周夷王之时。"

胡公徙都薄姑,或指迁都于商末薄姑旧都,或指迁都于薄姑故地,对此,古代文献均未言明。若胡公徙都于薄姑旧都,从地理位置和城的规模考察,陈庄西周城明显与之不符。据古文献记载,薄姑中心地域在今博兴县一带。上文所引《左传·召公九年》杜预注:"乐安博昌县北有薄姑城。"《后汉书·郡国志》:"博昌县有薄姑城。"《地理书》:"薄姑故城在临淄县西北五十里,近济水。"《括地志》《元和郡县志》等也均言薄姑在博兴东境,古济水之侧。陈庄西周城东距博兴博昌故城约 40 千米,从地理方位看与当时薄姑中心地域尚有一定距离,即便陈庄一带为薄姑旧地,也不可能为其都城所在地。再者,薄姑既然为商末鲁北中部地区的重要方国,其都城在当时也应具有一定规模,倘若周公斩灭薄姑而将其都城予以保留,尔后由齐国留守使用,至胡公时又迁都薄姑旧都,即便如此,陈庄西周城的规模也难以与之相比。换言之,如果胡公迁都于薄姑旧都,陈庄城不仅地理位置偏西,而且规模也偏小,因此不可能是胡公所徙之薄姑。

陈庄墓葬出土的铜器铭文内容表明,丰,为太公之后,周代齐国宗室重要成员,封邑或在陈庄西周城一带。引,为幽公之后,继承祖辈执掌齐师,也驻守在陈庄城一带。从墓地的分布状况看,目前发掘的十座西周墓,可能属于同一家族,丰、引,同为太公之后。这一支系家族世袭为军事首领,一直受到周王朝重用,由周王直接任命,听命于周王,负责掌管齐师。据文献记载,齐国有周天子委派的守臣,《左传·僖公十二年》载,周襄王以上卿之礼飨管仲,管仲辞曰:“臣,贱有司也。有天子之二守国、高在,若节春秋来承王命,何以礼焉? 陪臣敢辞。”杜预注:“国子、高子,天子所命,为齐守臣,皆上卿也。”齐国的国氏和高氏是周王朝委派在齐国的重要守臣,世代高居齐国上卿之位,并与齐君分掌齐国军队。齐君与国、高二氏执掌的齐国军队,或与引及其祖辈执掌的“齐师”有所不同。引及其祖辈所执掌的“齐师”,虽名为齐国的军队,或与宗周六师、成周八师的性质相近,属于驻扎在齐地但直接听命于周王的一支军队,负责征伐敌对势力并监控东方各国。M35出土的铭文证明,直到西周中晚期,其首领仍由周王直接任命,甚至齐国在违背周王的意愿时也在被征伐之列。证明西周中晚期,齐国与周王朝有时存在严重对立抗争,导致哀公被烹。这一事件同时也反映出夷王之世周王朝不仅对齐国,而且对各诸侯国仍具有较强的监控力。

M18、M35出土铜器铭文的释读,对于认识陈庄城的性质具有重要启示。在探讨陈庄城与齐国早期都城的关系时,我们对城的始建年代、规模、使用功能以及所处的地理位置进行了考察分析,确认陈庄城既非齐国早期都城营丘,也非胡公所建,虽然城的规模不大,但发现的祭坛、刻辞卜甲等重要现象表明,该城绝非齐国一般的城邑,而 M18、M35 铜器铭文所反映的内容,使人进一步联想到陈庄城或与周公东征有关。上文所述陈庄西周城的始建年代下限不晚于西周中期,而上限是否能够早到西周初年,目前虽还难以确认,但从墓葬的层位关系看,城建于西周早期应无疑问。发掘资料表明,M18 打破了房基一,而房基一建于生土层之上,属于城内最早期的建筑,层位关系与陈庄西周城的始建年代基本相同。而且 M18 打破房基三是在房址废弃之后,正常情况下房屋可能在使用多年后才废弃,废弃后又作为墓地使用也可能需要间隔一段时间,因此,M18 的年代明显要晚于房基一,而同样也明显要晚于陈庄城的始建年代。许多学者根据 M18 出土的青铜礼器组合、形制以及铭文内容,认为属于康、昭时期,最迟不晚于穆王初期。若 M18 的年代可以认定在穆王初年之前,陈庄城的始建年代就明显要早于昭王时期,或早至成王时期。

如果陈庄城始建于成王时期,该城就有可能为周公东征所建立的军事城堡,而非一般的齐国城邑,陈庄城除了南门外,整个城内基本处于封闭状态,也或可说明具有军事目的这一重要特点。由于陈庄城布局的特殊性以及所处的地理位置,之后成为齐国公室贵族丰之封邑,后来由引及其先辈统帅齐师驻扎于此。

三、昌乐营陵城与营丘

营丘,据文献记载为西周初年齐国的首个都城,其地望自汉代以来就有临淄齐城与昌乐营陵城之争。对齐国早期都城的考古调查一直是山东省文物考古工作的重要课题。2010 年,山东省文物考古研究所对昌乐县营陵故城进行了考古调查和勘探,取得了重要成果。

1. 营陵城概况

昌乐营陵城，又名古城或营丘故城，位于今昌乐县营丘故城村一带，东北距县城约 25 千米，东北距今潍坊市城区约 15 千米。故城建在鲁中丘陵山地北缘，东、西、南三面不远即为低山丘陵，北部为山前平原，发源于城西南部丘陵间的一条小河金钗河为白浪河的支流，自西向东绕过城南，又缓折向东北流汇入白浪河。村北有一条南北向人工修建的河道，即为唐代修筑的窦公渠①。

考古调查勘探表明，营陵城由大城与皇城（内城，当地村民俗称）两部分组成。大城形制近似方形，方向 5°。南北长约 1500 米，东西宽约 1480 米，总面积约 220 万平方米。现存城墙最高处约 5.5 米，夯土结构紧密、质地坚硬，夯层清晰，其厚度分布在 7～25 厘米之间。从夯具痕迹观察，墙体应采用圜底近平的夯具夯筑，夯具直径 7～8 厘米。城墙直接建于生土之上，墙基距现地表深约 0.7 米。大城城门遗迹保存不好，大城东墙、西墙在中部偏北部各有缺口，为现代公路所占压，应是东门和西门所在处；北墙破坏严重，在皇城东、西两侧各有缺口一处，北门或有两处城门，南墙破坏较甚，仅在南墙偏东处发现缺口一处。如果从城市对称布局看，南墙西部应还有一处城门，大城应有城门六处②。

皇城呈长方形，处于大城中轴线北部，方向 5°。南北长约 625 米，东西宽约 420 米，面积约 26.2 万平方米。皇城北城墙即大城北墙北向凸出部分，而大城北墙两端内收，整体上呈中间外“凸”状，大城北墙外凸部分东西 420 米，南北 80 米。皇城仅有北墙部分保存较好，残高约六米，宽约 20 米。残存的一段城墙剖面之上的夯层厚度和城墙内木骨遗迹清晰可见，夯层厚约 20 厘米，夯窝

---

① 昌乐县文物普查资料：《营丘故城遗址》，1989 年。

② 魏成敏：《营丘考疑：昌乐营陵城新探》，见中国考古学会编《中国考古学会第十五次年会论文集（2012）》，文物出版社 2013 年版，第 338～348 页。

为7～8厘米,由圜底夯具加工。墙体外侧露出木骨的腐朽孔洞,木骨结构呈多层水平横向排列,由上至下分为五层,每层间隔高度1.2左右,每层木骨之间距20～60厘米,木骨断面近圆形,直径在8～20厘米。北墙中部有城门缺口,处于大城、皇城的中轴线北端,在东墙中部也发现城门缺口。因此,皇城应有四门,四面各有一门。这次调查勘探发现皇城处于大城北部正中,且两者具有相同的中轴线,这证明营陵城皇城与大城是统一规划布局。调查表明皇城北墙并非与大城北墙共用。

调查勘探时遇到村民在皇城北半部挖出东西向排水沟,该水沟横切皇城东半部及东墙,沟内发现有属于皇城的夯土建筑台基,并伴随较多的西汉时期的瓦片,证明皇城为汉代所建。为进一步了解皇城与大城北墙的关系,在大城北墙与皇城东、西墙相交处的内侧进行的勘探表明,大城北墙的墙基并未延伸至皇城内,且两者墙体的宽度、结构相同,而外凸的皇城北墙与大城北墙应为同时规划所建。

2. 营陵城的营建年代

据文献记载,营陵之称最早见于《史记》,《汉书》也有明确记载。《史记·高祖功臣侯者年表》:营陵侯刘泽,汉"三年为郎中,击项羽,以将军击陈豨,得王黄,为侯。与高祖疏属刘氏,世为卫尉,万二千户"。"(高后)六年,侯泽为琅琊王,国除。"《汉书·荆燕吴传》:"燕王刘泽,高祖从祖昆弟也。高祖三年,泽为郎中。十一年,以将军击陈豨将王黄,封为营陵侯。高后时……立营陵侯泽为琅琊王。"此后,营陵城作为郡城和县治在《汉书》《后汉书》《新唐书》等史书中均有明确记载,且历朝沿革比较清楚:西汉景帝中元二年(前148)置北海郡,以营陵城为郡治;东汉、曹魏时营陵城降为县治,属北海国;隋唐以后改营陵县为营丘县,营陵城为县治,唐武德八年(625),省营丘县入北海县，营陵城此后遂废。

在有关文献记载中，与营陵城营建年代相关的只有西汉高祖所封营陵侯国与景帝年间所置的北海郡。营陵侯国，西汉初封国，高祖十一年（前196）封刘泽为营陵侯，至高后七年（前181）由营陵侯立为琅琊王，营陵侯国存15年。刘泽为高祖从祖昆弟，高后时为“诸刘长”“大将军”，刘泽封侯后是否领有营陵国的属地，或仅有爵称而一直在京城任职，《汉书》未有明确记载。据《史记》记载“（高后）六年，侯泽为琅琊王，国除”。如据《史记》中“国除”的记载推测，刘泽封营陵侯应领有营陵侯国属地，而营建都城也属必然。倘若营陵城为刘泽所建，营陵城的始建年代应在其任营陵侯时，即公元前196年至公元前181年之间。

《史记》记载，营陵侯国“万二千户”，属于“大侯”。在西汉早期分封的侯国中，食邑超过万户的仅有“四侯”，分别为酂侯萧何、平阳侯曹参、留侯张良以及营陵侯刘泽，可见当时营陵侯刘泽在西汉初年地位之重。从现存营陵城长1500米、宽1480米的规模看，与营陵“万户侯”在西汉早期的地位也基本相符。营陵城存在大城与皇城的布局，皇城位居大城北部正中，与大城具有相同的中轴线，调查时在皇城北部发现有夯土台基，有可能为宫殿建筑基址。作为宫城，其南北长625米、东西宽420米的规模，与营陵侯刘泽“诸刘长”“大将军”的地位也应相合。

北海郡，西汉早期所置。据《汉书·地理志》记载，北海郡为景帝中元二年置，辖营陵、剧魁（侯国）等26县，以营陵城为郡治。而作为北海郡治所的营陵城何时营建仍存两种可能：一是景帝置北海郡时营陵城已经存在，北海郡沿用刘泽营陵侯国之都营陵城作为郡治；另一种可能是景帝中元二年置北海郡后新建郡城，营陵城在景帝年间应建成。景帝在位至后元三年（前141）。依此推论，倘若营陵城为北海郡新建之郡城，应建于景帝中元二年至后元三年之间。

上述对文献资料的考证可与考古调查资料相互印证。据营陵城城垣的考古调查勘探资料,大城及皇城城垣在建筑方式上结构基本一致,均采用圜底夯具和墙体内放置木骨的方式,城垣均营建在生土之上。而且皇城与大城具有相同的中轴线,两者墙体的宽度、结构相同,应为同时规划所建。大城和皇城墙体夯土内包含物证明,大城墙体夯土内直至墙基底部均夹杂汉代碎瓦片。同样,皇城北墙夯土直至墙基部分也夹杂汉代瓦片,证明大城和皇城城垣的营建年代相同,应同时营建于西汉早期。

根据对营陵城的考古调查,大城城内发现的遗物主要为汉代的瓦片及个别隋唐时期的碎瓷片,未发现早于战国时期的遗物。皇城内也以汉代瓦片居多,并有个别陶罐残片,2010 年调查时发现在已经挖至生土的水沟底部属于城内下层堆积两侧的剖面上,也发现汉代的瓦片,证明皇城下层的堆积也属于汉代遗存。营陵城内早于汉代的遗物仅在城东南部临近金钗河附近采集到个别东周时期的绳纹陶片,城内的文化堆积主要属于汉代的遗存,与城垣的年代基本相符。

对营陵城考古调查资料结合文献资料的综合考察证明,营陵城若为高祖、高后时营陵侯刘泽所建,建城年代在公元前 196 年至公元前 181 年的 15 年之间;若为景帝置北海郡后新建郡城,建城年代应在公元前 148 年至 141 年的七年之内。由上可知,营陵城营建年代不超过公元前 196 年至公元前 141 年的 55 年之内,早晚虽然最少相差 33 年,但建城的年代均在高祖至景帝的西汉早期之内。

3. 营陵城的性质

关于营陵城是否为太公所封之营丘,与春秋时期的缘陵是否有关,则需要依据考古资料并结合相关文献进行综合考察。

营丘作为齐国的首个都城,从太公建国定都到胡公迁都薄姑历经丁公、乙公、癸公、哀公，有着长达180余年的历史。齐国在西周初年便征伐大权在握，在东至海、西至河、南至穆陵、北至无棣的地域内，利用军事手段不断进行扩张，疆域逐渐扩展，经济得到不断发展，成为当时东方军事、经济的强国。而作为齐国都城的营丘，在西周时期经过近200年的经营发展，城内的文化遗迹、遗物也一定非常丰富。

而纵观营陵城，不仅未发现西周时期的城墙遗迹，而且在整个故城遗址内至今未发现属于西周时期的任何遗迹、遗物，对于作为齐国都城长达180余年的营丘来说，这种现象令人无法想象，因此营陵故城不可能是太公所封之营丘。

至于营陵城是否为春秋时期之缘陵，从目前掌握的资料看，营陵城也不可能是春秋时期杞国的缘陵城。缘陵，作为地名出现的年代明显要早于营陵。《春秋·僖公十四年》："十有四年，春，诸侯城缘陵。"《左传·僖公十四年》："十四年，春，诸侯城缘陵而迁杞焉。"杜注："缘陵，杞邑。"《管子·大匡》："宋……伐杞。桓公筑缘陵以封之，予车百乘，甲一千。"据上所述，春秋时因杞国受到宋国或淮夷的威胁，齐桓公与诸侯迁之于缘陵，并为其筑城而庇之，春秋之缘陵应属杞国之都城。

在对营陵城的调查勘探中，在城内及城郭附近既未发现东周时期的城墙遗迹，也未发现属于春秋时期的青铜礼器甚至完整的陶器，这种现象对于曾作为杞国都城的缘陵来说也令人疑惑。很难想象这座营陵城就是春秋时期杞国的都城，由此也可确认，营陵城也不可能是春秋时期的缘陵。

由上所述，可以明确昌乐营陵城始建于西汉早期，不可能是太公所都之营丘，也不会是春秋时期杞国之都缘陵，至于是否为西汉营陵侯刘泽始建或为西汉北海郡所建之郡城，有待于今后的考古发掘工作加以证实。

齐地出土资源与丝路之源探讨

姜　颖　胡克平
(山东理工大学副教授,淄博职业学院副教授)

提到丝绸之路,人们立即会想到从长安出发,经过河西走廊、西域、中亚、西亚到达罗马的陆上丝绸之路,以及经由广州、泉州等沿海城市到南洋、阿拉伯海和非洲的南海丝路。两条丝路是古代中国对外交往的重要桥梁,也是今天"一带一路"发展战略的基础,因此,研究丝绸之路具有重要的学术价值和现实意义。由于篇幅所限,本文主要探讨丝路之源,即丝绸之路主要商品丝绸的发源地问题以及海上丝绸之路的源头问题。陆上丝路从长安出发,那长安是不是丝路的发源地?南海丝路是不是海上丝路的起源?其实,长安并非丝路的发源地,据研究,长安所在的关中地区,自西周至唐代,蚕桑业发展平缓,产量少、质量档次低,所以,长安只是古代丝绸的集散地①;南海丝路也并非我国海上丝路之源。那么,陆海丝路的发源地在哪呢?围绕这一问题,学术界历来存在争论,出现了长安说、洛阳说、山东说等不同观点。本文认为,山东是我国古代陆海丝路之源,是陆海丝路的交汇点。早在春秋战国和

① 齐涛:《丝绸之路探源》,齐鲁书社 1992 年版,第 151 页。

秦汉时期，我国丝织业生产的中心在山东齐地，因此，陆上丝路的大量商品发源于齐地；齐国与朝鲜、日本之间很早就开始了交往贸易，因此说，东海丝路才是我国丝路之源。[①] 目前，除文献记载外，还出土了大量的文字和实物资料可以证明上述观点。本文将以出土资源为主，论证山东是我国古代陆上丝路和早期海上丝路的源头，是陆海丝路的交汇点。

一、远古出土资源证明齐地是我国丝绸生产的发源地之一

山东是齐、鲁两大文明的发源地，自太公封齐和周公封鲁后，齐、鲁两国不断拓展疆土、扩张势力，经过春秋、战国时期的发展，基本形成了囊括今日山东全境，以及以泰沂山脉为界，北以齐、南以鲁为主的局面。经过考古发掘证实，在广袤的齐国大地上，早在距今七八千年的新石器文化时期，就开始了纺织生产，这奠定了齐国丝织业发达的基础。

丝织业生产是从缝纫和编织开始的。齐国新石器时代早期遗址中就出现了缝纫工具，如在距今8500—7500年的后李文化遗址[②]中出现了角锥，[③]这说明当时已有了简单的缝纫活动。

距今7500—5950年的北辛文化遗址出现了编织器物和

① 姜颖：《山东丝绸史》，齐鲁书社2013年版；刘凤鸣编著：《山东半岛与东方海上丝绸之路》，人民出版社2007年版。

② 后李文化遗址以淄博为中心，西至济南、东到潍坊，方圆150多公里；角锥发现于章丘小荆山遗址中。

③ 宁荫棠、王方：《山东章丘县小荆山遗址调查简报》，载《考古》1994年第6期。

编织物,[1]其中在后李文化二期遗址中发现数枚骨锥;[2]在滕县北辛遗址中出现了36件骨针、25件骨锥和三件骨制梭形器。骨针比骨锥更适合做细致的缝纫工作,当时骨梭应主要用于编织。在发掘出的陶器底部出现了席编织物纹痕,席篾宽0.25~0.4厘米,采用人字形编织法,主要是一经一纬,也有三经三纬和多经多纬。[3]

自距今约6100—4600年的大汶口文化时代[4]起,出现了数量越来越多、质量越来越高的纺织工具以及布纹痕迹,开始了真正意义上的纺织活动。如泰安大汶口文化墓葬中出土有26件石质和五件陶制纺轮、四件骨制梭形器、20枚骨针、43件骨锥和四件角锥,甚至还有四件骨制贮针管;骨针最细者只有一毫米,针鼻孔径约0.7毫米,相当于现代的纳鞋针;背壶(标本17:3)底部有细密的布纹,筒形杯(标本64:15)底部有粗布纹。[5] 东营市广饶县傅家村、西辛、钟家、营子,诸城呈子,潍县(今潍坊)鲁家口,胶县(今胶州)三里河,临沂苍山杨官庄村,日照徐家村等遗址,都有陶纺轮或骨针出土,其中诸城呈子一期遗址中出土的骨针直径仅有0.3~0.5毫米。[6] 胶东长岛县大钦岛北村三条沟出土的陶罐底

---

① 北辛文化遗址在纵向上大于后李文化遗址,北及滨州,南至滕州。

② 济青公路文物考古队:《山东临淄后李遗址第一、二次发掘简报》,载《考古》1992年第11期。

③ 吴汝祚、万树瀛:《山东滕县北辛遗址发掘报告》,载《考古学报》1984年第2期。

④ 大汶口文化属新石器时代中期,全盛时期分布范围囊括今山东全境。

⑤ 山东省文物管理处,济南市博物馆:《大汶口——新石器时代墓葬发掘报告》,文物出版社1974年版,第47页。

⑥ 姜颖:《山东丝绸史》,齐鲁书社2013年版,第10~11页。

部印有每平方厘米 8 × 11 根、经稀纬密的布纹。① 纺轮是原始的捻线、纺纱工具,骨梭已演变为像枣核状的牵引纬线(横线)而将纱线织成布的纺织工具,有扁平式,一端有尖、一端穿孔或两端穿孔,还有空筒式,一端有尖、中部有孔以备线之穿入。②

距今 4600—4000 年的龙山文化遗址中出土的纺轮更多、更精致,器物上残留的布纹制作水平更高。在潍县(今潍坊)鲁家口、诸城呈子二期、胶县(今胶州)三里河遗址龙山文化层、潍坊白浪河姚官庄以及齐腹心地区周村的於陵古城、鹌子窝,张店的塚子坡等遗址中,都有大量纺轮出土。周村附近的纺轮表面光洁,有沿边,有大有小,小的直径约 5.5 毫米,孔径为 0.6 毫米,或许为贵族所用,或许为装饰品。潍县(今潍坊)鲁家口遗址夹砂陶罐底部多见经纬线每平方厘米约 9 ~ 11 根密度的平纹布花纹;③姚官庄遗址器物底部花纹每平方厘米 10 ~ 11 根,④密度更大、更纤细。

如果说之前的文化遗址中只有麻、葛布纹,公元前 1900—1500 年的岳石文化便揭开了山东丝织的序幕。据山东大学郑亦津教授鉴定,位于山东郯城马陵山跑马岭水库北岸出土的夹砂残陶器底部的叶脉印痕,属蒙栎(又名小叶槲树、青剐栎、柞树)或柞栎(又名椈树、橡树、青刚),⑤这些植物可以放养野生蚕;据学者

---

① 严文明:《山东长岛县史前遗址》,见孙过已、孙海主编《中国考古集成》(华北卷),中州古籍出版社 1999 年版,第 3423 页。

② 翦伯赞,郑天挺主编:《中国通史参考资料 · 古代部分第一册》,中华书局 1962 年版,第 210 页。

③ 韩榕:《潍县鲁家口新石器时代遗址》,载《考古学报》1985 年第 3 期。

④ 山东省文物考古研究所等:《山东姚官庄遗址发掘报告》,见文物编辑委员会编《文物资料丛刊》(5),文物出版社 1981 年版,第 41 ~ 42 页。

⑤ 黄新忠:《郯城马陵山发现陶器上的叶脉印痕》,载《文物天地》1993 年第 5 期。

考证,1981 年在山东莱阳前河前村发现的陶盉上的陶文“໑”应为“蚕或蛇形”花纹。① 这说明,当时人们对蚕或放养蚕的树木有了一定的认识。

以上出土资源表明,自七八千年前开始,齐地从缝纫、编织开始,逐步掌握了纺织技术,并逐步从席的编织,麻、葛的纺织,步入丝绸纺织的行列,为后世丝织业的繁盛奠定了基础。

二、春秋战国至秦汉时期的出土资源证明,齐地是我国丝织业生产的中心和陆、海丝路的发源地

太公至齐后,“因其俗,简其礼,通商工之业,便鱼盐之利”(《史记·齐太公世家》),引导齐国走上了发展纺织手工业和商业的道路。齐桓公和管仲更是加倍重视桑树种植和纺织生产。于是,齐国出现了“人物归之,襁至而辐凑。故齐冠带衣履天下,海岱之间敛袂而往朝焉”(《史记·货殖列传》)的局面,经济发达,所生产的绫、罗、纨、绮、縠、缦、文锦、绨、文绣、绡与平绸等丝织品,数量与质量均居诸侯国领先地位,齐国成为春秋战国时期我国丝织业生产中心和各诸侯国服饰的货源地。

到汉代,“齐、鲁千亩桑麻”“齐带山海,膏壤千里,宜桑麻,人民多文彩布帛鱼盐”(《史记·货殖列传》),经济发达,服饰华美,一派欣欣向荣的景象。汉廷在齐郡治所临淄设置三服官更是将齐地的丝织业生产推向高潮。三服官是为皇帝和贵族生产春、夏、冬三季服饰的主要机构,盛时“作工各数千人,一岁费数钜万”(《汉书·王贡两龚鲍传》),合计生产者约万人,年花费数亿钱,生产规模超过河南襄邑服官和长安的东、西织室。

---

① 李步青、刘玉明:《“໑盉”铭文初释及其有关历史问题》,载《东岳论丛》1984 年第 1 期。

出土资源是文献资源的有力佐证,齐地出土资源有力证明,春秋战国至秦汉时期,齐地是我国丝织业生产中心,是汉代丝绸之路的主要源头。

由于气候因素,丝织品在山东本不易保存,但旧临淄县城东南郎家庄一号东周殉人墓,因棺椁焚烧炭化而幸运地为我们揭开了齐地丝织业繁盛的面纱。墓中有绢、锦、丝编织物、刺绣残片、蚕形饰品等丰富遗物。绢实物相当纤细,每平方厘米经丝 76 根、纬丝 36 根;铜镜等器物及填土中也发现有已腐朽的绢纹;绢上还有古老的锁绣(又称辫子股)花纹。锦是目前我国见到的最早的织锦遗物和最原始的绞纱织品,由两组不同颜色的经丝和一组纬丝,重叠交织而成当时流行的小单位的小几何花样,每平方厘米约经丝 56 ×2 根、纬丝 32 根。丝编织物是丝履鞋帮和鞋面的一部分,鞋帮厚实紧密,有强烈的畦纹效果;鞋面饰有乳钉状花饰,如同后世绣花的“打籽”。蚕形饰品由玉髓和玛瑙制成, 11.5 ~5 厘米大小不等,串在一起,挂于腰间,以作饰品。①旧城中南部刘家寨出土的系列服官封泥,无论清晰地书有“齐服官监”字样,还是只有“齐服”残片,都足以证明三服官管理机构设置于临淄。

沂源东里东台地一号战国墓则因进水而保存下大量丝织品,众多丝织方巾小巧而精美,边缘所饰花纹可以与当代丝织品相媲美;竹制荒帷皆围以丝织纱幔,并缀以玉环、玉管等装饰物;内棺棺束所用绳索,粗绳为麻制,表面用丝线织物包裹,细绳直接用丝编织。②

临沂金雀山九号汉墓出土的丝织品向我们展示了生动的纺

---

① 山东省博物馆:《临淄郎家庄一号东周殉人墓》,载《考古学报》1977 年第 1 期。

② 任相宏、郑德平、苏琪、杨中华:《沂源东里东台地一号战国墓及相关问题的思考》,载《管子学刊》2016 年第 1 期。

织场面,一位妇女正在操持一架纺车,右手用力运转,左手扬起工具抽纱,对面的两个妇女正在观看,小孩在向她招手呼唤。纺车基本结构与使用方法同近代民间使用的木制纺车极其相似。①

2002 年日照市西郊汉墓出土的丝织品,多为咖啡色、平纹素面的绢类,其中一块侧面绣有精致的花草和云气纹图案,是山东乃至北方地区迄今发现保存最好的汉代丝织品。②

目前所知有织机形象的纺织画像石已达 17 块,其中山东九块,江苏六块,安徽和四川各一块。③ 嘉祥武梁祠还有一块带榜题的董永事父画像石,坐在车辕上的老人旁写有“董父”二字,伺立的年轻人旁写有“董永千乘人也”字样。千乘即今山东省淄博市高青县高城镇。后来董永从千乘到於陵卖身葬父,其妻又以织缣替其还债赎身,这充分说明周村附近的於陵古城是古代丝织生产的重要场所。至今周村南郊镇还有董永墓、董永祠,以及与董永和七仙女相关的地名。这说明,汉代於陵是纺织业的重要场所。

淄博曾出土过放置于汉代瓦当之上的骆驼陶俑,骆驼屈膝伏卧于瓦当之上,瓦当上明确写有汉代字样,这充分说明,西域商人在汉代到达齐地腹心地区进行丝绸贸易。

由于山东临近朝鲜半岛和日本,所以,早在春秋战国时代,就有一条自齐国通往朝鲜、日本的北方海上丝绸之路,在这条丝路上,已发现大量丝绸残片,如在日本左贺县高来郡三会树景化园的弥生文化(公元前 3 世纪至公元 3 世纪)墓葬中,发现了日本最早的丝绸残片,一寸见方,放在陶瓮中,经测定,经线 40 ~ 50 根,

---

① 刘家骥、刘炳森:《金雀山西汉帛画临摹后感》,载《文物》1977 年第 11 期。

② 何德亮、郑同修、崔圣宽:《日照海曲汉代墓地考古的主要收获》,载《文物世界》2003 年第 5 期。

③ 赵丰、金琳:《纺织考古》,文物出版社 2007 年版,第 70 页。

纬线30根，与齐地所产丝绢大体相同；[1] 1916，1924，1925三年，日本人在平壤乐浪郡旧址发掘古墓，得到了一些汉代丝织品，这些丝织品很可能来自齐地，因为，“汉代齐地有三服官，以制衣服材料著名。乐浪和山东半岛，海程甚近。墓内发现绫绢残片，以及菱文之罗，织工很精，大概是从山东半岛运输来的，足证这种精美的丝织物，已为运销朝鲜半岛的商品”。[2] 目前的南海丝路主要港口城市如广州、泉州、宁波、扬州，或者是秦朝以后中国版图，或者早期无力向海外航行，因此说，齐国和齐地最早开通了我国的海上丝绸之路，北方海上丝路是我国海上丝路之源。

三、齐地境内丝绸生产中心和丝路之源中心点的转移

齐地丝绸生产中心，先后发生三次转移。春秋战国至秦汉时期，以临淄及齐腹心地区於陵为中心；魏晋南北朝和隋唐时期中心转移到青州；明清和20世纪初，中心再度回到周村。[3] 丝路之源因之相应地发生变化。

西晋永嘉五年(311)，随着军事发展的需要，临淄东南广固城(今山东青州西北)兴建，山东东西方商道由原来从长山一路向东直达临淄，改为从长山折向东南，经张店到辛店，再到广固城。从此，齐地丝绸生产中心也随之从临淄转移到青州，当时南方公认“青州绢号称天下第一”；唐代青州北海郡的仙纹绫是重要贡品，开元初有“天下唯北海绢最佳”之说；金兵南下攻占宋都时，在索

① 李英森、王秀珠、程刚：《齐国经济史》，齐鲁书社1997年版，第566页。

② 张政烺等：《五千年来的中朝友好关系》，三联书店、中华书局、商务印书馆、开明书店、联营书店1951年版，第17～18页。

③ 姜颖：《山东丝绸史》，齐鲁书社2013年版，第125～126，281～283页。

要大量丝绸犒赏军队时,只取“河北、山东精绢一千万匹,他绢则勿取”①。这说明,魏晋至唐安史之乱前,青州成为陆上丝绸之路东源头。到明清时代,周村丝织业兴盛,并逐渐成为北方丝织业生产中心和商品集散地。

青州北齐石室墓中出土的线刻画像,形象直观地反映了当时东西方贸易的场景。其中的《商旅驼运图》表明当时驼峰两侧运的是丝卷;《商谈图》展示了西方商人向当地商人求购蚕丝的情景;《象戏图》表明墓主人可能行商远至东南亚、西亚。② 此外,青州附近石窟中为数不少的胡服供养人造像表明,北朝中晚期的青州,汇集了各路前来贸易的外商。魏晋以后,青州无疑成为黄河下游最重要和繁荣的商业经济中心,成为丝路上的重要源头。

齐国腹心地区周村发现的唐代摩尼教碑,表明周村承袭於陵古城的丝织成果而得到发展,成为丝绸之路上的重镇。摩尼教于3世纪创立于古波斯萨珊王朝,在教义与形式上融佛教、基督教和波斯琐罗亚斯德教于一体,大约6世纪沿丝绸之路传入中国西域地区,唐代之前传入中原地区。由于内容充满斗争性,所以在唐代会昌灭佛运动中受到打击,之后转为明教,周村因此而建有明教寺。周村的摩尼教石碑曾藏于周村北郊石庙村的石佛庙中,背面刻有“大唐贞观十年仲春朔日立”十一个大字,正面为浮雕造像,上部正中为一尊主佛造像,两侧有四尊肋侍像,下部刻有五个造型怪异的形象,据学者推断为摩尼教主要神祇五明子刻像。1998年,经德国慕尼黑大学汉学专家廉亚明博士与周村学者一起考证,认为属于摩尼教碑。

---

① 〔宋〕蔡絛:《铁围山丛谈》卷五,中华书局1983年版,第95~96页。

② 夏名采:《益都北齐石室墓线刻画像》,载《文物》1985年第10期。

四、结语

总之,因历史上关中地区丝织业不够发达,洛阳位于山东之西且丝织业的发达时期晚于山东,而以临淄为中心的齐地又是春秋至汉代我国丝织业的中心,汉代以后也一直居于我国领先地位,因此说,齐地是我国陆上丝路之源头。春秋战国时期,齐国开通了我国最早的对外交往的海上丝绸之路,因此说,齐地又是我国海上丝路的源头。以临淄为中心的齐国腹心地区是我国最早的陆海丝路交汇点。

银雀山汉简《迎四时》与周秦之际的历法整合

刘爱敏
(山东师范大学齐鲁文化研究院副教授)

山东银雀山汉简“阴阳时令占侯”类文献中有一篇《迎四时》,所记为天子迎春、夏、秋、冬四时之乐。目前学者研究不多,仅见李零和加拿大学者叶山对此篇做过简单介绍,①另有陈侃理对此篇文字通过与传世文献比对,做了缀合,并对此篇在学术派别上由阴阳家到儒家的不同归类做了分析。②《迎四时》属阴阳家“敬授民时”的活动,是通过乐舞的形式向民众教化“顺应四时”的思想,由天子亲自施行,对推行四时历,促进历法领域的大一统具有重要作用。有关这方面的问题,需要从礼乐与历法关系的角度,对《迎四时》之乐在历法整合中的作用作综合探讨。目前,学界对此还未及展开,本文试图略做分析。

---

① 李零:《读银雀山汉简〈三十时〉》,见李零《中国方术续考》,东方出版社2001年版,第396~397页;[加拿大]叶山著,刘乐贤译:《论银雀山阴阳文献的复原及其与道家黄老学派的关系》,中国社会科学院简帛研究中心编《简帛研究论丛》(第二辑),湖南人民出版社1998年版,第109~110页。

② 陈侃理:《从阴阳书到明堂礼——读银雀山汉简〈迎四时〉》,载《中华文史论丛》2010年第1期。

一、《迎四时》所用乐:“邹子乐”

银雀山汉简《迎四时》出土时,简文残缺严重,陈侃理发现其与《皇览》所引礼书内容相同,属同一文献在不同时代的传本。为便于本文论证,抄录影宋本《太平御览》所载《皇览》礼书如下:

《礼》,天子迎四节日,天子迎春夏秋冬之乐,又顺天道。

是故距冬至日四十六日,则天子迎春于东堂,距邦八里,堂高八尺,堂阶八等,青税八乘,旂旄尚青,田车载矛,号曰助天生。倡之以角,舞之以羽,此迎春之乐也。

自春分数四十六日,则天子迎夏于南堂,距邦七里,堂高七尺,堂阶七等,赤税七乘,旂旄尚赤,田车载弓,号曰助天养。倡之以徵,舞之鼓鞉,此迎夏之乐也。

自夏至数四十六日,则天子迎秋于西堂,距邦九里,堂高九尺,堂阶九等,白税九乘,旂旄尚白,田车载戟,号曰助天收。倡之以商,舞之以干戚,此迎秋之乐也。

自秋分数四十六日,则天子迎冬于北堂,距邦六里,堂高六尺,堂阶六等,黑税六乘,旂旄尚黑,田车载甲,号曰助天诛。倡之以羽,舞之以籥,此迎冬之乐也。所以迎四时乐。

秋养九志于西堂,冬养九胜于北堂,养后三月而止。天子行杀,必顺天道。

《迎四时》是天子所行之礼,文中除对祭坛的方位、距离、规格以及天子所乘车马、所竖旂旄、所载兵器作具体规定,还特别对迎春、迎夏、迎秋、迎冬之乐做了说明。古代诗、乐、舞一体,《迎四时》之乐所唱歌词是什么?传世文献中是否有记载呢?这很容易让人联想到《史记》和《汉书》所记的四时乐歌。

《史记·乐书》记载春歌、夏歌、秋歌、冬歌分别为《青阳》《朱明》《西皞》《玄冥》：

汉家常以正月上辛祠太一甘泉，以昏时夜祠，到明而终。常有流星经于祠坛上。使僮男僮女七十人俱歌。春歌《青阳》，夏歌《朱明》，秋歌《西皞》，冬歌《玄冥》。世多有，故不论。(《史记·乐书》)

从歌名推测，这四首乐歌起初可能是在不同季节的仪式活动中演唱，后来才合为组歌，到了汉代被用于在正月上辛日甘泉宫举行的祭祀太一神的礼仪场合中，由僮男僮女七十人集中演唱。司马迁只点出了这四首歌的名称，没有记载实际内容，原因是“世多有，故不论”，可见这四首歌在西汉时期广为人知，所以无须专门记载。班固在《汉书·礼乐志》中记载了19首郊祀歌，其中这四首歌被收录了进去，位列其中的第三、四、五、六首，乐歌内容如下：

青阳开动，根荄以遂，膏润并爱，跂行毕逮。霆声发荣，壧处顷听，枯槁复产，乃成厥命。众庶熙熙，施及夭胎，群生啿啿，惟春之祺。《青阳》三 邹子乐

朱明盛长，旉与万物，桐生茂豫，靡有所诎。敷华就实，既阜既昌，登成甫田，百鬼迪尝。广大建祀，肃雍不忘，神若宥之，传世无疆。《朱明》四 邹子乐

西颢沆砀，秋气肃杀，含秀垂颖，续旧不废。奸伪不萌，袄孽伏息，隅辟越远，四貉咸服。既畏兹威，惟慕纯德，附而不骄，正心翊翊。《西颢》五 邹子乐

玄冥陵阴，蛰虫盖臧，中木零落，抵冬凌霜。易乱除邪，革正异俗，兆民反本，抱素怀朴。条理信义，望礼五岳。籍敛之时，掩收嘉谷。《玄冥》六 邹子乐

四首乐歌皆以每首歌的前两字为题目，诗风典雅庄重，富含

哲理，颇有《周颂》遗风。[①]《青阳》描绘了春气萌动、万物复苏的自然景象，以及膏润并爱、施及夭胎的天地仁德；《朱明》描述夏天阳气上升，万物昌茂，并祈祷神灵保佑，年岁丰登；《西颢》描述秋气肃杀，庄稼成熟的自然景象，也表达祭祀先祖、惩恶扬善、发扬美德的愿望；《玄冥》描述的是冬季进入草木零落、万物收藏的时节，民众开始掩收嘉谷，并易乱除邪、祭祀五岳，使心性返本抱朴。歌词中出现了与四季明确相关的词汇，如“惟春之祺”“秋气肃杀”“抵冬凌霜”，以及显示祭神之词，如“神若宥之，传世无疆”，说明这四首歌就是用于迎四季神时所唱的乐歌。

东汉迎四时的仪式与银雀山汉简《迎四时》所记一致，仪式中所唱歌曲即沿用了这四首乐歌，《后汉书·祭祀》曰：“立春之日，迎春于东郊，祭青帝句芒。……歌《青阳》，八佾舞《云翘》之舞。”“立夏之日，迎夏于南郊，祭赤帝祝融。……歌《朱明》，八佾舞《云翘》之舞。”“立秋之日，迎秋于西郊，祭白帝蓐收。……歌《西皓》，八佾舞《育命》之舞。”“立冬之日，迎冬于北郊，祭黑帝玄冥。……歌《玄冥》，八佾舞《育命》之舞。”迎四时之礼歌词是《青阳》《朱明》《西颢》《玄冥》四首诗，配合的舞蹈是春、夏舞《云翘》之舞，秋、冬舞《育命》之舞，运用场合就是天子“迎四时”时的郊祭大礼。

班固在《青阳》《朱明》《西颢》《玄冥》四首歌之后还特别标注了“邹子乐”三字。“邹子”，就是驺衍，这一点由历代文人诗词可证，当今学者也早有定论，[②]本文无须赘述。“邹子乐”，即驺衍创

---

① 赵敏俐认为汉四时祭歌与其他乐章内容、形式及风格上有所不同，“显得典雅庄重，整饬精练，可能更多地继承了《周颂》传统”。参阅赵敏俐编著：《汉代乐府制度与歌诗研究》，商务印书馆 2009 年版，第 151 页。

② 王福利：《汉郊祀歌中“邹子乐”的含义及其相关问题》，载《乐府学》2008 年第三辑。

作的乐歌。既然《青阳》《朱明》《西颢》《玄冥》四首歌所配乐曲可以确定为驺衍创作,而银雀山汉简《迎四时》中的“迎春之乐”“迎夏之乐”“迎秋之乐”“迎冬之乐”就是《青阳》《朱明》《西颢》《玄冥》四首歌的配乐,那么,可以确定,银雀山汉简《迎四时》所用之乐就是驺衍所做的“邹子乐”。

二、《迎四时》的主旨思想:四时教令思想

《迎四时》反映的四时主崇拜观念,正与驺衍的四时教令思想相合。驺衍的思想包括三部分:四时教令思想、五德终始的历史观和大九州说的地理观,史料记载较多的是他的后两种学说,而涉及四时教令思想的不多。驺衍是人们公认的阴阳五行家的代表人物,关于这一学派的宗旨,《史记·太史公自序》概括为:“夫阴阳四时、八位、十二度、二十四节各有教令,顺之者昌,逆之者不死则亡。……夫春生夏长,秋收冬藏,此天道之大经也,弗顺则无以为天下纲纪,故曰‘四时之大顺,不可失也’。”《汉书·艺文志》概括为:“敬顺昊天,历象日月星辰,敬授民时,此其所长也。”“敬授民时”是阴阳家的职责,向民众宣告四时节令,以及劝导人们顺随四时的自然节奏,正是阴阳家的思想主旨。《管子·四时》典型地体现了阴阳家的四时教令思想,文章反复告诫君主要“务时而寄政”,要求君主发布政令必须顺应四时的运转,在不同时节发布不同的政令,因为“四时者,阴阳之大径也”,“不知四时,乃失国之基”。文章详细列举了一年春、夏、秋、冬四季君主所应行之政事,以及违背时令所带来的灾异,文末又再次申明“圣王治天下,穷则反,终则始。德始于春,长于夏。刑始于秋,流于冬。刑德不失,四时如一。刑德离乡,时乃逆行。作事不成,必有大殃”。四时教令思想正是阴阳五行学说的主体内容,如果驺衍没有四时教令思想,何以称得上是阴阳五行家的代表人物和集大成者呢?

从史书记载中可以看出驺衍的四时教令思想。《史记·封禅书》《汉书·郊祀志》皆曰:“驺衍以阴阳主运显于诸侯。”如淳注曰:“今其书有《主运》。五行相次转用事,随方面为服。”五行相次转用事,即五行以木、火、土、金、水相生的顺序运转,运转到哪一“行”就行哪一“行”之事;随“方面”为服,就是五行与东、西、南、北、中五方结合,五方又联系了五色、五味、五声等一系列的生活方面的具体规定,运转到哪一方面,就顺随哪一方面的规定。《管子·幼官》就以中、东、南、西、北五方为框架,具体规定了君主在每一“方面”所应遵守的生活规定,如春季:“八举时节,君服青色,味酸味,听角声,治燥气,用八数,饮于青后之井,以羽兽之火爨。”在颜色、味道、声音、气、数、井、火爨等诸多方面对君主的生活做了规定。这种要求君主的政令和生活需随四季运转的思想被《吕氏春秋·十二纪》《淮南子·时则训》《礼记·月令》所继承,虽然五行所联系之事愈往后愈繁复,但前后体现的思想主旨是一脉相承的,这就是《管子·四时》所说的“人与天调”、司马谈所概括的阴阳家思想主旨之“四时之大顺,不可失也”。

这里有一个疑问,驺衍的“五行相次转用事,随方面为服”说的是五行相次,何以说是四时教令思想呢?因为在驺衍的思想体系中,五行被纳入了四时四方的框架,“五行相次”实质还是遵守四时这一“天地之大经”。之所以称“五行”而非“四时”,源自上古以来施行的五行历,人们最早以五行来表示天道规律,即把太阳沿黄道运行一圈的时间分作五段(五季),而非四段(四时),战国时期四时与五行两种历法出现整合,以驺衍为代表的阴阳五行家以四时历兼容五行历,改造历法之“五行”为“五德”,同时因袭了五元素之间的相生关系。如《管子·五行》中的金、木、水、火、土五行表示的是五个72日,是一种历法制度,到了驺衍的理论中被改造成了“五德”,形成了他的“五德终始说”。“五德终始说”

不仅用于朝代更替的历史大循环,而且也用于一年四季的小循环,明堂礼中的五行就是指与四时相配的五种德行,或者说是五种施政宗旨,如《礼记·月令》记载:

某日立春,盛德在木……命相布德和令,行庆施惠,下及兆民,庆赐遂行,毋有不当。

某日立夏,盛德在火……乃命乐师,习合礼乐。命太尉,赞桀俊,遂贤良,举长大,行爵出禄,必当其位。

(季夏之月)不可以兴土功。

某日立秋,盛德在金……天子乃命将帅,选士厉兵,简练桀俊,专任有功,以征不义,诘诛暴慢,以明好恶,顺彼远方。

某日立冬,盛德在水……赏死事,恤孤寡。

有学者认为《月令》就是齐人驺衍的遗作。① 驺衍是否作《月令》,暂无法考实,但《月令》中的五德理念来自驺衍应无异议。上述引文中,木、火、土、金、水五行变成了五种德行,与春生、夏长、秋收、冬藏的自然节律相适应,天子行令即以五德为宗旨。为了整合四时和五行两种历法,在四季与五行的配置中,驺衍创造了"季夏"这一概念,有文献可证:《周礼·夏官·司爟》载有"司爟掌行火之政令,四时变国火,以救时疾"一句,郑玄引《邹子》佚文注曰:"春取榆柳之火,夏取枣杏之火,季夏取桑柘之火,秋取柞楢之火,冬取槐檀之火。"《管子》之《幼官》和《四时》两篇都试图在四时历的框架中容纳五行历,但五行中的"中央土"没有设置相对应的季节,两文分别用"五和时节""中央曰土,土德实辅四时入出"的说法敷衍带过,而到了《邹子》书中,终于出现了与"土德"相配的"季夏"这一具体名称,与春、夏、秋、冬四时并列成"五",

① 容肇祖:《月令的来源考》,载《燕京学报》1935 年第 18 期。

调和了四时与五行不相匹配的矛盾。《吕氏春秋·十二纪》《淮南子·时则训》《礼记·月令》皆承袭了"季夏"这一概念。驺衍尽管用设置"季夏"这一方法来为"土德"落实了具体的时间,但季夏是从四季之一的夏季分出的,并未破坏四时这一自然铁律,是在遵守"四时之大顺,不可失也"的原则下,对上古五行理论的继承。

从史书所载驺衍深知乐律,也可以判断驺衍深知四时运转的天道规律。刘向《别录》云:"《方士传》言:邹子在燕,燕有谷,地美而寒,不生五谷。邹子居之,吹律而温气至,而黍生,今名黍谷。"《列子·汤问》有"虽师旷之清角,驺衍之吹律,亡以加之"句,晋张湛注曰:"北方有地,美而寒,不生五谷。邹子吹律暖之,而禾黍滋也。"驺衍吹律生谷的故事为汉晋之人津津乐道,张湛还把驺衍与春秋时期著名乐师师旷并提,说明驺衍的乐律水平高超。律是中国古代的侯风仪器,由 12 根竹管或铜管按照一定的比例和尺寸制成,含有高低不同的 12 个音高。驺衍"吹律而温气至"这一事件带有传奇色彩,其实就是驺衍能以吹律来感知地气的温寒,并以此来指导燕人在合适的时节种谷。古代律、历相通,知律的目的之一就是制定历法,来指导农耕,方法是侯风。担任侯风任务的是乐官,《国语·周语上》载:"先时五日,瞽告有协风至。"韦昭注:"瞽,乐太师,知风声者也。""知风声"即能从"风"中测算出气候的转换。又载:"瞽帅音官以风土。"韦昭注:"音官,乐官。风土,以音律省土风,风气和则土气养也。"《国语·周语下》亦载:"古之神瞽,考中声而量之以制,度律均钟,百官轨仪,纪之以三,平之以六,成于十二,天之道也。"韦昭注:"神瞽,古乐正,知天道者也。"神瞽"知天道",就是懂得天地四时运转的规律。好的乐官既懂律之道,又知天之道,"知天道"是乐官的最高境界。

天道,本意是太阳一年中在周天所运行的轨迹。天道是一周圈,把一年划分几段以及从哪儿划分皆无可无不可,但驺衍以吹律感知地气的方法来制定的历法必定属于四时历,因为他以风的转向作为划分季节的标准,而风即大气的流动,是由太阳的运行引起的天地之间阴阳之气的激荡"相薄"。太平洋西岸温带地区,风在一年中的变化非常有规律,每年固定时节出现来自固定方位的风,且按东、南、西、北顺时针方向转变。早在商代,人们就注意到了风的这一变化规律,四方风刻辞就是证明:"东方曰析风曰协,南方曰因风曰凯,西方曰彝风曰韦,北方曰伏风曰役。"①地之四方决定了风之四向,风之四向便把一年分为四季:东风春天,南风夏天,西风秋天,北风冬天,因此李学勤先生说:"四方风刻辞的存在,正是商代有四时的最好证据。"②时间借空间表达,地分四方决定了天分四时,地之数决定了天之数,既然四方之"四"这一地数确定,所以天数也就确定与之相配的"四"时,而非"五"季了。

古代中国以农业立国,农业是君主治国的基础,而农业对历法的依赖性较强,所以"敬授民时"是一项王权分内的国政大事。驺衍作为阴阳家人物,兼通律、历乃职业要求,正因为他兼通律、历,所以才能够创作出《迎四时》这种以音乐的形式传播四时教令思想的作品。

需要说明的是,《迎四时》本是歌颂四季之神的四首歌,但因为自汉高祖刘邦始祭五帝③,故在《汉书·礼乐志》收录的《十九

---

① 《京津》520刻辞,转引自李学勤:《商代的四风与四时》,载《中州学刊》1985年第5期。

② 李学勤:《商代的四风与四时》,载《中州学刊》1985年第5期。

③ 《史记·封禅书》曰:"(汉高祖)二年,东击项籍而还入关,问:'故秦时上帝祠何帝也?'对曰:'四帝,有白、青、黄、赤帝之祠。'高祖曰:'吾闻天有五帝,而有四,何也?'莫知其说。于是高祖曰:'吾知之矣,乃待我而具五也。'乃立黑帝祠,命曰北畤。"

首郊祀歌》中,在“邹子乐”四首乐歌之前,配有一首歌颂后土的歌诗《帝临》,《帝临》和《青阳》《朱明》《西颢》《玄冥》的神明构成一个五帝体系,满足了汉代祭祀五帝的需要。加入了《帝临》,数量由四首变为五首,性质也由祭祀四时主变成了祭祀五帝。五首诗尽管也构成一个五行系统,但并非驺衍所为,“邹子乐”的宗旨是四时教令思想,而非传播一年分五季的五行历法。

三、《迎四时》的产生背景:四时历与五行历的整合

我国在战国及以前,除四时历法外,还实行过五行历法。五行历法不同于四时历法把一年分为春、夏、秋、冬四季 12 个月,而是把 360 日分为 5 个 72 日,分别由木、火、土、金、水行御,余下的 5 日作为过年日,有单独名称①,不计算在五行之内。五行十月历在《管子·五行》中有明确记载,文中托名黄帝“作立五行,以正天时”,曰:“日至,睹甲子木行御……七十二日而毕。睹丙子,火行御……七十二日而毕。睹戊子,土行御……七十二日而毕。睹庚子,金行御……七十二日而毕。睹壬子,水行御……七十二日而毕。”《易纬通卦验》则记载了年终五日的过年礼俗:“冬至日始,人主不出,宫商贾人众不行者五日,兵革伏匿不起。人主与群臣左右,纵乐五日,天下人众,亦在家从乐五日,以迎日至之大礼。”②这种历法以太阳在一个回归年的运行时间作为计时依据,没有考虑月亮的朔望,所以是纯太阳历。五行历法可溯源到《夏小正》,陈久金先生根据文中斗柄下指到斗柄上指中间相差五个月,以及最长日(夏至)到最长夜(冬至)也相差五个月等多项记载,认为

① 《诗经·豳风·七月》称之为“一之日”“二之日”“三之日”“四之日”。

② [日]安居香山、[日]中村璋八:《纬书集成》,河北人民出版社 1994 年版,第 119 页。

《夏小正》是一年为十个月的纯太阳历,①确实具有无可辩驳的说服力。《夏小正》是华夏族的历法,为华夏族所使用。

与华夏族的五行历不同,东夷族实行的是四时历。殷人是东夷族的一支,东、西、南、北方位的观念起源很早,殷商时期他们已有意识地用"四"来表示四面合围而成的一周圈。1959年湖南宁乡出土的大禾方鼎,在鼎腹内口沿下,有"大禾"两字,方鼎腹外四面各雕一人面,饶宗颐先生认为该鼎寓意是"黄帝四面",并推断"黄帝四面"的观念起源于殷代。② 子贡曾向孔子专门请教过"黄帝四面"的传说。③ "黄帝四面"不仅说明殷代人们已有四方观念,而且四时观念也应同时产生。太阳的东升西落、暑来寒往既包含了时间,也显示了空间,可以说太阳是时间和空间的缔造者,黄帝的寓意就是产生四方四时的太阳神。④ 殷商甲骨四方风刻辞说明商人大概这时已懂得利用风在一年中的转向来确定四季了。《说苑·辨物》有关于数"发于一……周于四"的记载,郭沫若在《卜辞通纂考释》中已提出此看法:"初民以四进位,后改为十进位。"四进位的产生当基于人们对时间和空间以四时、四方作为周期性循环单位这种规律的认识。《左传·昭公十七年》记载东夷族少皞氏以鸟名官:"凤鸟氏,历正也;玄鸟氏,司分者也;伯赵氏,

---

① 陈久金:《论〈夏小正〉是十月太阳历》,载《自然科学史研究》1982年第4期;刘尧汉、陈久金、卢央:《彝夏太阳历五千年——从彝族十月太阳历看〈夏小正〉原貌》,载《云南社会科学》1983年第1期。

② 饶宗颐:《饶宗颐史学论著选》,上海古籍出版社1993年版,第136页。

③ 《太平御览》卷七九《皇王部四》引《尸子》曰:"子贡曰:'古者黄帝四面,信乎?'孔子曰:'黄帝取合己者四人,使治四方,不计而耦,不约而成,此之谓四面。'"

④ 详细论证参阅刘爱敏:《神话"黄帝四面"的文化意蕴》,载《海岱学刊》十三五专刊(即将出版)。

司至者也;青鸟氏,司启者也;丹鸟氏,司闭者也。"①少皞氏分派不同部族掌管分、至、启、闭,可见少昊历法已在一年四季的基础上分出春分、秋分、夏至、冬至、立春、立夏、立秋、立冬八个节气。《史记·封禅书》记载,东夷族故地琅琊秦汉间依然保留自古承传的四时主祠,说明民间自古有祭祀四时神主的习俗。这些皆说明东夷族实行四时历法的情况。

自夷、夏两族交流之时,便开始了四时与五行两种历法的冲突和整合。《尚书·甘誓》所记甘之战本质即两民族历法之间的冲突,夏启讨伐有扈氏的理由是"威侮五行,怠弃三正",五行便是华夏族十月历中的五季;三正,与五行并提,当也与历法有关。顾颉刚先生考证有扈氏是东夷部落的九扈。② "威侮五行,怠弃三正",大概是有扈氏抛弃了华夏族五行三正的历法系统,改用了东夷族的四季十二月历法系统。王权天赋,而历法便是天命所显,历法的变革喻示着政权的变更,所以《墨子·明鬼》引《夏书·禹誓》曰:"今予与有扈氏争一日之命。"③"一日之命"指上天赋予王权的任命,所以甘之战是一场关系王位存亡的生死之战,也是一场历法之争。

随着夷、夏民族的融合,历法也由冲突走向调和。两种历法的融合见于战国秦汉之际的多种文献。如《管子·幼官》记载的是姜氏齐国挂在明堂中的历法图,包括五方十图,每方有本、副两图。闻一多等人早就指出"幼官"二字是"玄宫"的误写④,玄宫即

① 杨伯峻编著:《春秋左传注》,中华书局 1990 年版,第 1387 页。

② 顾颉刚、刘起釪:《尚书校释译论》,中华书局 2005 年版,第 868 页。

③ 〔清〕孙诒让撰,孙启治点校:《墨子间诂》,中华书局 2001 年版,第 239 页。

④ 郭沫若、闻一多、许维遹:《管子集校》,科学出版社 1956 年版,第 104 页。

明堂。在明堂中,五方与五时是相对应的,把《管子·幼官》五方与《五行》五行对照,每行72日即对应一正一副两图,正、副五方组成的十图,实即由阴阳和五行相配组成的十个月,正、副两图即说明每行72日包括阴、阳两个月,每月36日。《幼官》记载了30个节气,表示每月三个节气,每12日一个节气,十个月正好30个节气。但在《幼官》中,这30个节气被分裂进入四季,结果造成四季节气不均,春、秋八个节气,而夏、冬七个节气,这是把五行十月历的30个节气硬性地挤入四季的框子,清楚地显示了五行与四时两种历法融合的痕迹。有学者认为《幼官》中的五方十图和30节气,是春秋时期齐国实行过的历法,成文较早,《管子·五行》也属同类文献,把30节气分割入四季是在战国时,由稷下先生完成的。① 笔者认为这应是以驺衍为代表的倡导"四时之大顺,不可失也"的阴阳家所为,他们并不是不懂五行历法,也不是没有意识到四季节气分配不均的问题,而是在有意以四时历法容纳五行历法,在面对五行历特有的30节气时,分配不均正是以四时历整合五行历的过程中出现的不可调和的问题。

之后,《管子》之《幼官》《四时》和《吕氏春秋·十二纪》对四时与五行的配置采取了不同的处理方法:《幼官》用"五和时节",《四时》用"德辅四时"与中央土相配,放在一年的开头而无月份相配;《吕氏春秋·十二纪》则从夏季中分出"季夏"一月,与"中央土"相配,季夏之月有"不可以行土功"之语。《淮南子·时则训》《礼记·月令》继承了《吕氏春秋》的方法。尽管处理方法各异,却都没有改变一年四时这一宇宙定律。

四季何以能够战胜五行最后胜出?实用!符合农业节律,利

① 刘宁:《由上古历法推考〈管子〉之〈幼官〉和〈幼官图〉原貌》,载《管子学刊》2013年第3期。

于指导农事,这对以农立国的古代中国来说,是最关键的一点。

四、《迎四时》的深远影响:由小传统上升为大传统

根据银雀山汉简《迎四时》所记,可知此曲为"天子迎春夏秋冬之乐",那么,《迎四时》是何时成为天子之乐的?

《史记·封禅书》和《汉书·礼乐志》记载:

> 其春,既灭南越,上有嬖臣李延年以好音见。上善之,下公卿议,曰:"民间祠尚有鼓舞乐,今郊祀而无乐,岂称乎?"公卿曰:"古者祠天地皆有乐,而神祇可得而礼。"或曰:"太帝使素女鼓五十弦瑟,悲,帝禁不止,故破其瑟为二十五弦。"于是塞南越,祷祠太一、后土,始用乐舞。(《史记·封禅书》)

> 至武帝定郊祀之礼,祠太一于甘泉,就乾位也;祭后土于汾阴,泽中方丘也。乃立乐府,采诗夜诵,有赵、代、秦、楚之讴。以李延年为协律都尉,多举司马相如等数十人造为诗赋,略论律吕,以合八音之调,作十九章之歌。以正月上辛用事甘泉圜丘,使童男女七十人俱歌,昏祠至明。(《汉书·礼乐志》)

"其春",指汉武帝元鼎六年(前111)春天。从上文可知,汉武帝定郊祀之礼、祠太一后土、立乐府作"十九章之歌",当始自元鼎六年;而从《汉书·郊祀志》所载"十九首郊祀歌"可知,《迎四时》之乐沿用的是战国驺衍创作的"邹子乐",那么,"邹子乐"在元鼎六年之前当是用于民间的四时主祭祀。四时主崇拜源于齐地,《史记·封禅书》记载了齐地的八神信仰:"八神将自古而有之,或曰太公以来作之",八神为:天主、地主、兵主、阴主、阳主、月主、日主、四时主。四时主祠在琅琊:"琅邪在齐东方,盖岁之所始。皆各用一牢具祠,而巫祝所损益,珪币杂异焉。"《汉书·地理志》琅琊郡"琅邪县"条亦记载琅琊有四时祠。既然自汉武帝定郊

祀礼后,“邹子乐”才由民间之乐上升为天子之乐,那么,银雀山汉简中用作天子之乐的《迎四时》当是在此以后形成的,并被吸收、保存在传世文献《礼记·月令》中,成为帝王之礼的一部分。

《迎四时》从民俗上升为王礼,使四时观念更加深入民众生活。天子借礼乐形式行“敬授民时”之教令,使百官依照四时运转发布政令、指导农时,民众根据四时安排各项生产和生活,这样,整个社会节奏依照自然规律有序运转。驺衍之前,五行历和四时历并存于《管子》中;“邹子乐”被采用为天子乐之后,四时历法成为人们普遍实行的历法。两汉时期的帝王、大臣无不把顺应四时月令作为“奉宗庙安天下之大礼”,莫不认为“法天地”“顺四时”方可“治国家”。驺衍创造《迎四时》乐歌的最终结果是在四时历与五行历的整合时代助推了四时历的一统天下。这种自上而下全民参与的迎四时礼仪对后世具有深远影响,自“十九首郊祀歌”把《帝临》与四季歌合为五首组歌后,南朝宋明堂歌、齐明堂歌、齐雩祭乐歌、梁明堂登歌、北齐五郊乐歌、周祀五帝歌、隋五郊歌、唐五郊乐等都沿用了四时乐歌,四时观念便更加深入地影响民众生活。

“中国自古号称‘礼乐之邦’,所谓‘制礼作乐’之说,已经成了建立文化秩序的一种象征。”①驺衍所作《迎四时》之乐,从民俗上升为王礼之后,四时这一自然节律成为调节人们社会节奏的指挥棒,四时观念深植于中国人的意识中。可以说,一组乐歌结束了四时和五行两套历法的纷争,导致了五行历法的终结,揭开了四时历一统天下的时代,率先完成了历法领域的大一统。

---

① 叶舒宪:《中国神话哲学》,中国社会科学出版社1992年版,第3页。

山东省图书馆儒学善本文献举略

李西宁
（尼山书院院长）

山东省图书馆肇造于清末，清光绪三十四年（1908）末，时任山东提学使的湘潭人罗正钧提请山东巡抚袁树勋奏请清政府，在原贡院东北角隙地建置图书馆以开民智，保国粹。宣统元年（1909）正月，袁树勋提交《奏东省创设图书馆并附设金石保存所以开民智而保国粹折》，2 月 20 日获清政府批准，3 月 20 日动工兴建，仿浙江宁波著名藏书楼天一阁建造，当年 12 月 16 日图书馆正式落成，定名“山东图书馆”，至今已逾百年，为中国十大图书馆之一。本馆目前古籍收藏总量约 70 万册，其中善本 20 万册，有 500 余部入选前五批国家珍贵古籍名录。

一、文献收藏概述

馆藏古籍以聊城杨氏海源阁、潍县陈氏十钟山房、日照许氏攀古小庐、曲阜孔氏微波榭、安丘赵氏模邕阁、新城王士祯池北书库、青州李南涧大云山房藏书，王筠藏书等为主要来源，其中有很大部分为古齐地学者和藏书家的著述和收藏。珍稀者如唐人写经，“天禄琳琅”旧藏，宋刻赣州州学本《文选》，明代内府刻《永乐南藏》《永乐北藏》（来自掖县寺庙），于慎行纂明万历刻海内孤本

《兖州府志》,明万历泥金写本《华严经》,清康熙四明嗣法沙门深湛大师刺血写本《华严经》,清彩绘抄本《聊斋志异》,蒲松龄手稿本《聊斋文集》及《海源阁珍藏尺牍》等皆稀世之珍。本馆收藏儒学类古籍极为丰富,按照传统图书分类法计算,与儒学直接相关的善本古籍5000余部,大致可以分为三类:一是儒家经学著作,即以经解经、经说系列;二是儒家理论著作,即以儒家理论阐发为主要内容的儒子学礼教、政论、杂议系列;三是儒家历史资料,即以记载儒学历史为主要内容的人物派、制度、书目、学校等系列。其中有经部善本503种,600余部,近20000册;子部儒家类善本93种,104部,600余册;经部普通古籍3000余部,约29379册;子部普通古籍400余部,约3600册。如以北京大学《儒藏》编纂中心对儒学文献之定义和分类标准扩大之,则除经部、子部书籍,还收藏有大量史部、集部儒学典籍,几乎涵盖儒学研究所涉及的全部学科方向,满足多元化需要,山东省图书馆无疑是儒学典籍富矿之一。

齐鲁大地孕育了儒学开山人物孔子、孟子,历代人才辈出,为儒学发展做出不可磨灭的贡献。自孔子删定《六经》,虽遭秦火典籍散佚,然经师之传注,不绝于代,伏生、孔安国、郑玄、王肃、王弼、石介等薪火相继,逐成齐鲁儒典之丰厚。山左学风自来笃实,治经注重从小学、金石入手,故宋季以来山左即为小学、金石学重镇。明清以降,江南地区被视为人文渊薮,然吴、皖、扬、浙而外,在儒学发源之地,山左学术亦一颗熠熠生辉的璀璨明星,如清代以来就有王士祯、张惠言、刘喜海、王懿荣、桂馥、王筠、许瀚、吴式芬、陈介祺、丁惟汾、傅斯年、王献唐、屈万里等大批学者在传统儒学领域各领风骚,不让前贤。山东省图书馆肩负文化传承之使命,守先而待后,揭示馆藏,为凝聚前人心血的大量儒学善本古籍继往开新。现将馆藏儒学善本胪列数种,略述如下:

二、儒学文献等特色专藏

1. 独一无二之易学专藏

易学可谓中国儒学之宗，典籍之源。传统儒学经典“五经”“七经”“十三经”均以《周易》开头。汉代史学家班固撰《汉书·艺文志》，开篇即将易类典籍置于群书之首。《周易》作为存世最早的易学典籍，是中国传统思想文化中自然哲学与人文实践的理论根源，是古代思想、智慧的结晶，被誉为“大道之源”，对中国几千年来的政治、经济、文化等各个领域都产生了极其深刻的影响。《周易》不仅包含丰富的辩证哲学，更因具有预测功能而受到社会各阶层的广泛青睐，享誉全球。

首先，山东省图书馆拥有世界上独一无二的易学特色典藏——“易庐易学”专藏。“易庐易学”专藏的主人是著名易学研究者和收藏者卢松安先生。卢松安（1898—1978），名荣林，别号松庵，晚年号易万卷庐主人，北京人。青年时师从易学大师尚秉和，长期以来，酷爱易学，不惜节衣缩食购书，曾收藏易学文献达千种，这在海内外是绝无仅有的。正当他潜心研究和大力搜集易学文献时，适逢20世纪60年代社会动荡，卢老受亲属株连迫害，藏书颇有损失。1969年，他年迈体弱，处境维艰，却首先考虑到藏书未来的命运，遂经朋友介绍，将藏书悉数捐赠给山东省图书馆。1978年春，山东省图书馆为卢松安先生专门设立“易庐易学”藏书室，共接收卢先生易学藏书1064种，3734册，不少重要、稀见典籍均收藏其中，如杨世澍《易义》、孙尔周《周易注》等手稿，均为传世孤本。时至今日，不远万里来馆查阅易籍的读者依旧络绎不绝。

同时，本馆也有搜藏《易》学文献之传统，目前合“易庐易学”共藏有1317种，版本2300余种，逾万册，可谓百川归海。其中不乏罕见珍籍,如海内孤本《李氏易解》十卷。唐李鼎祚撰。明天启元年(1621)鲍山刻本。半叶九行,行18字,白口,左右双边。钤“潞国敬一道人世传宝”“果亲王府图书记”“赢缩研斋藏书”“镜塘长物”“赢缩研斋”诸印,为清康雍年间果亲王允礼旧藏。本书版本罕见,《中国古籍善本书目》未收录,国内仅本馆收藏。此书除版本学价值外,还富有学术价值,对学术争鸣颇有借鉴。如本书刊刻者鲍山,号香林主人,室号在斋,安徽歙县人,明晚期人,有《野菜博录》传世。史学界对鲍山室号为“在斋”还是“在齐”长期存在争论,因“齐”“斋”繁体形近,有可能是“在齐”而非“在斋”,而据本书卷首确为“在斋”,言之凿凿。另外,出版界认为明后期《周易集解》主要有三种刻本系统:朱睦㮮嘉靖刻本;胡震亨万历《秘册汇函本》;毛晋汲古阁《津逮秘书》本。最具影响力之《津逮秘书》初用胡震亨版,后废掉胡本而另行雕刻。由于本书属国内仅有,曾有清华大学著名学者提出该书为书商伪造,实是清人对胡震亨本重印或覆刻,手法只是将书首剜改成“李氏易解卷第一”,落款变成了“明鲍山在斋校”。然而比较鲍山刻本与胡刻本,两书在笔画上存在明显的差异,翻刻之说不能成立。除上述诸端,本馆类似易学善本甚多,如元刻《周易纂言外翼》、明刻《古周易订诂》等,均待有识之士进一步研究。

2. 齐地儒学文献及器物收藏

儒学在汉代取得了经学的地位,作今文经学者齐地人居多,也形成了齐地儒学兼容汇通、通权达变的特点,解经达诂,小学金石尤甚,一直影响到清末。齐地儒学文献本馆收藏大多为清末民国战乱,诸家藏书散佚,王献唐先生等先辈尽心竭力保护乡邦文献,在战火动荡中抢救下来的。如明清新城王氏池北书屋、德州田氏古欢堂、历城马氏玉函山房、诸城刘氏嘉荫簃、日照许氏攀古小庐、潍县陈氏十钟山房、高氏辨蟫居、海丰吴氏双虞壶斋,并明清南北各家亦多有资取。要之,十九为齐鲁故物也。一是多为明清名家抄校本、稿本,反映了齐地儒学研究的面貌,颇为珍贵。济阳张尔岐是清初著名经学家。顾炎武曾说:“独精三礼,卓然经师,吾不如张稷若。”(《亭林文集·广师》)对张尔岐评价很高。馆藏有《周易说略》《书经直解》等,王献唐先生还搜集到磁版张尔岐《蒿庵闲话》上册,最终与路大荒1933年搜集的下册合璧,为印刷史上的珍贵实物。安丘王筠为清代《说文》四大家之一,据《渠丘赵氏模𡋣阁所藏善本书目》著录,赵氏收藏得王筠遗书近50部,其中王筠稿本八部,分别为《说文系传校录》《史记校》《韵汇校》《说文释例补正》《说文句读补正》《弟子职正音》《双声叠韵说》《文字蒙求》;王筠批校题跋本29部,另有王筠手抄本、王筠著述刻本、王筠藏书等十数部,1948年随赵氏模𡋣阁书购藏。王筠书版十种后亦入藏本馆。益都李氏大云山房藏书,1929年冬,敬古斋主人王仁敬携李文藻所抄清惠栋《古文尚书考》来馆,此书又有清戴震、邵晋涵、李文藻亲笔批校,朱墨粲然,王献唐阅之狂喜,遂与清查慎行手批赵次公注杜诗以120元的重价,购入馆内。于是,李文藻遗著及所藏清毛奇龄手批《诗所》、邵晋涵手校《新唐书纠谬》、宋书升说经手稿及李文藻《琉璃厂书肆记》稿本、《南涧文稿》底稿本陆续入馆。潍县宋书升一生穷经博学,著述甚富,尤善经学。本馆收藏宋晋之先生所著各书《禹贡说义稿》(稿本)、《夏小正释义》(稿本)、《诗略说》(稿本)、《初篁书庐文稿》(原抄底本)。日照许瀚为朴学大家,龚自珍《己亥杂诗》称赞他“北方学者君第一”,有“北方顾千里”之誉。但一生潦倒,著述多未刊行。王献唐先生努力搜访借抄,在1931年前后辑成《许印林遗书》。王献唐本打算逐次印行,然迫于时事变幻,终究未能成事。计有《佩文诗韵校录》《捃古录金文考释》《江晋三诗经韵读校语》《拜经堂文集校语》《论语附录》《篆书论语校文订》《说文义证校理志事》等21种,后来这些书抗战播迁,自四川运回存于山东省博物馆。二是丰富的金石文献。山东为文明旧邦,金石之富冠于他省。清宣统元年(1909),山东巡抚袁树勋奏请创设图书馆时,即提出附设金石保存所以开民智、保国粹。故山东省图书馆建馆之初,即附设金石保存所,这是中国第一所由省级政府创办的博物馆性质的机构。金石保存所收藏泉币,始于清马国翰玉函山房藏泉的入藏。马国翰去世后,《玉函山房辑佚书》书版及所藏金石,多归姻亲李廷棨家。其中有泉币1332品,藏泉初各嵌着板上,旁刻考证,后又汇集考证,刊为《红藕花轩泉品》一书。图书馆自其后人购得《红藕花轩泉品》的印版610块,后又在济南市肆购得散失的印版724块。为妥善保存这些在考古学上具有重要价值的泉币,王献唐将"湖天一角楼"的上层辟为"罗泉楼",陈列玉函山房藏泉及相关书籍,以便专家学者对照实物阅读。潍县陈介祺所藏钟鼎、彝器、金石为近代之冠,陈氏去世后,其子孙开始散卖所藏古物,1931年与图书馆最终达成协议,购入泉币1487品,石刻20石,砖类108件,瓦类300件,陶器255件,陶片豆檠1649件,杂件7件。后又入藏簠斋原拓藏品拓片,先后集编《十钟山房金文》四册、《二百镜斋镜文》四册、《二百范斋范文汇编》四册、《簠斋砖瓦文字》二十四册、《齐鲁陶文》百二十册、《秦诏瓦量文字汇拓》一册、《汉瓮史编》一册、《齐封泥文字》四册。另外《长安获古编》《金石苑泉范》诸城刘喜海燕庭拓释底本,《天壤阁瓦文》福山王懿荣廉生拓集本等都是一时珍稀文献。砖瓦陶器始于1931年潍县高鸿裁上陶室秦砖汉瓦的入藏,共计砖瓦531件、石刻两件,现在这些金石文献或存于图书馆或存于博物馆。三是馆藏其他文献如王懿荣、刘墉等奏稿信札。善本如《说文解字》潍县陈介祺簠斋批校本;《归云集》胶州高凤翰南阜稿本;《雷州记》章丘李廷棨戟门稿本,有历城马国翰竹吾等题咏等、《毕裕曾诗》旧抄本,前有毕裕曾《自序》,钤有“孝陆”“赵氏模el阁收藏图籍书画印”;《白阳毕公自严遗迹》毕自严稿本;马邦玉、马邦举、马星翼撰《鱼台马氏丛书》34 种 98 卷;清彩绘抄本《聊斋志异》;蒲松龄手稿本《聊斋文集》等都是不可多得的齐地乡邦文献。

三、馆藏儒学善本举隅

1. 宋刻巾箱本《太学新增合璧联珠声律万卷菁华》

山东省图书馆已入选首批《国家珍贵古籍名录》的古籍《太学新增合璧联珠声律万卷菁华》,是颇为珍稀的宋本之一。此书为八百多年前,南宋青衿学子书箱中的一部流传较广的儒学参考辅导工具书,历经兵、火、水等祸患灾厄,又迭次经过普通士子、名人显贵乃至王族皇室收藏,遂成天下绝响,海内孤本。

是书前集 60 卷,后集 80 卷,共 140 卷。前集为宋李昭玘辑,后集为李似之辑,本馆藏存 116 卷。宋刻巾箱本,黄麻纸,金镶玉装,黄绢包角,书套为五彩织锦,秀丽精美,仅手掌大小。每半叶 15 行,行 20,21 字不等,小字双行同,细黑口,四周单边。另后集卷 71,72 两卷现藏北京文物管理局,卷 77 藏国家图书馆。此书每册均钤有“五福五代堂宝”“八征耄念之宝”“太上皇帝之宝”朱文方印,每册首页上方钤有“乾隆御览之宝”朱文椭圆印、“天禄继鉴”白文方印,末页上方钤有“天禄琳琅”朱文方印、“乾隆御览之宝”朱文椭圆印。又钤“聊复得此生”“鲜于”“困学斋”等印,北京文物管理局藏本,还钤“康生”大小白文方印各一。

这部宋本曾经是元代书法家鲜于枢家的插架之物,后深藏清宫“天禄琳琅”之中,世人难以窥见其真实面目。直到清末代皇帝溥仪在宣统三年(1911)十二月逊位之后,生活在紫禁城小朝廷中的溥仪为了复辟的梦想和改变生活现状,急需筹措巨额资金。溥仪就通过赏赐在身边伴读的弟弟溥杰的方式,将宫廷中的古物珍宝不断运出宫去。据《故宫已佚书籍书画目录四种》记载，宣统十四年(1922)7月13日至9月25日间，他们集中运出古籍珍本，仅宋版书就199部，其中就有《太学新增合璧联珠声律万卷菁华》。1924年11月5日，冯玉祥发动北京政变，将末代皇帝赶出皇宫，溥仪就居住在天津静园。后来，这批东西一部分逐渐被变卖了，一部分又随溥仪运到了东北后不断流失。

《太学新增合璧联珠声律万卷菁华》何时归我馆所藏已无从确考，据说是19世纪60年代，也有人说更早，由闯关东的山东人王先生从东北带回老家捐赠本馆的。目前，此书绝大部分藏于我馆，一卷归国家图书馆，另两卷"文革"前后辗转到了康生手里，后由北京文物管理局收藏，其余二十余卷至今下落不明。但我们依旧希望有朝一日有相关的线索，全书合璧。

2. 寥若晨星的《书经便注》

《书经便注》十卷，明蔡叆撰。蔡叆，字天章，号汶滨，河北宁晋人，嘉靖八年(1529)进士，明著名儒臣，师从张睿、韩邦奇、湛若水，有《汶滨集》传世。

《尚书》约成书于3000年前的战国时期，是中国古代最早的一部历史文献汇编。最早时它被称为《书》，汉代称《尚书》，意思是"上古之书"。汉代以后，《尚书》成为儒家的重要经典之一，所以又叫作《书经》。由于《尚书》记录多为古代君臣政论，故一直为各代统治者重视。由于《尚书》所记古代君臣讨论之言多为具有上古时代特色的口语，因此唐代文豪韩愈已经很难读通，认为此书文字"诘屈聱牙"，故历代为《尚书》做注的学者有很多。明代重视科举，以五经取士，因此为《尚书》做注成为文人风尚之一，作为进士出身的蔡叆，所作《书经便注》在当时具有一定影响力。明末黄虞稷《千顷堂书目》曾收录此书，然由于改朝换代，社会动荡，清初朱彝尊编写《经义考》时，此书已经寥若晨星。

本馆所藏《书经便注》为孤本，12行，行24字，大黑口，四周双边。有刻工。前有嘉靖四十年(1561)蔡氏自序。《中国古籍善本书目》收录，入选首批《山东省珍贵古籍名录》，仅本馆收藏。明嘉靖四十年汶滨书院刻本。此书流传稀少，清代大儒朱彝尊撰写《经义考》，将秦汉至清初经学专著搜集殆尽，并一一撰写提要，然而朱氏并未见到《书经便注》，足知在清代此书几乎失传。

3. 皇家藏书《吕氏家塾读诗记》

《吕氏家塾读诗记》，宋吕祖谦撰，明嘉靖十年辛卯(1531)傅应台南昌仿宋刻本。原32卷，现存29卷，13册。左右双边，每半叶14行，行19字，注文小字，字数同，小黑口，版心中间记卷数，下方记叶次，卷五末刻有"四明陆釴校刻"牌记。此书黄色封面，丝线装订，包角，每册前后钤有"五福五代堂宝""八征耄念之宝""太上皇帝之宝"朱文方印，每册首页上方钤有"乾隆御览之宝"朱文椭圆印、"天禄继鉴"白文方印，末页上方钤有"天禄琳琅"朱文方印、"乾隆御览之宝"朱文椭圆印。六方印记中，"天禄继鉴"是嘉庆帝印，其余五玺印乃乾隆帝印，为清宫"天禄琳琅"藏书标志。此书入清皇家书目《天禄琳琅书目后编》，只是误为宋本。书中宋代避讳均保留，刻印较佳，故书贾常撤掉陆序等充作宋本，以谋高价。

吕祖谦(1137—1181)字伯恭，江浙婺州人。吕祖谦与朱熹、张栻齐名，称为东南三贤，是南宋时期著名的理学家。《吕氏家塾读诗记》是《诗经》学名著之一。此书约清初时为内府天禄琳琅收藏，成为皇家藏书，一直藏在深宫。查阅《故宫已佚书籍书画目录四种》有《赏溥杰书画目》载："九月十九日赏溥杰，翻宋板《吕氏家塾读诗记》，一部二套。"另外，有《收到书画目录》："二十日，翻宋板吕氏家塾读诗记，两函。"所记正是《吕氏家塾读诗记》，其被溥仪盗运出宫，时间是1922年9月20日。1932年后，日本关东军司令部将宋元善本、法书名画、珠宝玉翠等70余箱运至长春伪宫。在皇宫西园内原来三间大瓦房装贮珍贵的古物和书籍,同德殿修成后,在后院增建了两层水泥楼,专存放在天津静园的所有书籍、古物,即有名的"小白楼"。从此,包括《吕氏家塾读诗记》在内的昔日清内府藏书精华,在此度过了13年的宁静岁月。1945年8月日本投降前夕,溥仪仓皇出逃,看守伪宫的官兵遂趁乱大肆劫掠"小白楼"的珍玩字画,由于这些书的价值当时未被重视,虽被劫掠,但大部分保存下来。时至今日,伪宫善本散落在外的约130种,其中属于《赏溥杰书画目》内的天禄琳琅珍本,至今尚有102种无法考知。近几年,随着国内古籍善本拍卖的走红,流落民间的"天禄琳琅"藏书也有不少进入拍卖会。《吕氏家塾读诗记》即属于《赏目》内散失的102种天禄琳琅珍本,何时散出,已无法详考。

2005年底,在许多有识之士的积极努力下,笔者有幸参与其事,使流散于齐鲁的故宫珍籍《吕氏家塾读诗记》入藏山东省图书馆。此书见诸公私书目著录者有20余部,存世稀少,但这部《吕氏家塾读诗记》由于经内府收藏,辗转聚散,见证了中国近代历史的悲欢与屈辱,遂入选第一批《国家珍贵古籍名录》成为国之珍宝,传之子孙。

4. 孔广林抄本《周官经》

在山东省图书馆丰富的古籍馆藏中有一部由清代经学家孔广林手抄的《周官经》,字体隽秀工整。此书《中国古籍善本书目》著录仅为山东省图书馆收藏,入选第二批《国家珍贵古籍名录》。

孔广林,字丛伯,号幼髯、赘翁,山东曲阜人,孔子七十代孙,生于清乾隆元年(1736),卒年不详。清代经学家。《周官经》又称《周礼》,与《仪礼》《礼记》并称为"三礼",是儒家经典中唯一一部阐述理想官制的典籍，对中国古代官制建置产生过深远影响。《周礼》有明确的治官思想和治官措施，以官制的职掌联系各种制度，目的在于富国强兵，充实府库，为治理统一提供宏伟蓝图。更为难得的是本书卷末还有袁克文、王寿彭、陆增炜名人题跋。

袁克文，字豹岑，又字抱存、抱公，号寒云，河南项城人，袁世凯次子。袁克文与张伯驹、张学良、溥侗并称为“民国四公子”。民初，袁世凯称帝风声在外、路人皆知，长子袁克定请人钤刻了“皇太子”私印，而袁克文竟也照样请人钤刻“皇二子”印，并有意到处颁盖，为避免其兄戕害，此书所钤细朱文“抱存小印”，却极稀见，著名《明清著名藏书家·藏书印》亦未收入。王寿彭，字次篯，山东潍县人，清末光绪二十九年(1903)状元。陆增炜，字彤士，光绪二十一年(1898)江苏会元。一部名人精抄本，加之皇二子、清状元、会元的题跋，可谓价值丰富。

5. 许瀚批校本《说文解字义证》

《说文解字义证》是中国古代文字学名著。清代著名学者桂馥撰，书成后由灵石杨氏连云簃校刻，但传本极其稀少。清同治九年(1870)张之洞又刻于湖北崇文书局，并为之宣扬，方使是书大行。本馆所藏为清咸丰二年(1852)杨氏刻《连筠簃丛书》本，有清许瀚朱笔批校并跋。二函24册。半叶十行，行23字，小字双行同，白口，左右双边，单黑鱼尾。钤有“印林手校”“孝陆”“赵氏模巹阁收藏图籍书画印”诸印。入选国家第二批《国家珍贵古籍名录》。《中国古籍善本书目》未收，其所收国家图书馆藏许瀚批校并跋之《说文解字义证》一部，乃残本，仅存一卷。本馆所藏为全帙。桂馥为清“说文四大家”之一，《义证》为其扛鼎之作，杨氏道光刻本为《义证》初刻，配以许瀚批校，足谓锦上添花。由于卷帙浩繁，桂馥生前无力刊刻，仅靠传抄，在北方稍稍传播。道光年间陈介祺岳父——诸城李璋煜获得桂氏原稿，由山西灵石藏书家杨尚文出资,延请小学名家日照许瀚主持校勘,刻入《连筠簃丛书》。但可惜书版在刊成后不久即因捻军兵祸而毁在日照许家,故连筠簃本流传甚少。同治九年崇文书局据连筠簃本重刻,但所用底本原缺一叶,以抄本补上,且另增误字,故不及连筠簃本精良。但桂氏《义证》赖崇文书局本在百年间得以广为流传,其功劳不可泯灭。模㬚阁所藏桂氏《义证》系许瀚手校,书中有许氏墨笔批语多处,字体清秀刚劲。全书散页毛装,每卷卷端右下角,钤有“印林手校”朱印。第四十八卷末页有许氏手书“咸丰二年六月廿三日刻样二校”,知此书为刊刻过程中许瀚校勘的清样,堪称稀世珍籍了。

关于咸丰刻本《说文解字义证》的价值,清代著名学者叶德辉曾记录他在光绪二十二年(1896)到北京琉璃厂购书,在一家名为翰文斋的书店里看到一部咸丰二年刻本《说文解字义证》,竟标两百金的天价,他未舍出手购入。1914 年,叶德辉故地重游,还是在琉璃厂翰文斋,此时书店韩姓老板已经换成其子小韩,但这部《说文解字义证》依然高标二百金。叶德辉十分不解,问老板云:“此书插架二十余年,既无买者,亦不减价,此何理也?”主人答曰:“此书原刻本极难得,余父子业两世,书行厂肆仅有此一部。在余可卖可不卖,实无心居奇。不过不得高价,宁留以壮观瞻耳。”这次,叶德辉毫不犹豫地买下了这部清末民初偌大北京城书业仅有的一部咸丰刻本,并在其《郎园读书志》中记录了这段得书经过。叶德辉的题跋从另一角度说明咸丰刻本《说文解字义证》何等珍贵,更何况本馆所藏还保存了许瀚的批校全文。

6. 开本阔大的《为政忠告》

《为政忠告》四卷。元张养浩撰。清道光十三年(1833)芸叶轩刻本。此书开本阔达如小桌面,为清代版本极为少见,八行 17 字,黑口,四周双边,双对黑鱼尾。白纸刷印,墨色饱满,字大如钱，行格疏朗，是道光年间雕版印刷的上乘之作。《中国古籍善本书目》著录此书元刻本藏国家图书馆，明刻本有四种，而清道光十三年芸叶轩刻本稀见。据山东省图书馆前馆长王献唐先生《双行精舍书跋辑存》记载：顷在芳润阁书肆，见一芸叶堂刻本，长约营造尺一尺七八寸，宽约一尺，字方一寸左右。清代书刻之如此宽大者颇为少睹。惜已残毁。知20世纪初此书已属难得。

此本内封题“为政忠告／元济南张文忠公著／芸叶轩重刊”。卷端题“齐东野人张养浩”。目录后有道光十三年八月序，略叙书名演变及刊刻经过，其曰：“三书非一时所著，本各自为编。明洪武二十二年，广西按察司佥事扬州黄士宏合为一卷刻之，总题曰《为政忠告》，陈琏为序。宣德六年，河南府知府李骥重刻，改名《三事忠告》……《忠告》一书，切实近理，其言皆本诸阅历，不涉迂阔，可为居官法则。惜传本颇少，世不多见，兹于广州偶得此册册，因校缮重刊，以广其传，并志向往之意。”

张养浩（1270—1329），字希孟，号云庄，山东济南人。元代儒学家、政治家、文学家，其个人品行、政事文章皆为当代及后世称扬，是元代名臣之一，与清河元明善，汶上曹元用并称为“三俊”。元天历二年（1329），关中大旱，张养浩出任陕西行台中丞治旱救灾，因劳累过度，死于任上。所著《为政忠告》又名《三事忠告》（包括《牧民忠告》《风宪忠告》《庙堂忠告》）。《牧民忠告》二卷，为任县令时著，分拜命、上任、听讼、御下、宣化、慎狱、救荒、事长、受代、居闲十章。《风宪忠告》一卷，为任御史时著，分自律、示教、询访、按行、审录、荐举、纠弹、奏对、临难、全节十篇。《庙堂忠告》为任参议中书省事时著，分修身、用贤、重民、远虑、调变、任怨、分谤、应变、献纳、退休十篇。《为政忠告》是元代吏治专著重要组成部分，对于研究当时儒家思想对政治思想、上下政务及社会风气的影响有重要参考价值。这部著作虽非巨制，但对今天的领导者亦颇有启迪作用。

这部大开本《为政忠告》,为济南当代著名私人藏书家周晶先生五里山房藏书,2014年底,笔者通过努力联系协商,周晶先生欣然将其藏书精华捐赠山东省图书馆保存,成为21世纪山东省图书馆接收的又一份来自民间私人藏书家的珍贵典藏,也为山东省儒学建设提供了新鲜血液。

山东为古齐鲁之邦,民风淳朴,学风蔚茂,珍藉秘籍,所在多有。上述文献,各具特色,具有一定的代表性,却又仅仅是山东省图书馆儒学类典藏的冰山一角。在新的社会发展阶段,儒学在社会生活、人民大众的精神生活中扮演了愈发重要的角色,山东省图书馆作为我国儒学文献收藏重镇,必将承担起振兴儒学的责任,同时以开放的胸怀欢迎来自四面八方的读者专家,共同携手开发儒学文献,将传世孤本化身亿万,服务群众,推动社会文明发展。

参考文献:

[1]王献唐:《双行精舍书跋辑存续编》,齐鲁书社 1986 年版。

[2]王献唐:《顾黄书寮杂录》,齐鲁书社 1984 年版。

[3]王献唐编:《海岳楼金石丛编》,青岛出版社 2009 年版。

[4]《山东省图书馆志》纂委员会编:《山东省图书馆志》,中华书局 2004 年版。

[5]李西宁:《书眉集——图书馆的传承与变革》,上海科学技术文献出版社 2016 年版。

[6]山东省图书馆编:《山东省图书馆馆藏珍品图录》,齐鲁书社 2009 年版。

[7]山东省图书馆编:《山东省图书馆馆史资料选编》,齐鲁书社 2015 年版。

[8]李勇慧撰:《一代传人王献唐》,山东教育出版社 2012 年版。

齐文化对东夷文化的传承与发展

——以“不死药”与“白玉琯”为中心

刘怀荣
(中国海洋大学文学与新闻传播学院教授)

东夷文化曾有过光辉灿烂的历史,并达到了很高的水平。考古学家认为,山东的史前文化,至少从新石器时代起,即从后李文化、北辛文化、大汶口文化、龙山文化再到岳石文化的整个时期,都应属于东夷远古文化系统。“岳石文化不是孤立的,它上承龙山文化,下启商周东夷文化,三者组成一个独具特色的文化体系。”①面对众多的考古发掘,也有专家感叹:“自古被认为夷民之地的东方,竟出现如此自成一体、高度发达的史前文化!为此,对于东夷部族的古史传说,不能不结合考古发现做一番新的考察,对于东夷之民在中华文明形成史上的地位及其推动作用,不能不予以重新估计。”②还有的学者根据文献记载指出,不仅太皞、少皞、尧、舜、皋陶、伯益、蚩尤、后羿均为夷人,孔子、孟子、墨子、老

① 严文明:《东夷文化的探索》,见孙进己、孙海主编《中国考古集成》(华北卷),中州古籍出版社1999年版,第1598页。

② 王震中:《史前东夷族的历史地位》,载《中国社会科学院研究生院学报》1988年第6期。

子、庄子也都是夷人,“环渤海地区夷文化源远流长,中国文明初兴的一些重大特征如礼乐文明根于夷文化。……根据现有史料可证夷为东亚土著,夏代之前众夷遍布中国,夏商周三代夷是群众基础”①。

齐、鲁两国虽同处于东夷故地,又同为周王朝的东方诸侯国,在政治环境、文化背景等方面有很多共性。但姜太公本为东夷人,受封之后,并没有对东夷文化进行强制性改造,而是“因其俗,简其礼”(《史记·齐太公世家》),在当地风俗的基础上推行周文化,采取了与鲁国完全不同的治国方针。所以,在齐国东夷文化不仅与周文化并行不悖,而且其传统也得到了更好地吸收和继承。故齐文化之仙道特征,实源于东夷文化。本文拟围绕“不死药”和“白玉琯”,从永生探索与巫术信仰两个方面,简述东夷文化之仙道本源并兼及其对齐文化的影响。

一、不死药与永生探索

世界上很多民族,都曾有过永生的幻想。中国上古文明也不例外,我们的先民在借助祖神之权威,使用种种法术确立人间等级、维系群体秩序的过程中,一方面构造出天界、人间和地府的三重世界,形成了中国上古的巫术信仰体系和宇宙观;另一方面,还在祭神祭祖的仪式活动和沟通天人的实践中,开启了关于个体永生,亦即肉身不死的思考和实践探索历程。这在东夷文化中尤为突出。齐地仙道文化,正是在此基础上吸纳原始巫教的相关术数而形成。由于上古巫医不分,早期阶段对生命永恒的探求,与巫医密切相关。在后来的发展中,虽然巫、医逐渐分途,但即使在道教成熟后,巫与医在很多方面也还是难以完全分开的。

---

① 易华:《夷夏先后说》,民族出版社2012年版,第51~54页。

有关巫医与不死实践的关联,早在《山海经》中即有记载,且多与东夷族有关。其中,最著名的是掌握不死之药的“六巫”和“灵山十巫”:

开明东有巫彭、巫抵、巫阳、巫履、巫凡、巫相,夹窫窳之尸,皆操不死之药以距之。窫窳者,蛇身人面,贰负臣所杀也。(《海内西经》)①

有灵山,巫咸、巫即、巫朌、巫彭、巫姑、巫真、巫礼、巫抵、巫谢、巫罗十巫,从此升降,百药爰在。(《大荒西经》)②

对《海内西经》中的六巫,郭璞注说:“皆神医也。”又引《世本》说:“巫彭作医。”③《说文解字》“医”字下也有“古者巫彭初作医”④的说法。《广雅·释诂四》:“医,巫也。”王念孙疏证:“医即巫也,巫与医皆所以除疾,故医字或从巫作毉。”⑤清人俞樾《群经平议·孟子一》也说:“是巫、医古得通称,盖医之先亦巫也。”⑥对“操不死之药以距之”,郭璞注称:“为距却死气,求更生。”⑦说明“六巫”有使人起死回生的能力。周策纵先生则从古文字学的角度,做过深入的考证。他认为:“咸为古鍼、箴字,巫咸即巫箴、巫鍼……咸字的基本意义大约还是鍼刺,巫咸以箴(鍼)命名,当由于古巫医从事针刺的医术。”又说:“抵(柢)又有针刺之意。巫抵的名字,显然是指巫医砥弹针砭的工作。”对见于《周礼·春官·筮人》中

---

① 袁珂:《山海经校注》,上海古籍出版社 1980 年版,第 301 页。

② 袁珂:《山海经校注》,上海古籍出版社 1980 年版,第 396 页。

③ 袁珂:《山海经校注》,上海古籍出版社 1980 年版,第 301 页。

④ 段玉裁:《说文解字注》,上海古籍出版社 1981 年版,第 750 页。

⑤ 〔清〕王念孙著,钟宇讯校点:《广雅疏证》,中华书局 1983 年版,第 126 页。

⑥ 〔清〕俞樾:《群经平议》,《续修四库全书》卷三二,上海古籍出版社 1995 年版,第 524 页。

⑦ 袁珂:《山海经校注》,上海古籍出版社 1980 年版,第 302 页。

的“巫更”,他也认为:“更、鲠乃古今字,更是由初义为鱼尾,进而有鱼骨之义的丙字作成,加攴有手持鱼骨可刺的含义……巫更之更,似乎是取用这梗或骾的初文,仍有箴刺医术的意思。”①这一解说,虽未必为定论,但对于我们理解巫医合一的早期文化无疑是有意义的。

关于“六巫”与《大荒西经》中“灵山十巫”的关系,以袁珂先生的分析最为精辟:

> 《大荒西经》……十巫中有巫彭,即此巫彭也。余巫礼郝懿行以为即巫履(礼之义履也),巫朌即巫凡(朌与凡音近),巫谢即巫相(谢与相声转),十巫与此六巫名皆相近,而彼有“百药爰在”、此有“夹窫窳之尸,皆操不死药以距之”语,巫咸、巫彭又为传说中医道创始者,此经诸巫神话要无非灵山诸巫神话之异闻也。故郭璞注以为“皆神医也”;然细按之,毋宁曰,皆神巫也。此诸巫无非神之臂佐,其职任为上下于天、宣达神旨人情,至于采药疗死,特其余技耳。操不死神药以活窫窳,当亦奉神之命,非敢专擅也。郭氏图赞云:“窫窳无罪,见害贰负;帝命群巫,操药夹守;遂沦弱渊,变为龙首。”是能得其情状者。②

按袁先生的说法,“六巫”与“灵山十巫”名相近,其职能主要应为“上下于天、宣达神旨人情”,以“不死药”使窫窳起死回生,乃群巫较为次要的职能。《山海经·海外西经》又说:

> 巫咸国在女丑北,右手操青蛇,左手操赤蛇,在登葆山,群巫所从上下也。③

---

① 周策纵:《古巫医与“六诗”考——中国浪漫文学探源》,上海古籍出版社2009年版,第95~99页。

② 袁珂:《山海经校注》,上海古籍出版社1980年版,第301~302页。

③ 袁珂:《山海经校注》,上海古籍出版社1980年版,第219页。

袁珂先生综合各条记载,以为灵山,疑即巫山,也可能是登葆山的异名,[①]“巫咸国者,乃一群巫师组织之国家也。……登葆山盖天梯也,‘群巫所从上下’者,‘上下’于此天梯也”[②]。李炳海先生在此基础上,对巫咸国做了进一步的考证,他认为:“中国上古时期存在一个巫师群体,即通常所说的群巫集团。《山海经·大荒西经》同时列出十巫之名,以巫咸为首。”从伏羲氏与巫咸国都以蛇为崇拜对象,可见“巫咸应是伏羲的后裔,是东夷部族成员”。巫咸家族从尧帝到殷商时代,都是著名的巫术家族。他还通过分析舜妻登比氏的相关材料发现,《山海经》中提到的“登比、登北、登备、登葆,读音相近,指的是同一座山,学术界对此已经达成共识。舜妻登比氏,是登葆山的土著居民,山名和族名是一致的。……登葆山是巫咸国所在之处,又是群巫活动的地方”。而“灵山”就是“登葆山”。[③]

对于《山海经》的记载和学者们的解说,我们在此更重视的是群巫族属与不死之药的关系。以巫咸为首的群巫,能够从灵山(登葆山)上下于天,此山“百药爰在”,所以群巫的另一特殊本领即采此百药制作不死神药。其中值得我们特别注意的是,上述各条中出现的群巫为东夷族,娶登比氏的舜为东夷族,窫窳“蛇身人面”,贰负“人面蛇身”(《海内北经》),也属于东夷族。此外,见于典籍记载,与不死药相关的东夷族神话人物,还有西王母和后羿:

> 西王母其状如人,豹尾虎齿而善啸,蓬发戴胜,是司天之厉及五残。[④]

---

① 袁珂:《山海经校注》,上海古籍出版社1980年版,第451页。

② 袁珂:《山海经校注》,上海古籍出版社1980年版,第219页。

③ 李炳海:《部族文化与先秦文学》,高等教育出版社1995年版,第217,219,228页。

④ 袁珂:《山海经校注》,上海古籍出版社1980年版,第50页。

殷帝太戊使王英采药于西王母。至此绝粮,不能进,乃食木实,衣以木皮,终身无妻,产子二人,从背胁间出,其父则死,是为丈夫民。①

羿请不死之药于西王母,姮娥窃以奔月,怅然有丧,无以续之。高诱注云:"姮娥,羿妻。羿请不死之药于西王母,未及服之,姮娥盗食之,得仙,奔入月中为月精也。"(《淮南子·览冥训》)

《西山经》所记,是说西王母为主灾厉五刑残杀之气,是死亡之神。后两条,一说"王英采药于西王母",一说"羿请不死之药于西王母",都透露出西王母还掌管着不死神药。从后者看,王英所采之药也应为不死药。已有学者指出,西王母为东夷族女神。②而在《楚辞·天问》和《吕氏春秋·勿躬》中,后羿都被称为"夷羿",学术界多把他看作是东夷族部族首领或东夷族之神。不死药的传授发生在这两位东夷族大神之间,也从另一方面说明了不死药与东夷族关系的确十分密切。《山海经·海内经》又有:

有九丘,以水络之……有木,青叶紫茎,玄华黄实,名曰建木,百仞无枝,有九欘,下有九枸,其实如麻,其叶如芒,大皞爰过,黄帝所为。③

袁珂先生认为,这里所谓的"大皞爰过"的"过",与前引《大荒西经》十巫"从此升降"、《海外西经》群巫"所从上下",意思相同。不过十巫与群巫升降、上下的是作为天梯的"灵山"和"登葆山",

① 〔宋〕李昉撰,夏剑钦、张意民校点:《太平御览》卷三六一引《玄中记》,河北教育出版社1994年版,第14页。

② 关于西王母为东夷族女神,参阅翁银陶:《西王母为东夷族刑神考》,载《民间文学论坛》1985年第1期;李炳海:《蓬莱、昆仑神话同源于东夷考》,载《东岳论丛》1991年第1期。

③ 袁珂:《山海经校注》,上海古籍出版社1980年版,第448页。

这里的建木,乃古籍中唯一可考的"树之天梯":

> "过"者非普通于树下"经过"之"过",如仅系普通于树下经过,亦不值如此大书特书。此"过"者,实"众帝所自上下"之"上下":盖此"为百王先"(《汉书》《帝王世纪》)之大皞庖羲,亦首缘此建木以登天也。于是乃有记叙书写之价值。①

大皞伏羲氏为三皇之首、东夷族领袖,他既然能从建木往来于天界和人间,他的巫术能力自然应在群巫之上。群巫"操不死神药以活窫窳"是奉哪位大神之命,不得而知。但不死神药及永生观念与东夷文化如此密切的关系,肯定不能与伏羲及舜无关。只是史料缺失,我们无从落实罢了。

《山海经》中还有多处记载了昆仑山的不死树、不死药,以致顾颉刚先生反复感叹:"昆仑中的不死意味真浓重,恐怕在他们的意想中,黄帝和众帝众神所以能长生久视,还是全靠这不死药哩!……昆仑中树有不死,药有不死,水亦有不死,不死的方法真太多了!……昆仑的全部事物笼罩在'不死'观念的下面。"②我们在此想进一步指出的是,昆仑山的不死神药,尽管并非都与东夷族有关,但东夷文化与不死观念及不死神药具有特殊的关系是可以肯定的。

神话中有关不死神药的记载,在考古发掘的实物中也得到了一定的印证。有关东夷早期医学的发展情况,逄振镐先生结合大汶口文化考古发掘的箴石、獐牙、骨针、骨锥、牙刀、高柄杯、龟甲、象牙质和骨质雕筒、獐牙钩形器等实物,做了非常细致的论证,以为箴石、獐牙、骨针、骨锥、牙刀"可能与针灸、针疗、外科手术有关。换句话说,这些用具可能有一部分是当时从事医疗所使用的

---

① 袁珂:《山海经校注》,上海古籍出版社1980年版,第451页。

② 顾颉刚:《〈山海经〉中的昆仑区》,载《中国社会科学》1982年第1期。

专门医疗工具……东夷人发明的箴石、针灸技术在我国医学发展史上具有极为重要的地位”。高柄杯可能是一种酒器,“我国的酿酒业至少在大汶口文化早期,即距今6500年就已经开始了;而且从高柄杯在杯类中所占比重之大看,当时的酿酒业可能不是初级阶段,而是已经相当发达了”。因治病离不开酒,人工酿酒的发明,也在一定程度上可以证明东夷医学的古老。由于早期巫医合一,大汶口文化时期出土的龟甲、象牙质和骨质雕筒、獐牙钩形器等实物,“当与卜医(卜巫)有关,也可能是卜医或卜巫身份的一个标志。……此类墓主很可能具有双重身份:既是卜(巫)者,又是医者,是巫医合一的人物。总之,东夷人的原始医学同‘巫’紧密地交织在一起。东夷人占卜的发展就是东夷人的原始医学的发展”①。逄先生的研究,对我们理解东夷古老的巫医文化与不死信仰是非常有意义的。以往我们更注重齐国举贤上功、富民强国、思想开放自由的特点及在兵学、医学方面的建树。但齐文化对东夷文化中源于巫教之长生术的进一步发挥,也是别具特色、非常突出的一个方面。值得引起我们的高度重视。

二、白玉琯与巫术魔力

以孔子、孟子为代表的儒家,向来对尧、舜称赞有加。学者们也指出,“考古发现新石器时代有一个昌盛的夷文化圈,孕育滋生了齐鲁文化。齐鲁是儒家文化的发祥地,儒家思想来源于尧舜”②。这大致可代表古今主流的观点。我们在此想指出的是,从尧、舜到孔、孟,只是中华文明完成人文升华的一个方面;另一方面,作为东夷部族的领袖,舜在被儒家改造为以道德楷模著称的

① 逄振镐:《东夷原始医学试论》,见逄振镐《齐鲁文化研究》,齐鲁书社2010年版,第504~516页。

② 易华:《夷夏先后说》,民族出版社2015年版,第41页。

古代圣王的同时,在他身上,还保留着与巫术信仰有关的一些神秘特征,这虽然在存世文献中只有零星的记载,但是我们理解东夷文化不可忽略的一个方面。

有关舜的事迹,《左传》《国语》《国策》及《论语》《墨子》《孟子》等先秦子书都有记载。记载比较详细的文献是《孟子》《史记》和《列女传》。《孟子》和《史记》中,都有舜的父亲瞽叟、继母及同父异母弟象两次杀舜的情节。一次是在舜涂廪(米仓)时把梯子抽掉,放火烧廪;一次是让舜浚井,而后以土埋井。到了《列女传》中,又增加了让舜饮酒,想趁其酒醉杀死他的情节。这三次谋杀都被舜成功地化解。关于化解的方式,《史记》说是"以两笠自扞而下""匿空旁出",《列女传》更增加了尧帝之女娥皇、女英的帮助,因而舜能有"飞出""潜出""终日饮酒不醉"的神异本领。

对于舜能够逃脱三次谋杀,学者们或用上古时代的准弃子考验仪式来加以解说,以为"第一次的涂廪是高空作业,第二次的浚井是深水作业,迫害者或焚烧或填土,都被舜以'飞出'或'潜出'的方式躲过了,这就从上、下两个维度见出其'上天入地'的无所不能"。而第三个迫害情节"通过饮酒不醉,由前两次更重外在空间之避患能力转向舜内在体魄之修持能力,从而内外上下兼顾,全方位地展现了舜的神赋异禀"。至于舜能得到尧帝二女的救助,也"显示出他本即具有超凡入圣的资质"①。这一解说相当精彩,不失为一家之言。如果从上古巫术信仰的角度来看,舜的三次脱险,也说明他具有超凡的巫术能力,甚至就是一位巫师。这在西王母与舜的传说中也有所表现。据典籍记载,由于舜帝德治天下,泽被苍生,西王母曾送给他祥瑞之物以示褒奖:

---

① 尚永亮:《英雄·孝子·准弃子——虞舜被害故事的文化解读》,载《文学遗产》2014 第 3 期。

舜时西王母献白环及玦。①

舜以天德嗣尧,西王母来献白玉琯。②

子曰:……昔虞舜以天德嗣尧,布功散德制礼,朔方幽都来服,南抚交趾,出入日月,莫不率俾,西王母来献其白琯。③

西王母献舜白玉琯及益地图。④

上引四条史料,后三条中的"白琯"与"白玉琯"应无不同。此外,值得引起我们注意的还有三点:

一是白玉琯的功用。《礼记正义》卷一四《月令》"律中大蔟"郑玄注说:"律,候气之管,以铜为之。"《说文解字》"管"字条下也说:"琯,古者琯以玉,舜之时,西王母来献其白琯……夫以玉作音,故神人以和,凤皇来仪也。"⑤结合其他古籍记载,可知"管"是用竹或铜制作的乐器,白玉琯因用白玉制成,故称"琯"。因材料更特殊,所以能达到"神人以和,凤皇来仪"的神奇效果,为其他材质的管所无法比拟。管在古代的作用是定律,所以郑玄称之为"候气之管",对第三条中的"白琯",北周卢辩注也说:"琯所以候气。"⑥以律管候气在中国古代属于《国语·郑语》所谓"成天地之

---

① 《文选·景福殿赋》《与陈伯之书》注并引《世本》,玦作佩。〔汉〕宋衷注,〔清〕茆泮林辑:《世本》,中华书局1985年版,第10页。

② 〔清〕王闿运:《尚书大传补注》卷一,见《续修四库全书》编纂委员会编《续修四库全书》,上海古籍出版社1995年版,第801页。

③ 〔清〕王聘珍撰,文锦点校:《大戴礼记解诂》,中华书局1983年版,第216页。

④ 〔日〕安居香山、〔日〕中村璋八辑:《纬书集成》,河北人民出版社1994年版,第387页。

⑤ 〔汉〕许慎撰,〔清〕段玉裁注:《说文解字注》,上海古籍出版社1981年版,第197页。

⑥ 〔北周〕卢辩注,〔清〕孔广森补:《大戴礼记补注》,中华书局1985年版,第134~135页。

大功”的神秘大事。因此,西王母献白玉琯,本身就具有神秘的巫术色彩。

二是虞、舜家族可能是乐官世家。《国语·郑语》里提到,舜的先祖“虞幕能听协风,以成乐物生者也”。并把此事与“夏禹能单平水土,以品处庶类者也,商契能和合五教,以保于百姓者也,周弃能播殖百谷蔬,以衣食民人者也”相提并论。舜的父亲瞽叟对音乐也很精通,是十五弦之瑟的改作者之一(《吕氏春秋·古乐》),舜则发明了“箫”这种乐器(《世本·作篇》)①,并有著名的《九韶》(《九招》)之乐。在上古时代,乐是通天通神的主要工具之一。舜凭借家族的专长而具备大巫才有的通天功能。而西王母献白玉琯给王者的传说,在存世文献中仅此一例,别的古代王者无一人有舜帝这样的殊荣。这也说明了舜在以乐通天方面的特殊性。

三是西王母与舜的关系。传统的观点认为,西王母是西北土著,但李炳海先生立足于东夷部族“冥神与山神合二而一”“普遍尚白”“房屋大多东向”等特点,以非常细致生动的分析,证明西王母也是东夷族女神。② 上述史料中西王母献给舜帝的祥瑞物均为白色,也从另一侧面为李先生的结论提供了佐证。由此可知,西王母“献白玉琯”,其实还包含了东夷族的部族神灵对舜帝德政的高度认同。

西王母献白玉琯所透露出来的上述三方面的信息,与虞、舜三次神奇脱险的故事,都反映出舜帝身上具有浓厚的神秘色彩和巫术魔力。这些神秘故事告诉我们,舜帝其实同时兼具道德圣君与通天大巫的双重身份。同时也说明,古老的东夷文化对上古文

① 许兆昌:《虞舜乐文化零证》,载《史学集刊》2007 年第 5 期。

② 李炳海:《蓬莱、昆仑神话同源于东夷考》,载《东岳论丛》1991 第 1 期。

明中巫术信仰的传统,有着完美的传承和独到的发扬,因而舜帝才有如此迷人的魅力,而齐地的仙道文化,正是对源于东夷文化及虞舜文化的这一传统的发扬光大。

齐文化远承东夷文化之源头活水,近得虞舜文化之滋养化生,再经姜太公之发扬倡导,稷下学宫之兼收并蓄,终于在战国秦汉时期别开生面,结出了方仙道和黄老之学这样影响深远的两大硕果。① 而在汉武帝独尊儒术之后,作为治国之术的黄老之学,其中的一支转而向养生发展,又与方仙道相融而为黄老道,遂成为中华本土宗教——道教的前身。所有这一切,追本溯源,均与古老而辉煌的东夷文化有着深层的关联。从某种意义上说,中华文化正是因为有了这一系列的拓展,才能在儒家重视现实人生的思维格局之外,发现全新的世外洞天,增添无穷的奇思妙想。这既展示了齐文化丰富多彩、别具一格的胜境,也让我们深切地感受到东夷文化余妙绕梁的魅力。

① 刘怀荣:《齐地方仙道发展的三次高峰——兼谈齐地神仙文化的当代价值》,载《齐鲁学刊》2014 年第 5 期;刘怀荣:《战国至汉代齐地黄老之学的发展与传播》,见冷卫国主编《传统经典与国学教育研究》,清华大学出版社 2017 年版。

孙膑采地问题与昌邑地区的孙膑信仰研究

刘晓焕

(山东社会科学院历史研究所研究员)

随着1972年山东临沂银雀山西汉墓《孙膑兵法》的出土，孙膑研究逐渐为学术界重视。尤其是进入20世纪90年代以来，国内外出现了多领域、多学科的孙膑与《孙膑兵法》研究和应用热。进入21世纪后，继菏泽(鄄城)举办关于桂陵之战、孙膑里籍与孙膑兵法的学术研讨会，郯城相继举办关于马陵之战的学术研讨会后，不仅鄄城多次举办国际孙膑文化节暨学术研讨会(两年一届)，而且莘县也举办过关于马陵之战的学术研讨会，并先后出版了论文集。其中孙膑史迹的研究尤受重视，且取得了许多成果。这些研究成果的取得，对于提高地方知名度、加大文化旅游产业开发，服务于经济建设都有着重要的现实意义。但应该看到的是，在孙膑研究方面的工作尚有值得继续深入开展之处。兹试将孙膑采地问题与昌邑地区民间孙膑信仰现象作一系统研究，不足之处，敬请方家教正。

一、关于孙膑采地及其方位问题的研究

历史上有无孙膑采地，孙膑采地位于何处，这是首先应当解决的问题。

（一）有关孙膑采地的地方文献记载

关于孙膑采地问题，在《战国策》《史记》等文献中均未留下记载，那么是否有过孙膑采地呢？回答是肯定的。这是因为，"赏功赐土"是当时的社会制度，以孙膑同时期的人为例，齐威王二十二年（前357）将下邳封给相国驺忌；马陵之战中任将军的田婴，马陵之战后任齐相，湣王三年（前298）被封以薛地；与孙膑并肩作战的大将田忌则封于徐州。孙膑有大功于齐，齐王赐地报功是不容置疑的。

孙膑既有采地，那孙膑采地在什么地方呢？我们查阅到的最早关于孙膑采地的记载，存于国家图书馆特藏的孤本——顺治十八年（1661）党丕禄修、李肇林纂《昌邑县志》［康熙十一年（1672）刻本］一书中。该书卷五《职官志·功封》即有记载说：

> 孙膑，齐军师。孙武之后，生鄄阿之间。与庞涓同学兵法。涓为魏将，嫉膑之能，以计刖其足。齐使窃载归齐。齐将田忌进威王。王问兵法，遂以为师。其后魏伐赵，赵急，求救于齐。威王欲以膑为将，辞曰："刑余之人不可。"于是，以田忌为将，以膑为师，居辎车中，坐为计谋。魏与齐战于桂陵，大破魏军。后十五年，魏与赵攻韩，告急于齐。齐使田忌与孙子救之，直走大梁。涓遂去韩而归。膑用减灶计，度其行，夜必至马陵，乃斫大树，白而书之曰：庞涓死此树下。涓果夜至，举火读未毕，万弩俱发，魏兵大乱。涓乃自刎，曰："遂使竖子之名！"齐因乘胜破魏军，虏太子申以归，孙子因以名显天下。威王封于都昌为食邑。

此后的乾隆七年（1742）周来邰纂修《昌邑县志》卷五《勋土》也有与上述相类似的记载：

> 孙膑，孙武之后，生阿鄄之间。与庞涓同学兵法。涓为魏将，嫉膑之能，以法刖其足而黥之。齐使如魏，膑以刑徒阴

> 见,说齐使,齐使以为奇,窃载与之齐。齐将田忌进于威王,遂以为师。其后,魏伐赵,赵急,请救于齐,齐以田忌为将,而孙膑为师,居辎车中坐为计谋,大破魏军于桂陵。后十五年,魏与赵攻韩,韩告急于齐,齐使田忌将而往,直走大梁。庞涓闻之,去韩而归。膑使齐军入魏地,为十万灶,明日为五万灶,又明日为三万灶。涓行三日,大喜曰:"我固知齐军怯入吾地,三日士卒亡者过半矣。"
>
> 乃与轻锐倍日并行逐之。膑度涓暮当至马陵,马陵道狭多阻,可伏兵,乃斫大树,白而书之曰:"庞涓死此树下。"遂令万弩夹道伏,期日暮,见火举俱发。涓果夜至树下,见白书,乃钻火烛之,读未毕,万弩俱发,魏军乱,涓穷自刭,曰:"遂成竖子之名!"
>
> 齐因乘胜尽破其军,虏魏太子申以归。威王封膑于都昌。

以上两条史料明确告诉我们,马陵之战后,齐威王将都昌赐予孙膑为食采之地。

另据顺治十八年(1661)党丕禄修、李肇林纂《昌邑县志》卷三《建置志·坛庙》记载:

> 孙子庙,在县西北三十里瓦城社。孙膑仕齐,食邑于此,故祠之。宋〔神宗〕熙宁四年重修。内有奇槐,见在八景,谓"孙庙奇槐",即此。顺治十七年,道人孙守德重修。

同书卷七《杂述志·古迹》又载:

> 鄑城:在县西海滨三十里。《左传·庄公元年》:"齐师迁纪于鄑。"即此。俗呼瓦城,半为水渐。城南有孙子庙。出《齐乘》。

后两条史料则告诉我们,孙膑采地在昌邑瓦城社,而瓦城为鄑城俗名,即孙膑采地在古鄑城一带。

对于孙膑采地在昌邑瓦城一带之说,乾隆七年(1742)周来邰纂修《昌邑县志》说得更为明确。该书卷一《形势·八景附》“孙庙奇槐”条载:

孙膑食采于鄑,庙在瓦城(社)。

1993年春在昌邑市龙池镇瓦城村发现的光绪二十三年(1897)所立《重修升平郡王庙碑》也持这一说法:

〔瓦城〕升平郡王庙创造有自来矣。考之孙子建功于齐,食邑于鄑,鄑人沾其恩泽,故立庙而祀焉。盖稽田碣所载,则自宋至明以来,历代重修。

而1937年刘毓章修、刘选卿纂《昌邑县志》(稿本)卷四《建置》亦载:

孙子祠:在城西北瓦城社,祀孙膑。膑仕齐,食邑于此。

今人赵仲泉《孙膑采地与孙庙奇槐》一文也支持此说:“(战国时期)齐威王把富饶的鄑邑封于孙膑作为采地。”

都昌、鄑邑故城俱在今山东省昌邑市境内,孙膑采地在今昌邑显然是没有问题。但都昌、鄑邑两故城在今昌邑的位置,前者居昌邑中部,后者则居北部,并非同一处地方。那么,哪一说法更接近史实呢?让我们回过头来分别考察一下鄑邑与都昌的历史。

(二)从春秋战国时期的鄑邑与都昌考察孙膑采地之所在

鄑,春秋时纪邑。据《左传·庄公元年》记载:“齐师迁郱、鄑、郚。”意即齐欲灭纪,先利用军队强迫迁其三邑之民。此后,鄑邑遂为齐地。不久,纪国灭。鄑邑故城坐落在今昌邑市西北30里龙池镇瓦城村以北渤海滩涂上,故址东西宽200米,南北长300米,因距海口不远,故受潮汐影响严重。那么,纪国为什么将鄑城筑在这里呢?我们认为,这主要是从经济方面考虑的。鄑城周边,古潍水、古溉水、古鄑水在此相互交叉,缓缓入海,上游带来的大量浮游生物使海口一带渔业资源发达;另外,纪国所属今潍坊市域之寿光、寒亭、昌邑三市区滨海地带,早在商代末期就已经开始的煮盐业继续发展,利润丰厚。渔盐之利使鄑邑成为富饶之地。

齐师迁鄑灭纪后,疆域迅速发展到胶潍平原,为继续向东夷开拓,达到控制半岛咽喉,进一步占领东方的目的,齐国急需在边境上有一座军事意义上的重镇。鄑城僻处海隅,显然不具备以上军事条件。因此,重选新址势在必行,而这座在新址上所建的城邑,就是都昌城。都昌,初名邶殿,春秋时为齐之别都,战国齐"七十二城"之一。北距鄑邑故城30里,左依东山,右踞西岩,潍水环抱,居东西交通之要冲。遗址位于今昌邑市第一中学、市人民医院、市体育场、市检察院、市文化馆驻地一带,东西300米,南北400米。

公元前685年,公子小白即位,是为齐桓公。在名相管仲的辅佐下,齐桓公开始了军政改革。正如《史记·管晏列传》记载:"管仲既任政相齐,以区区之齐在海滨,通货积财,富国强兵,与俗同好恶。"实行四民分业,并重视经济,大兴渔盐之利,实行盐铁专卖。通过改革,齐国迅速富强起来,为称霸诸侯奠定了基础。到了春秋末期,邶殿已发展成为齐之大邑,齐"五都"之一。"都"是齐国所设立的一种特殊区域组织。《战国策·燕策》曾言齐国有"五都":"王因令章子将五都之兵。"《左传·襄公二十八年》载:"与晏子以邶殿,其鄙六十,晏子弗受。"杜预注:"邶殿,齐别都。以邶殿边鄙六十邑与晏婴。"杨伯峻在《春秋左传注》一书中也说:"邶殿,今山东昌邑县西北部……邶殿其鄙,邶殿之鄙也。邶殿,齐之大邑,其都鄙亦广。"一邑为30家,也就是说,到春秋末期,邶殿已是至少拥有1800户的大邑,从而成为齐国东部的军事、政治、经济、文化中心。

鄑邑作为邶殿或都昌的一部分,自齐师迁鄑后,再也不见经传。因此,我们认为,威王封孙膑的采邑之地应为都昌。但鄑邑故城一带作为都昌北部重要的经济区域,必定仍受到特殊重视,这也是鄑邑说存在的主要原因。

二、关于昌邑地区民间孙膑信仰现象的研究

中国本土的信仰崇拜大致可分为自然信仰、英雄信仰、杂神信仰三大类。孙膑崇拜显然属于英雄信仰一类(下称孙膑信仰)。其形式的主要表现是在孙膑故里、习艺场所及建功立业故地、食采之地修祠建庙进行祭祠或其他建筑设施从事纪念活动,像鄄城的亿城寺、孙氏家祠、孙家花园、孙膑书院,阳谷的孙膑阁、孙膑庙,莒南甲子山孙膑洞(相传这里是孙膑当年隐居练兵著书的地方)、河北云梦山上的孙膑庙(传孙膑拜师习艺处),以及昌邑的孙子庙、孙子行宫等。另外,作为孙膑信仰的特殊形式,在行业保护神信仰方面,明清以来,制鞋业奉孙膑为行业保护神,对此本文暂不涉及,谨就昌邑地区的孙膑信仰问题做一探究和介绍。

(一)昌邑地区孙膑信仰产生的历史背景——全国范围内孙膑信仰的兴起

昌邑地区孙膑信仰现象的产生,与历史上全国大范围内孙膑信仰的兴起有着密切的关系。

国内孙膑崇拜信仰的出现,究其由来,当始于唐代。据《新唐书·礼志》记载,唐玄宗开元十九年(731),始置太公尚父庙,以留侯张良配,仲春、仲秋上戊祭之,以古名将十人为十哲配享。肃宗上元元年(760)尊太公为武成王。德宗建中三年(782),朝廷下诏史馆考定古今名将64人配享,分列武成王左右,左边32人是越范

蠡、齐孙膑、赵廉颇……这是孙膑被列于国家祀典的最早记载。五代后梁废从祀之祭,后唐复之。到宋代,宋太祖赵匡胤出身武将,所以在建隆三年(962)下令修武成王庙,并且和国学相对,文武并崇。宋代除了武成王姜尚,亚圣张良外,十哲是管仲、孙武、郭子仪等,东西庑另有60将,和唐代差不多,至清增至80位,孙膑仍在其中。至宣和五年(1123),礼部言:“武成王庙从祀,除本传已有封爵者,其未经封爵之人,齐相管仲拟封涿水侯、大司马田穰苴桓山侯……齐将孙膑武清伯。”这是后世追封孙膑爵位的开始。金、元、明清时期,孙膑从祀如故,而其爵位也不断升高,累封至升平郡王。

以上是孙膑作为国家祀典出现的。在国家推崇的环境下,同时伴随着宋元以来《乐毅图齐》《列国志传》《孙庞演义》《七国志全传》等有关孙膑小说(通俗读物)的流行,民间的孙膑信仰也逐渐兴起,并在不同地区形成了不同的民俗文化特点。而相比之下,其中尤以昌邑地区的孙膑信仰最富代表性,不仅特点最突出,而且内容也最为丰富。

(二)昌邑地区民间孙膑信仰的主要活动场所——孙膑庙和孙子行宫

昌邑的孙膑庙,又称孙膑祠、孙子庙、孙老爷庙,简称孙庙,在今昌邑市龙池镇瓦城村,北距鄑邑故城5公里。清末时期的孙子庙庙基占地30余亩。有正殿、寝殿、配殿、山门等大小建筑共30多间。山门三间,匾额大书“孙子庙”,内有高近3米的金刚像,泥牛、泥马分列左右。山门的对联是“马陵奇计,减灶可风”“名扬七国,威震边垂”,额批是“鄑邑遗爱”。山门外两侧有铁牛、铁马,高1.5米,造型逼真,栩栩如生。外围木栏,以防游人攀摩。庙前建有石坊、影壁、戏楼、广场,为祭祀时演戏和演旨场所。孙膑庙的主体建筑为正殿与寝殿,正殿五间,重檐歇山,悬梁雕栋,四角缀以铁马,风吹铿锵。殿内主尊为孙膑座像,两旁各有配像十尊。正殿庭院广阔,中有三米宽的石甬路,两旁古柏数十株,树碑相间,碑刻多为历代重修时捐款人姓名。正殿之后为寝殿,主尊为鬼谷子塑像。东间暖阁有孙膑卧像,传说卧像下有海眼,侧耳细听可听到海潮的澎湃声。西间有铜像三尊,气象威猛。到清后期配殿神像皆无,所以供奉为何人不详。

最早记载昌邑孙膑庙的文献是元人于钦著《齐乘》一书。据顺治十八年党丕禄修、李肇林纂《昌邑县志》记载:

> 郚城:在〔昌邑〕县西(北)海滨三十里。《左传·庄公元年》:"齐师迁纪于郚。"即此。俗呼瓦城,半为水渐。城南有孙子庙。出《齐乘》。

《齐乘》是现存最早的山东通志性著作。可见,在元代昌邑瓦城孙膑庙已经闻名于世。

那孙膑庙始建于何时呢?顺治十八年党丕禄修、李肇林纂《昌邑县志》一书给我们提供了这样的线索:

> 孙子庙,在县西北三十里之瓦城社。……宋熙宁四年重修。

光绪二十三年所立《重修升平郡王庙碑》也持这一说法:

> 升平郡王庙创造有自来矣。……盖稽田碣所载,则自宋至明以来,历代重修。

1919年,瓦城社人孙际凤所撰《孙庙奇槐赞》诗碑亦有类似的记载:

> 而庙亦不知建自何时?详考碑记,唯宋熙宁时所立者为至远,亦系重修,则此庙之建未必自宋始。

1990年,在瓦城南15公里的双台乡申明亭村(今属昌邑市都昌街道办事处)发现了立于宋淳化二年(991)的《重修东岳天齐王

庙碑》,碑文中在描述天齐王庙所居形势时说:

斯庙也,东望胶潍二水,屈伸而状若青龙;西通臧、望两台,昂藏而形如白虎;北有瓦城大庙,镇作玄武之灵;南有寒浞故亭,卓为朱雀之像。

这条记载很重要,“北有瓦城大庙”,正与以上记载暗合。“瓦城大庙”显然指的就是孙膑庙,这也为上述孙际凤先生的观点提供了有力的证据支持。也就是说,早在宋太宗淳化二年乃至此前,孙膑庙已经有了相当大的规模,所以才能成为一方的标志性建筑。故孙际凤先生“则此庙之建未必自宋始”的推论是非常有见地的。由此可见,仅就建造年代来说,昌邑孙膑庙可以说是现在所知国内孙膑庙建造年代最早的一座,这也为孙膑采地在昌邑提供了另一有力证据。

另据载,明代青州衡王府也曾捐银500两用于扩建孙子庙。当时,昌邑地方官吏、绅商、乡民也响应此举,集资扩建。从此,孙膑庙庙基范围愈加扩大,加之清代又几次重修,规模更加宏伟壮观。郝毓秀《忆孙子庙与孙庙进旨》一文也有介绍说:“据说瓦城村(现分为瓦北、瓦东、瓦西三村)旧有孙子庙,建筑简陋。明嘉靖年间,青州衡王有一残疾女儿,下嫁到瓦城王姓。当时瓦城滨海,荒凉一片,无景可赏,衡王为慰其女儿,乃扩建孙庙,自此有孙庙山会之盛。”清前期诗人高嵩写有《孙膑庙》一诗,涉及当时孙膑庙的状况及自己游历该庙时的感想:

孙庙苍苍霭暮烟,令人遥思汉唐先。
萧森松柏朱门外,层叠山川碧槛前。
七国奇功五万灶,一生神策十三篇。
英灵海外今何在,俎豆犹然到玉筵。

辛亥革命后,民风渐开,村民为兴办新式教育,曾将庙内配殿改为学校。20世纪30年代初成书的胶济铁路管理委员会车务处编《胶济铁路经济调查资料汇编》(1934 年铅印本)卷三《昌邑县·名胜古迹》记载 1932 年 12 月调查到的情况时还说:“〔昌邑〕城北三十里之孙膑庙,宇观宏伟,香火甚胜。”说明直到抗战前庙宇规模仍然很大,香火不断。

昌邑的孙膑庙除瓦城本庙,邻近的一些村庄,如原昌邑县第二区东永安村、渔埠村(今均属昌邑市都昌街道办事处)等村,还纷纷兴建了孙膑行宫。其中东永安村西的孙子行宫,俗称孙老爷庙,兴修于晚清光绪年间。与其邻近的渔埠村的孙子行宫兴建年代当更早,门前楹联是:“鬼谷门下真法诀,马陵道上旧生灵。”这些地方也都成为昌邑西部地区孙膑信仰的主要活动场所。

(三)昌邑地区民间孙膑信仰的主要表现方式——孙庙进旨和演旨

农历正月十四、九月初一为瓦城孙子庙会,益都(今青州)、寿光、临淄、广饶、潍县(今潍坊)、高密、安丘、昌邑、平度、掖县(今莱州)等周边地区的信众皆来赶会,人山人海,热闹非凡,不愧是昌邑北部最大的庙会。正月庙会期间,孙膑崇拜的主要活动是演旨和进旨。据龙池镇岱邱村 80 多岁老人郝毓秀(黄埔同学会会员,已故)的回忆以及我们的实地调查,1938 年以前演旨和进旨的情况如下:

昌邑市龙池镇辖域在 1949 年中华人民共和国成立前为昌邑县第三区,下辖太宁、太盈、太安、白塔、忠诚五社,各社都有木雕的孙膑像,俗称“驾”或“旨”。每到正月初十,各社打起席棚,将孙子像抬出供奉,由香头、善人日夜守护。每日三餐,村民都要上香祭拜。至十一、十二日,孙膑木像开始出巡,俗称演旨。“演旨”词意现已失传。查《汉书》有“推演盛德”之语,“演旨”或许取意于此。在演旨的前一天,各社村民到本社社屋领取旗锣伞扇、刀枪斧钺等仪仗,次日一早到孙子驾前集合,排队出旨。先头是纸牛、纸马;其次是“肃静”“回避”木牌;再次是十面大旗(在三角旗上绘有二十八宿神像;方形旗上书“齐东保障”“扶弱抑强”“道传鬼谷”等大字);再次是刀枪斧钺等兵器,有数十件;另有直径1米多的大铜锣十余面夹杂其间;再后是对联、万民伞以及八抬大轿抬着孙老爷(孙膑)、孙老娘(孙膑夫人)的木胎神像,会首、善人们谨慎地扶着轿杆。最后是约三丈高的大纛旗,俗称“高照”,由一人扛着,四人用绳子拉着,上书孙膑封号“升平郡王”等20余字,旗边缀有铜铃,叮咚作响。众人浩浩荡荡地到本社各村演旨,沿途各村与商号早已摆好供桌准备接驾。每到一处,鞭炮齐鸣,八抬大轿到供桌后落驾。众人进香、祭奠。然后,由三眼铁炮鸣炮三声,起驾前行。凡孙子驾进村,狮子、高跷、旱船、武耍等在轿前随行随耍,其中武耍最盛。梢子棍两边开路,中间是马叉,或高或低,抛来抛去,煞是壮观。

孙子出巡仪仗中最受青睐的是纸扎的独角大黄牛,传说它是孙膑的坐骑,神通广大,能为人消灾免祸。故瓦城孙膑庙内不但有泥牛塑像,道光年间,信众们还集资铸造了铁牛,置于山门之外。清代昌邑县学者、举人吴克思还为之写了《独角牛歌》:

瓦城社,孙子宫,孙子神牛亦英雄;
独角日行八万里,花蹄往来如生风。
曾助宁戚成相业,不数田单用火攻。
触墙何须分八字,挂书要与《阴符》通。
由茧而栗而握尺,首尾都是麒麟容。
天地、山川、社稷、宗庙皆不享,留与孙子成大功。
马陵阵前逞雄骏,乘韦十二俱无庸。
黄姑收去归天上,铸像屡烦攻金工。
而今屹立山门外,黑精幻化牡丹红。
会当乘之入函谷,煌煌紫气来于东。

文人笔下,独角神牛真是无所不能。演旨的队伍过村,村中初生的小孩要抱出来摸牛角,大人还随着说:“摸摸牛角不生豆,摸摸牛鞍不生癍。”然后以红绿丝线拴着几枚铜钱挂在牛角上(这是扛牛人的外款)。生病的,也来摸摸牛身,乞求神牛将病带走,无灾无病的也往牛腚上拍一拍,并自言道:“拍拍牛的腚,一年不生病。”做生意的人也要挤上前去抓一把牛角,一面说:“抓一把牛角[昌邑俚语称‘牛角(jia,音夹)’],生意兴隆把财发。”这种信仰还沿延至昌邑全县与周边地区。普通百姓家的大门或屋门背面,往往贴上一只用金帛纸剪制而成的独角纸牛,旁边则用红纸写上祝语:“西边来了大黄牛,摇头摆尾向东游。一游游到十字街,不吃粮草吃病灾。大灾小灾吃个净,全家老少不生病。”直到今日,此风犹胜。

出巡队伍中,扛刀枪旌旗者多是儿童,或老人领着儿童,抬锣者为青年,抬轿者为壮年,抬高照者为有力之壮年。男女老幼,无不踊跃参加。中午即在村头歇驾野餐,多自带干馍,也有卖水卖饭的,犹如一临时集市。

据民间传说,正月十四是孙膑的诞辰日,各社齐向瓦城孙子庙进旨。一路上各村口接驾与演旨时一样,武耍、戏耍相互竞赛,各处的香客也纷纷结会而来。传说最盛时达七十二路回旨,参加者约两万人。在昌邑县北乡的山会中,正月十四日的孙庙进旨,可算是最鼎盛的,而孙膑自然也就成了人们心中的保护神。

除瓦城孙膑庙,邻近地区兴建了孙膑行宫的有关村庄也有相应的类似活动。东永安村的孙子行宫,每年正月十四也有庙会,现已自发恢复。庙会的主要内容除了祭拜孙膑外,摸独角大牛仍是最主要的活动。大牛长 15 米,高近 10 米,新年过后即着手扎制,众多善男信女年前早以为这一活动捐过资。至庙会之日,参拜的民众人山人海。临近午时,在会首的主持下,将大牛焚烧,乞求大牛将一年的病灾带走,乞求孙老爷保佑四方平安,风调雨顺。

值得一提的是,有关昌邑的孙膑信仰主要体现形式之孙膑进旨和演旨始于何时,目前已无可考究,但从昌邑孙膑庙的始建年代与昌邑地区民间孙膑信仰的范围来看,其起源应有较长历史,这显然也与孙膑采地在今昌邑市境内有着密切的关系。

(四)昌邑地区民间孙膑信仰的又一表现形式——士大夫阶层对孙庙奇槐的讴歌

谈到昌邑瓦城孙膑庙,就有必要介绍一下孙庙奇槐。此槐在孙膑庙寝宫殿院内,本为两株龙爪槐,干支盘垂,弯曲百结,宛似双龙在架,被称为“孙庙奇槐”,向为“昌邑八景”之一。

1. 前人对孙庙奇槐的记载与介绍

顺治十八年党丕禄修、李肇林纂《昌邑县志》卷一《地理志·形胜》条的记载:

> 孙庙奇槐:孙膑庙在县西北瓦城村中,有古槐二株,老干盘错,枝叶俯垂,旋转百结,有龙蟠云绕之态,世传孙子擒龙晒袍处,谓之奇槐。

乾隆七年周来邰纂修《昌邑县志·形势》也有记载说:

> 孙庙奇槐:孙膑食采于鄑,庙在瓦城。中有古槐二株,老干硉矹,枝柯蟠拿,翠盖穹垂,拗屈百结,有虬舞云萦之态,谓之奇槐。相传先有槐,后立庙云。

原立刻于奇槐旁的《孙庙奇槐赞》则说:

> 干屈似虬,枝卷犹龙,皮老而皴,骨瘦而瘿。根纠纷而盘结,腹虚空而坚贞,乔木也欤哉!可等之太室之柏,曲阜之桧,天灵之松。

1990年发现的孙际凤《孙庙奇槐赞》诗碑的记载也说:

> 此槐不计年矣,相传先槐后庙,而庙不知建于何时。详

考碑记,惟宋熙宁时所立者为至远,亦系重修。则此庙之建未必自宋始,而槐之由来更不知从何朝代矣。余今年八十有六,为童子时犹见两株所脱之胎大俱合抱。后为风蚀雨煮,渐就衰残。乾隆时西胎被道人伐以供炊,光绪时东胎仅存余朽,甚为可惜。此槐之奇,不奇其干枝之拳曲,而奇其能脱骨换胎,神乎,神乎!

王青山在台湾《山东文献》上发表的《昌邑县的八大景》一文载第六景即“孙庙奇槐”:

在(昌邑)城北四(三)十华里地方靠近渤海边,有一大村庄,离革命先烈陈干字明侯故里的白滩(塔)约八九华里,此村名曰瓦城,足有千多户人家。村中有一孙膑庙,此庙香火一直很盛,农历正月十三(十四)是庙会。在这庙院有一棵古槐,据说那一古槐向一面的枝头旺盛,那一面(的)人家即兴旺。若遇凶年歉岁,即如枯死一般,谓之脱胎,但是来年丰收,又能生枝长叶,乡老多以此树卜岁之吉凶。

孙膑庙被拆除后,在庙址上修建了瓦城小学,奇槐仍存于校园中,至1976年始被掘除。

2. 明清以来士大夫阶层对孙庙奇槐的讴歌

孙庙奇槐自明代以来一直被列为“昌邑八景”之一。作为昌邑孙膑信仰崇拜的一个重要组成部分,明清以来诸多文人墨客为它吟咏赞唱,仅各种版本的《昌邑县志》就收入为其吟咏的诗词20余首,谨录数首附后,以窥一斑:

嘉靖丙辰科进士、御史邑人孙梦豸《奇槐诗》:“孙子祠槐枝干苍,玲珑蟠曲透晴光。叶浓九夏云屯绿,花落三秋雨点黄。一代威名雄战国,千年风景萃都昌。里人漫说擒龙事,且坐清荫趁举觞。”

邑廪膳生邢有恒:“将军祠宇海之隈,鸟迹盈阶半绿苔。人自屠龙归去后,槐枝盘结更奇哉。”

清顺治昌邑令党丕禄:“奇枝夭矫驾双龙,应有神工造化通。皴老曾沾秦汉雨,根深饱历海天风。当年事业惊诸国,此日炉烟福二东。莫道屠龙皆幻说,即留一木尚奇雄。”

顺治十四年邑贡生李肇林:“千年奇树叱双龙,鳞甲皴皴内自通。插地似应连岛屿,蟠空漫欲傲霜风。壮犹以迈先秦上,祠庙还巍瀚海东。岁岁鄑人香火远,宁徒梁魏逊豪雄。”

康熙间邑令、盐官许全临:“孙子祠堂岁祀供,双槐夭矫绿荫浓。千年老干宜翔鹤,百尺虬枝已化龙。勋业昔时消作梦,神灵此日回能通。溟沧一望墩台远,为奠波涛巩旧封。”

邑庠廪生宋明翰:“古祠何事夸当世,槐影于今错节奇。夭矫天工非力作,玲珑物性借神私。七雄已历荣枯叶,百世还同卷曲枝。翠壁华檐乐看汝,风唐雨汉阅多时。”

邑廪贡生孙玉树:“谁言孙子庙已空,奇槐郁郁绕寝宫。瓦城自古留遗迹,表繁黎兹想烈风。漫道虬枝亢挺秀,应思驭陵共称雄。至今伟绩垂青史,一柱香烟报骏功。”

此外,20世纪初瓦城社乡间文人孙际凤的《孙庙奇槐赞》也写道:

> 天赐双槐迈迹奇,盘旋相顾尽枝枝。
> 深根瑞结风难垢,瘦骨灵凭寿靡期。
> 曲折千条惊积引,蜿蜒万叠误蟠螭。
> 两胎若问几回胎,野老闲谈具不知。

不难看出,昌邑地区的孙膑崇拜信仰作为一种文化现象,不但在民间有着广泛的信众基础,并且同时也为仕宦阶层所接受。孙庙奇槐作为昌邑孙膑信仰的一个重要组成部分,更是被士大夫阶层先后讴歌了五六百年之久,成为昌邑孙膑信仰的又一特色。在“雅”“俗”两种势力的相互作用下,孙膑逐步由人上升为神,成为民间神祇的一员。而这种特殊的文化现象,又可以视为孙膑采地在昌邑的民俗证据。

参考文献:

[1]《重修东岳天齐王庙碑》,宋淳化二年(991)立。原碑现存昌邑市博物馆。

[2]《重修升平郡王庙碑》,光绪二十三年(1897)立。1993年春在昌邑市龙池镇瓦城村发现。

[3]孙际风撰:《孙庙奇槐赞》诗碑,1919年立。拓片存昌邑市博物馆。

[4]〔元〕于钦撰:《齐乘》,清乾隆四十六年(1781)胡德琳登州刻本、清乾隆《四库全书》本。

[5]〔清〕党丕禄修、李肇林纂:《昌邑县志》,康熙十一年(1672)刻本。

[6]〔清〕周来邰纂修:《昌邑县志》,乾隆七年(1742)刻本、光绪三十三年(1907)重刻本。

[7]〔清〕陈嘉楷修、韩天衢纂:《昌邑县续志》,清光绪末年刻本。

[8]刘毓章修,刘选卿纂:《昌邑县志》(稿本),1937年,残存一册,存昌邑市档案馆。

[9]昌邑文山诗书社编校:《昌邑古县志集》,潍坊市新闻出版局1996年版。

[10]胶济铁路管理委员会车务处编:《胶济铁路经济调查资料汇编》,1934年铅印本。

[11]杨伯峻注:《春秋左传注》,中华书局1981年版。

[12]山东省昌邑县志编纂委员会编:《昌邑县志》,山东省新闻出版局1987年版。

[13]王青山:《昌邑县的八大景》,载《山东文献》1976年第1期。

[14]郝毓秀:《忆孙子庙与孙膑进旨》,见中国人民政治协商会议昌邑县委员会文史资料研究委员会编《昌邑文史资料》第6辑,1992年内部印行。

[15]赵仲泉:《孙膑采地与孙庙奇槐》,见王蔚成主编《昌邑文化博览》,齐鲁书社2000年版。

论田齐"选锋"军事思想及实践

王继学
(烟台大学人文学院副教授)

"选锋"为军队中战斗力最强、最精锐的部分,经常充当突击队或敢死队。古今军事家用兵,十分重视"选锋"的作用,在历代战争中,活跃着"选锋"军的身影。《武经总要·选锋》曰:"夫士卒疲勇,不可混同为一。一则勇士不劝,疲兵因其所容,出而不战自败也。故兵法曰:'兵无选锋曰北。'昔齐以伎击强,魏以武卒奋,秦以锐士胜,汉有三河侠士、剑客奇才,吴谓之解烦,齐谓之决命,唐则谓之跳荡,是皆选锋之别名也。兵之胜术,无先于此。"①田齐作为战国七雄之一,有一支独特的"选锋"部队——"技击",在其争雄战争中发挥了十分重要的作用。在理论与实践相结合的过程中,田齐军事家也有一系列关于"选锋"价值、组建、使用的军事思想,引人注目。

一、田齐的"选锋"军事思想

田齐的"选锋"军事思想,集中存在于《司马法》《孙膑兵法》

① 《中国兵书集成》编委会编:《中国兵书集成》第3册,解放军出版社、辽沈书社1988年版,第45页。

《六韬》三部田齐兵书中,其中《孙膑兵法》《六韬》的论述更为丰富和重要。

一般认为,传世本《司马法》成书于齐威王时,是威王“用兵行威,大放穰苴之法”,故“使大夫追论古者《司马兵法》而附穰苴于其中”而成书。(《史记·司马穰苴列传》)1972年,山东临沂银雀山汉墓出土的《孙膑兵法》,“约为孙膑弟子所述(其间似亦有孙膑自著)”①,反映了齐威王时期孙膑的军事思想及其指挥齐军作战的情况。另外,学者们普遍认为,传世本《六韬》最终成书于战国中晚期,成书地域是齐地。② 以上三部与田齐有密切关系的兵书,有大量篇幅论述“选锋”的建设、使用原则,显示出田齐军事家对“选锋”的格外重视。比较来说,《司马法》论述“选锋”的篇幅较少,远远比不上《六韬》和《孙膑兵法》。

首先,三部兵书都论述了“选锋”的重要性。《司马法·用众》云:“选良次兵,是谓益人之强。”刘源解释说:“选良,选用敌之贤良而仕之。”③施子美则解释说:“练选良材,以为选锋,次序其兵,以为先后,可以益吾军之强。”④“选良”与“次兵”并举,显然施子美的解释是正确的。军队中的强兵集中使用,并没有增加兵员,却提高了军队的战斗力。《司马法·定爵》认为,要求得胜利,

---

① 张震泽撰:《孙膑兵法校理·自序》,中华书局1984年版,第1页。

② 参阅刘宏章:《〈六韬〉初探》,载《中国哲学史研究》1985年第2期;刘庆:《六韬与齐国兵学》,见徐树梓主编《姜太公新论》,燕山出版社1993年版;唐书文撰:《六韬·三略译注·前言》,上海古籍出版社2012年版,第9页。另外,杨朝明、仝晰纲等学者认为《六韬》虽然最终成书于齐威王时,但其源头是周初的金版《六弢》。参阅杨朝明:《关于〈六韬〉成书的文献学考察》,载《中国文化研究》2002年第1期;仝晰纲:《六韬的成书及其思想蕴含》,载《学术月刊》2000年第7期。

③ 王震撰:《司马法集释》,中华书局2018年版,第212~213页。

④ 王震撰:《司马法集释》,中华书局2018年版,第213页。

需要“讯厥众,求厥技”,需要“养力索巧”。[①] 这里的“技”“巧”,应是各种军事“材技”。黄献臣、朱墉将“巧”解释为“巧计”“智谋”[②],是不正确的。《六韬·犬韬·武锋》也说:“凡用兵之要,必有武车骁骑,驰阵选锋,见可则击之。”[③]《孙膑兵法·势备》:“阵无锋,非孟贲之勇也敢将而进者,不知兵之至也。”[④]《威王问》:“威王曰:‘地平卒齐,合而北者何也?’孙子曰:‘其阵无锋也。’”[⑤]《孙膑兵法》又将“选锋”称为“篡卒”。《孙膑兵法》特设《篡卒》篇说:“兵之胜在于篡卒。”[⑥]篡卒,即选卒。《孙膑兵法》把士卒分为“篡卒”和“众卒”。《略甲》篇有“以众卒从之,篡卒因之”[⑦]的说法,将“众卒”“篡卒”并称,可知在用兵的时候,“篡卒”与“众卒”就像人有右臂和左膀,承担不同的任务。《威王问》:“田忌问孙子曰:‘……篡卒力士者,何也? ……众卒者,何也?’……孙子曰:‘篡卒力士者,所以绝阵取将也。……众卒者,所以分功有胜也。……明主知道之将,不以众卒几功。’”[⑧]显然,《孙膑兵法》认为,相比于一般士兵,“选锋”在战场上的价值更大,更值得将领依赖。

其次,《六韬》中论及“选锋”,有一套选拔体系。一、有严格的选拔标准。《六韬·犬韬·武车士》:“选车士之法,取年四十已

---

① 王震撰:《司马法集释》,中华书局 2018 年版,第 93 页。

② 王震撰:《司马法集释》,中华书局 2018 年版,第 95 ~ 97 页。

③ 唐书文撰:《六韬·三略译注》,上海古籍出版社 2012 年版,第 95 页。

④ 张震泽撰:《孙膑兵法校理》,中华书局 1986 年版,第 79 页。为了方便阅读,引文中个别通假字改用通行字。下同。

⑤ 张震泽撰:《孙膑兵法校理》,中华书局 1986 年版,第 27 页。

⑥ 张震泽撰:《孙膑兵法校理》,中华书局 1986 年版,第 54 页。

⑦ 张震泽撰:《孙膑兵法校理》,中华书局 1986 年版,第 154 页。

⑧ 张震泽撰:《孙膑兵法校理》,中华书局 1986 年版,第 28 ~ 29 页。

下,长七尺五寸已上,走能逐奔马,及驰而乘之,前后、左右、上下周旋,能缚束旌旗,力能彀八石弩,射前后左右,皆便习者,名曰武车之士,不可不厚也。"①又《六韬·犬韬·武骑士》:"选骑士之法,取年四十已下,长七尺五寸以上,壮健捷疾,超绝伦等,能驰骑彀射,前后左右周旋进退,越沟堑,登丘陵,冒险阻,绝大泽,驰强敌,乱大众者,名曰武骑之士,不可不厚也。"②《荀子·议兵》提到战国魏武卒有选拔标准:"魏氏之武卒,以度取之,衣三属之甲,操十二石之弩,负服矢五十个,置戈其上,冠軸带剑,赢三日之粮,日中而趋百里。"③《六韬》中提到的"武车士""武骑士",都冠以"武"字,说明与"武卒"类似,都不同于一般的车士、骑士,属于"选锋"。二、有专门负责选拔的军吏。《六韬·龙韬·王翼》:"将有股肱羽翼七十二人。"其中"奋威四人,主择材力,论兵革"④。"奋威"显然是负责选拔"选锋"的军吏。从以上引文我们也可以看到,《六韬》主张对待"选锋""不可不厚",应该让他们享受较高的待遇。

再次,《六韬》对"选锋"的分类十分详细。《犬韬·练士》:"军中有大勇、敢死、乐伤者,聚为一卒,名曰冒刃之士;有锐气、壮勇、强暴者,聚为一卒,名曰陷阵之士;有奇表长剑,接武齐列者,聚为一卒,名曰勇锐之士;有拔距伸钩、强梁多力、溃破金鼓、绝灭旌旗者,聚为一卒,名曰勇力之士;有逾高绝远、轻足善走者,聚为

---

① 唐书文撰:《六韬·三略译注》,上海古籍出版社 2012 年版,第 100 页。

② 唐书文撰:《六韬·三略译注》,上海古籍出版社 2012 年版,第 101 页。

③ 〔清〕王先谦撰,沈啸寰、王星贤点校:《荀子集解》,中华书局 1988 年版,第 272 页。

④ 唐书文撰:《六韬·三略译注》,上海古籍出版社 2012 年版,第 42 ~ 43 页。

一卒,名曰冠兵之士;有王臣失势,欲复见功者,聚为一卒,名曰死斗之士;有死将之人子弟,欲与其将报仇者,聚为一卒,名曰敢死之士;有赘婿人虏、欲掩迹扬名者,聚为一卒,名曰必死之士;有胥靡免罪之人,欲逃其耻,聚为一卒,名曰幸用之士;有材技兼人,能负重致远者,聚为一卒,名曰待命之士。此军之服习,不可不察也。"①以上大致分为两类:一类是敢死勇者,如"冒刃之士""陷阵之士""死斗之士""敢死之士""必死之士""幸用之士"。这些人最突出的特点是敢于牺牲性命,但未必有很高的军事技艺。一类是有大力或有突出军事技艺者,如"勇锐之士""勇力之士""冠兵之士""待命之士"。这些人或擅长奔跑跳跃,或有大力,或擅长格斗。另外,《龙韬·奇兵》说:"奇伎者,所以越深水渡江河也。"②可见,"选锋"中也有擅长泅水的。

《六韬》对"选锋"的分类,与《吴子》相比,有相似之处,但更加细化。《吴子·图国》:"民有胆勇气力者,聚为一卒。乐以进战效力、以显其忠勇者,聚为一卒。能逾高超远,轻足善走者,聚为一卒。王臣失位而欲见功于上者,聚为一卒。弃城去守、欲除其丑者,聚为一卒。此五者,军之练锐也。有此三千人,内出可以决围,外入可以屠城矣。"③这里提到的五类"练锐",第二类、第四类、第五类与《六韬》中提到的"冒刃之士""陷阵之士""死斗之士""敢死之士""必死之士""幸用之士"相似;而第一类、第三类与《六韬》中提到的"勇锐之士""勇力之士""冠兵之士""待命之

① 唐书文撰:《六韬·三略译注》,上海古籍出版社 2012 年版,第 96 页。

② 唐书文撰:《六韬·三略译注》,上海古籍出版社 2012 年版,第 56 页。

③ 中国人民解放军军事科学院、军事学院古代兵法译注组编:《吴子译注(初稿)》,中国人民解放军总参谋部出版局 1965 年版,第 8 页。

士”相似。又《料敌》曰:“一军之中,必有虎贲之士;力轻扛鼎,足轻戎马,搴旗斩将,必有能者。若此之等,选而别之,爱而贵之,是谓军命。其有工用五兵、材力健疾、志在吞敌者,必加其爵列,可以决胜。厚其父母妻子,劝赏畏罚,此坚陈之士,可以持久。”①这段文字中的“虎贲之士”“坚陈之士”,与《六韬》中的“勇锐之士”“勇力之士”“冠兵之士”“待命之士”相似。《六韬》和《吴子》的相似论述之间应有相互影响关系,但究竟有何种影响关系,我们难以遽下结论。

再看兵种组成。《司马法》中常常出现“弓矢”二字,却基本没有“弩”字。在《定爵》中,将弓矢与殳、矛、戈、戟并称为“五兵”。② 这说明《司马法》中的一部分内容确实成书于战国之前弩兵未盛的时代。进入战国之后,弩兵的地位大大提高,其重要性超过了弓兵,已经成为能够和骑兵、车兵并列的兵种,受到极大的重视。反映在战国时的兵书中,弩兵也常常与车、骑兵并称。如《孙膑兵法·八阵》说:“易则多其车,险则多其骑,厄则多其弩。”③《六韬》和《孙膑兵法》十分重视弩兵的运用,而基本不谈弓兵。《孙膑兵法·陈忌问垒》云:“弩次之者,所以当投机也。……以弩次疾利。……垒上弩戟分。”④可见,在防御作战中弩兵之重要。

“选锋”的车兵,《六韬》称为“武车”。“选锋”的骑兵,《六韬》称为“骁骑”。“选锋”的弩兵,《六韬》称为“强弩”,《孙膑兵法》则称“强弩”“劲弩”。另外,《六韬》《孙膑兵法》提到的“材

---

① 中国人民解放军军事科学院、军事学院古代兵法译注组编:《吴子译注(初稿)》,中国人民解放军总参谋部出版局1965年版,第13~14页。

② 王震撰:《司马法集释》,中华书局2018年版,第99页。

③ 张震泽撰:《孙膑兵法校理》,中华书局1986年版,第65页。

④ 张震泽撰:《孙膑兵法校理》,中华书局1986年版,第42~43页。

士”,与车、骑、弩兵并列,应该指除弩兵的其他步兵,也属于“选锋”之列。所以,《六韬》《孙膑兵法》中,“选锋”也正是由车兵、骑兵、弩兵和其他步兵组成的,基本包含了战国时期的主要兵种。

最后,《六韬》《孙膑兵法》阐述了“选锋”的作用和使用方法。一、“选锋”能够起“教战”、提高全军军事素质的作用。《六韬·犬韬·教战》明确提出需要用“士卒练士教战”,使“一人学战,教成,合之十人;十人学战,教成,合之百人;百人学战,教成,合之千人”。① 二、“选锋”是决胜的关键。概括来说,“选锋”可以承担突击冲锋、斩首杀将、殿后掩护等任务。敌弱,我方进攻,需用“选锋”突击。如《孙膑兵法·八阵》:“敌弱以乱,先其选卒以乘之。”②敌强,我方突围,也需用“选锋”突击。如《六韬·虎韬·必出》:“武王问太公曰:‘引兵深入诸侯之地,敌人四合而围我,断我归道,绝我粮食;敌人既众,粮食甚多,险阻又固。我欲必出,为之奈何?’”面对这样的危险,应该让“勇力、飞足、冒将之士居前,平垒为军开道”,“敌人若惊,勇力、冒将之士疾击而前”。③ 守城战,也可以用“选锋”突击。如《六韬·豹韬·突战》说,如果敌人迫近我城下,则需要令“勇力锐士隐伏而处……敌以我为守城,必薄我城下。发吾伏兵,以冲其内。或击其外”④。在敌众我寡、敌强我弱的情况下,让“选锋”执行斩首杀将行动,可以一举扭转战局。如《孙膑兵法·十问》:“交和而舍,适气众以强,延陈以衡,我陈而待之,人少不能,击之奈何?击此者,必将叁分我兵,练我死士,二

---

① 唐书文撰:《六韬·三略译注》,上海古籍出版社 2012 年版,第 97 页。

② 张震泽撰:《孙膑兵法校理》,中华书局 1986 年版,第 65 页。

③ 唐书文撰:《六韬·三略译注》,上海古籍出版社 2012 年版,第 69 ~ 70 页。

④ 唐书文撰:《六韬·三略译注》,上海古籍出版社 2012 年版,第 84 ~ 85 页。

者延陈张翼,一者财士练兵,期其中极,此杀将击衡之道也。”①面对优势敌人的攻击,可以在全军配合下,派“死士”“练兵”直取敌将。殿后掩护和突击冲锋一样,都是战斗中最危险、艰巨的任务,所以也要由“选锋”承担。如《六韬·虎韬·必出》指出,要突出重围,除了需要“勇力、飞足、冒将之士居前,平垒为军开道”,还需要“材士强弩为伏兵居后”,使“弱卒车骑居中”。前锋突击顺利的话,“弱卒车骑”就可以跟随“勇力、飞足、冒将之士”突围,而“材士强弩隐伏而处。审候敌人追我,伏兵疾击其后,多其火鼓,若从地出,若从天下”。②《六韬》《孙膑兵法》尤其喜欢谈论“强弩”“劲弩”的使用,显示出弩兵在其“选锋”理论体系中的地位之高。如《六韬·犬韬·战步》论述步兵与车骑交战,我方步兵需要“依丘陵险阻,长兵强弩居前,短兵弱弩居后,更发更止。敌之车骑虽众而至,坚阵疾战,材士强弩以备我后”。③ 又如《孙膑兵法·威王问》:“劲弩趋发者,所以甘战持久也。”④又“威王曰:‘敌众我寡,敌强我弱,用之奈何?’孙子曰:‘命曰让威,必藏其尾,令之能归,长兵在前,短兵在□,为之流弩,以助其急者。’”⑤弩兵能比较快地用弩箭覆盖射程内的敌军,能够支援我方阵线的危急之处,对战局具有很强的影响力,所以受到《六韬》《孙膑兵法》的格外重视。

与《吴子》对“选锋”使用方法的论述比较,我们认为《六韬》《孙膑兵法》有自己的特色,特别是关于用“选锋”斩首杀将、重用“强弩”的论述,为《吴子》所无(《吴子》还将弓、弩并称,并没有特

---

① 张震泽撰:《孙膑兵法校理》,中华书局1986年版,第146页。

② 唐书文撰:《六韬·三略译注》,上海古籍出版社2012年版,第70页。

③ 唐书文撰:《六韬·三略译注》,上海古籍出版社2012年版,第106页。

④ 张震泽撰:《孙膑兵法校理》,中华书局1986年版,第28页。

⑤ 张震泽撰:《孙膑兵法校理》,中华书局1986年版,第26页。

别突出弩兵的地位,这符合战国初期的状况)。这是田齐兵学的独特之处。

二、田齐的“选锋”军事实践

《荀子·议兵》载“临武君与孙卿子议兵于赵孝成王前”。在这段著名的论议中,荀子提道:“齐人隆技击。”他说:“其技也,得一首者则赐赎锱金,无本赏矣。是事小敌毳则偷可用也,事大敌坚则焉涣离耳。若飞鸟然,倾侧反覆无日,是亡国之兵也。兵莫弱是矣,是其去赁市、佣而战之几矣。”①他将“技击”与魏之“武卒”、秦之“锐士”进行比较,得出了“齐之技击不可以遇魏氏之武卒,魏氏之武卒不可以遇秦之锐士”的结论。② 这是传世文献中对齐“技击”最重要的记载。类似文字,也被收入《汉书·刑法志》中。

学者们已经认识到,“技击”属于田齐的“选锋”,“隆技击”是战国时期齐国军事活动的一大特点。③ 但是,荀子评价“技击”的时间,不能早于公元前 258 年。④ 这时,齐“技击”的辉煌期已经过去了。荀子对“技击”的评价是否公允?“技击”究竟是由哪些

---

① 〔清〕王先谦撰,沈啸寰、王星贤点校:《荀子集解》,中华书局 1988 年版,第 271 ~272 页。

② 〔清〕王先谦撰,沈啸寰、王星贤点校:《荀子集解》,中华书局 1988 年版,第 274 页。

③ 如孙建民指出:“历代虽名称不一,但都注重‘选锋’军的建设。如……战国时齐国的‘选锋’称‘技击’。”见孙建民《论孙子“选锋”思想及其现代意义》,载《济南大学学报》2011 年第 3 期,第 22 页。

④ 此处用赵逵夫先生《先秦文学编年史》的说法。见赵逵夫编:《先秦文学编年史》(下),商务印书馆 2010 年版,第 1271 页。乐毅率五国联军伐齐在公元前 284 年,两次大败齐军,几亡齐国。经此一役,齐“技击”损失殆尽。

兵种组成,是怎样选拔出来,在战争中是怎样被使用的,其兴盛和衰亡又经历了怎样的历史过程,对诸多问题的回答,仍然存在很多争论,有很多模糊不清之处。

虽然我们难以确定《司马法》《六韬》《孙膑兵法》的“选锋”思想与“技击”之间存在着多少相互影响的关系:是在这些兵书“选锋”思想的指导下,齐“技击”才建立和完善,抑或这些兵书的“选锋”思想是对齐“技击”军事实践的理论总结?但不可置疑的是,二者是密切相关的。因此《司马法》《六韬》《孙膑兵法》的“选锋”思想,对我们研究齐“技击”有一定的参考价值。再结合《汉书·艺文志》《史记》《战国策》等文献资料的记述,我们可以从历史的迷雾中描绘出齐“技击”的大概面貌。

徐勇的《齐国军事史》说:“战国时期,各国军队都很重视对士卒、将吏的技击训练……齐国军队着重进行了徒手搏击、角抵、射技、驭术、剑术、游水等方面的训练,并在此基础上选拔出一批‘选练之士’,组成被称为‘技击’的精锐部队。”①从训练方式这个角度理解“技击”一词是十分正确的。

王先谦《荀子集解》解释“技击”说:“技,材力也。齐人以勇力击斩敌者,号为技击。孟康曰:‘兵家之技巧。技巧者,习手足,便器械,积机关,以立攻守之胜。’”②王先谦所引“孟康曰”之文,是《汉书·刑法志》“齐愍以技击强”颜师古注的文字,实际上出自《汉书·艺文志》中班固对“兵技巧”的解释文字。

《汉书·艺文志·兵书略》有“兵技巧”,共“十三家、百九十九篇”(实际上收十六家、二百七篇、图三卷)。姚明辉《〈汉书·艺文志〉注解》说:“习手足,如手搏、蹴鞠是。便器械,如射,弋是也。积机关,如

① 徐勇:《齐国军事史》,齐鲁书社 2015 年版,第 62 页。

② 〔清〕王先谦撰,沈啸寰、王星贤点校:《荀子集解》,中华书局 1988 年版,第 271 页。

连弩是也。”①可见,“兵技巧”实际上可以分为两类:一是“习手足”和“便器械”,与军事素质训练有关;二是“积机关”,与军事装备的制造与使用有关。而与“技击”有关的,应该是第一类。

按照以上分类,仅从书名分析,“兵技巧”所收之书可分为下面几类:一、《鲍子兵法》《五子胥》《公胜子》《苗子》《杂家兵法》,这些兵书是否与“技击”有关不得而知。二、《望远连弩射法具》,应属“积机关”一类,与“技击”无关。三、《逢门射法》《阴通成射法》《李将军射法》《魏氏射法》《强弩将军王围射法》《护军射师王贺射书》《蒲苴子弋法》,这七种书与弓和弩的使用技术有关。四、《剑道》,这部兵书与剑术有关。五、《手搏》《蹴鞠》,这两种书所讲的是“习手足”之事。第三、四、五类书,都是与“技击”有关的。

《汉书·艺文志》“兵技巧”所收书多与射法有关。与此相类似的是,弩兵在《六韬》《孙膑兵法》的“选锋”思想体系中也占有十分重要的地位,因此,田齐军队的“技击”队伍中应该包括大量的弩兵。齐、魏马陵之战中,孙膑充分发挥弩兵的作用。“令齐军善射者万弩,夹道而伏”,等庞涓进入埋伏圈后,“齐军万弩俱发,魏军大乱相失”。(《史记·孙子吴起列传》)这“善射者万弩”,应有相当部分属于“技击”。按照常理推断,除了弩兵,“技击”也应该包括车兵、骑兵和其他步兵,这就如同《六韬》《孙子兵法》中“选锋”的兵种除了有弩兵,也有车兵、骑兵和其他步兵一样。只是由于史料缺乏,我们没有找到齐军在战争中使用其他“技击”兵种的具体例证。

《六韬》中提到,军队中有“奋威”四人负责挑选“选锋”。齐军中负责挑选“技击”的军吏是否叫作“奋威”不得而知,但是齐

---

① 陈国庆编:《〈汉书·艺文志〉注释汇编》,中华书局1983年版,第198页。

军是通过一系列的竞赛比武来挑选“技击”,这一点是可以肯定的。《汉书·艺文志》的“兵技巧”类收录了《蹴鞠》25篇。《史记·卫将军骠骑列传》:“骠骑尚穿域蹋鞠。”张守节《正义》曰:“即今之打毬也。黄帝所作,起战国时。程武士,知其材力也,若讲武。”司马贞《索隐》引刘向《别录》曰:“蹴鞠,兵势,所以陈武事,知有材力也。”由此可知,蹴鞠不仅是军士平日增强身体素质的训练方法,还是将吏对军士进行考选分级的方法。蹴鞠的主要运动方式是奔跑、跳跃、闪转腾挪,主要锻炼下肢和身体协调性。因此,蹴鞠绝对不是对军士的全面身体素质和技能的考核方法,而只是考核军士奔跑、跳跃、身体协调性的方法。通过蹴鞠比赛选拔出来的军士,应该被赋予他们擅长的军事任务。《六韬》中提到的“能逾高绝远,轻足善走”的“冠兵之士”,应在齐“技击”中占有一席之地。此类“冠兵之士”,极有可能是通过蹴鞠的方式被选拔出来。以此类推,“有奇表长剑”、擅长格斗的“技击”,则通过比剑、“手搏”、角抵比赛的方式选拔;大力之士,应是通过“投石”比赛的方式选拔①;善射的“技击”,则是通过射箭、射弩比赛选拔。正如古代奥运会竞技运动带有强烈的军事色彩,田齐军中也流行各种军事竞技活动。“技击”主要就是通过这些军事竞技活动选拔出来的。

《六韬》中提到,要给予“选锋”的“武骑士”“武车士”优厚的待遇。《荀子·议兵》说,齐技击“得一首则赐赎锱金,无本赏矣”“是其去赁市佣而战之几矣”。王先谦解释“无本赏”说:“斩首,虽战败亦赏;不斩首,虽胜亦不赏。”②吕思勉先生则认为:“本赏

---

① 《史记》载王翦攻楚:“王翦日休士洗沐,而善饮食抚循之,亲与士卒同食。久之,王翦使人问军中戏乎?对曰:‘方投石超距。’”

② 〔清〕王先谦撰,沈啸寰、王星贤点校:《荀子解解》,中华书局1988年版,第271页。

盖指田宅。”他认为魏“武卒”和秦“锐士”与齐“技击”不同之处，在于前两者都是以田宅的形式受赏，而齐“技击”受赏，则“赐赎锱金而止，无本赏”，如此“则农民不劝，惟市井轻侠之人应之，故荀子讥其赁市佣而战之也”。吕先生又说：“魏能拔其民之壮者以为兵，而不能使其民自厉于战，故其兵之强者，远不如秦之多。夫使举国之民皆习于战，则不待改造而周；而驱一国之民皆归之于南亩，则又不虑其税之寡。故秦之兼天下，农战为之也。”①综合王先谦和吕思勉的观点，可知齐“技击”并不像魏“武卒”和秦“锐士”那样能够在田宅方面得到国家的优待②，其受赏主要来自战场斩首获得的“赎锱金”。至于吕先生说齐“技击”主要由“市井轻侠之人”充当，有一定道理，“技击”至少有一部分是由雇佣兵来充当的。《吴子·图国》说：“昔齐桓募士五万，以霸诸侯。”③虽然齐桓公“募士”数量不可能有“五万”之多，但是《吴子》的这条记载透露了一个信息，即早在春秋时期齐军中就有雇佣兵了。④ 那么，田齐“技击”中有“市井轻侠之人”应募，也就是很自然的事情了。而这些“市井轻侠之人”，未必都是齐人，应该也有一部分来自其他国家。毕竟，齐国早就有收用各国人才的传统。齐桓公时，招揽各国贤才，“四方之士相导而并至”⑤，如宁戚、开方为卫国人，而田完是陈国人。这比“楚才晋用”要早得多。既然可以重用其他国家的士人，那么用赏金吸引一些亡命之徒加入自己的军队，

---

① 吕思勉：《读史札记》（上），译林出版社 2016 年版，第 273 ~ 274 页。

② 实际上，秦国奖励作战，主要是靠赐爵。

③ 中国人民解放军军事科学院、军事学院古代兵法译注组编：《吴子译注（初稿）》，中国人民解放军总参谋部出版局 1965 年版，第 7 页。

④ 俞樾认为，古籍中“篡”字常常误作“募”字。参阅〔清〕王先谦撰，沈啸寰、王星贤点校：《荀子集解》，中华书局 1988 年版，第 275 页。篡士，即选士。按照俞樾的观点，“募士”就不能理解为雇佣兵。

⑤ 许维遹：《韩诗外传集释》，中华书局 2012 年版，第 101 页。

又有何不可呢?“技击”的这一特点,虽然能使“技击”增强一些战斗力,但是也有负面作用。这是由于能否获得赏金,是决定“技击”有无战心的关键。《战国策·齐策六》载,齐闵王时,燕昭王派遣乐毅率领燕、韩、赵、魏、秦五国联军攻齐,“齐使向子将而应之。齐军破,向子以舆一乘亡。达子收余卒,复振,与燕战,求所以偿者,闵王不肯与,军破走。王奔莒”。战败而求赏,是由于虽然战败,但有“技击”斩首立功。然而闵王竟不肯“赐赎锱金”,使那些立功的“技击”失望,导致齐军再次被击败。

田齐之所以要建设一支耗费大量金钱的“技击”部队,与齐军普通士兵作战能力不够强有关。齐国处于东夷旧地,而“东夷天性柔顺”,齐人之俗“宽缓阔达”“怯于众斗”,造成了普通齐军士兵作战不够勇敢。孙膑就说,相比于三晋士兵来说,“齐号为怯”;庞涓也说:“我固知齐军怯。”另外,《吴子·料敌》说:“齐陈重而不坚。”原因是“齐性刚,其国富,君臣骄奢而简于细民,其政宽而禄不均,一陈两心,前重后轻,故重而不坚”①。由此可见,齐军普通士兵对田齐的争雄战争并不热衷,导致他们缺乏战心。在这样的情况下,齐统治者只好更加倚仗“技击”。因此,“技击”是齐军战斗力之所在。然而,一般来说,越是激烈的战争,突击队、敢死队的伤亡率越高,出现“良士选卒必殪”②的结果。因此,齐军在连续大战、激战之后,“技击”没有时间恢复元气的话,战斗力一定会急剧下降。齐经过三次进攻才最终在公元前 286 年灭宋,而五国联合攻齐在公元前 284 年。因此,攻齐联军所面对的,一定是“技击”遭到很大削弱的齐军,取胜也相对容易。而经过这次严重

---

① 中国人民解放军军事科学院、军事学院古代兵法译注组编:《吴子译注(初稿)》,中国人民解放军总参谋部出版局 1965 年版,第 11 ~ 12 页。

② 《战国策·齐策一》“楚将伐齐、鲁亲之”曰:“楚大胜齐,其良士选卒必殪……齐为胜,其良士选卒亦殪。”

的失败,齐“技击”终至一蹶不振。

“技击”组建的时间,不应该晚于齐威王时期,在威王、宣王、闵王时代的争雄战争中,“技击”为田齐立下了汗马功劳。在齐襄王、齐王建统治期间,由于田齐很少参与当时的兼并战争,即使齐军又复建了“技击”部队,也没有用武之地,“技击”由此逐渐退出了历史舞台。

综上所述,田齐的“选锋”军事思想与齐“技击”的军事活动之间存在密切关系,齐“技击”是迥异于魏、秦等其他各国“选锋”的一支军队,其与雇佣兵制、与军事竞技体育之间有极大关系,值得重视。